Turismo, arquitetura e cidade

SÉRIE INTERVENÇÕES URBANAS
Coordenação: Heliana Comin Vargas

Turismo, arquitetura e cidade

Heliana Comin Vargas
Ricardo Alexandre Paiva
(organizadores)

Manole

Editor gestor: Walter Luiz Coutinho
Editora responsável: Ana Maria da Silva Hosaka
Produção editorial: Marília Courbassier Paris, Rodrigo de Oliveira Silva,
Amanda Fabbro
Editora de arte: Deborah Sayuri Takaishi
Projeto gráfico e diagramação: Aline Shinzato da Silva
Imagem da página 104: Istockphoto
Capa: Axel Sande

Dados Internacionais de Catalogação na Publicação (CIP)
(Câmara Brasileira do Livro, SP, Brasil)

Turismo, arquitetura e cidade / Heliana Comin Vargas,
Ricardo Alexandre Paiva [organizadores].
-- Barueri, SP : Manole, 2016. -- (Série intervenções urbanas)

Bibliografia.
ISBN 978-85-204-3779-7

1. Áreas urbanas - Brasil 2. Arquitetura 3. Arquitetura - Centro urbano
4. Centros urbanos - Brasil 5. Planejamento urbano 6. Turismo
7. Urbanismo I. Vargas, Heliana Comin. II. Paiva, Ricardo Alexandre. III. Série.

15-08143 CDD-711.40981

Índices para catálogo sistemático:
1. Brasil : Centros urbanos : Intervenções : Urbanismo 711.40981
2. Brasil : Intervenções em centros urbanos : Urbanismo 711.40981

1ª edição – 2016

Editora Manole Ltda.
Av. Ceci, 672 – Tamboré
06460-120 – Barueri – SP – Brasil
Tel.: (11) 4196-6000 – Fax: (11) 4196-6021
www.manole.com.br
info@manole.com.br

Impresso no Brasil
Printed in Brazil

Sumário

PARTE 3: TURISMO E ARQUITETURA

Prefácio

Roteiro para viagens inexploradas

> Pois se a alma deve ser atraída pelos objetos que a circundam, ela ora deseja abranger de uma só vez o todo, ora se perder novamente em sinuosidades suaves, no que se mostre apenas furtivamente à vista aquilo que deve vir, não se mostrando em toda a sua abrangência antes de ser plenamente percorrido. (Karl Philipp Moritz[1])

Vou extrair, ardilosamente, dos argumentos da professora Heliana Comin Vargas[2], uma frase. Escreveu ela: "é importante observar que, como disciplina ou como campo de saber [...], a Arquitetura e o Urbanismo não são explicitamente considerados no estudo do turismo, embora o patrimônio histórico e arquitetônico sempre se constituísse no atrativo por excelência." Não obstante fora do contexto, há um sentido completo e autônomo na sentença que merece ponderação.

Pode-se evocar que a recíproca é verdadeira: a Arquitetura e o Urbanismo não se debruçaram sobre o Turismo com o cuidado que merece. Este livro é uma resposta a essa asserção. Embora os estudos que o compõem estejam majoritariamente viajando no presente, felizmente também seguem seus autores um ir e vir no espaço e no tempo atento na constituição da interface entre dois campos de reflexão que necessitam se conhecer melhor. A leitura dos ensaios é inspiradora. Sugerem algumas aproximações, como as que farei a seguir.

A mais óbvia e primária tipologia arquitetônica nessa interface é o hotel.

Os quatro volumes de *Élements et Théorie de L'Architecture*, de Julien Guadet (1834-1908), foram dos mais disseminados e influentes livros de arquitetura na passagem do século XIX para o XX. Foi o manual para orientar projetos que os estudantes de Arquitetura nas escolas de belas-artes deveriam ter em suas cabeceiras. O hotel não comparece nos livros como uma tipologia autônoma, mas inserto no capítulo dedicado às "Habitações

---

[1] MORITZ, K.P. Alternância e unidade na paisagem. *Viagem de um Alemão à Itália*, 1788.

[2] VARGAS, H.C. A complexidade do conhecimento: turismo, arquitetura e cidade. In: III Encontro Nacional de Pesquisa em Pós-graduação em Arquitetura e Urbanismo. 2014, São Paulo, cd.

coletivas"[3]. Em seu Tomo II, assim Guadet inicia suas considerações, num retrato do final do século XIX: "O hotel não tem nada em comum com a antiga estalagem, que vemos desaparecer pouco a pouco em suas últimas modalidades. Devemos dizer adeus ao pitoresco albergue, onde os viajantes se alojavam na cozinha, onde o albergueiro era o host ou a hostess, onde os quartos eram frequentemente dormitórios favoráveis a aventuras." O arquiteto menciona o viajante, não o turista. Ao evocar possíveis exemplos de hotéis para os estudantes, o professor reconheceu: "Por este programa essencialmente moderno, não posso vos apresentar exemplos antigos; é dentro da arquitetura contemporânea que encontrarão a expressão de modelos".

Se o hotel não constitui uma categoria autônoma em Guadet, dentre os capítulos dos quatro tomos encontramos longas considerações sobre outras tipologias: edifícios de ensino (escolas primárias, liceus e colégios, ensino superior, instrução pública, museus científicos, bibliotecas); edifícios administrativos, políticos, judiciários, penitenciários; hospitais, sanatórios; monumentos comemorativos, edifícios decorativos; arquitetura das vias públicas; arquitetura militar, rural; jardins; edifícios para comércio, para alimentação (mercados, entrepostos, abatedouros, restaurantes); banhos públicos; estações ferroviárias; teatros; edifícios religiosos. Não há, nesse repertório para estudo de arquitetos e estudantes, exemplos que não possam ser evocados como obras merecedoras de destaque nos roteiros de turismo em qualquer quadrante do planeta.

Do manual para projetar para o manual para estudar, *A History of Building Types*[4], de Sir Nikolaus Pevsner, é um persistente livro que decorridos 40 anos ainda se encontra em catálogo. Ao folhearmos a pioneira obra do historiador anglo-germânico, ele registra, entre outros, no tipo "monumentos nacionais e monumentos para as sumidades", o Arco do Triunfo em Paris, o Monumento a Vittorio Emanuelle II em Roma, o Memorial para Ataturk em Ancara; no tipo "edifícios governamentais", o Pallazzo Vecchio de Florença, a prefeitura de Antuérpia, o Capitólio de Washington, o parlamento de Budapeste; no tipo "teatros", o Teatro Olímpico de Vicenza, o Scala de Milão, a Ópera de Paris; no tipo "bibliotecas", a Biblioteca do Vaticano, a sala de leitura do British Museum de Londres; no tipo "Estações ferroviárias", as estações de Helsinki, Florença, Roma; em "Prisões", menciona a Eastern

---

[3] GUADET, J. *Éléments et Théorie de L'Architecture: Cours Professé a L'École Nationale et Spéciale des Beaux-Arts*. 5.ed. Paris: Librarie de la Construction Moderne, s.d., v.2, p.180-186.

[4] PEVSNER, Nikolaus. *A History of Building Types*. London: Thames and Hudson, 1976.

Penitentiary da Filadélfia. São dezenas de exemplos, abarcando outras tantas tipologias com exemplos notáveis de arquiteturas do mundo ocidental. Para um mais atento amante das viagens, o livro poderia ser apreciado não apenas como uma história da arquitetura, mas também como um guia para viajantes.

A literatura testemunha a atração entre turismo, paisagens, cidades e arquitetura.

Em seu relato *Viagem à Itália* 1786-1788[5], Goethe (1749-1832) registrou seu fascínio pelas cidades italianas. Foi o *Grand Tour* do mais ilustre escritor alemão, tradição dos jovens europeus bem-postos em seus momentos formativos que floresceu a partir do século XVII. O que Goethe admirou, e muitos outros jovens viajantes também o fizeram, teve como motivação a arte e a arquitetura da Itália. Um menos conhecido contemporâneo de Goethe, Karl Philipp Moritz (1756-1793), escreveu um guia sobre os costumes e as obras de arte. O registro em *Viagem de um Alemão à Itália* 1786-1788[6] inspirou-se nas discussões sobre arte e estética naquele tempo.

A vilegiatura é o cenário para Jane Austen (1775-1817), na sociedade elegante e fútil de Bath, o balneário que ambienta o romance *Persuasão*[7]; Thomas Mann (1875-1955) em *Os Buddenbrooks*[8], narra a ação que se passa em Travemünde, um resort marítimo desde o início do século XIX. Tanto para Austen como para Mann, esses escritos são alimentados por reminiscências da juventude. O 14º e último capítulo de *O Paraíso das Damas*[9], de Émile Zola (1840-1902), é um dos mais interessantes relatos de época sobre a transformação da arquitetura do comércio e do consumo com o surgimento das lojas de departamentos, e como que apontando para o futuro, com as *flagship stores*.

Serão muitas as maneiras de estabelecer as relações entre turismo, arquitetura, cidade e paisagem. Trata-se de uma região cuja vastidão ainda está para se mapear, e que não se fecha aos recortes específicos disciplinares tradicionais do Turismo e da Arquitetura e do Urbanismo.

---

5 GOETHE, Johann Wolfgang von. *Viagem à Itália* 1786-1788. São Paulo: Companhia das Letras, 1999.

6 MORITZ, Karl Philipp. *Viagem de um alemão à Itália 1886-1788 nas cartas de Karl Philipp Moritz*. São Paulo: Humanitas; Imprensa Oficial, 2007.

7 AUSTEN, Jane. *Persuasão*. São Paulo: Landmark, 2007.

8 MANN, Thomas. *Os Buddenbrooks*. Rio de Janeiro: Nova Fronteira, 1981.

9 ZOLA, Émile. *O paraíso das damas*. São Paulo: Estação Liberdade, 2008.

Os dezenove capítulos e cerca de 500 páginas que compõem este livro são um enorme e pioneiro esforço no trato das questões que estão na fronteira entre turismo, arquitetura, cidade e paisagem. Enorme, mas comedido ao mesmo tempo, ante a amplitude potencial a explorar. A atividade turística e sua relação com o território, a paisagem e, em especial, as cidades e a produção do espaço urbano e arquitetônico, são roteiros que se apresentam nos vários capítulos, em alguns casos, de modo precursor no Brasil. Não só pelo fascínio daqueles que se deslocam pela prática do turismo, mas pelo horizonte da problemática que os autores desta publicação trazem como desafios para pesquisas e meditação.

Hugo Segawa

Prefácio

Nó epistemológico da(s) Cidade(s), do(s) Turismo(s)

Referência recorrente nos textos aqui reunidos, David Harvey[1] inicia de maneira prosaica um dos seus muitos textos sobre a questão urbana, dizendo que a Cidade é complicada. E complicada, segundo ele, não tanto pela complexidade da gama de processos que ali se dão, mas pela dificuldade dos conceitos em identificar os problemas inerentes e propor-lhes soluções, desafios aos quais Grinover[2] classifica como nó epistemológico. Argan[3], por sua vez, lamenta que os gestores tenham "deixado de sonhar Roma, para projetá-la", pois, para ele, que além de crítico e historiador da arte foi prefeito daquela cidade, a estrutura do espaço não está na sua realidade objetiva, mas no pensamento que o percorre e cria.

Nessa complicação, a introdução do Turismo apenas amplia os problemas e os questionamentos, em razão direta a sua presença numérica nas localidades. Hoje, há grandes contingentes humanos visitando cidades como Porto, em Portugal; Veneza, na Itália; ou Barcelona, na Espanha, para ficarmos apenas em alguns destinos turísticos icônicos. Nelas, o número de turistas já em 2012 extrapolava ao da população local: em Veneza, com 60 mil habitantes[4], seriam 12 milhões[5] de turistas/ano; no Porto, com 240 mil habitantes, e Barcelona, com cerca de 1,7 milhões[6], haveria, respectivamente, um milhão e sete milhões[7] de turistas/ano.

Se nas grandes metrópoles os visitantes se diluem, em cidades médias ou pequenas tais fluxos ocasionam impactos significativos, pois o estrangeiro

---

1 HARVEY, D. *A justiça social e a cidade*. São Paulo: Hucitec, 1980; e *Cidades rebeldes - Do direito à cidade à revolução urbana*. São Paulo: Martins Fontes, 2014.

2 GRINOVER, L. A hospitalidade urbana: acessibilidade, legibilidade e identidade. *Hospitalidade*, ano 3, n.2, 2006, pp.29-50.

3 ARGAN, G. *História da arte como história da cidade*. São Paulo: Martins Fontes, 1992.

4 Informação disponível em: http://www.veniceconnected.com/de/node/9277. Acessado em: abr. de 2012.

5 Informação disponível em: http://www.ricksteves.com/plan/destinations/italy/venice4.htm. Acessado em: abr. de 2012.

6 Informação disponível em: http://www.barcelona.com/barcelona_city_guide/all_about/barcelona_in_figures. Acessado em: abr. 2012.

7 Informação disponível em: http://www.flytobarcelona.org/?p=1007. Acessado em: abr. 2012.

disputa os espaços públicos e festivos com os locais, interferindo na tessitura dos cotidianos da comunidade. Se por um lado tal situação agride a Cidade, por outro o Turismo pode ser a fonte do capital adicional para financiamento de estruturas de lazer e ofertas culturais que, de outra maneira, a população local, por si só, não sustentaria.

A globalização, portanto, apenas acrescentou mais lenha à fogueira. Primeiro, com a presença da urbanização como fenômeno hegemônico, levando Argan a afirmar que "para lá da cidade, ainda é cidade". Segundo, porque a mesma globalização tem ativado nossa capacidade de deslocamentos a extremos impensáveis três ou quatro décadas atrás. As proporções massivas do fenômeno levou Boyer[8] a falar em revolução turística que, iniciada após o término da Segunda Guerra Mundial, tornou acessível a outros grupos sociais uma prática antes privilégio de aristocratas. O século XXI trouxe ainda o imaginário turístico para os cotidianos, e a possibilidade de considerar como turista também o *flâneur*, que no deambular para além das suas rotinas espaço-temporais vivenciaria estranhamentos semelhantes aos do viajante, independentemente das distâncias percorridas, como defendo em texto assinado com Marutschka Moesch[9].

Tal situação nos obriga a repensar o Turismo, agora como Turismos, no plural. Nas suas práticas e reflexões acadêmicas, os turismos podem incluir do viajante a negócios ao já citado *flâneur* residente na urbe, ou mesmo a recepção a todos os tipos de migrantes, pois os profissionais que atuam na área acumularam *know how* e *expertise* para lidar e reflexionar com/sobre esses diferentes nômades.

Curiosamente, as reflexões sobre as aproximações Turismo-Cidade ainda são raras na academia, se comparadas, por exemplo, com a forte produção sobre turismo no espaço rural. As razões para o descaso acadêmico talvez estejam no que poderia ser tratado como a obviedade da Cidade em nossas vidas: estamos imersos nelas e, à semelhança daqueles que estão dentro da floresta, é difícil uma percepção que vá além das árvores. Portanto, textos como os reunidos nesta obra, são muito bem-vindos.

A leitura nos mostra que os autores, em diferentes abordagens, enfrentam a complicação e o nó epistemológico da(s) Cidade(s), do(s) Turismo(s) e suas decorrências. Parece-me que duas questões se destacam nas abordagens:

---

8 BOYER, M. *História do turismo de massa*. Bauru, SP: Edusc, 2003.

9 GASTAL, S.; MOESCH, M. *Turismo, políticas públicas e cidadania*. São Paulo: Aleph, 2007.

primeiro, que muitas agressões ao espaço urbano inicialmente associadas ao Turismo, o são, de fato, ocasionadas pelo setor econômico mais perverso na atualidade: a especulação imobiliária. Segundo, que muitas das questões levantadas quanto à relação Turismo-Cidade são, de fato, desdobramentos da competição entre as urbes para adentrar na seleta lista das cidades globais, e assim atrair visitantes, mas também (ou principalmente) capitais e investimentos.

Castells fala de cidades globais como aquelas que se colocam em redes, situação em que os fluxos que as percorrem se tornam mais importantes do que os fixos presentes no território. O grau de conectividade ranqueia a importância de uma em relação às demais, o que é avaliado pelo Globalization and World Cities Research Network (GaWC), criado na Universidade de Loughborough, Inglaterra, em um índice que as nivela a partir das conectividades e dos fluxos derivados que a mesma esteja apta a desenvolver. Para composição do ranking, o GaWC considera vários critérios próprios e outros associados à situação geográfica, índice populacional, acessibilidade internacional e mobilidade urbana, atratividade e desempenho econômico, educacional, cultural e informacional, e qualidade de vida. Significa dizer que estamos ante cenários muito mais complexos, por menos óbvios, do que a cenarização dos neo-centros históricos, nas teias que a conectividade sobrepõe aos processos urbanos estabelecidos.

E, se comecei citando Harvey, também termino com ele em trecho de seu livro *Cidades Rebeldes*, em que se aproxima de Argan ao afirmar que

> a questão do tipo de cidade que queremos, não pode ser separada da questão do tipo de pessoas que queremos ser, que tipo de relações sociais buscamos, que relações com a natureza nos satisfazem mais, que estilo de vida desejamos levar, quais nossos valores estéticos. O direito à cidade [...] é um direito de mudar e reinventar a cidade mais de acordo com nossos mais profundos desejos (p.28).

O mesmo vale para o Turismo.

Susana Gastal

Introdução

Uma análise mais atenta ao fenômeno turístico permite compreendê-lo não como uma ciência, nem mesmo como objeto estanque dentro de uma área exclusiva do saber; ao contrário, quanto mais mergulhamos no estudo desse fenômeno, mais o percebemos como um campo disciplinar, cuja amplitude envolve diversas áreas do conhecimento, reconhecido pela multidisciplinaridade do olhar como um objeto de estudo complexo, desafiador e fascinante. Embora a Arquitetura e o Urbanismo sejam elementos que compõem, fundamentalmente, os atrativos turísticos, e planejamento e gestão urbanos respondam pelo incentivo e pela manutenção da qualidade de vida, cuja excelência relaciona-se também à atração de turistas, a área do conhecimento dedicada ao estudo das cidades e do ambiente construído, além das intervenções urbanas realizadas com mote turístico, tem estado pouco presente nas discussões sobre turismo e território, principalmente no Brasil. Nesse sentido, o objetivo desta obra é demonstrar a amplitude da contribuição recíproca entre as pesquisas em Arquitetura e Urbanismo e em Turismo.

Para além das discussões teóricas sobre a atividade turística e sua relação com o território e, mais detidamente, com as cidades e a produção do espaço urbano e arquitetônico, os temas e os exemplos aqui apresentados, marcados majoritariamente pela brasilidade dos casos analisados, a eles não se restringem. Caminha-se por exemplos ou experiências espaciais nacionais e internacionais de mais representatividade, seja pelo ineditismo de suas ideias, pela criatividade de suas propostas, pela expressividade de sua arquitetura ou pela extravagância de suas representações. Turismo, Arquitetura e Cidade, dialogando dialeticamente no sentido de avanço do conhecimento sobre o tema, surgem no decorrer dos capítulos quando sua presença se faz necessária para o propósito do presente livro.

Notar-se-á, no entanto, alguma ênfase nas manifestações turísticas que ocorrem na cidade de São Paulo, por sua expressão econômica e condição privilegiada de "porta de entrada" para as mais expressivas experiências e novidades, principalmente relacionadas ao turismo urbano, de que a cidade tem sido, cada vez mais, uma referência.

Compostos por contribuições de viés essencialmente teórico, de alguns ensaios com aportes filosóficos, de análises da observação do turismo como um fato empírico, fortemente ilustrados por ocorrências históricas, vivência, estudos de casos, interpretações atentas à contemporaneidade e imagens incríveis e inusitadas, os capítulos estão dispostos e apresentados a seguir em uma sequência lógica para a estrutura da obra. Eles retomam do capítulo anterior ou remetem aos seguintes os conteúdos necessários para a compreensão do todo, evitando, sempre que possível, sombreamentos e superposições desnecessárias.

Para dar conta dessa tarefa, os dois primeiros capítulos do livro são o fio condutor das ideias e discussões pretendidas. O Capítulo 1, "Turismo: reflexões disciplinares", traz à tona conceitos e definições que permeiam a literatura sobre o turismo, visando mostrar a amplitude de seu campo disciplinar, enquanto aponta a ausência da Arquitetura e do Urbanismo, ao mesmo tempo que expõe sua relevância como evidentes tributários nessa discussão. Assim, apresentando a oferta turística, qualificando a demanda e analisando o papel da destinação turística como elemento fundamental para a formatação do produto turístico, o texto anuncia o conteúdo tratado no Capítulo 2, intitulado "Turismo, produção e consumo do espaço". Aqui, considerando o produto turístico como o lugar que necessita do espaço físico para acontecer, além de trazer as ideias dos teóricos clássicos sobre produção do espaço, o capítulo trabalha o conceito de produção e de consumo do espaço pelo turismo e apresenta as diversas formas de manifestação espacial da atividade turística e dos processos de urbanização que promove.

A partir dos principais conceitos socioespaciais sobre a atividade turística delineados nos dois primeiros capítulos, dispostos na primeira parte do livro, que destacam a dinâmica da atividade, sua importância na economia local e nacional e suas possíveis repercussões espaciais, segue-se para os dois campos de investigação do turismo, objeto de análise da presente obra: a Arquitetura e a Cidade. Embora de difícil dissociação, mas visando a um aporte didático-metodológico, dividimos o conteúdo em mais dois segmentos: o primeiro volta-se ao entendimento do turismo em sua relação com a cidade, seja como mote para o desenvolvimento urbano que se rebate no espaço físico, seja como atividade que pressupõe a gestão e intervenção urbana de incentivo e controle das inúmeras atividades que decorrem da atividade turística ou são por ela apropriadas. O segundo adentra o estudo do papel da arquitetura que, além de abrigar as diversas atividades envolvidas com o turismo, encarrega-se de marcar a paisagem urbana transformando a sua arquitetura em ícones urbanos que passam a compor a imagem da cidade.

Compondo a segunda parte, relativa à cidade, seu planejamento e gestão, está o Capítulo 3, "O lugar do turismo nas teorias de desenvolvimento: da Tríade Marshaliana às Cidades Criativas", discutindo a utilização das teorias e políticas de desenvolvimento regional e urbano elaboradas em função do desenvolvimento da atividade industrial, desde o século XIX, e destacando a transposição daqueles conceitos e ideias para a atuação da atividade turística como elemento motor da economia. À luz das práticas contemporâneas, o Capítulo 3 explora o campo da economia urbana e do desenvolvimento local, preparando o cenário para os temas que se seguem.

No Capítulo 4, "O turismo como mote para os grandes projetos urbanos: a versão paulistana", propõe-se a discussão sobre o uso do discurso do desenvolvimento turístico local como justificativa para a realização de grandes projetos urbanos descolados, muitas vezes, das reais necessidades da cidade. Além de mostrar que a relação entre turismo e grandes projetos nem sempre estão em sintonia, como exemplificado no âmbito da cidade de São Paulo, e iniciar a discussão sobre as parcerias público-privadas, o capítulo conduz à leitura do Capítulo 5, "'Paraísos à beira-mar': os empreendimentos turísticos imobiliários". Aqui busca-se aprofundar a relação do turismo com o mercado imobiliário. Analisa-se o processo de apropriação do litoral brasileiro pelos empreendimentos hoteleiros do tipo *resort* que, ao se associarem aos empreendimentos residenciais, fecham o ciclo entre turismo e mercado imobiliário e criam os Empreendimentos Turísticos Imobiliários (ETIs).

Na sequência, aproveitando a discussão sobre o conceito de *resorts* como meios de hospedagem, o Capítulo 6, "Cruzeiros marítimos: *resorts* flutuantes?", mostra um "outro lado da moeda", em que os cruzeiros, ao mesmo tempo que promovem uma expansão territorial, oferecem um turismo hoteleiro sem território. O meio de transporte transforma-se numa destinação turística, e as atividades aí realizadas se sobrepõem ao interesse pelo local da destinação. É exatamente nessa passagem, da importância máxima do território para a valorização da vivência e da experiência das atividades pelo turista, que surge em cena a discussão desenvolvida no Capítulo 7, "Turismo urbano e os consumidores de lugar".

No Capítulo 7, aborda-se o conceito de turismo urbano que se pauta sobre as atividades urbanas oferecidas espontaneamente pelas cidades, principalmente as de mais destaque, e o conceito clássico de turista, que é relativizado quando se trata do conceito de "consumidores de lugar", que inclui todos aqueles que usufruem da cidade para atividades que vão além das cotidianas.

Como desdobramento dessa discussão, surgem, completando o ciclo sobre turismo e cidade, outros cinco capítulos que se voltam às atividades que têm assumido a condição de atividades turísticas. A primeira delas aparece no Capítulo 8, "Eventos de rua, espaço público e gestão urbana", que destaca o papel dos eventos de rua e suas implicações na dinâmica da cidade, tendo em vista que se colocam como eventos não cotidianos de grande impacto que não podem prescindir de gestão e controle por parte do poder público.

O conteúdo trabalhado no Capítulo 9, "Eventos e megaeventos: ócio e negócio no turismo", amplia a discussão sobre os eventos e megaeventos que se deslocam do negócio para o ócio na oferta de atividades, ampliando as possibilidades de turismo como negócio. Esses megaeventos, por sua vez, passam a ser utilizados como estratégia de divulgação da imagem das cidades e das nações atrelados com o discurso de desenvolvimento, tendo como um forte meio de veiculação e permanência na memória a arquitetura que os abriga. O Capítulo 10, "Turismo e compras: aproximações e simbioses", inicia a discussão sobre o papel do consumo na vida das pessoas, no sentido de entender como ele se transforma de uma ação subsidiária nas viagens turísticas em uma de suas grandes motivações. Trabalha com o aprimoramento de conceitos e do significado das mais diversas formas de compras tendo na motivação dos consumidores o seu foco principal.

Mas as motivações turísticas também têm invadido o campo dos prazeres gastronômicos, e o Capítulo 11 traz, então, para nossa degustação, "Turismo com gosto paulistano". Como mais um prazer oferecido aos nossos sentidos, esse capítulo mostra o avanço da gastronomia como elemento de experienciação que invade o campo dos estímulos sensoriais, representando o auge da incorporação da cultura como mercadoria, voltando um olhar mais atento para a gastronomia paulistana.

Encerrando essa primeira parte, como não poderia deixar de ser para os estudiosos da Arquitetura e do Urbanismo, a inerência da atratividade urbana com o espaço físico que lhe dá suporte é apresentada no Capítulo 12, "Atributos espaciais de hospitalidade urbana". Esse capítulo traz à cena a importância do desenho urbano, da arquitetura e da gestão urbana, como elementos fundamentais para responder, adequadamente, à qualidade de vida que, ao tornar suas cidades hospitaleiras, atendem, ao mesmo tempo, às demandas de seus moradores e à atratividade crescente dos turistas.

A terceira parte do livro, cujo foco principal é a relação entre Turismo e Arquitetura, inicia-se com o Capítulo 13, "Os ícones urbanos e arquitetônicos", que prepara o terreno para os demais que virão. Nele, discute-se como a arquitetura assume, no tempo, a condição de ícone e quais intenções a alimentam, fazendo um paralelo com os movimentos da arquitetura e do urbanismo atrelados aos respectivos contextos.

Dessa abordagem, segue o Capítulo 14, "O patrimônio edificado como mercadoria", que se encarrega de demonstrar de que modo a cultura assumida como mercadoria apropria-se do patrimônio histórico e arquitetônico, transformando-o em um dos principais protagonistas do apelo e da atração turística. O patrimônio a ser preservado como história e memória adquire a condição de mercadoria a ser comercializada e, muitas vezes, reproduzida.

Considerando que a base do turismo é o lazer e o entretenimento, que também se insere no âmbito da questão cultural, o Capítulo 15, "Arquitetura do entretenimento: o lugar e seus significados", discorre sobre a arquitetura que abriga atividades de entretenimento e aquelas que atuam como lugares simulados. A partir do significado de lazer e entretenimento na contemporaneidade, o texto traz para o sentido dos lugares de entretenimento o conceito de aura que lhe é próprio, de memória e da pluralidade que os conformam.

Caminhando na mesma direção, o Capítulo 16, "Arquitetura de museus e turismo: um diálogo contemporâneo", apresenta a evolução do conceito da arquitetura de museus imersa no contexto atual das artes, da cultura e dos negócios, como premissas para a compreensão do papel e função dos museus contemporâneos.

Reafirmando a busca pelo simulacro, que a arquitetura hoteleira também tem perseguido, constrói-se o Capítulo 17, "Arquitetura hoteleira: meio, fim ou imagem?". Nele, contempla-se uma clara visão da mudança do papel da hotelaria e, consequentemente, de sua arquitetura. Essas mudanças se processam em sua função inicial de meio de hospedagem para a atividade turística, seguida pela condição de hotel fim (destinação turística) e de sua transformação em hotel imagem, agregando valor àqueles que ali se hospedam ao conferir *status* diferenciado na hierarquia social.

Aproveitando essa discussão sobre a demanda por diferenciação social, o Capítulo 18, "*Flagship store*: um atrativo turístico de luxo", é extremamente adequado para encerrar as discussões aqui colocadas. Apresenta uma imagem da sociedade de consumo atual, marcada pelo fortalecimento das marcas de luxo que também buscam na arquitetura um meio de expressão, cujo apelo sensorial e espacial funcionam como forte atrativo turístico.

Com essa viagem pelas Cidades, contemplando Turismo e Arquitetura, o fechamento do livro prescinde de outras conclusões, pois, na verdade, a intenção não é encerrar o debate, e sim expandir as possibilidades de produção intelectual e interpretação sobre a temática. É isso que os organizadores ensaiam no Capítulo 19, "Reflexões finais: um começo...", em que pontuam, uma vez mais, que a presença dos estudos urbanos, da cidade e da sua arquitetura não pode passar ao largo da produção do conhecimento no campo disciplinar do turismo.

Heliana Comin Vargas
Ricardo Alexandre Paiva

Parte 1

Aspectos conceituais

Capítulo 1
Turismo: reflexões disciplinares

Heliana Comin Vargas

> Os homens viajam muito para diferentes espécies de lugar à procura de diferentes distrações por serem volúveis, cansados de uma vida mansa, e por estarem sempre à procura de algo que os iluda.
> (Feifer, 1985, p.9)

O termo "turismo", derivado da palavra *tour*, traz, em sua origem etimológica, a matriz do radical latino *tornus*, do verbo *tornare*, cujo significado é "giro, volta, viagem ou movimento de sair e retornar ao local de partida" (Andrade, 1997, p.30).

Antes mesmo de sua origem latina, a palavra *tour* já era encontrada no hebraico antigo, como expressão designativa de "viagem de exploração, de descoberta, de reconhecimento", usada como indicativo de viagem turística no *Livro dos números*, capítulo XIII, versículo 2 (Andrade, 1997, p.31).

Na verdade, as viagens realizadas em busca de novas terras, os famosos périplos, nos quais os fenícios foram pioneiros (I milênio a.C.), também podem se caracterizar como viagens turísticas[1], pois, embora o seu propósito fosse a possibilidade de novos negócios (novos produtos ou novos mer-

---

[1] Não há um consenso entre os diversos autores sobre a inclusão das viagens de exploração e negócios no âmbito do turismo, restringindo-se o conceito a viagens realizadas com a intenção de lazer. Para esses autores, a viagem considerada de turismo tem de ser um fim em si mesma, como defende Ambrózio (2005). No entanto, como será visto no decorrer deste capítulo, cada disciplina envolvida com o tema apresenta um olhar diferente sobre a atividade turística.

cados), envolvendo aventura e grande risco, tinham a intenção do retorno (Vargas, 1992).

O primeiro conceito, então, envolvido com o turismo refere-se ao ato de viajar, implicando deslocamento, com intenção de retorno ao local de partida, ou seja, ao seu *habitat* original, de moradia permanente. Quanto a esses aspectos, parece haver um consenso entre os estudiosos do setor. Já em relação aos objetivos das viagens incluídos na categoria de turismo, ou mesmo quanto ao tempo de permanência no local de destino, as opiniões são divergentes, conforme será discutido no decorrer deste capítulo e do livro como um todo.

Durante os dois séculos de paz sobre o domínio do Império Romano, existiam viagens voltadas para o prazer e a cultura restritas a uma elite que se deslocava desde as Muralhas de Adriano até o Eufrates.

As feiras, que exerciam grande atração na Idade Média cujas mais famosas foram as da região de Champagne, eram, por sua vez, o destino de viagens de negócios realizadas pelos mercadores da época (Vargas, 1992).

As viagens por prazer e lazer eram raras, restritas a espaços limitados, e podem ser relacionadas, como exemplos significativos, até o século XV, às atividades de peregrinação[2] religiosa e à participação nos Jogos Olímpicos. A partir do século XVI, certa atração exercida pelas cidades já se fazia presente, por constituírem locais de mais acesso à diversidade e às oportunidades de todas as ordens – bens, serviços, informações e contatos pessoais.

No entanto, como a atividade turística está diretamente relacionada à possibilidade de deslocamento, sua importância só começa a ser sentida à medida que se processa um avanço nos meios de transporte, marcadamente a partir do início do século XVIII, com a introdução de uma nova força motriz, a máquina a vapor[3] (Vargas, 1996).

Será nesse mesmo século que as motivações para viagens de lazer, educação e saúde terão a sua origem, no período do Iluminismo, com o desenvolvimento do "Grand Tour" na Europa. Tendo em vista os seus altos custos, estiveram, inicialmente, voltadas à população de alta renda (Urry, 1996; Wanhill, 2013).

---

[2] As peregrinações entre os séculos XII e XIV que incluíam uma mescla de devoção religiosa, cultura e prazer eram um fenômeno que já envolvia a oferta de uma rede de hospedarias para viajantes, mantidas por religiosos, e que chegaram a ter, no século XV, excursões organizadas de Veneza à Terra Santa (Feifer, 1985 apud Urry, 1996).

[3] A máquina a vapor foi inventada em 1712, para ser utilizada nas minas de carvão. O primeiro navio a vapor surge somente em 1776, e a travessia do Canal da Mancha acontece em 1785.

De fato, somente a elite, dispensada das obrigações de trabalhar para sobrevivência e com o privilégio do tempo de ócio, fosse para atribuições de governo, para aquisição de conhecimento ou para lazer, podia se dar ao luxo de viajar para terras estrangeiras[4]. Em alguns casos, viajavam em busca de melhores condições climáticas, em balneários inicialmente voltados ao cuidado com a saúde, em que permaneciam certo tempo, dando origem ao conceito de vilegiatura[5]. Assim, desenvolve-se, no século XVIII, uma série de balneários, que se espalha por alguns países da Europa, com destaque para o Reino Unido. O mais famoso deles foi o Blackpool, na região de Lancashire, que, com modificações nas suas atividades, ainda funciona como um atrativo turístico.

Para além da questão do clima e da saúde, havia também viagens cuja expectativa estava voltada à experiência da própria viagem e do desenvolvimento do olhar, visíveis no interesse de observação e de registro das manifestações culturais dos povos visitados[6]. Posteriormente, presenciou-se a emergência do interesse voltado para a paisagem. É importante destacar que as viagens eram também pensadas como uma forma de educação cognitiva e perceptiva da elite inglesa (Urry, 1996).

Foi somente durante o século XIX que surgiram as primeiras viagens organizadas com travessias, inclusive a do Atlântico. Nesse mesmo século, o vapor passou a ser, também, a nova força motriz no transporte terrestre, realizado por ferrovias, o que quadruplicou, em apenas 20 anos, a velocidade de deslocamento[7] (Vargas, 1996). Boa parte do turismo, neste século, baseou-se nos recursos naturais, no mar e em suas supostas propriedades mantenedoras da saúde (Urry, 1996).

---

4 Segundo Souza (1994 apud Vargas, 2001), a origem etimológica da palavra "negócio" (o comércio, o trabalho manual, o negócio) surgiu como oposição ao conceito de ócio, decorrente de sua concepção grega *neg-otium*, isto é, negação do ócio. Tanto na Antiguidade como na Idade Média, o ócio fora considerado uma atividade dos privilegiados, da aristocracia e do clero.

5 "Vilegiatura" é o termo usado para definir temporadas de descanso em que as pessoas das grandes cidades passam no campo ou em estações balneárias que, além da estadia em estâncias ou hotéis, incluem o fenômeno de segunda residência.

6 É fundamental destacar a importância do conhecimento que o registro das impressões de artistas e cientistas, por meio de textos e imagens – inicialmente por intermédio do desenho e da pintura e, posteriormente, da fotografia –, nos legou, lembrando a contribuição de Taunay e Hércules Florence, no século XIX, na expedição Langsdorff pelo Brasil; de Rugendas; e as fotos de São Paulo na obra de Militão de Azevedo.

7 A travessia da Inglaterra para os Estados Unidos, em 1835, passa a se realizar em apenas 15 dias pela Great Western. A utilização do vapor nas ferrovias, a partir de 1820, permite atingir uma velocidade de 24 km/h, velocidade essa que passa a 100 km/h em 1840.

Embora a atividade turística continuasse a se desenvolver, foi somente após a Segunda Guerra Mundial que ela começou a se consolidar como uma atividade promissora[8].

É nesse momento que o sistema de produção fordista se expande e coloca à disposição da população, principalmente nos países desenvolvidos, uma quantidade muito grande de produtos, o que amplia sua esfera de atuação, contando, para isso, com os ensinamentos das ciências voltadas ao conhecimento do consumidor e dos avanços dos meios de comunicação em massa, centrados no rádio e na televisão, no sentido de controlar e influenciar os mercados[9] (Galbraith, 1967; Vargas, 1992).

O consumo passou a ser ressaltado como demonstração de *status* social. No entanto, para consumir, excluindo-se a elite, era preciso trabalhar cada vez mais. A promessa, há muito feita pelo sistema, de diminuir o tempo de trabalho para aumentar a disponibilidade de tempo voltado ao lazer e ao turismo ainda não se concretizaria. Enquanto o sistema industrial fordista mantinha seu foco na persuasão de que a aquisição de bens era mais importante[10] do que o lazer e não percebera nele um novo mercado para os seus produtos, a diminuição da jornada de trabalho não entrou em cogitação. Os homens faziam horas extras e "bicos" para ter mais renda e comprar mais (Vargas, 1996).

A partir dos anos 1970, com as limitações à expansão sustentada da economia e a queda das taxas de produtividade das economias desenvolvidas,

---

[8] Christaller (1955 apud Silva, 1996) identifica 5 períodos principais para o desenvolvimento da atividade turística: (i) de 1790 até 1840, praticado por uma pequena elite, sobretudo inglesa; (ii) de 1840 a 1870, caracterizado pelo desenvolvimento dos meios de transporte ferroviário e marítimo e pelo crescimento dos meios de hospedagem, inclusive em fazendas; (iii) de 1870 a 1900, marcado pelo aumento de hotéis construídos exclusivamente para o turismo, agora com a participação embrionária da classe média e o surgimento de centros turísticos na Europa; (iv) entre 1900 e 1930, testemunhando o início do fenômeno do turismo de massa, voltado fundamentalmente aos esportes de inverno; (v) a partir de 1930, contando com a participação crescente de agências de viagem e a preferência por localizações periféricas.

[9] O mercado imobiliário e a indústria da construção civil, no mesmo período, nos Estados Unidos, usaram do mesmo artifício, levando o cidadão a acreditar que a qualidade de vida distante dos centros urbanos, nos subúrbios, era superior. A escassez e o alto preço do insumo básico para tal atividade, o solo urbano, nas áreas mais centrais induziram tal atitude (Vargas, 1996).

[10] O apelo ao consumo voltava-se mais para a aquisição da segunda moradia, de veraneio (praia ou campo), que respondia diretamente às alternativas do mercado imobiliário e à indústria de bens de consumo duráveis, que lucrariam grandemente com o preenchimento dos espaços vazios dessas novas moradias (Vargas, 1996).

por motivos devidamente conhecidos (Vargas, 1992; Galbraith, 1967; Gatto, 1989; Harvey, 1994; Hobsbawm, 2000), certos pilares inquestionáveis que dominaram a racionalidade da produção econômica do período começaram a se debilitar, conduzindo a uma nova forma de produção, atualmente conhecida como Produção Flexível[11].

Dois aspectos desse tipo de produção merecem destaque para o argumento do presente capítulo: o emprego de um número cada vez menor de trabalhadores na indústria e o crescimento do emprego no setor terciário – educação, comércio, planejamento urbano, diversões, pesquisas, medicina, artes, cultura e turismo. A economia dos serviços passa a ser, cada vez mais, uma das principais características da sociedade pós-industrial, pós-moderna (Vargas, 1985, 1992, 1996; Kon, 1992; Sassen, 1998).

A homogeneidade e padronização relacionada à sociedade industrial, que, segundo Toffer (1970), seria rapidamente substituída por uma imensa diversidade de estilos de vida da sociedade superindustrial, em que se apresentariam grupos de todos os tipos – *hippies*, homossexuais, vegetarianos, atletas –, se confirmaria. Toffer também acreditava na afluência de uma grande diversidade de produtos que, contrariamente ao que Galbraith (1967) supunha, tornaria o ócio bem-vindo ao sistema capitalista. Logicamente, conforme salientara Cross et al. (1980), desde que o tempo de ócio fosse ocupado por atividades de diversões comercializáveis, baseadas em tecnologias sofisticadas.

Além dos bens, a prática de determinadas atividades passa, também, a adquirir características de mercadoria[12]. O apelo à prática esportiva e à realização de atividades de lazer das mais variadas formas, a busca da emoção e

---

[11] Esse novo modelo de produção mostrava que, pela utilização da microeletrônica, era possível gerar vantagens extras a partir da diversidade de produtos, sem sacrificar as vantagens econômicas da grande produção em série, permitindo responder adequadamente (custo, tempo, qualidade) às demandas diferenciadas de tamanhos menores (Gatto, 1989).

[12] É importante remarcar que, na pós-modernidade, a cultura assume um papel de destaque com forte diferenciação do período anterior: privilegia o prazer em detrimento das propriedades formais do material estético; elimina a distinção vigorosa entre a alta cultura, apreciada por uma elite, e a cultura popular; promove uma ruptura entre o objeto cultural e o espectador, que passa a ser induzido a desejar uma participação ativa, dando origem aos mais diversos tipos de propostas culturais; e não consegue separar o que é artístico do que é comercial. Nas artes, a sua apreciação sai de um estado de contemplação e absorção, como acontece em um concerto de música clássica, para o de distração, entretenimento. Outra característica é o fascínio contemporâneo exercido pelo que é histórico, pela tradição, que explica o crescimento do grande número de museus, iniciado na Inglaterra e assumido por várias cidades no mundo (Urry,1996; Selby, 2004; Harvey, 2004; Baudrillard, 1995).

do prazer gastronômico, da elevação do nível cultural e da informação pela visitação e participação em eventos e o desejo de contatos sociais fornecem à atividade turística os insumos para que ela se torne uma grande indústria motriz e se constitua em um dos pilares da pós-modernidade (Vargas, 1996).

A utilização da atividade turística como uma significativa base econômica para o desenvolvimento das economias municipais, nas mais diversas escalas, com apelos diferenciados, e o potencial do urbano, como insumo precioso à atividade turística, conforme será discutido em outros capítulos, passam a dar o tom da economia pós-moderna, com destaque para o papel da cultura, que também se mercantiliza (Selby, 2004; Urry, 1996; Reis, 2007; Harvey, 1994).

Atualmente, não há dúvidas de que o turismo representa uma grande força na economia mundial, que gera milhões de empregos diretos e indiretos no mundo (8,8%) e que participou, em 2011, com cerca de 9% no Produto Interno Bruto mundial, segundo dados da World Travel and Tourism Council (WTTC) (Wanhill, 2013). Como a maior indústria baseada em serviços, o turismo tem respondido pelo crescimento desse setor, que atinge entre 40 e 50% do PIB nos países em desenvolvimento e chega a 70 a 80% nos países desenvolvidos (Fletcher, 2013a).

No entanto, mais do que a divergência com relação aos objetivos das viagens a serem incluídos no conceito de turismo, conforme inicialmente delineado, a amplitude do campo disciplinar, em que o turismo, como fenômeno, inseriu-se desde muito cedo, dificultou seu avanço como ciência e retardou o estabelecimento de bases teóricas que pudessem respaldar a práxis, cuja evolução merece ser pontuada.

O turismo como campo disciplinar

Datam, segundo Lohmann e Panosso (2012), do final do século XIX e início do XX, os primeiros estudos científicos, ou ao menos mais técnicos, sobre o turismo, apontando os de Guyer-Freuler (1883; 1905), Rae (1891), Bodio (1899) e Stradner (1905), nos quais os respectivos títulos já indicam a preocupação com os negócios provenientes do turismo.

Na primeira tentativa de conceituação de turismo, em 1910, atribuída ao economista austríaco Herman von Schullard, também já se evidenciava o interesse pelos resultados econômicos provenientes da soma de operações em decorrência da presença de visitantes (Andrade, 1997).

Essa visão, sem dúvida, já indicava um viés do potencial econômico do turismo para o desenvolvimento dos países a partir da entrada de receitas externas.

As preocupações com a destinação turística e a presença de visitantes, por sua vez, aparecem em 1929, como resultado dos trabalhos do Centro de Pesquisas Turísticas da Faculdade de Economia da Universidade de Berlim (Escola de Berlim), com a definição, por exemplo, de Robert Glucksmann e Willi Benscheidt, de que "o turismo é uma ocupação de espaço por pessoas que afluem a determinada localidade, onde não possuem residência fixa" (Andrade, 1997, p.34).

Em 1935, Robert Glucksmann introduz a questão das relações pessoais entre visitantes e moradores, considerando que "turismo é a soma das relações que se estabelecem entre pessoas que se encontram de passagem por determinada localidade e as que nela habitam" (Andrade, 1997, p.37).

Em 1955, Walter Christaller, segundo Silva (1996), publica um artigo em que apresentava uma contribuição pioneira à formulação de uma Geografia Geral do Turismo, destacando que somente a atividade turística relacionava-se de forma típica com a periferia de uma área densamente povoada, exigindo maior atenção da Geografia do Turismo com relação à organização do território.

Essas iniciativas de definição pioneiras já insinuavam a dificuldade de precisão de um campo disciplinar[13], tendo em vista que, naquele momento, o conhecimento era pensado por disciplinas estanques.

Se considerado em termos das atividades oferecidas, o turismo se relaciona com as disciplinas de economia e política, administração e marketing, comunicação, história, geografia, planejamento e gestão urbana. Se, como apontado por Andrade (1997), o epicentro do turismo são as pessoas, então as áreas de sociologia, educação, psicologia, antropologia e marketing se fazem fortemente presentes. Para o estudo do território visitado, por sua vez, abre-se o campo para a geografia, a história, o planejamento urbano e ambiental, a arquitetura e o urbanismo. Este último campo pouco trabalhado pelos estudos do turismo.

[13] O conceito de disciplina tem o significado de ciência, com método de investigação e objeto de pesquisa já constituído, que se tornou paradigma para a comunidade científica. Já o conceito de campo disciplinar refere-se ao objeto de estudo de outras disciplinas. Foi nessa direção que John Tribe (1997) afirmou que o turismo não é uma disciplina (ciência) mas, sim, um campo de estudo (objeto de estudo) de várias ciências (Lohmann e Panosso, 2012).

Visto como campo disciplinar, o estudo do turismo, em amplitude mundial, passou a ser inserido na teoria geral dos sistemas cujo precursor, segundo Lohmann e Panosso (2012), foi Raymundo Cuervo, em 1967, cunhando sua definição de turismo: "o turismo é um conjunto bem definido de relações, serviços e instalações que são gerados em virtude de certos deslocamentos humanos" (Cuervo, 1967, p.29). Nesse conjunto, é possível identificar vários subconjuntos, que incluíam desde os meios de transportes até o processo de fabricação de *souvenirs*.

No entanto, o sistema definido por Cuervo parece estar limitado ao conjunto de empresas envolvidas com a prestação de serviços ao turista, enquanto o modelo proposto por Leiper[14] (1979) inclui na sua definição, além da indústria do turismo, o turista e os elementos geográficos (de origem, trânsito e destino). Aponta, ainda, a necessidade de considerar os impactos resultantes do deslocamento, permanência e retorno do turista.

Somente no início da década de 1980, momento do crescimento mundial do turismo, os pioneiros no estudo desse campo do saber partem para uma crítica sociológica e encontram, no trabalho de Krippendorf (2000), publicado inicialmente em 1984, uma das principais referências sobre a sociologia do turismo. Esse estudo tinha como foco o significado da necessidade de evasão do cotidiano por parte do turista e dos impactos decorrentes da apropriação econômica da atividade sobre o território e população local. Para Krippendorf, a motivação de viagem das pessoas está atrelada à necessidade de *status* perante seus pares.

No entanto, a visão do turismo como campo disciplinar com base na teoria dos sistemas continua a prevalecer. Molina (1997 apud Lohmann e Panosso, 2012) reafirma a amplitude dos subconjuntos presentes na atividade turística e reforça a necessidade de se considerar: a demanda, a oferta técnica[15] (super e infraestrutura, equipamentos e atrativos) e a comunidade receptora.

Ao discutir o turismo como uma verdadeira indústria motriz, Vargas (1996) aponta as ligações para a frente e para trás que a atividade turística promove, conforme será discutido no Capítulo 3, por analogia à teoria dos

[14] Segundo Lohmann e Panosso (2012), esse modelo é o mais utilizado no exterior.

[15] A superestrutura refere-se às instituições necessárias e voltadas à implementação de políticas de desenvolvimento do turismo; a infraestrutura inclui as obras e os serviços necessários ao desenvolvimento das atividades urbanas como um todo e, consequentemente, ao desenvolvimento turístico, e inclui: transportes, comunicação, saneamento básico, entre outros.

polos de desenvolvimento de François Perroux[16], esta centrada no setor industrial.

Mario Beni (1998), em seu trabalho sobre a análise estrutural do turismo, também reafirma a condição sistêmica do turismo, pois busca estudar o homem longe de seu local de residência, a indústria que satisfaz suas necessidades e os impactos que ambos, o turista e o turismo, geram sobre os ambientes físicos, econômicos e socioculturais da área receptora.

Uma das formas de expressar esse caráter sistêmico do turismo, definido por J. Jafari, está apresentado na Figura 1.1, que mostra uma visão interdisciplinar[17], presente no ensino do turismo na universidade, indicando as diversas disciplinas e campos do saber envolvidos (Lohmann e Panosso, 2012; Wanhill, 2013).

É importante observar que, seja como disciplina ou como campo do saber, no gráfico de Jafari (Jafari e Ritchie, 1981), a Arquitetura e o Urbanismo não são explicitamente considerados no estudo do turismo, embora o patrimônio histórico e arquitetônico sempre se constituísse no atrativo turístico por excelência. A questão espacial só aparece pela inclusão dos estudos da Geografia (Vargas, 2014b).

Como uma tentativa de trabalhar com a questão espacial, Boullón (1990) introduz a teoria do espaço turístico, em que propõe uma divisão do território em zonas, áreas e centros turísticos, complexos, unidades, corredores, entre outras categorias, visando ao planejamento territorial para o turismo. Sua proposta tem um caráter estruturalista e está baseada em modelos locacionais com definição de raios de influência, característicos dos geógrafos da primeira metade do século XX. Embora mais direcionado aos aspectos de gestão do turismo, é importante destacar sua aproximação aos estudos de percepção da paisagem de Kelvin Lynch (1960), reforçando a importância dos cinco elementos de leitura da cidade apontados por este autor: marcos urbanos, focos de atividades, limites, sistema viário e bairros. Essa aproximação é, sem dúvida, altamente significativa para os estudos do turismo e da hospitalidade urbanos, em que a possibilidade de fruição do espaço da cidade é um atrativo valioso.

No entanto, a intensificação da atividade turística e de sua importância para o desenvolvimento econômico das nações marcou uma ênfase econô-

---

16 Para saber mais sobre polos de desenvolvimento, ver Perroux (1961; 1973).

17 Para Jafari e Ritchie (1981), o turismo deveria ser estudado de forma transdisciplinar e não interdisciplinar. No entanto, tendo em vista as limitações institucionais (custos, necessidade de integração entre docentes, maior dedicação), parte-se para um modelo multidisciplinar.

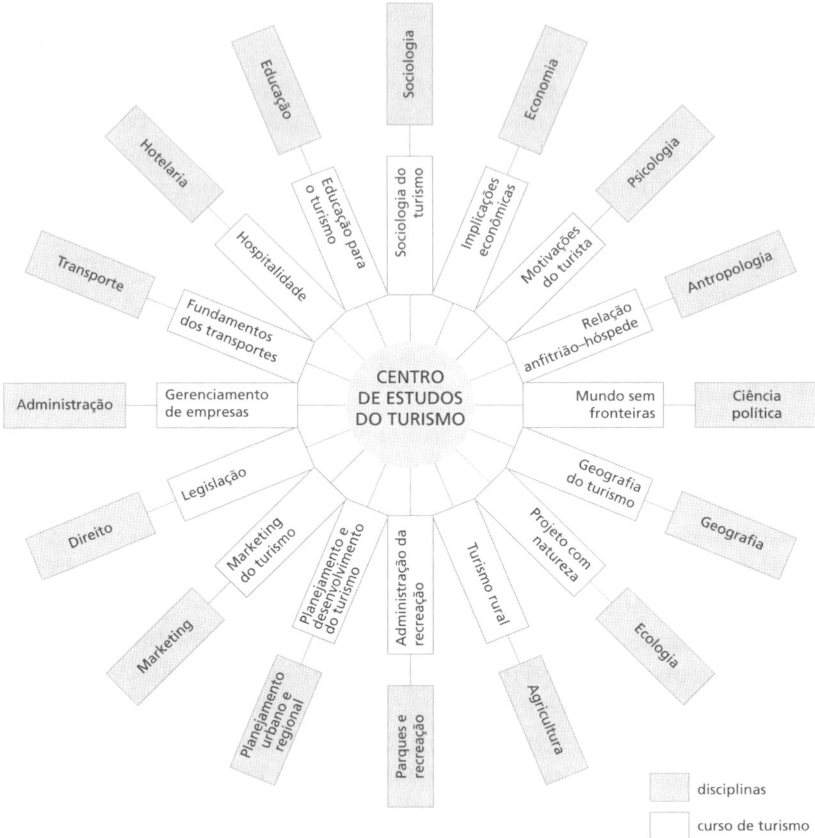

Figura 1.1 – Modelo de produção do conhecimento em turismo de Jafari. Fonte: Desenho de Heliana Comin Vargas a partir de Jafari e Ritchie (1981); atualizado em Jafari (2005 apud Lohamnn e Panosso, 2012, fig. 5); (Wanhill, 2013, fig.1.2).

mica no trato do turismo como campo disciplinar, sendo que a obtenção de informações estatísticas mais precisas sobre o assunto tornou-se necessária e valiosa.

Assim, a United Nations World Tourism Organization (UNWTO) passou a considerar como turista o viajante que se move para um lugar diferente do seu local de residência, por período inferior a 1 ano, com qualquer propósito que não seja vínculo empregatício por uma organização do país visitado (Wanhill, 2013). Em decorrência dessa definição, turismo é o conjunto de atividades realizadas e à disposição do turista, fazendo prevalecer o lado sistêmico de encadeamento entre as empresas do setor com ênfase no viés econômico da atividade, conforme modelo de Cuervo (1967) mencionado anteriormente.

E é a percepção dos benefícios econômicos que se transforma na principal força em defesa do turismo, inserindo-o nas estratégias de desenvolvimento local e nacional, tendo em vista a entrada de receitas externas e a geração de emprego[18] e renda que propicia (Fletcher, 2013a).

Para Fletcher (2013a), os gastos com turismo são tão reais quanto qualquer outra forma de consumo, podendo, aqueles realizados por turistas internacionais, ser considerados como exportações, ainda que "invisíveis"[19], para o país hospedeiro. O turista doméstico, por sua vez, pode inclusive ser visto como um elemento de substituição de importações quando escolhe viajar por seu país em detrimento de uma viagem internacional.

Os governos, muitas vezes, relutam em perceber que os gastos de seus habitantes com turismo internacional, ou seja, exportando divisas, funcionam como importações e, por isso, demoram a adotar medidas protecionistas. A não ser quando a balança de pagamentos[20] começa a ficar muito desequilibrada[21].

Na escala municipal, essa possibilidade da atividade turística atrair receitas externas e contribuir com o desenvolvimento local é o centro da Teoria da Base Econômica[22], na medida em que responde pela força e expansão da economia urbana.

---

18 Se a necessidade de mão de obra intensiva é importante para a geração de renda, a dependência da mão de obra e a dificuldade de qualificação profissional colocam as empresas em situação de fragilidade no que se refere ao atendimento e à qualidade dos serviços (Gilbert, 2013b).

19 Além dessa invisibilidade dos recursos, Wahab, Crampon e Rothfield (1976 apud Gilbert, 2013a) lembram que o retorno do turismo sobre o investimento realizado não é tangível.

20 O balanço entre receitas provenientes do turismo e gastos com turismo internacional coloca apenas os Estados Unidos (28%), a Itália (11,7%), a França (8,1%) e a Austrália (7,4%) como aqueles com balança comercial favorável (Fletcher, 2013a).

21 O Brasil, em dezembro de 2013, promoveu novo aumento de impostos sobre operações com despesas internacionais, aumentando o IOF de 0,38 para 6,38% nos gastos com cartão de débito e cartões de viagem.

22 Segundo a Teoria da Base Econômica, as atividades básicas estão representadas por aquelas que produzem e fornecem bens e serviços para fora do seu limite administrativo, e as não básicas são aquelas consumidas internamente. Nesse conceito, as atividades básicas respondem pela força e expansão da economia urbana, o que propicia, consequentemente, a expansão das atividades não básicas e o crescimento da economia como um todo (Chapin, 1976; Vargas, 1985).

No entanto, é importante apontar que, com relação às empresas envolvidas com o turismo, embora haja uma grande proporção de pequenas e médias empresas, a maior concentração de capital encontra-se nas mãos das grandes empresas, localizadas na América do Norte e na Europa, que se utilizam de fornecedores do sistema global. Já as pequenas e médias empresas, apesar de contribuírem para uma segmentação do produto turístico, serem mais intensivas em mão de obra e utilizarem-se mais de insumos locais, dinamizando a economia local, são muito suscetíveis a falências e à oferta de serviços pouco qualificados (Fletcher, 2013d; Urry, 1996).

No entanto, considerar o turismo como uma atividade essencialmente econômica, de acordo com Rojek e Urry (1997 apud Selby, 2004), é uma resposta à problemática natureza do turismo, que se abstrai de importantes abordagens das práticas culturais. Para Selby (2004), no campo espacial, os geógrafos têm trabalhado com os efeitos multiplicadores, fluxo de visitantes e ciclo de vida das destinações. Ao se voltarem para o estudo do turismo urbano, no entanto, limitam-se a monitorar e descrever padrões de uso do solo e fluxos de turistas. Selby destaca ainda que estudos culturais que abrangem inúmeros campos do saber vêm transformando os questionamentos intelectuais do estudo do turismo. Nesse sentido, acreditamos que a Arquitetura e o Urbanismo têm muito a contribuir para esse campo disciplinar.

Em busca de uma síntese para essas discussões, aqui apenas esboçadas e que não se esgotam nos autores anteriormente citados, Wanhill (2013) indica 3 elementos principais a serem considerados no conceito de turismo: a indústria do turismo, que inclui toda a oferta de bens e serviços necessários para a atividade se desenvolver (oferta turística); os visitantes, que definem a demanda por viagem turística; e a localização geográfica, que se constitui na destinação escolhida, acabando por conformar o produto turístico, cuja especificidade também exige mais entendimento. Logicamente, na destinação turística, os diversos impactos a se considerar, seja na questão territorial e ambiental ou de relações socioculturais entre morador e visitante, também são objetos de estudo do turismo.

A oferta turística

A oferta turística de uma destinação inclui a soma de todos os produtos e serviços à disposição do turista durante sua estadia, oferecidos por uma grande quantidade e variedade de empresas (públicas ou privadas) que, embora atuando de maneira independente, apresentam-se como um sistema que irá compor a percepção do turista sobre a sua experiência.

Portanto, a utilização do termo "indústria do turismo", algumas vezes criticado – tendo em vista que o turismo é um serviço e se inclui no âmbito do setor terciário –, deve-se a essa característica da atividade, que acaba por agir como uma indústria motriz[23], que promove uma série de encadeamentos (*linkages*) entre empresas, para a frente e para trás, criando um efeito multiplicador e dinamizando a economia local e regional (Vargas, 1985; 1996).

É nessa direção que o turismo passa a fazer parte das preocupações da gestão das cidades e das intervenções urbanísticas propostas, conforme será discutido em outros capítulos.

A característica mais marcante da oferta turística, segundo Ruschmann (1997), é a sua heterogeneidade, que deve ser dividida em duas categorias principais: a oferta técnica ou de infraestrutura turística e a oferta de atrativos. A primeira responde pelo atendimento direcionado ao turista e inclui, fundamentalmente, alojamento, refeições, transporte, agências de viagem e atendimento ao turista. Já a oferta de atrativos refere-se à existência de locais de visitação, para os mais variados interesses, e às atividades oferecidas pela localidade e buscadas pelo turista, que, além das belezas do ambiente natural ou construído, incluem atividades culturais, esportivas, eventos, compras, artesanatos, lazer, divertimento, entre outros.

É importante destacar que grande parte da oferta de infraestrutura turística que o visitante utiliza em sua estadia na destinação corresponde à infraestrutura e aos serviços urbanos oferecidos pela municipalidade para a população local. A utilização dessa infraestrutura pelo turista implica uma sobrecarga no sistema e exige investimentos, planejamento e controle por parte do setor público, de modo a garantir a qualidade de vida de seus moradores e o adequado atendimento ao visitante.

A oferta de atrativos, por sua vez, tem se direcionado à promoção das mais variadas atividades, com diversos modos de participação, sempre em busca de proporcionar um grande espetáculo[24], o que torna, muitas vezes,

---

[23] O conceito de indústria motriz, cunhado por François Perroux (1961; 1973) em sua teoria sobre Polos de Desenvolvimento, defende que, para uma indústria ser considerada motriz, deve possuir 3 características principais: ser de grande porte, de modo que a sua produção possa causar grande impacto na região; apresentar taxa de crescimento acima da média regional ou nacional; ter uma forte interdependência técnica (*linkages*) com outras indústrias, de modo a formar um complexo industrial (Vargas, 1985).

[24] Os balneários na Inglaterra, por exemplo, sempre competiram entre si para proporcionar ao visitante o mais significativo dos salões de baile, o mais longo dos cais, a torre mais alta, o parque de diversões mais moderno, o acampamento mais sofisticado, o bulevar mais elegante (Urry, 1996).

indiferente a escolha do local onde o evento acontece. Assim, unem-se à gestão das atividades o ambiente natural e o ambiente construído, espontânea ou planejadamente produzidos, a fim de garantir uma oferta capaz de atrair turistas e investimentos, os quais serão detalhados nos capítulos do presente livro. No entanto, há a necessidade de melhor compreender quem é esse público que demanda, avidamente, as atividades envolvidas com o turismo na contemporaneidade.

A qualificação da demanda

Na economia diretamente ligada ao avanço do setor de serviços e do turismo, observa-se uma mudança na estrutura da sociedade pelo aumento da classe prestadora de serviços, representando uma nova burguesia que se identifica com a pós-modernidade e se constitui no grande público-alvo do setor turístico.

Essa classe social, cujos participantes não possuem capital ou terra em grau substancial, está presente em um conjunto de instituições que prestam serviços coletivamente ao capital. Para pertencer a essa classe social, é necessária a posse diferenciada de credenciais educacionais, em que o capital cultural se sobrepõe ao econômico. O nível educacional, portanto, serve como credencial para diferenciar essa classe, considerada prestadora de serviços (a nova burguesia), dos demais trabalhadores de escritórios, que também são prestadores de serviços (Urry, 1996).

A classe de prestadores de serviços com nível educacional mais elevado fornece boa parte da massa de espectadores/consumidores para fenômenos culturais que integram a lista das atividades voltadas ao turismo e que se contrapõe ao gosto da burguesia mais tradicional – criticando-a como elitista, bem como ao das classes ditas "intelectualizadas", ao mesmo tempo que ironiza a classe trabalhadora pela falta de sutileza e polidez[25] (Urry, 1996).

Nessa classe, Bordieu (1984 apud Urry, 1996) destaca também a presença de intelectuais que buscam formas de lazer culturalmente mais legítimas e

---

[25] No que se refere às classes sociais, Urry (1996), apoiando-se em Bordieu (1984), em seu trabalho *Distinction*, defende que os poderes das diferentes classes sociais são tão simbólicos como econômicos ou políticos. As diversas classes sociais buscam valorizar quantitativamente e qualitativamente o capital que detêm em relação às demais. Diferenciam-se por meio de um sistema de classificação (*habitus*) definido pelas práticas que orientam as pessoas, seja pelas disposições corporais, gostos e aversões, tentando impor seus próprios padrões de modo a se tornarem dominantes (Urry, 1996).

mais baratas – visita a museus, montanhismo e caminhadas – como demonstração de uma pobreza ostentatória. Para Bordieu, são os intelectuais que melhor exemplificam o olhar romântico[26] desse período, enquanto os novos burgueses preferem a natureza organizada, cultivada e sinalizada.

Urry (1996) também destaca a presença do que chamou de pequena burguesia, representada por profissionais envolvidos com a mídia, a propaganda e o design, os quais atuam como intermediários culturais, por serem comprometidos com a moda e com as rápidas e divertidas transformações do estilo. A facilidade com que esses profissionais acolhem os novos estilos populares e as possibilidades do mercado do novo aumentam a efemeridade da moda e a rapidez com que se passa do popular para a vanguarda e vice-versa, assim como do popular para a alta sociedade, priorizando o estilo (Urry, 1996; Featherstone, 1987).

Embora a pós-modernidade caracterize-se por uma profusão de imagens, estilos, diversidade de possibilidades, diferentes formas de realizar as atividades respondendo a uma demanda segmentada, o mercado tenta, de certa forma, homogeneizar as demandas com a oferta de um turismo para a massa.

Assim, conhecer o perfil dos potenciais viajantes com relação ao modo como gostam de realizar as atividades turísticas, além dos fatores sociológicos, como idade, gênero, escolaridade, origem e renda, parece fundamental para o setor de turismo. Fatores psicológicos relativos aos atributos da personalidade, tais como atitudes, percepções e comportamentos, influenciam a forma de viajar, pois, conforme apontado por Cohen (1972 apud Gilbert, 2013a), embora paradoxal, o interesse por viagens combina a curiosidade e a busca de novas experiências com a segurança que remete ao lar.

Cohen (1972 apud Gilbert, 2013a) caracteriza, ainda, os seguintes grupos de turistas:

---

[26] Até mesmo a construção da natureza ou o desejo pelo natural buscado pelos intelectuais são permeados pela cultura. Para Bordieu (1984, p.287 apud Urry, 1996, p.132), "os intelectuais subvertem a ordem burguesa por meio de uma luxúria minimalista, do funcionalismo e de uma estética contemplativa ascética. Este padrão se reflete em uma gama extraordinária de símbolos e práticas culturais contemporâneas: comida natural, pão integral, vegetarianismo, *nouvelle cuisine*, ciência e medicina tradicionais, não ocidentais, parto natural, emprego da lã, renda e algodão no lugar de fibras artificiais, antiguidades no lugar de reproduções, casas e armazéns restaurados, natação, ciclismo, *jogging*, montanhismo, andar a esmo no lugar de um lazer organizado, planejado".

- De massa: ele é organizado, mas apresenta baixo nível de aventura; se mantém dentro de uma bolha ambiental; geralmente compra pacotes fechados e tem pouco contato com a cultura local.
- De massa individual: com as mesmas características do anterior, porém com mais flexibilidade, pode fazer escolhas e tem pouco conhecimento sobre a destinação turística, tendendo a permanecer na mesma bolha de segurança.
- O exploratório: organiza-se de forma independente, buscando fugir do lugar-comum, mas deseja acomodações confortáveis e transportes disponíveis; às vezes, sai da zona de conforto, mas gosta de saber que ela está disponível.
- *The drifter* (peregrino): evita qualquer conexão com a indústria de turismo.

Nessa mesma direção, ao classificar os turistas, Smith (1977 apud Lohmann e Panosso, 2012) indica 2 grupos principais: aqueles que viajam em excursões com pacotes de atividades rígidos, definidos como turistas de *charter*; e os exploradores. Entre esses 2 grupos, ele inclui mais 5 categorias intermediárias: turista de massa, turista de massa incipiente, turista não usual, turista fora de trilha e turista de elite. De qualquer forma, a distinção dessas 7 categorias nem sempre é facilmente percebida.

A proposta de Plog (2004 apud Fletcher, 2013c) segue na mesma direção. Ele define 2 grupos diametralmente opostos: os alocêntricos, interessados nas diferenças ambientais e culturais que fogem aos padrões estabelecidos, pertencem à classe de alta renda, são aventureiros e pouco se utilizam do turismo organizado; e os psicocêntricos, que procuram por ambientes familiares, pertencem aos extratos de menor renda, não são aventureiros e utilizam-se essencialmente do turismo organizado. Assim como Cohen (1972) e Smith (1977), Plog também admite a existência de grupos intermediários com perfis menos radicais.

Além desses agrupamentos, que buscam a identificação dos diversos perfis de turistas, o conhecimento da motivação do turista para as viagens tem importância fundamental para o planejamento das atividades turísticas que passam pela valorização, divulgação e invenção de atributos das localidades que pleiteiam a condição de destinação turística. É, na realidade, a área do conhecimento que estuda o mercado turístico pelo viés da demanda.

Quanto à motivação para as viagens, é necessário, inicialmente, pontuar que não existe um consenso nas indicações das motivações, mesmo porque qualquer definição, classificação ou interpretação tende a variar de acordo com a estrutura analítica usada pelo autor individualmente, de acordo com seu objetivo.

Para Gray (1970 apud Lohmann e Panosso, 2012), por exemplo, 2 são os propósitos principais que motivam uma viagem: o prazer do sol "*sunlust*" e o prazer da peregrinação "*wanderlust*". O primeiro volta-se à busca do descanso, da permanência em ambientes mais naturais; e o segundo direciona-se ao encontro de novas experiências, em novos lugares, com novas pessoas e privilegia ambientes urbanos.

Barreto (2000) segue nessa mesma direção, aproximando-se mais das características da destinação turística, ao propor uma divisão entre as motivações por viagem que buscam atrativos naturais ou culturais. Esse último abrange a história, o cotidiano, o artesanato e demais aspectos incluídos no conceito de cultura.

Autores como Gilbert (2013a) defendem a classificação de motivações que decorrem das atitudes, as quais podem ser divididas em 2 grandes categorias: as utilitárias, voltadas ao atendimento das funções básicas, que incluem uma decisão mais racional (por exemplo, assistir a um evento específico); e as necessidades hedônicas, relacionadas ao prazer e à autoexpressão, que implicam uma decisão mais emocional e, muitas vezes, não consciente.

Mesmo a classificação de Maslow (1954 apud Vargas, 2014a), sobre as necessidades humanas, que indica um total de 5 categorias de necessidades[27], pode ser reagrupada em apenas duas: as duas primeiras categorias (fisiológicas e segurança) direcionam-se às funções básicas; e as três últimas (amor e pertinência, estima e autoatualização) se aproximam da busca de acolhimento e reconhecimento, posicionando-se em relação ao outro, estabelecendo relações de valores de signo[28] com características mais hedônicas.

Outros autores relacionam várias motivações[29] (Dann 1981 apud Gilbert, 2013a) que, a nosso ver, poderiam ser agrupadas em um número menor de

---

27 As necessidades apontadas por Maslow (1954) são: fisiológicas (fome e sono); segurança (estabilidade e ordem); amor e pertinência (família e amigos); estima (respeito e aceitação); e autoatualização (capacitação).

28 Quando as necessidades básicas são supridas, outras começam a aparecer. Os desejos tornam-se necessidades a partir do momento em que se vislumbra a possibilidade de satisfazê-los. Os desejos também dependem do repertório individual de cada um, repertório este, hoje, facilmente ampliado pelas comunicações (Vargas e Ribeiro, 2001; Vargas, 1999).

29 Dann (1981 apud Gilbert, 2013a) apresenta 7 motivações: viagem em resposta ao que está faltando e é desejado; destinação atraente em resposta a uma motivação desejada; busca de

categorias, pois, na tentativa de identificação dos elementos motivadores, misturam objetivos de viagem ao comportamento esperado do turista em relação aos residentes e aos atrativos da destinação.

A classificação proposta por McIntosh, Goeldner e Ritchie (1995 apud Gilbert, 2013a), por sua vez, também não apresenta racionalidade em sua divisão. Ao elencar 4 motivações – físicas, interpessoais, culturais e de prestígio –, não há clareza no estabelecimento das categorias propostas. A última delas não apresenta uma motivação objetiva e consciente, pois se refere mais a um valor de signo atribuído às viagens, diferentemente das anteriores que são explicitamente colocadas e, de certa forma, todas respondem implicitamente ao objetivo da última. Além disso, as motivações interpessoais, conforme apresentadas, poderiam se inserir nas culturais.

Em Andrade (1997), esse equívoco se repete. Algumas motivações são objetivamente elencadas, como a motivação comercial, a busca de tranquilidade e de conhecimento. Outras têm características mais subjetivas, como a evasão do cotidiano, a busca de *status* e aventura, podendo ser agrupadas, respectivamente, em motivações utilitárias e hedônicas.

Outra classificação de motivações de viagem foi apresentada por Gilbert (2013a), decorrente de uma pesquisa realizada pelo British Tourism Authority para viagens internacionais no Reino Unido. Ele identificou grupos de motivações que, conforme apresentado, a nosso ver, tem um caráter mais racional (utilitário) e objetivo: educação e conhecimento; cultura; gastronomia; descanso; clima; atividades; diversão e aventura; razões sociais; geografia.

Yázigi (2002) também separa as viagens por motivações: objetivas (racionais), como as religiosas, as de visita a parentes, as de estudo, e aquelas para tratamento de saúde; e as de caráter mais existencial, como as de evasão do cotidiano e de busca de novas experiências. A paisagem, por si só, não aparece como elemento relevante, nem para ele nem para a maioria dos autores analisados.

Outra tentativa de classificação das motivações, apresentada por Fletcher (2013c), refere-se a fatores de expulsão e atração. O primeiro é resultado das mazelas da vida urbana, como o estresse, a intensidade de atividades, a poluição e os congestionamentos de diversas ordens, que arremessam os indivíduos para fora do seu lugar. O segundo responde ao magnetismo da

---

fantasias; realização de uma atividade específica; busca de experiências diferentes do cotidiano; busca de experiências turísticas; autodefinição e significado na relação com a população local.

destinação por seus atrativos, como os eventos, o clima, a natureza, as aventuras, entre outros.

Ainda que esse efeito "puxa-empurra" apareça em muitas teorias motivacionais, sua base de referência é o modelo de Iso-Ahola (1982) da psicologia social do turismo, que aponta a motivação como busca do lazer (recompensas intrínsecas nos ambientes a serem visitados) e de fuga (escapar da rotina); as duas, ainda, podem agir simultaneamente. Nesse sentido, a motivação aqui expressa se aproxima da divisão proposta por Cohen (1972), conforme mencionado. De qualquer forma, o modelo de Iso-Ahola trabalha com motivações pessoais (psicológicas) e interpessoais (sociais) (Lohmann e Panosso, 2012).

O modelo de Crompton (1992 Lohmann e Panosso, 2012), por sua vez, distancia-se das motivações e passa a focar a tomada de decisões para a viagem, lastreada na existência de informações sobre a destinação turística, assumindo um caráter mais objetivo na escolha, independentemente da motivação inicial.

Outros modelos, como o de Schmoll (1977 apud Lohaman e Panosso, 2012), também se apoiam nos estímulos externos como motivação das viagens, a saber: a força das promoções e recomendações, a confiança no serviço a ser adquirido, a imagem do destino e os recursos financeiros disponíveis para a viagem. De qualquer forma, esses estímulos misturam-se a determinantes pessoais e sociais, ou seja, às reais motivações.

Considerando a diversidade de agrupamento das motivações, aqui apenas esboçadas e sem intenção de esgotar o assunto, optamos por assumir uma divisão em 3 categorias de motivações: 1 de caráter utilitário e bem definido, digamos racional; e as outras 2 de caráter mais hedônico, como a busca do não cotidiano e a busca de autocapacitação.

- As motivações utilitárias incluem a realização de atividades claramente estabelecidas, como lazer, estudo, saúde, recreação, negócios, atividades profissionais, visita a parentes e amigos, religião e peregrinações, compras, bem como o conhecimento de um local específico. Nesse caso, a destinação pode ser facilmente identificada.
- A motivação pelo não cotidiano, por sua vez, envolve o contato com lugares e pessoas diferentes do seu habitual, a realização de atividades desconhecidas ou não usuais, o vivenciar de situações diversas, e a possibilidade de adotar comportamentos não patrulhados. Para Wainberg (1999), é o fator de estranheza, de entender como a vizi-

nhança vive e realiza a proeza da sobrevivência, diversa da sua, que atrai o interesse do visitante, conduzindo, segundo Urry (1996), a uma divisão binária básica entre o ordinário/cotidiano e o extraordinário. Os turistas demonstram um especial fascínio pela vida real dos outros e desejam realizar atividades distintas daquelas do seu dia a dia ou, ainda, realizar tarefas ordinárias de modo extraordinário, como dormir (cotidiano) em uma tenda no deserto do Alto Atlas em Marrocos (extraordinário).

- A motivação pela autocapacitação inclui atividades voltadas à busca de conhecimento, autenticidade e de crescimento pessoal. Nesse caso, incluem-se aqueles que visam ao conhecimento pelo ato de viajar; eles estão interessados em mergulhar na cultura dos lugares, seja pela intenção do entendimento do outro, seja pelo desejo e prazer do conhecer despretensioso.

Qualquer uma dessas motivações pode, no entanto, esconder intenções outras, muitas vezes não conscientes, representadas pela busca de prestígio e de reconhecimento social nos seus grupos de referência, assim como a melhora da autoestima. Na verdade, essa busca faz parte da natureza humana, independentemente da realização ou não de viagens. O que interessa para o turista é a atividade que ele espera encontrar na destinação turística. O conhecimento das motivações funciona como insumo para o planejamento e o desenvolvimento das atividades na destinação final, assim como na formulação de pacotes de viagens, embora a publicidade e a propaganda turística se encarreguem de adicionar outros valores de signo.

Com relação à definição de turista, aspectos como o tempo de permanência na destinação final e a obrigatoriedade de pernoite para a inclusão na categoria de visitante/turista têm perdido força, tendo em vista a relação entre tempo e espaço, que permite ir e voltar em menos de 24 horas; e o tamanho das cidades e os processos de conturbação, que transformam moradores em visitantes/turistas de 1 dia em sua própria cidade ou região.

Segundo Wanhill (2013), quando o turismo foi definido nos anos 1950, o volume de excursionistas (visitante de 1 dia) era desprezível comparado ao turismo internacional. Mas o avanço no setor de transporte e de comunicação, ao diminuir as distâncias no tempo, transformou as viagens de 1 dia em uma importante atividade econômica que não pode ser ignorada.

Por outro lado, é essencial diferenciar os viajantes que se deslocam cotidianamente em um movimento pendular casa-trabalho ou deslocam-se regularmente e frequentemente para a realização de outras atividades – educação, saúde, visita a parentes –, mesmo quando percorrem longas distâncias ou vão para cidades próximas, daqueles viajantes na condição de turista propriamente dito, pois a frequência cotidiana se opõe ao princípio básico da atividade turística, que busca o não usual, ou seja, o extraordinário.

A discussão que envolve o tempo no turismo e a definição de turista será retomada, em alguns dos capítulos, sempre que se fizer necessário, na medida em que envolva esta relação de tempo e espaço.

Como, no entanto, o ambiente natural ou construído é o principal ingrediente para a formatação do produto turístico, são o território e seus habitantes que recebem os maiores impactos no sentido da sua transformação. Iniciar aqui a discussão sobre a destinação turística é uma forma de preparar o terreno para os capítulos que se seguirão cuja atenção estará, fundamentalmente, voltada à presença e ao papel da arquitetura e do urbanismo no fenômeno turístico.

A destinação turística

Rojek e Urry (1997 apud Wanhill, 2013) consideram a destinação turística "*la raison d'être*" para o turismo, por oferecer o diferencial da vida cotidiana em vários aspectos. Fyall (2013), nessa mesma direção, afirma que a destinação turística está no centro do sistema turístico, representando um amálgama dos produtos que coletivamente oferecem uma experiência local ao visitante, o que é uma das principais motivações dos turistas.

Para Mayo (1973 apud Gilbert, 2013b), a imagem da área de destinação é um fator crítico quando se decide viajar, seja ela formada por informação e conhecimento buscados pelo turista, seja aquela veiculada pela mídia com a intenção de atrair o turista. Essa imagem, composta pela imagem física e mental, tem na arquitetura um dos elementos principais para a sua formação.

A destinação turística, no entanto, deve ser entendida como o somatório das atrações decorrentes do local no qual ela se encontra (espaço físico), das atividades oferecidas no local (em termos de infraestrutura turística) e das atividades destinadas a atender às motivações de viagem do turista (atrativos turísticos).

A atração pelo próprio lugar, pela localidade, pode se dar por sua beleza natural – como praias, montanhas, florestas – ou propriedades terapêuticas; pela história que só o lugar pode contar, traduzida em seu patrimônio cultural e arquitetônico; e pela contemporaneidade, proveniente do ambiente construído planejadamente produzido para o turismo.

Os ambientes construídos, por sua vez, são de 2 ordens: os realizados sem o propósito turístico (legado da história, cultura, arquitetura e urbanismo) e aqueles produzidos com o propósito turístico, em que a criação de novidades e atividades visam, além da atratividade do visitante, promover o seu retorno.

Na construção dessa imagem, as obras de arquitetura a serem objeto de visitação, seja pelas atividades que abrigam (pelo ambiente estimulante e acolhedor), seja pela apreciação da arquitetura em si, transformam-se em ícones de atração turística. Museus, centros de entretenimento, pavilhões de feiras e eventos, centros de compras ou *flagship stores* são exemplos paradigmáticos. Do ponto de vista do desenho urbano, o cuidado com a qualidade dos espaços públicos e da gestão urbana (sinalização, segurança, transportes, conforto) também refletem o nível de hospitalidade esperado pelo visitante.

A paisagem artificial, criada em função do turismo, primeira instância do contato do turista com o lugar visitado, constitui-se em uma tentativa de reproduzir os signos que povoam o imaginário de turistas, e não a realidade dos locais. Um exemplo marcante foi a abertura da Copa do Mundo de Futebol de 2014, em que a expressão da cultura brasileira, desenhada por estrangeiro e fundamentalmente para ele direcionada, não passou de uma caricatura medíocre de uma representação equivocada (Vargas, 2014b).

Na atualidade, as paisagens artificiais têm se transformado em verdadeiros estereótipos, reproduzidas apenas em sua aparência, pois não têm sua produção marcada pela história do lugar, tornando-se, assim, produtos para consumo.

Rémy Knafou (1996) aponta como paisagens artificiais ou recriadas casos de hiperespecialização dos espaços, como o Animal Kingdom da Disney World e tantos outros parques temáticos, denominando-os locais de "turismo sem território", pois ignoram o contexto físico natural e cultural em que se inserem.

No entanto, é importante observar que, atualmente, as atividades estão começando a superar o interesse pela destinação final propriamente dita, inclusive para esses espaços de simulação. São os jogos, as compras, a diversão, o descanso, etc. que determinam a escolha do local, e o interesse pela visitação passa a ser secundário. Diante disso, a gestão urbana tem assumido responsabilidades mais intensas no planejamento e nas intervenções realizadas nas cidades, onde os eventos e megaeventos, cada vez mais frequentes e ambicionados, têm feito parte de seu cotidiano.

Se, em algumas situações, as atrações surgem espontaneamente, como a gastronomia e o turismo de compras na cidade de São Paulo, em outras são planejadas, seja pelo setor público ou pelo privado. Eventos – como o réveillon em Copacabana, a Copa do Mundo de Futebol ou os Jogos Olímpicos –, criação de ícones arquitetônicos – como o Museu de Guggenheim em Bilbao, Espanha, ou o Museu de Arte Contemporânea de Niterói, considerados *flagship attractions* –, incentivo às compras – como acontece em Dubai –, ao atrair visitantes, auxiliam no desenvolvimento do turismo e da economia da cidade e região.

Alguns eventos, por sua vez, só têm razão de ser se atrelados à localidade, pela excepcionalidade do sítio geográfico ou pelas expressões culturais e arquitetônicas únicas ou tradicionais, como o Carnaval no Rio de Janeiro, a Peregrinação a Meca ou a Jerusalém e a corrida de São Silvestre em São Paulo. Esses são alguns exemplos paradigmáticos desta relação entre evento e lugar[30].

No entanto, essas mesmas atividades podem se constituir em pseudoacontecimentos, conforme colocado por Boorstin (1964 apud Urry, 1996) e Cohen (1988 apud Urry, 1996), antecipando, em parte, Baudrillard (1995), o qual aponta que turistas em grupos guiados participam de atrações inventadas com pouca autenticidade. Para exemplificar, podemos citar as inúmeras apresentações que ocorrem em diversas cidades do Brasil sobre a vida e a morte de Jesus Cristo na época da Semana Santa.

Nesse sentido, os pseudoacontecimentos independem dos locais, desvinculando-se, cada vez mais, das especificidades naturais ou das historicamente construídas, tornam-se, assim, uma atração independente do lugar, como os Jogos Olímpicos, as feiras de exposição, os shows, entre outros. Além do discurso de desenvolvimento das economias locais e nacionais, há um claro interesse do desenvolvimento imobiliário e negocial atrelado a esses grandes eventos, lembrando o vínculo explícito do turismo ao mercado imobiliário, com os quais os estudos de arquitetura e urbanismo mantêm estreita relação (Vargas e Araújo, 2014).

É importante pontuar ainda que toda ação humana provoca uma reação, cujos efeitos podem ser positivos ou negativos, desejados e esperados ou, até mesmo, não previstos, não sendo exclusividade do fenômeno turístico.

---

30 Alguns lugares podem fazer a diferença para eventos comuns, como festivais de ópera ou de música clássica, em que a acústica tende a ser única. A Savonlinna Opera Festival, que acontece todo mês de julho em Olavinlinna Castle, em um pátio de um castelo medieval de excelente acústica, é um exemplo dessa condição (Wanhill e Fyall, 2013).

Assim como acontece com outras atividades econômicas, o turismo apresenta impactos de diversas ordens sobre o território e sobre a população local, como mostram diversos estudos, apresentados em muitas áreas do conhecimento por autores como Fletcher (2013b), De Kadt (1979 apud Fletcher, 2013c), Ruschmann (1997), Vargas (1998) e Urry (1996). Nesse contexto, estudos urbanos e de gestão se fazem necessários.

Por fim, como o turismo é uma atividade altamente "consumidora" de espaço, os impactos observados na paisagem são, ao mesmo tempo, causa e efeito do mesmo processo, pois visam atrair e alojar o turista. Essa condição destaca o papel da arquitetura e do urbanismo como partícipe do fenômeno turístico, cujas estratégias de atuação (na gestão ou no planejamento do território, por exemplo) requerem um olhar cuidadoso dos estudiosos da área. Seja no resgate da memória ou na busca pelo novo, seja como abrigo de atividades ou pela experiência sensorial, seja como ícone a ser visitado ou colecionado como *souvenir*, a arquitetura e o urbanismo fornecem insumos para as mais amplas discussões do campo disciplinar do turismo e para o entendimento da especificidade do produto turístico.

A especificidade do produto turístico

A atividade turística inclui-se no âmbito das atividades terciárias, na categoria de serviços que, por sua natureza, apresenta um alto grau de efemeridade e ausência de corporeidade. Isto é, ela encerra-se no momento do ato da troca, pois o serviço é consumido enquanto produzido e não se materializa em produto, é apenas um ato (Vargas, 1985, 2001; Boullón, 1990).

Como decorrência dessa condição de efemeridade, surgem outras implicações que devem ser consideradas. Uma delas refere-se ao fato de que o produto turístico não pode ser estocado para vendas futuras, assumindo, de acordo com Gilbert (2013b), uma condição de perecibilidade, o que imprime à atividade turística um risco elevado em sua reprodução como atividade econômica. Um quarto de hotel não pode ser vendido futuramente, e a vacância implica prejuízo imediato. Essa perecibilidade remete diretamente à questão da sazonalidade, que é outra condicionante enfrentada pelo produto turístico, o que leva hotéis e companhias aéreas a lutar para enfrentar os problemas decorrentes da superdemanda em períodos de alta estação e da ociosidade na baixa (Gilbert, 2013b; Fletcher, 2013d).

Associando-se à condição de perecibilidade do produto turístico a necessidade de viajar para consumi-lo, percebemos que ele também adquire um caráter intangível, não podendo ser experimentado e avaliado antes de ter sido utilizado. Na verdade, promete-se um benefício futuro que se constitui em um risco a ser enfrentado, agora, pelo turista.

Essa intangibilidade também se manifesta na garantia da qualidade dos serviços prestados, tendo em vista a utilização intensiva de mão de obra, raramente qualificada e de difícil controle, seja na oferta de alimentação, hospedagem ou transporte, que vai impactar a percepção do turista quanto ao produto turístico oferecido como um todo (Urry, 1996).

Outra especificidade do turismo, que o diferencia dos demais tipos de serviços, refere-se à necessidade de as atividades se realizarem no local escolhido como destinação final ou no caminho para ela, o que o vincula com a questão imobiliária, do espaço físico, ao mesmo tempo que torna o consumidor partícipe do processo de produção das atividades turísticas. Todos os serviços devem estar ao alcance do turista no momento e no lugar em que são produzidos. Como argumenta Paiva (2012), são os sujeitos que se deslocam e não a mercadoria espaço em si, muito embora a imagem turística de um lugar seja passível de circulação e, consequentemente, de comercialização, ainda que a distância.

O fato de os turistas terem de visitar o local para consumir o produto significa que interações culturais vão acontecer entre os residentes e os visitantes (Fletcher, 2013c). Além disso, o produto turístico deve ser compartilhado por uma heterogeneidade de usuários, inclusive pelos próprios habitantes locais, que usufruirão dos serviços ao mesmo tempo e no mesmo local que os visitantes, com interesses e comportamentos diferentes, o que pode implicar negativamente no índice de satisfação do turista ou mesmo gerar conflitos de interesses entre visitantes e residentes.

O produto turístico apresenta mais uma especificidade: por se constituir em um sistema de atividades e oferecer uma amálgama de serviços até a sua completude, exige a necessidade de controle de todo o processo de sua produção, composto por empresas e prestadores de serviços independentes de diversas naturezas. O valor adicionado ao produto turístico incluiu, portanto, a percepção e o julgamento do consumidor em um encadeamento de atividades que envolvem o pré-planejamento, a compra, a jornada de ida, a visita, a estadia, a jornada de volta, o que caracteriza a total experiência do turista (Gilbert, 2013b). Aqui, podemos acrescentar, inclusive, as condições de infraestrutura e serviços urbanos e a receptividade da população local, ou seja, as questões de hospitalidade urbana.

É importante ressaltar que o turismo deve ser compreendido como uma das atividades econômicas de maior consumo e repercussões espaciais (Cruz, 1999).

Nessa mesma direção, Nicolas (2001 apud Paiva, 2012) pontua que o turismo se apropria tanto das formações espaciais pré-capitalistas (sítios arqueológicos, cidades históricas, monumentos) como dos espaços resultantes da lógica da produção (áreas centrais, industriais, portuárias, etc.). A expressão espacial é tão genuína que o turismo pode criar, transformar e inclusive valorizar, diferencialmente, espaços desprezados da produção industrial.

Portanto, além da emergência de uma localidade como destinação turística, a sua permanência como tal requer gerenciamento, controle com visão sistêmica, seja por parte do setor privado – quando se refere fundamentalmente a grandes propriedades particulares –, seja do poder público – quando as unidades territoriais passam a ser as cidades ou regiões.

Finalmente, a preocupação de bem alojar o turista, preservar o ambiente natural e construído, garantir a qualidade de vida da população local e dinamizar a economia urbana aponta a necessidade de aprofundamento dos estudos da cidade e do urbano por meio da arquitetura, do urbanismo, do planejamento e gestão urbanos, devendo ser considerados no campo disciplinar do Turismo. Seja pela compreensão das transformações em curso pelo enfrentamento dos desafios postos ao planejamento e gestão municipais ou pela crítica às intervenções urbanas realizadas, os capítulos que seguem vão fornecer insumos para aprofundar as discussões sobre o turismo, cuja magnitude do fenômeno não pode permanecer alheia aos estudiosos da cidade.

Referências bibliográficas

AMBRÓZIO, J. Viagem, turismo e vilegiatura. *GEOUSP – Espaço e Tempo*. n.18, p.105-113, 2005.

ANDRADE, J.V. *Turismo: Fundamentos e dimensões*. São Paulo: Ática, 1997.

BARRETO, M. *Turismo e legado cultural*. São Paulo: Papirus, 2000.

BAUDRILLARD, J. *A sociedade de consumo*. Rio de Janeiro: Elfos, 1995.

BENI, M.C. *Análise estrutural do turismo*. São Paulo: Senac, 1998.

BODIO, L. Sul movimento del forastieri in Italia e sul denaro che si spendono. *Giornale degli Economisti*, Itália, 1899.

BOORSTIN, J. *The Image: a guide to pseudo-events in America*. Nova York: Harper, 1964.

BORDIEU, P. *Distinction*. Londres: Routledge & Kegan Paul, 1984.

BOULLÓN, R.C. *Planificación del espacio turístico*. México: Trillas, 1990.

BRAGA, D.C. Turista de negócios na cidade de São Paulo: um estudo de demanda segmentada. *Turismo em análise*. v.17, n.1, 2006.

CHAPIN Jr., F.S. *Urban land use planning*. Urbana/Chicago/Londres: University of Illinois Press, 1976.

CHRISTALLER, W. Beitrage zu einer Geographie des Fremdenverkehrs. *Erdkunde*, Bonn, v.9, n.1, p.1-19, fev. 1955.

COHEN, E. Towards a sociology of international tourism. *Social Research*. v.39, n.1, p.164-182, 1972.

______. Traditions in the qualitative sociology of tourism. *Annals of Tourism Research, Special Issue*. v.15, p.29-46, 1988.

CROMPTON, J. Structure of vacation destination choice sets. *Annals of Tourism Research*. v.19, n.3, p.420-434, 1992.

CROSS, N.; ELLIOT, D.; ROY, R. *Disenando el futuro*. Tradução: Cristina Holm. Barcelona: Gustavo Gili, 1980.

CRUZ, R.C. *Política de turismo e (re)ordenamento de territórios no litoral do Nordeste do Brasil*. São Paulo, 1999. Tese de Doutorado. FFLCH-USP.

CUERVO, R.S. *El turismo como médio de comunicación humana*. México: Departamento de Turismo e Governo do México, 1967.

DANN, G.M.S. Tourist motivation: an appraisal. *Annals of tourism research*. v.8, n.2, p.187-219, 1981.

DE KADT, E. *Tourism: passport to development?* Nova York: Oxford University Press, 1979.

FEATHERSTONE, M. Consumer culture, symbolic power and universalism. In: SATUTH G.; ZUBAIDA, S. (orgs.) *Mass culture, popular culture, and social life in the Middle East*. Frankfurt: Campus, 1987. p.17-46.

FEIFER, M. *Going places*. Londres: Macmillan, 1985.

FLETCHER, J. The economic impact of tourism. Cap.7. In: FLETCHER, J.; FYALL, A.; GILBERT, D.; WANHILL, S. (orgs.) *Tourism: Principles and practices*. 5.ed. Harlow: Pearson, 2013a.

______. The environmental impact of tourism. Cap.8. In: FLETCHER, J.; FYALL, A.; GILBERT, D.; WANHILL, S. (orgs.) *Tourism: Principles and practices*. 5.ed. Harlow: Pearson, 2013b.

______. The socio-cultural impact of tourism. Cap.9. In: FLETCHER, J.; FYALL, A.; GILBERT, D.; WANHILL, S. (orgs.) *Tourism: Principles and practices*. 5.ed. Harlow: Pearson, 2013c.

______. Tourism and development planning. Cap.11. In: FLETCHER, J.; FYALL, A; GILBERT, D.; WANHILL, S. (orgs.) *Tourism: Principles and practices*. 5.ed. Harlow: Pearson, 2013d.

FYALL, A. Destinations. In: FLETCHER, J.; FYALL, A.; GILBERT, D.; WANHILL, S. (orgs.) *Tourism: Principles and practices*. 5.ed. Harlow: Pearson, 2013.

GATTO, F. Cambio tecnológico neo-fordista y reorganización productiva: primeras reflexiones sobre sus implicaciones territoriales. *EURE*. v.XVI, n.47, p.7-34, 1989.

GALBRAITH, J.K. *O novo estado industrial.* Tradução: Álvaro Cabral. Rio de Janeiro: Civilização Brasileira, 1967.

GILBERT, D. Tourism consumer behaviour. Cap.3. In: FLETCHER, J.; FYALL, A.; GILBERT, D.; WANHILL, S. (orgs.) *Tourism: Principles and practices.* 5.ed. Harlow: Pearson, 2013a.

______. Managing Marketing for tourism. Cap.19. In: FLETCHER, J.; FYALL, A.; GILBERT, D.; WANHILL, S. (orgs.) *Tourism: Principles and practices.* 5.ed. Harlow: Pearson, 2013b.

GRAY, H.P. *Internacional Travel – International Trade.* Lexington: Health Lexington, 1970.

GUYER-FREULER, E. *Amtlicher Bericht über das Schuweizer Hotelwesen.* Zurique, 1883.

______. *Fremdenverkehr und hotelwesen.* Berna: Suíça, 1905.

HARVEY, D. *Condição Pós-Moderna.* São Paulo: Edições Loyola, 1994.

______. A arte de lucrar: globalização, monopólio e exploração da cultura. In: MORAES, D. (org.) *Por uma outra comunicação: mídia, mundialização cultural e poder.* São Paulo: Record, 2004.

HOBSBAWM, E. *Era dos extremos: o breve século XX (1914-1991).* São Paulo: Companhia das Letras, 2000.

ISO-AHOLA, S.E. Toward a social psychological theory of tourism motivation: a rejoinder. *Annals of tourism research.* v.9, n.2, p.252-262, 1982.

JAFARI, J. Tourism Research: revamping old challenges for integrative paradigms. In: VII Congresso nacional y international de investigación turística. 2005, México.

JAFARI, J.; RITCHIE, J.R.B. Toward a framework for tourism education: Problems and prospect. *Annals of tourism research.* v.8, n.1, p.13-34, 1981.

KRIPPENDORF, J. *Sociologia do Turismo – Para uma nova compreensão do lazer e das viagens.* São Paulo: Aleph, 2000.

KNAFOU, R. Turismo e território: por uma abordagem científica do turismo. In: RODRIGUES, A.A.B. (org.) *Turismo e Geografia – reflexões teóricas e enfoques regionais.* São Paulo: Hucitec, 1996. p.62-74.

KON, A. *A produção terciária: o caso paulista.* São Paulo: Nobel, 1992.

LEIPER, N. The framework of tourism. Towards a definition of tourism, tourist and the touristic industry. *Annals of tourism research.* v.6, n.4, p.390-407, 1979.

LYNCH, K. *The image of the city.* Cambridge: MIT Press, 1960.

LOHMANN, G.; PANOSSO NETTO, A. *Teoria do turismo: conceitos, modelos e sistemas.* São Paulo: Aleph, 2012.

MAYO, E. Regional images and regional travel consumer behavior. In: TTRA Conference Proceedings. Idaho, 1973

MCINTOSH, R.W.; GOELDNER, C.R.; RITCHIE, J.R.B. *Tourism: principles, practices, philosophies.* Nova York: Wilwey, 1995.

MOLINA, S. *Metodologia para su planificación.* México: Trillas, 1997.

NICOLAS, D. Elementos para un análisis sociogeografico del turismo. In: RODRIGUES, A. (org.) *Turismo e Geografia: reflexões teóricas e enfoques regionais*. São Paulo: Hucitec, 2001.

PAIVA, R. A. O Turismo e as práticas socioespaciais. *Revista Turismo e Desenvolvimento*. n.17/18, p.1013-1024, 2012.

PERROUX, F. *L'économie du XXème siècle*. Paris: Presses Universitaires de France, 1961.

PERROUX, F. et al. *Los polos de desarrollo y la planificación nacional, urbana e regional*. Buenos Aires: Nueva Visión, 1973.

PLOG, S.C. *Leisure travel: a marketing handbook*. Upper Saddle River: Person Pretince hall, 2004.

RAE, W.F. *The business of travel: fifty years' record progress*. Londres, 1891.

REIS, A.C.F. *A economia da cultura e desenvolvimento sustentável: o caleidoscópio da cultura*. Barueri: Manole, 2007.

ROJEK, C.; URRY, J. *Touring cultures transformations of travel theory*. Londres: Routledge, 1997.

RUSCHMANN, D. *Turismo e planejamento sustentável: a proteção do meio ambiente*. São Paulo: Papirus, 1997.

SASSEN, S. *As cidades na economia global*. São Paulo: Studio Nobel, 1998.

SCHMOLL, G.A. *Tourism promotion*. Londres: Tourism International Press, 1977.

SELBY, M. *Understanding urban tourism: image, culture & experience*. Londres, Nova York: I.B.Tauris, 2004.

SILVA, S.B. de M. Metropolização e raízes da periferização turística. *Turismo em Análise*. São Paulo, ECA-USP. Nov. 1996, p.9-16.

SMITH, V.L. *Host and guest: the anthroplogy of tourism*. Filadélfia; University of Philadelphia. Press, 1977.

SOUSA, A.A. *El ocio turístico en las sociedades industriales avanzadas*. Barcelona: Bosch-Casa Editorial, 1994.

STRADNER, J. *Der Fremdenverkehr. Eine volkswirtschaftliche studie*. Graz, 1905.

TOFFER, A. *Choque do futuro*. Nova York: Randon House, 1970.

TRIBE, J. The indiscipline of tourism. *Annals of tourims research*. v.24, n.4, p.638-657, 1997.

URRY, J. *O olhar do turista: lazer e viagens nas sociedades contemporâneas*. Tradução: Carlos Eugênio Marcondes de Moura. São Paulo: Studio Nobel, 1996.

VARGAS, H.C. *A importância das atividades terciárias no desenvolvimento regional*. São Paulo, 1985. Dissertação de mestrado. FAU-USP.

______. *Comércio: localização estratégica ou estratégia na localização*. São Paulo, 1992. Tese de doutorado. FAU-USP.

______. Turismo urbano: uma nova indústria motriz. *Boletim de Turismo e Administração Hoteleira*. Faculdade Ibero Americana. v.5, n.2, p.38-46, 1996.

______. Turismo e valorização do lugar. *Espaço em análise*, 1998.

______. Qualidade ambiental urbana: em busca de uma nova ética. In: VII Encontro Nacional da Anpur. 1999, Porto Alegre.

______. *Espaço terciário: o lugar, a arquitetura e a imagem do comércio*. São Paulo: Senac, 2001.

______. O fator localização revisitado. Cap.4. In: VARGAS, H.C.; ARAUJO, C.P. *Arquitetura e mercado imobiliário*. São Paulo: Manole, 2014a.

______. A complexidade do conhecimento: turismo, arquitetura e cidade. In: III Encontro Nacional de Pesquisa em Pós-graduação em Arquitetura e Urbanismo. 2014b, São Paulo, cd.

VARGAS, H.C.; ARAUJO, C.P. *Arquitetura e mercado imobiliário*. São Paulo: Manole, 2014.

VARGAS, H.C.; RIBEIRO, H. (orgs.) *Novos instrumentos de gestão ambiental urbana*. São Paulo: Edusp, 2001.

WAHAB, S; CRAMPON, L.J.; ROTHFIELD, L.M. *Tourism marketing*. Londres: Tourism International Press, 1976.

WAINBERG, J.A. Cidades como sites de excitação turística. In: GASTAL, S. (org.) *Turismo urbano: cidades, sites de excitação turística*. Porto Alegre: Edição dos autores, 1999.

WANHILL, S. An introduction to tourism. Cap. 1. In: FLETCHER, J; FYALL, A.; GILBERT, D.; WANHILL, S. (orgs.) *Tourism: Principles and practices*. 5.ed. Harlow: Pearson, 2013.

WANHILL, S.; FYALL, A. Attractions. Cap.13. In: FLETCHER, J.; FYALL, A.; GILBERT, D.; WANHILL S. (orgs.) *Tourism: Principles and practices*. 5.ed. Harlow: Pearson, 2013.

YÁZIGI, E. A importância da paisagem. In: YÁZIGI, E. (org.) *Turismo e paisagem*. São Paulo: Contexto, 2002. p.11-28.

Capítulo 2

Turismo, produção e consumo do espaço[1]

Ricardo Alexandre Paiva

> [...] o espaço social [...] aparece como um produto privilegiado, ora simplesmente consumido (deslocamentos, viagens, turismo, lazeres) como uma vasta mercadoria, ora consumido produtivamente da mesma maneira que as máquinas, nas aglomerações urbanas, como dispositivo produtor de grande envergadura.
> (Lefebvre, 1991, p.349)

Embora não seja possível prescindir da esfera econômica na análise da produção do espaço no contexto do capitalismo, é necessário transcender uma visão exclusivamente econômica na apreensão do espaço construído – o que significa admitir que a existência de diversas práticas sociais (econômicas, políticas e cultural-ideológicas), em conjunto e constante interação, é responsável pela produção do espaço.

A abordagem de Lefebvre (1991) sobre a produção do espaço transcende o sentido de "produção" como um conceito unicamente econômico, pois, segundo Carlos (1999a), Lefebvre considera, em várias de suas obras, o conceito de produção em 2 sentidos: "o *stricto sensu*, que se refere à produção de bens e mercadorias, e o *lato sensu*, que se liga à ideia de que o que se produz também são relações sociais, uma ideologia, uma cultura, valores, costumes, etc." (Carlos, 1999a, p.63).

Nessa direção, é importante destacar que o espaço socialmente transformado não é um fenômeno exclusivo do modo de produção capitalista, uma

---

[1] Este capítulo é uma adaptação e revisão do artigo denominado "Sobre a relação turismo e urbanização" publicado na *Revista Pós FAUUSP*, n.33.

vez que, em diferentes períodos históricos, a relação dialética entre o espaço e a sociedade[2] se estabeleceu, embora de forma diferenciada, específica e inserida no contexto histórico do processo produtivo geral das sociedades.

Há um consenso entre diversos autores de que a produção do espaço se funda nas relações de trabalho da sociedade ao transformar a natureza. A produção do espaço, portanto, é historicamente resultado da alteração da natureza pelo trabalho do homem em um determinado modo de produção, capitalista ou não.

Nessa perspectiva conceitual, é possível recorrer à visão de Sonia Barrios (1986), que defende que o espaço físico modificado pelas ações sociais é a síntese da inter-relação entre as práticas econômicas, políticas e cultural-ideológicas. Para a autora, os processos de produção geram objetos-produto. "O valor, o poder e o significado constituem, respectivamente, os resultados dos processos econômicos, políticos e cultural-ideológicos." (Barrios, 1986, p.1). Assim, o espaço socialmente modificado pode ser compreendido como "o conjunto de elementos materiais transformados pelas práticas econômicas, apropriados pelas práticas políticas e constituídos em significação pelas práticas cultural-ideológicas" (Barrios, 1986, p.19).

As *práticas econômicas*, "em cada conjuntura histórica, compreendem o conjunto de ações sociais que tenham por finalidade a produção, a distribuição e o consumo de meios materiais (valores de uso-valores de troca)" (Barrios, 1986, p.3). A compreensão da relação entre o espaço e as práticas econômicas pressupõe assinalar alguns pontos, a saber: a transformação continuada da natureza pelas formações sociais compreende a produção de bens materiais e a adequação do meio ambiente às necessidades individuais e coletivas do homem. Nesse sentido, o espaço físico modificado na sua condição de valor de uso e valor de troca – em suas mais variadas escalas – é produto das práticas econômicas; a adaptação do meio físico pela sociedade é determinada pela tecnologia, pois "as sucessivas revoluções tecnológicas impõem um domínio cumulativo sobre a natureza".

As *práticas políticas* compreendem "as ações sociais que têm por finalidade a conquista ou detenção do poder". No contexto do capitalismo, as práticas sociais que envolvem o poder se manifestam em relações de dominação que

---

[2] Malgrado a recente compreensão teórica da relação dialética entre espaço e sociedade, a relação em si, responsável pela produção do espaço, é histórica. Essas transformações recíprocas, os efeitos do social sobre o espaço e vice-versa constituem as relações dialéticas entre espaço e sociedade.

abrangem o Estado e as classes sociais. As manifestações espaciais das práticas políticas se estabelecem:

- Por intermédio da propriedade do espaço físico, nas mais variadas escalas, desde a apropriação do território nacional pela sociedade em geral, até a posse da propriedade privada por grupos sociais ou indivíduos.
- Pela atuação do Estado, que, para fins de gestão e controle, subdivide o território nacional em instâncias político-administrativas hierárquicas (federal, estadual e municipal).
- Por intermédio da intervenção do Estado na organização territorial, por cumprimento de funções econômicas básicas e por processos de planejamento. Na primeira condição, assume a função de agente econômico como proprietário dos meios de produção, além da criação das condições de infraestrutura necessárias à reprodução do modo de produção capitalista; na segunda, trata-se das transformações espaciais decorrentes do processo de planejamento fomentado pelo Estado e da implementação de políticas públicas voltadas à política econômica pretendida. Nessa esfera das práticas políticas, os conflitos provenientes dessas relações de dominação entre o Estado e as classes sociais também se materializam espacialmente de forma diferenciada, em função de interesses assimétricos nas relações de poder.

As *práticas cultural-ideológicas* compreendem as ações sociais orientadas para:

- Desenvolver formulações explícitas de conhecimentos capazes de responder às indagações que o homem formula sobre si mesmo, a sociedade e o espaço-tempo e que permitam solucionar os problemas por ele enfrentados.
- Gerar representações, valores, modelos, interesses, aspirações, crenças e mitos interdependentes, os quais incidem sobre a prática do cotidiano e obrigam a decidir entre duas opções: manter e reproduzir a ordem existente ou transformá-la em novas maneiras de fazer e pensar.
- Difundir esses conhecimentos através das formas e meios de comunicação simbólicos (Barrios, 1986, p.14).

As manifestações espaciais das práticas cultural-ideológicas são visíveis quando o espaço construído serve de suporte para a emissão, transmissão[3] e recepção de mensagens relacionadas com a cultura e a ideologia. A relevância das práticas cultural-ideológicas no processo de produção do espaço se sustenta na impossibilidade de dissociar as formas espaciais, nas mais variadas escalas, desde os objetos e utensílios à cidade, de um conteúdo simbólico.

Os estudos sobre os processos espaciais e, consequentemente, urbanos que consideram a totalidade das práticas sociais (econômicas, políticas e cultural-ideológicas) na sua relação com o espaço, como reflexo e condicionante social, permite uma concepção ampliada do processo de produção do espaço em várias escalas e conjunturas históricas.

No que se refere ao processo de consumo do espaço, este se impõe em relação à produção devido ao estágio avançado do capitalismo, marcado acentuadamente na contemporaneidade pela sociedade do consumo.

Na modernidade, em que se encontram as raízes do consumo tal qual o compreendemos na atualidade, ele constituía uma consequência da produção industrial, que incentivava a apropriação de bens e mercadorias, tanto para justificar a sua existência, como para promover, em certa medida, o estado de bem-estar social, condição essencial para a manutenção do sistema capitalista.

Urry (2001) critica o viés "produtivista" da literatura sobre o consumo e estabelece uma análise da transformação no âmbito do consumo em 2 níveis: o consumo de massa fordista, atrelado à lógica da produção (modernidade), e o consumo diferenciado pós-fordista, relacionado à lógica do consumo (pós-modernidade), caracterizando-os:

> Consumo de massa: aquisição de mercadorias produzidas mediante condições de produção de massa: uma taxa, alta e crescente, de gastos com produtos destinados ao consumidor; [...] produtor como dominante, mais do que o consumidor,

---

[3] Barrios (1986, p.31) detalha o que constituem a transmissão de mensagens: "As proposições de Verón sobre o tema levam a distinguir três classes de 'veículos' transmissores de mensagens: a) os que englobam a linguagem e seus produtos: os livros e panfletos, os meios de comunicação de massa, as artes plásticas, as artes cênicas, os estilos musicais, as concepções do espaço arquitetônico; b) os processos observáveis de ação social, que compreendem: os 'usos e costumes; os sistemas de comportamento definidos por certos marcos institucionais, profissionais ou técnicos; os rituais; as condutas de consumo; os sistemas de ação política organizada; as pautas de interação familiar'; c) a organização do espaço social, que inclui 'tanto os fatos arquitetônicos como o universo dos objetos de consumo que ocupam esse espaço seguindo diferentes regras e configurações', concepção que deveria estender-se e abarcar também os fenômenos urbanos e regionais."

> mercadorias que pouco se diferenciam uma das outras em virtude da moda, das variações sazonais e de segmentos específicos do mercado [...].
>
> Consumo pós-fordista: o consumo, mais do que a produção, predomina, na medida em que os gastos do consumidor aumentam em proporção com a renda nacional; [...] quase todos os aspectos da vida social se tornam mercadoria, até mesmo os atos de caridade; diferenciação muito maior dos padrões de compra por parte de diferentes segmentos do mercado; maior votalidade das preferências do consumidor; crescimento de um movimento do consumidor e a "politização" do consumo; [...] desenvolvimento de muito mais produtos, cada um dos quais tem uma vida mais curta; emergência de novas espécies de mercadorias, mais especializadas, baseadas em matérias-primas que implicam formas de produção não massivas (produtos "naturais", por exemplo) (Urry, 2001, p.31).

Entretanto, é importante esclarecer que ainda há uma interpenetração entre os dois níveis que potencializa a variedade e a complexidade de modos de consumo.

Assim, na pós-modernidade, o consumo adquire um *status* hegemônico na medida em que determina não somente a produção de bens, mas eleva quase tudo à condição de mercadoria, inclusive o espaço. Para Harvey, "a desavergonhada mercantilização e comercialização de tudo, são, afinal, indicadores dos nossos tempos" (2005, p.39).

Em uma primeira instância, a produção de mercadorias se submete às necessidades de expressar, por meio do consumo, a diferença; quase um desejo reprimido contra a homogeneidade imposta pela produção fordista, pelo consumo de massa de bens de uso coletivo, em consonância com a manifestação dos movimentos de grupos sociais (étnicos, homossexuais, mulheres, *hippies*, etc.) que buscam se impor culturalmente. Em uma segunda instância, surge o consumo de bens intangíveis, relacionados às experiências e sensações que envolvem todos os sentidos, para além das necessidades fisiológicas. Nessa perspectiva, os espaços e a cultura em geral adquirem a condição de mercadoria altamente valorizada. Nas duas condições, o caráter simbólico do consumo adquire relevância nunca antes alcançada.

Um dos indícios do aumento da complexidade e flexibilidade das práticas de consumo é a capacidade de expressar a distinção social e a segmentação dos gostos, não porque satisfaçam as necessidades básicas, mas porque constituem símbolos de diversidade em uma sociedade que celebra a diferença.

Vargas (2009) advoga que as práticas de consumo contemporâneas transcendem as relações estritamente econômicas (valor de uso e valor de troca) contidas no bem ou mercadoria, por estar imbuídas de trocas e valores sociais (políticos e culturais-ideológicos) mais complexos.

> Este distanciamento da utilidade do bem faz com que o consumo assuma um caráter ilimitado e elástico, como diriam os economistas, inexplicáveis dentro da teoria das necessidades e da satisfação, por nunca poderem ser, de fato, saciadas (Vargas, 2009, p.8).

Com relação à teoria do espaço, Lefebvre, no que concerne à relação entre a lógica do consumo e a produção e o consumo do espaço, vai além quando afirma que como o espaço é parte integrante das forças e dos meios de produção, constitui um produto, ou melhor, uma mercadoria que pode ser consumida.

O consumo do espaço se verifica visto que ele se transforma em mercadoria, no processo de superação do valor de uso pelo valor de troca sob a égide do consumo e menos pela lógica da produção. "O valor de troca – impresso no espaço-mercadoria – se impõe ao uso do espaço na medida em que os modos de apropriação passam a ser determinados, cada vez mais, pelo mercado." (Carlos, 1999b, p.175).

Em síntese, na lógica da produção, prevalece o consumo de massa, que precisa da intervenção do Estado (*Welfare State*) para garantir demanda; portanto, os bens de consumo coletivo[4] deveriam ser providos, e a produção e o consumo do espaço orientados para reproduzir a acumulação industrial fordista; na lógica do consumo, a produção se submete à segmentação, flexibilização e heterogeneidade das práticas de consumo, em consonância com a emergência do Estado neoliberal, no qual o espaço adquire, cada vez mais, a condição de mercadoria, favorecendo a reprodução da acumulação flexível.

A produção e o consumo do "espaço turístico"

O turismo é uma atividade abrangente; envolve diversas práticas sociais (econômicas, políticas e cultural-ideológicas), o que torna sua abordagem bastante complexa.

Entretanto, é necessário salientar que a produção e o consumo do "espaço turístico" inserem-se na produção e no consumo do espaço, em geral,

---

[4] Os bens de consumo coletivo se relacionam à habitação, educação, saúde, comércio, transportes, entre outros.

verificado no processo de reprodução da acumulação capitalista. Nesse sentido, a produção e o consumo do espaço – destinado ou não ao turismo – não se excluem enquanto uso e apropriação. A incidência espacial do turismo coincide com outras práticas sociais contemporâneas, com outros usos e apropriações espaciais, além das preexistências espaciais de herança histórica.

No âmbito das *práticas econômicas*, o turismo ocupa uma posição de destaque no processo de acumulação pós-industrial sob a égide do consumo, constituindo uma nova "indústria motriz" (Vargas, 1996). A produção, o consumo e a distribuição verificados na atividade turística são visíveis, em um primeiro momento, na diversidade de bens, mercadorias e serviços procedentes de diversos setores que servem ao turismo (alimentação, transportes, hotelaria, cultura, artesanato, *souvenirs*, entre outros). Por outro lado, como o suporte espacial é imprescindível para o turismo, as práticas econômicas de produção, consumo e distribuição se verificam na transformação do espaço, que passa a ser produzido e consumido como mercadoria; a distribuição, no entanto, é de outra ordem, pois são os sujeitos que se deslocam e não a mercadoria-espaço em si, muito embora a imagem turística de um lugar seja passível de circulação e, consequentemente, de comercialização.

No âmbito das *práticas políticas*, a articulação entre o turismo e a questão espacial – nas suas mais variadas escalas – tem se transformado em um dos principais exemplos de penetração da variedade de iniciativas neoliberais nas políticas, no planejamento e na gestão públicas (Brenner e Theodore, 2002), principalmente no que se refere à competitividade entre os lugares, criando assimetrias de poder entre diversos agentes (Estado, turistas, residentes, empresas, proprietários).

No âmbito *cultural-ideológico*, a atividade turística possibilita a emissão, transmissão e recepção de valores culturais e ideológicos, contribuindo para a troca constante de conteúdos simbólicos e para a sua reprodução. O "espaço turístico", contudo, torna-se um dos principais meios de expressão dessas práticas cultural-ideológicas.

Em resumo, a produção e o consumo do "espaço turístico", lastreado nas proposições teóricas citadas anteriormente, constituem a síntese da inter-relação das práticas econômicas, políticas e cultural-ideológicas que envolvem as práticas sociais do turismo.

Na produção e consumo do espaço, o turismo representa e materializa a diluição das barreiras do espaço e do tempo na contemporaneidade e "tem impulsionado transformações substantivas no espaço, não encontrando limites para a sua penetração" (Paiva, 2007, p.155).

O uso indiscriminado do espaço por e para o turismo não reconhece distinção entre os ambientes rurais e urbanos, entre espaços naturais e culturais ou entre espaços reais e simulados.

As diferentes repercussões espaciais do turismo podem ser consideradas com base nos deslocamentos necessários à prática do turismo, provocando transformações nos espaços emissores e receptores, e nos próprios espaços de deslocamento (Cruz, 1999).

Além disso, o que qualifica o turismo como uma das atividades de maior repercussão espacial é o fato de que ele se apropria tanto das formações espaciais pré-capitalistas (sítios arqueológicos, cidades históricas, monumentos) como dos espaços resultantes da lógica da produção (áreas centrais, indústrias, portos, etc.). A expressão espacial da atividade é tão genuína que "[...] o turismo cria, transforma e, inclusive, valoriza diferencialmente espaços que poderiam não ter nenhum 'valor' no contexto da lógica da produção" (Nicolas, 2001, p.49).

O turismo representa uma produção não material que repercute no consumo não material; isso sugere que a produção e o consumo do "espaço turístico" são diferenciados e se particularizam na medida em que "não se comercializa a terra, o recurso natural ou o local de qualidade singular, mas a mercadoria ou serviço produzido por meio de seu uso" (Harvey, 2005, p.28).

O consumo dos recursos utilizados pelo turismo e transformados em atrativos ou produtos não se dá de forma estrita, muito embora constitua uma atividade predatória, na qual o produto turístico é ameaçado pelo seu próprio poder de atração, pois "o turismo se cria e recria como valor de uso (e também de troca), sem que sua destruição seja obrigada, ainda que às vezes ocorra" (Nicolas, 2001, p.44).

O espaço mercadoria do turismo não se explica apenas pelo valor de uso e de troca, mas, cada vez mais, pelo valor simbólico (de signo), que possibilita expressar valores culturais e sociais e a segmentação dos gostos e das demandas[5].

A segmentação da atividade turística é determinada pelas características específicas dos lugares a serem produzidos e consumidos. As diferenças espa-

---

[5] Na condição de mercadoria, o espaço produzido para o turismo e consumido por ele assemelha-se ao ciclo de vida de um produto, caracterizado pelas fases de desenvolvimento, pico, estagnação e declínio. Essa evolução é determinada pela degradação do lugar em função de sua excessiva atratividade, pelo surgimento de outros lugares turísticos mais interessantes e por questões subjetivas, relacionadas à demanda, à motivação e aos interesses dos turistas.

ciais, manifestadas no lugar e na paisagem[6], tais como a atração exercida por clima, paisagens e ambientes naturais e construídos, sítios arqueológicos, entre outros, são determinantes para qualificar as modalidades e tipos de práticas do turismo, tais como ecoturismo, turismo rural, turismo urbano, turismo cultural, turismo de aventura, turismo religioso, turismo de sol e mar, entre outros, pois "cada modalidade de turismo requer demandas espacializadas" (Coriolano e Silva, 2005, p.107-108). Essa segmentação diferencia as formas de produção e consumo do "espaço turístico"[7].

As modalidades de turismo histórico, cultural, religioso e arqueológico, por exemplo, relacionam-se principalmente às preexistências ambientais e práticas sociais cotidianas e tradicionais, assumindo a condição de atrativos ou lugares turísticos. Na maioria desses casos, em que o atrativo já existe, as intervenções físicas acontecem com menos intensidade, e o lugar é muito mais ressignificado do que propriamente construído ou produzido.

Entretanto, há outras modalidades que exigem intervenções mais significativas no espaço, em que a atratividade dos lugares por si só não permite o pleno desenvolvimento dos fluxos turísticos, como no caso dos espaços simulados de entretenimento.

O processo de produção e de consumo no turismo, se comparado a outras atividades, possui algumas singularidades:

> o recurso turístico transformado em produto turístico se consome onde se produz, e, por outro lado, o consumidor turístico necessita se locomover para consumi-lo; o consumo e a produção turística se dão de forma simultânea (Palomeque 2001 apud Santos, 2007, s.p.).

A produção e o consumo do "espaço turístico" compreendem também a produção e o consumo simbólico da imagem dos lugares e atrativos tu-

---

[6] O lugar, que pode ser definido como "a porção do espaço apropriável para a vida – apropriada através do corpo – dos sentidos" (Carlos, 1996, p.20), constitui uma categoria de análise importante para se compreender os atributos e vocações da heterogeneidade do "espaço turístico". Outra categoria importante de análise espacial é a paisagem, que constitui "um conjunto heterogêneo de formas naturais e artificiais" (Santos, 1988, p.65) submetido à percepção visual e, como tal, pertencente à esfera da cultura. As atividades relacionadas ao turismo potencializam o consumo de diferentes paisagens, inclusive com a comercialização da sua imagem correspondente.

[7] A abordagem e o enfoque dos capítulos do livro estão majoritariamente direcionados à modalidade de turismo voltado às atividades realizadas no meio urbano.

rísticos, pois "o espaço do turismo e do lazer são espaços visuais, presos ao mundo das imagens que impõem a redução e o simulacro" (Carlos, 1999b, p.176). Na atualidade, o Estado é um dos principais agentes no processo de promoção da imagem turística dos lugares, por meio das estratégias do "*city marketing*".

No campo disciplinar do planejamento urbano, a noção de espaço, decorrente das ciências sociais em geral, volta-se em muitos aspectos para a intervenção física, através do planejamento e do urbanismo, o que torna imprescindíveis as questões relativas à localização, ao zoneamento, ao uso e à apropriação do solo, à mobilidade urbana, à relação entre ambiente natural e construído e entre as áreas rurais e urbanas, entre outros aspectos.

No âmbito da arquitetura e do desenho urbano, as discussões a respeito do espaço, embora se mantenham vinculadas à estrutura social, são mais específicas, pois, além de se tratar de uma escala diferenciada, relaciona-se à organização do espaço não somente por seu uso, mas em relação a aspectos tecnológicos e de infraestrutura (edilícia ou urbana), de dimensionamento, de materialidade física e de estética. Os aspectos de ordem simbólica e cultural também são expressões do espaço na escala da arquitetura e do desenho urbano. Não podemos minimizar o significado da arquitetura e do desenho urbano no processo de produção do espaço em sua totalidade, por se tratar de um dos principais elementos que qualificam o espaço como mercadoria com forte articulação com o turismo.

Enfim, a produção e o consumo do espaço ligado ao turismo envolvem diversos processos espaciais, em variadas escalas e com diferentes manifestações espaciais, que pretendemos especificar nos demais capítulos desta publicação. Entretanto, uma das principais manifestações espaciais da atividade turística, o processo de urbanização, requer mais atenção.

Turismo e urbanização

A análise da relação entre o turismo e a urbanização pressupõe a conceituação da urbanização como uma das principais manifestações do processo de produção e de consumo do espaço.

Segundo Castells (2009), a urbanização pode ser entendida sob 2 aspectos, a saber: "concentração espacial de uma população, a partir de certos limites de dimensão e densidade", ou seja, crescimento populacional ou processo social que impacta a função, a forma e a estrutura das cidades; e "difusão de sistemas de valores, atitudes e comportamentos denominados de cultura urbana" (quer dizer, a urbanização não é um fenômeno exclusivamente quantitativo; ela pressupõe uma transformação nas práticas socioespaciais, que repercutem nas formas de uso e ocupação do espaço, bem como nos modos de vida).

> O termo urbanização refere-se ao mesmo tempo à constituição de formas espaciais específicas das sociedades humanas, caracterizadas pela concentração significativa das atividades e das populações num espaço restrito, bem como à existência e a difusão de um sistema cultural específico, a cultura urbana (Castells, 2009, p.46).

A visão de Reis Filho (2006) alinha-se à de Castells, ao admitir que a urbanização possui uma dimensão espacial, demográfica e social, que se manifesta em vários sentidos, embora esses vários sentidos precisem ser considerados de forma dialética, tanto em sentido físico – com a extensão do tecido urbano –, quanto demográfico – com a transferência de população rural para áreas urbanas – e social – com a adoção de modos de vidas urbanos e metropolitanos, em áreas densas ou dispersas.

A urbanização pode ser considerada um processo socioespacial de amplitude histórica que reflete e reproduz os modos de produção em diferentes contextos históricos, ao passo que a cidade compreende uma forma espacial que expressa estes processos da urbanização acumulados no tempo. Entretanto, essa distinção entre urbanização como processo e cidade como expressão material da urbanização não devem ser considerados separadamente na compreensão do fenômeno urbano, mas como um par dialético (Sposito, 2001).

É importante ressaltar que a urbanização não se restringe a um efeito do modo de produção capitalista sob a égide do processo de industrialização, uma vez que a cidade e a urbanização são, respectivamente, formas e processos socioespaciais de origem remota na história, e suas existências estão relacionadas a uma determinada divisão social e territorial do trabalho, vinculadas a outros modos de produção e, consequentemente, a outras práticas sociais. A própria distinção entre o urbano e o rural ao longo do tempo, conceitos e manifestações espaciais cruciais para a compreensão do processo de urbanização, é uma consequência das especificidades da divisão social e territorial do trabalho, que, por seu turno, media a relação entre a sociedade e a natureza.

A atividade turística compõe uma das principais práticas socioespaciais da contemporaneidade que interfere no processo de urbanização, na medida em que reforça as transformações funcionais, técnicas, estruturais, formais e estéticas do território e da cidade.

A cidade está na origem da relação entre o turismo e a urbanização, pois constitui, há muito tempo, um atrativo para os viajantes, mesmo quando os interesses não são necessariamente relacionados ao lazer. O turismo é um fenômeno eminentemente urbano. Esse argumento se sustenta pelo fato de que a cidade constitui não somente o principal centro de emissão de turistas, mas também um importante centro de recepção.

De modo geral, o fluxo de turistas é proveniente de áreas urbanas, onde se encontram as condições materiais, de infraestrutura (transportes e comunicações), institucionais e trabalhistas (renda) que viabilizam o deslocamento dos sujeitos; somem-se a isso os fatores demográficos que aumentam a demanda por espaços de lazer e de férias.

A cidade, expressão formal do processo de urbanização, constitui, por excelência, um atrativo turístico relevante, que cristalizou importantes artefatos culturais, ressemantizados e transformados em atrativos turísticos. As estruturas espaciais existentes e consolidadas em cidade histórica suscitam o desenvolvimento da atividade turística. Não podemos minimizar o poder de atração das áreas urbanas para a fluidez do turismo, não é à toa que as grandes metrópoles constituem grandes destinos turísticos mundiais[8].

A discussão levantada anteriormente revela que a urbanização (concentração espacial e demográfica e a cultura urbana) gera turismo, mas o contrário também é verdade: o turismo induz à urbanização (Henriques, 2003). Na atualidade, cada vez mais o turismo tem impulsionado a urbanização, seja na cidade existente, seja em lugares devotados quase exclusivamente ao lazer.

---

[8] A *Travel and Leisure*, especialista em guias de viagem, com base em dados obtidos de órgãos de turismo, divulga regularmente os 50 atrativos turísticos mais visitados no mundo, que incluem locais históricos, culturais, construídos e monumentos naturais. Entre os 10 primeiros do *ranking*, somente 1 constitui um monumento natural (As Cataratas do Niágara); os 9 restantes são lugares ou monumentos urbanos. Em 2013, os 2 primeiros atrativos do ranking se situam na cidade de Nova York: a Times Square, que recebe 39,2 milhões de turistas, e o Central Park, que recebe 38 milhões. Dos 50 itens da lista, somente as Cataratas do Niágara e as Muralhas da China não são eminentemente urbanos. Disponível em: http://vidaeestilo.terra.com.br/turismo/internacional/saiba-quais-sao-as-50-atracoes-mais-visitadas-do-planeta,0c29392625237310VgnCLD100000bbcceb0aRCRD.html

A abrangência espacial do turismo pode ser percebida pela hierarquia dos destinos turísticos, que possuem desdobramentos desde áreas urbanas até áreas naturais. São eles:

- Destinos metropolitanos de localização central com elevado volume de tráfego recíproco, atuando com área geradora e como destino principal. São centros de primeira grandeza bem integrados nas redes de transportes internacional e transcontinental.
- Destinos periféricos, com população mais reduzida, com menor importância em função de centro e com tendência para receber mais do que gerar turistas.
- Destinos rurais periféricos, de caráter menos nodal, dependente de ambientes geograficamente mais amplos, com a combinação de caracterização paisagística, podendo ocorrer forte recebimento de turistas.
- Destinos de ambientes naturais muito distantes das áreas geradoras, pouco povoados e sujeitos a políticas administrativas rigorosas, como parques nacionais ou unidades de conservação outra (Pearce apud Coriolano e Silva, 2005, p.104).

Nessa hierarquia, os destinos rurais e naturais vinculam-se e se subordinam à cidade, uma vez que ela constitui o nó dos fluxos turísticos globais e locais, que, à medida que se intensificam, acabam promovendo a urbanização turística.

Patrick Mullins é o primeiro estudioso a cunhar a expressão "*tourism urbanization*", título de um artigo de referência sobre o tema. Mullins (1991) identifica um processo peculiar de "urbanização turística", que é fruto e emblema da pós-modernidade, e investiga como o turismo induz formas específicas de produção do espaço, ao analisar 2 importantes polos turísticos litorâneos na Austrália (*Gold Coast* e *Sunshine Coast*). Os argumentos de Mullins em relação à emergência da "urbanização turística" fundamentam-se na existência de 2 períodos históricos da urbanização, a saber: o primeiro relacionado ao consumo coletivo, resultando na suburbanização (1945-1971), e o segundo relacionado à constituição das cidades pós-modernas e do consumo do prazer, redundando nos processo de "*gentrification*" (a partir de 1971).

Enquanto a urbanização ocidental emergiu no século XIX com base na produção e no comércio, as cidades turísticas evoluíram no final do século XX como sítios de consumo. [...] Esse consumo é para a alegria, o prazer, o relaxamento,

> a recreação, etc., e não é um consumo de necessidades básicas sob a forma de habitação, serviços de saúde, educação e assim por diante. Portanto, essas grandes cidades devem ser construídas por essa razão – e construídas para visitantes –, o que é incomum na história da urbanização ocidental (Mullins, 1991, p.326).

Em artigo posterior, Mullins (2003) ratifica o conceito de "urbanização turística" como "o processo pelo qual as metrópoles e a cidades pequenas são construídas ou se redes envolvem explicitamente para os turistas" (Mullins, 2003, p.126).

Mullins (1991) associa a "urbanização turística" à cidade pós-moderna, signo do consumo. Para sustentar a sua tese de que a "urbanização turística" se baseia na venda e no consumo do prazer, elenca alguns processos que a caracteriza:

> Espacialmente diferente, porque é socialmente diferente; simbolicamente distintiva, com símbolos urbanos agindo como atrativos para os turistas; distinguida pelo rápido crescimento da população e da força de trabalho; diferenciada por um sistema flexível de produção porque é parte do pós-fordismo; caracterizada por uma forma especial de atuação do Estado a qual é empreendedora no estilo, como é a cidade pós-moderna; distinguida por um consumo do prazer, costumeiro e de massa; diferenciada por uma população residente que é socialmente diferente, porque esta urbanização é socialmente diferente (Mullins, 1991, p.331).

Entretanto, é necessário advertir que esse conjunto de características da urbanização, estimulada pelo turismo, depende das singularidades dos lugares, sobremaneira dos seus recursos naturais e dos processos relativos à urbanização pretérita.

Uma das principais contribuições de Mullins, ao tratar da relação entre turismo e urbanização, é a contraposição entre o processo de urbanização, atrelado à industrialização centrada no trabalho e na produção, e o novo paradigma de urbanização de teor pós-moderno, sustentado pelo lazer e pelo consumo. Essa diferenciação é fundamental para a compreensão do processo de urbanização desencadeado pelo turismo, que se funda nas atividades de lazer e de consumo.

Os estudos de Mullins sobre a costa australiana demonstram que esse tipo de "urbanização turística" possui estreita relação com a exploração do ambiente natural. Nesse sentido, ela é muito semelhante ao processo de urbanização relacionado ao turismo de sol e mar, em que a paisagem litorânea e seus atrativos naturais são insumos para o desenvolvimento da atividade turística. Mas não é somente o ambiente natural que gera um processo de urbanização centrado no consumo, as características históricas, culturais e singulares dos lugares também contribuem para esse processo.

Na análise de Mullins, no entanto, o sentido de "urbanização turística"[9] conota uma ideia de produção e consumo do espaço com finalidade essencialmente e exclusivamente turística, relegando a um segundo plano os impactos da atividade turística na produção e consumo do espaço nas cidades tradicionais já consolidadas, bem como a incidência e coexistência de outras práticas socioespaciais que atuam em conjunto com o turismo no processo de urbanização. A própria fragmentação verificada no processo de urbanização contemporânea demonstra a possibilidade de convivência de diversas dinâmicas socioespaciais (industriais, terciárias, turísticas) no processo de estruturação da cidade contemporânea.

A urbanização atrelada ao turismo não ocorre apenas onde há a expansão do tecido urbano, mas na reformulação do tecido tradicional existente, histórico, correspondente ao processo de "*gentrification*", no qual frequentemente verifica-se uma valorização turística e imobiliária e, por consequência, um certo enobrecimento do lugar.

David Gladstone (1998), em artigo intitulado "Tourism Urbanization in the United States", analisa as especificidades desse processo de urbanização turística nos Estados Unidos, valendo-se da análise de Mullins e comparando com o fenômeno verificado na Austrália.

O autor classifica 2 tipos de "urbanização turística" nos Estados Unidos: o tipo relacionado a "*sun, sand and sea*", equivalente à modalidade de turismo de sol e mar, e outro relacionado ao alto capital intensivo aplicado em atrações turísticas, verificado em casos como os de Atlantic City, Las Vegas, Reno e Orlando.

Gladstone levanta uma questão particularmente distinta no caso dos Estados Unidos, no que concerne aos estudos de Mullins: as cidades que possuem sua urbanização atrelada à existência de grandes atrativos turísticos, como é o caso dos cassinos e hotéis em Las Vegas e da Disney World em Orlando, são espaços artificiais, diferentes da urbanização resultante do turismo "*sun, sand and sea*", que possuem sua atratividade vinculada aos recursos naturais.

[9] O termo "processo de urbanização turística" foi empregado sem aspas neste capítulo para designar tanto os impactos sobre a cidade existente quanto os lugares voltados exclusivamente para o turismo, e "urbanização turística", com aspas, foi utilizado nos termos propostos por Mullins.

O autor estabelece que as "*leisure cities*" se referem à urbanização ligada à modalidade de turismo de sol e mar e aos atrativos naturais, caracterizando-se, também, pelo fenômeno das residências secundárias, ao passo que as "*touristic metropolis*" correspondem a um tipo de urbanização muito peculiar americana associado ao entretenimento dos cassinos, parques temáticos, mega-hotéis, enfim, grandes atrações turísticas, pois "embora as *leisure cities* tenham a sua parcela de atrações turísticas construídas, a ressonância simbólica destas cidades deriva muito mais do seu meio ambiente natural que de alguma atração construída" (Gladstone, 1998, p.19-20).

A ressonância dos pressupostos teóricos acerca do processo de urbanização turística no Brasil se fez sentir principalmente nos estudos de Silva (1997), Luchiari (1998) e Mascarenhas (2004), que estabeleceram associações entre os conceitos de Mullins e experiências empíricas da urbanização em lugares turísticos, identificando algumas especificidades desse processo no Brasil.

Silva (1997) se vale dos estudos de Mullins em conjunto com as análises teóricas dos aspectos locacionais da atividade turística. O autor admite que a relação entre o turismo e a urbanização tem desdobramentos maiores nas cidades ou lugares predominantemente turísticos e repercussões menos contundentes nas cidades estabelecidas com base na grande diversificação de funções (industrial, terciária). Para Silva, "[...] é possível propor que a cidade turística seja entendida como um tipo particular de dinâmica da localidade central" (Silva, 1997, p.331).

Essa abordagem contribui para analisar possíveis processos de metropolização desencadeados pelo turismo, pelo lazer e pela recreação. Percebe-se que as práticas socioespaciais do turismo incidem tanto nas metrópoles multifuncionais historicamente consolidadas, quanto na expansão da mancha urbana pelo território metropolitano, principalmente na faixa litorânea, o que acarreta um espraiamento linear, processo verificado em várias cidades.

Luchiari (1998) acrescenta alguns aspectos que demonstram as especificidades da "urbanização turística", tais como:

- O consumo prevalece sobre a produção; a produção permanece, mas é orientada para o consumo turístico.
- A mão de obra concentra-se na construção civil e no setor de serviços: do próprio setor de turismo, dos transportes, comunicação, etc.
- Valorização estética da paisagem da cidade (natural e/ou construída) e utilização de estratégias de marketing na produção de cartões postais.

- Revalorização no uso do solo urbano, intensificando a especulação imobiliária e o processo de segregação residencial.
- Crescimento acelerado da população e da força de trabalho, impulsionado por fluxos migratórios.
- No caso das cidades com "potencial natural" para o turismo (litorâneas, serranas, etc.), os postos de trabalho possuem ofertas sazonais.
- A atividade turística promove empregos, mas, na maioria dos casos, para uma mão de obra qualificada vinda de fora e sazonal, com contratos de trabalhos precários.

A atividade turística suscita os processos de concentração e desconcentração urbanas característicos da urbanização contemporânea. A concentração se revela geralmente em metrópoles nacionais e regionais, que podem ser consideradas turísticas por atraírem uma maior quantidade de turistas e de origem mais distante, por funcionarem como um ponto de articulação entre o espaço regional/nacional e o internacional em função da infraestrutura instalada (transportes e comunicações) e dos equipamentos (hotelaria, serviços, comércio, etc.). Por outro lado, a desconcentração se manifesta em lugares onde há uma especialização maior da atividade turística, geralmente sob a influência das metrópoles, sobretudo em espaços onde há uma maior diferenciação do ambiente natural, como áreas litorâneas ou serranas, por exemplo.

Assim como a cidade industrial necessitou de uma reestruturação espacial para o seu desenvolvimento, as cidades contemporâneas têm passado por transformações substantivas para favorecer a fluidez do consumo de bens e serviços e do próprio espaço como mercadoria. O turismo potencializa as transformações voltadas para o consumo na cidade contemporânea, onde se verificam:

- Uma exploração diferenciada dos recursos naturais, frequentemente considerados como "a galinha dos ovos de ouro", uma vez que, na lógica da produção, a preocupação em preservar os recursos naturais era ignorada; em tese, na lógica do turismo, esses recursos naturais são conservados por constituírem insumo para reprodução da atividade. Essas questões são as prerrogativas para a defesa do turismo sustentável, muito embora não seja garantia de preservação da natureza.
- As novas tecnologias favorecem intervenções no território a fim de facilitar a fluidez da atividade turística, seja na infraestrutura de transportes, que viabiliza os deslocamentos em maior quantidade e

rapidez, seja na infraestrutura de comunicação, que favorece a circulação das imagens dos lugares como produtos altamente valorizados no mercado global.

Essa reflexão teórica possibilita relacionar a urbanização turística não somente com as práticas do turismo, mas com o fenômeno urbano da residência secundária, que reflete as práticas de lazer e recreação local, e a dinâmica imobiliária no território metropolitano. Outro aspecto relevante a ser considerado no processo de urbanização ligado ao turismo e ao lazer se refere à dinâmica populacional e demográfica, bem como à composição dos empregos formais e informais relacionados à atividade.

A urbanização turística ocorre geralmente em torno de centros urbanos capazes de viabilizar os fluxos turísticos e dotados de certos atributos favoráveis ao desenvolvimento da atividade. Entretanto, é possível que algumas manifestações espaciais do turismo ocorram em lugares que não possuem uma vocação turística significativa, "pois os atrativos turísticos podem ser construídos artificialmente pelo poder econômico e político" (Luchiari, 2000, p.105).

A localização, a acessibilidade e os atributos particulares de determinados lugares (naturais ou construídos) constituem insumos importantes para o turismo. As intervenções de infraestrutura, do desenho urbano e da arquitetura cumprem um papel fundamental na criação do atrativo turístico. Por outro lado, existem fatores que qualificam determinados lugares (naturais ou históricos) como atrativos turísticos, que, independentemente da homogeneidade imprimida ao território pela evolução dos meios de transporte e comunicações, garantem àqueles lugares, geograficamente definidos, condições privilegiadas únicas (Vargas, 1998).

Assim, a atividade turística não está subordinada a uma localização determinada e restritiva. Embora a cidade seja uma das bases territoriais mais importantes, o turismo se vale indistintamente dos lugares (urbanos ou rurais) para se reproduzir.

Em síntese, o processo de produção e consumo do espaço relacionado ao turismo se manifesta em várias escalas (global, regional, metropolitana, intraurbana), demandando por vezes projetos urbanos e arquitetônicos e compreende:

- A urbanização turística, que constitui o impacto da atividade turística no processo de urbanização de metrópoles ou cidades existentes ou de áreas próximas, seja com uso ou apropriação das preexistências espaciais (ver Capítulos 3, 7 e 12), seja com construção e devoção de áreas exclusivas para o lazer turístico, configurando os "territórios turistificados" (ver Capítulo 15).

- A urbanização precária decorrente dos empregos formais e informais gerados pela atividade turística, no conjunto da cadeia produtiva que também articula e estimula a migração.
- A provisão de infraestrutura de transportes, terminais aéreos, marítimos, fluviais e rodoviários e sistema viário, além das redes de comunicações, essenciais para garantir acessibilidade e mobilidade necessárias aos fluxos turísticos (ver Capítulo 6).
- A criação de áreas de preservação e de conservação urbana e natural, pela institucionalização de sítios históricos e áreas de preservação e de conservação ambiental, apostando na capacidade desses atrativos turísticos de características espaciais particulares (ver Capítulos 5 e 14).
- O processo de reabilitação urbana de áreas históricas ou degradadas e os grandes projetos urbanos, resignificando os lugares pelo processo de "*gentrification*" (ver Capítulos 4 e 14).
- A implementação de equipamentos culturais, que concentram funções híbridas e de grande impacto na tessitura urbana, como os centros culturais, os "novos museus", teatros, entre outros (ver Capítulos 15 e 16).
- A criação de ícones urbanos e arquitetônicos, valendo-se dos pressupostos do desenho urbano e da arquitetura contemporâneos, impactando a construção da imagem da cidade e sua veiculação no mercado turístico global (ver Capítulo 12, 13 e 16).
- A construção de centros de convenções, que alimentam os fluxos turísticos na baixa estação, em função da sazonalidade, e incrementam o turismo de eventos (ver Capítulos 8 e 9).
- A articulação do turismo ao mercado imobiliário e à construção de novas tipologias de segundas residências e de empreendimentos turísticos imobiliários (ver Capítulo 5).
- A estruturação de rede de hotelaria nas suas mais variadas modalidades (hotéis, pousadas, flats, *resorts*, albergues, etc.) (ver Capítulos 5 e 17).
- O incremento do setor terciário e a criação de lugares de consumo de bens tangíveis e intangíveis privilegiados, unindo comércio e

serviços avançados à atividade de entretenimento, cultura, compras e gastronomia (ver Capítulos 7, 10, 11, 16 e 18).

- E, finalmente, a promoção de eventos de escala internacional, nacional e local, de caráter esportivo ou cultural, que mobilizam muitas das manifestações citadas anteriormente (ver Capítulos 8 e 9).

O uso indiscriminado do espaço pelo consumo turístico contribuiu para inserir os lugares periféricos nos fluxos globais da atividade, inclusive os que cumpriam uma função pouco significativa na lógica industrial. Essa realidade ratifica o processo de urbanização desigual verificado na acumulação industrial e caracteriza o turismo periférico.

Assim como o mito da industrialização foi utilizado ideologicamente para promover o desenvolvimento material das regiões e de países periféricos, quando na realidade se tratava de uma forma de ampliar e reproduzir o processo de acumulação, o turismo tem se apropriado de um discurso ideológico semelhante ao apostar na sua capacidade de promover o desenvolvimento, agora adjetivado como sustentável.

É recorrente neste discurso a necessidade de considerar a sustentabilidade ambiental, econômica, sociocultural e político-institucional como condições essenciais para conciliar o crescimento econômico e a conservação do patrimônio ambiental e cultural, além da manutenção dos recursos naturais. Entretanto, se por um lado as práticas socioespaciais atreladas ao turismo podem promover um desenvolvimento mais sustentável, por outro, podem conduzir processos contraditórios e excludentes.

A compreensão teórica da relação entre o turismo, a produção e o consumo do espaço constitui uma premissa fundamental para potencializar a crítica sobre as intervenções urbanas e arquitetônicas desencadeadas pela atividade, podendo contribuir positivamente para incitar uma reflexão mais propositiva e apropriada às especificidades socioespaciais dos lugares.

Referências bibliográficas

BARRIOS, S. A produção do espaço. In: SOUZA, A.; SANTOS, M. (org.). *A construção do espaço*. São Paulo: Nobel/Coleção Espaços, 1986.

BAUDRILLARD, J. *A sociedade do consumo*. Lisboa: Edições 70, 2008.

BOULLON, R.C. *Planejamento do espaço turístico*. São Paulo: USC, 2002.

BRENNER, N.; THEODORE, N. Cities and the Geographies of "Actually Existing Neoliberalism". In: BRENNER, N.; THEODORE, N. *Spaces of Neoliberalism*. Nova York: Blackwell Publishing Ltd, 2002.

CARLOS, A.F.A. *O lugar no/do mundo*. São Paulo: Hucitec, 1996.

______. "Novas" contradições do espaço. In: CARLOS, A.F.A.; DAMIANI, A.L.; SEABRA, O.L. (org.). *O espaço no fim do século: a nova raridade*. São Paulo: Contexto, 1999a. p.62-74.

______. O consumo do espaço. In: ______. (org.). *Novos caminhos da geografia*. 1.ed. São Paulo: Contexto, 1999b.

CASTELLS, M. *A questão urbana*. São Paulo: Paz e Terra, 2009.

CORIOLANO, L.N.M.T.; SILVA, S.B.M. *Turismo e geografia: abordagens críticas*. 1.ed. Fortaleza: Eduece, 2005.

CRUZ, R.C.A. *Política de turismo e (re)ordenamento de territórios no litoral do Nordeste do Brasil*. São Paulo, 1999. Tese de Doutorado. Departamento de Geografia da Faculdade de Filosofia, Letras e Ciências Humanas da Universidade de São Paulo.

GLADSTONE, D.L. Tourism Urbanization in the United States. *Urban Affairs Review*, p.3-27, 1998.

HARVEY, D. A arte como renda: globalização e transformação da cultura em commodities. In: *Desígnio: Revista de Arquitetura e do Urbanismo*. n.4. São Paulo: Annablume, 2005.

HENRIQUES, E.B. A cidade, destino de turismo. *Revista da Faculdade de Letras – Geografia*. Porto, 2003.

LEFEBVRE, H. *The production of space*. Blackwell, 1991.

LUCHIARI, M.T. Urbanização turística: um novo nexo entre o lugar e o mundo. In: LIMA, L.C. (org.). *Da cidade ao campo: a diversidade do saber-fazer turístico*. Fortaleza: Eduece, 1998. p.15-29.

______. Urbanização Turística - um novo nexo entre o lugar e o mundo. In: LUCHIARI, M.T.; SERRANO, C.; BRUNHS, H. (orgs.). Olhares Contemporâneos sobre o Turismo. 2.ed. Campinas: Papirus, 2000, p.105-130.

MASCARENHAS, G. Cenários contemporâneos da urbanização turística. *Caderno Virtual de Turismo (UFRJ)*. v.14, 2004.

MULLINS, P. Tourism urbanization. *International Journal of Urban and Regional Research* (1593), p.326-342, 1991.

______. The evolution of australian tourism urbanization. In: HOFFMAN, L.M.; FAINSTEIN, S.S.; JUDD, D.R. *Cities and visitors: regulating people, markets, and city space*. Oxford: Blackwell Publishing Ltd, 2003.

NICOLAS, D.H. Elementos para un análisis sociogeográfico del turismo. In: RODRIGUES, A.B. (org.). *Turismo e geografia: reflexões teóricas e enfoques regionais*. São Paulo: Hucitec, 2001.

PAIVA, R.A. Turismo e pós-modernidade: os processos urbanos contemporâneos. *Desígnio*. v.1, p.151-160, 2007.

REIS FILHO, N.G. *Notas sobre a urbanização dispersa e novas formas de tecido urbano*. São Paulo: FAU/LAP, 2006.

SANTOS, C.A.J. A produção e o consumo de espaços turísticos. In: IX Coloquio Internacional de Geocritica. Los problemas del mundo actual. Soluciones y alternativas desde la geografía y las ciencias sociales. Porto Alegre, 2007.

SANTOS, M. *Metamorfoses do espaço habitado*. São Paulo: Hucitec, 1988.

SILVA, S.C.B.M. Turismo e urbanização. In: RODRIGUES, A.A.B. (org.). *Turismo, modernidade, globalização*. São Paulo: Hucitec, 1997, p.163-171.

SPOSITO, M.E.B. A urbanização da sociedade: reflexões para um debate. In: CARLOS, A.F.A.; DAMIANI, A.L.; SEABRA, O.L. (org.). *O espaço no fim do século: a nova raridade*. 2.ed. São Paulo: Contexto, 2001.

URRY, J. *O olhar do turista: lazer e viagem nas sociedades contemporâneas*. São Paulo: Studio Nobel, Sesc, 2001.

VARGAS, H.C. Turismo urbano: uma nova indústria motriz. *Boletim de turismo e administração hoteleira*. Faculdade Ibero Americana, São Paulo, v.5, n.2, p.38-46, 1996.

______. Turismo e valorização do lugar. *Turismo em análise*. ECA-USP, São Paulo, v.9, n.1, p.7-19, 1998.

______. Do espaço da troca ao espaço do consumo: a permanência do local frente ao global. In: *53 ICA - A arquitetura nas Américas: câmbios e continuidades da centralidade e estrutura na forma urbanística*. 2009, México. 53 ICA. Congresso Internacional de Americanistas, 2009.

Parte 2

Turismo e cidade

Capítulo 3

O lugar do turismo nas teorias de desenvolvimento: da Tríade Marshaliana às Cidades Criativas

Heliana Comin Vargas

> [...] É a percepção dos benefícios econômicos que se transforma na principal força em defesa do turismo. A entrada de receitas externas e a geração de emprego e renda que propicia são as principais motivações para incluir o turismo como parte das estratégias de desenvolvimento (Fletcher, 2013, p.145, tradução nossa).

As disparidades de desenvolvimento[1] entre países e entre regiões e a preferência das atividades econômicas por determinadas localizações sempre atraíram o interesse de estudiosos e cientistas, principalmente a partir do século XIX, tendo em vista o crescimento da atividade industrial e da consequente urbanização. A partir de 1950, no imediato pós-guerra, a preocupação com a recuperação dos países diretamente atingidos e a busca pelo desenvolvimento regional passou a ser objeto de interesse da área de economia e da geografia, a partir da compreensão do desempenho das atividades econômicas estabelecidas em um determinado espaço (Vargas, 1982a). Vêm então à tona os termos território, aqui entendido como o lócus das práticas e das representações sociais, e planejamento territorial, como a ciência capaz de dar conta da sua organização em prol do almejado desenvolvimento regional.

---

[1] O crescimento refere-se a um aumento do produto global e, consequentemente, da renda *per capita*, identificando-se apenas com um processo de expansão quantitativa (Andrade, 1970). Já o desenvolvimento, segundo Perroux (1961), exige mudanças mentais e sociais de uma população, capacitando-a para fazer crescer, cumulativamente e de forma durável, seu produto real, global, o que implica, portanto, mudanças de ordem qualitativa.

Transformando-se em uma questão central dos governos de regiões e países, a busca pelo desenvolvimento poucas vezes exitosa testemunhou uma ampliação de suas bases econômicas como elemento dinamizador as quais incluíram, além das atividades primárias (agricultura, pecuária e extrativismo), as secundárias (indústrias de transformação), as terciárias (comércio, serviços e turismo) e, em uma derivação dessas últimas, as terciárias superiores[2] (pesquisa, tecnologia, inovação e criatividade), em que cultura e conhecimento também participam.

A intenção aqui não é discorrer sobre todas as teorias de desenvolvimento regional então formuladas, mas, sim, levantar os aspectos fundamentais que, na atualidade, explicam a importância e a pertinência da atividade turística para funcionar como protagonista do almejado desenvolvimento. Da Tríade Marshaliana às Cidades Criativas, o caminho é rico e promissor, mostrando ainda que, por mais que as teorias atuais pareçam inéditas, elas têm suas raízes em um passado recente.

A busca por desenvolvimento regional, posteriormente focado no local; o avanço do capital que se desloca pelos diversos setores da economia e que tem, hoje, no turismo, um papel de destaque; e a transferência da responsabilidade do desenvolvimento do governo federal para o municipal são os aspectos que direcionam as reflexões presentes neste capítulo.

Entre as principais teorias e políticas de desenvolvimento apresentadas e discutidas neste percurso, selecionamos aquelas que envolvem: o conceito de externalidades, a teoria da base econômica e o conceito de multiplicadores; a teoria dos polos de crescimento e seus desdobramentos; a política de marketing do lugar e o desenvolvimento endógeno; a economia da cultura e os clusters e as cidades criativas. Nesse processo também serão analisadas a mudança de foco do regional/nacional para o local e as formas de planejamento e de gestão a ela associada, buscando mostrar uma evolução cronológica com momentos contextualizados.

As origens: a tríade marshaliana e os multiplicadores

A dinamização das economias nacionais, principalmente a partir do desenvolvimento das atividades industriais no final do século XIX, contribuiu

[2] O terciário superior aqui mencionado já havia sido pensado na década de 1980 como um setor quaternário (Santos, 1988). No entanto, essa adjetivação desapareceu em textos mais recentes.

para o aparecimento de diversas teorias que buscavam explicar a ocorrência dessas atividades em determinados pontos do território, bem como discutir e desvendar suas preferências locacionais.

Uma destas teorias, que surge de forma pioneira, em 1890, é a obra *Princípios de Economia*, de Alffred Marshall (1997), criando o conceito de externalidades a partir da análise da concentração, em certas localidades, de indústrias especializadas. Conforme informado por Silva (2004, p.116), é considerado o introdutor "oficial" do conceito de economia de aglomeração na teoria econômica.

Segundo esta teoria, as economias decorrentes destas aglomerações surgem pelos efeitos de escala e podem ser divididas em economias internas; economias externas às firmas, mas internas à indústria (economias de localização[3]); e economias externas (economias de urbanização[4]) (Richardson, 1969).

As economias internas às firmas e às indústrias são autoevidentes, tendo em vista, por exemplo, as economias realizadas devido à compra de insumos em grande quantidade (oligopsónio) e cuja escala produz uma concorrência imperfeita.

Já as economias externas (externalidades) adjetivadas de Marshallianas, compreendem: (I) a existência de um denso mercado local de mão de obra qualificada; (II) facilidades de acesso a fornecedores de matérias primas, componentes, insumos e serviços especializados e, muitas vezes, de máquinas e equipamentos; e (III) a presença de *spillovers* (efeitos de transbordamento), propiciando uma maior disseminação de conhecimento e de tecnologia, o que permite rápidos processos de aprendizado, criatividade e inovação. Essas vantagens da aglomeração ficaram conhecidas como a Tríade Marshalliana (Oliveira e Ribeiro, 2014; Fochzatto, 2010).

Posteriormente, a utilização desse conceito para as questões de desenvolvimento regional implicaram o surgimento de outras teorias, como a teoria da base econômica, que, segundo Lane (1977 apud Silva, 2004), tem

---

3 Weber (1929) utilizou-se do conceito de aglomeração em função do que Hoover (1948) denominaria de "economias de localização", sendo Weber considerado o primeiro teórico da localização a tratar da aglomeração. Sua preocupação esteve fortemente centrada nos custos de transporte, seja para a chegada de insumos seja pela saída de produtos (Richardson, 1973).

4 Como externalidades são mais facilmente encontradas em grandes centros urbanos, acabaram sendo denominadas, conforme Isard (1956), de "economias de urbanização". Dessa forma, os grandes centros urbanos tendem a ser autorreforçadores em termos de crescimento/desenvolvimento (Richardson, 1973).

suas primeiras formulações de caráter urbano, em 1921, com M. Aurousseau. Em sua obra *The distribution of population: a constructive problem*, Aurousseau argumentava que o crescimento das cidades deveria ser analisado a partir da relação entre empregos em ocupações primárias e secundárias. Sendo as ocupações primárias aquelas que atendiam diretamente às funções da cidade, enquanto as ocupações secundárias respondiam pelo bem-estar das pessoas ocupadas nas funções primárias.

Na consolidação da Teoria da Base Econômica, as atividades chamadas por Aurousseau de primárias passam a ser conhecidas como atividades básicas de uma cidade, e identificadas com aquelas que produzem e fornecem bens e serviços para fora do seu limite administrativo, respondendo pela força e expansão da economia urbana, implicando, consequentemente, a expansão das atividades não básicas e o crescimento da economia como um todo. Já as atividades não básicas (secundárias) são aquelas consumidas internamente (Chapin, 1976; Vargas, 1985).

O modelo da base econômica, portanto, lastreia-se em 2 elementos principais: o capital que entra na região em decorrência das atividades básicas de exportação e os efeitos de disseminação que, ao promover o crescimento e surgimento de outras atividades, dá origem ao conceito de multiplicador.

O conceito de multiplicador na teoria econômica[5] foi usado pela primeira vez, por R.F. Kahn em seu livro "*The relation of home investment to unemployment" de* 1931, criando, na verdade, um multiplicador do emprego. Com base neste multiplicador do emprego, em 1936, Keynes (1985) elaboraria o "multiplicador de investimento", baseando-se na relação renda e consumo, cunhando o conceito de "propensão marginal a consumir". Lane (1977 apud Silva, 2004) constata que no início dos anos 1940 já se encontrava bastante desenvolvida a aplicação da teoria do multiplicador à área do comércio.

O conceito de multiplicadores buscava avaliar o caminho percorrido por cada unidade monetária que entrasse na economia local a partir de uma atividade exportadora, mensurando o seu impacto final na região, tendo em vista a dinamização de outras atividades (efeito multiplicador), sua permanência e reutilização na economia dessa região. A concepção da base econômica urbana, em sua essência, tem permanecido inalterada, desde a formulação dos primeiros esforços realizados para sua conceituação e enquadramento metodológico (Silva, 2004).

---

[5] R.F. Kahn relacionou a variação do volume de emprego à variação líquida do investimento, formalizando critérios para o cálculo da relação quantitativa entre o incremento do investimento líquido e o consequente crescimento provocado no nível do emprego agregado (Silva, 2004).

A inserção deste conceito no âmbito dos estudos da atividade turística é imediata, tendo sido apontado por Christaller (1963) como um meio de atingir o desenvolvimento econômico em regiões periféricas, pela injeção de moeda estrangeira (atividades básicas).

A existência do multiplicador nas atividades turísticas é reconhecida na medida em que uma empresa requer compras de outras na economia local, em uma cadeia interdependente. Para Fletcher (2013, cap. 7, p.154), pode-se, a partir desta compreensão, definir os principais impactos econômicos que, em síntese, referem-se à circulação que o dinheiro gasto com as atividades turísticas teria dentro da economia de um determinado local. Este efeito multiplicador, por sua vez, expande-se em diversas direções e percepções nem sempre passíveis de mensuração, classificados em: efeitos diretos (sobre as atividades que atendem diretamente aos turistas); indiretos (sobre a renda, receitas e empregos gerados em outros setores da economia tendo em vista a demanda gerada); e induzidos rebatidos sobre a dinâmica da economia local. Para este autor, os gastos com turismo são tão reais como qualquer outra forma de consumo, podendo aqueles realizados por turistas internacionais serem considerados como exportações, ainda que invisíveis, para o país hospedeiro. O turista doméstico, por sua vez, pode inclusive ser visto como um elemento de substituição de importações quando escolhe viajar por seu país em detrimento de uma viagem internacional[6].

Do ponto de vista da economia do turismo, os efeitos multiplicadores têm respondido pela grande aceitação desta atividade como elemento motor do desenvolvimento de cidades, regiões e países. No entanto, estes efeitos nem sempre são positivos do ponto de vista dos aspectos socioambientais, merecendo atenção especial para a mitigação dos efeitos negativos inerente a qualquer ação humana.

A teoria dos polos de crescimento: da indústria ao terciário

No cenário internacional, logo após o final da Segunda Guerra Mundial, os governos nacionais foram fortemente reforçados, com fronteiras das economias nacionais bem definidas, o que conduziu à implementação de políticas econômicas e de estruturas institucionais nacionais, com a certeza de que a reconstrução somente seria possível pela intervenção estatal.

[6] Para saber mais sobre multiplicadores do turismo ver: Fletcher, J. *The economic impact of tourism, 2013.*

Proliferaram disciplinas que buscavam planejar o desenvolvimento das regiões menos favorecidas em termos socioeconômicos[7] (Vargas, 1985), bem como o desenvolvimento urbano controlado por um crescente sistema de planejamento refinado nos anos 1960 e 1970, com forte viés tecnocrático e orientado para o projeto/plano (Ashworth e Voogd, 1990).

A mais significativa das teorias sobre desenvolvimento regional é obra de François Perroux (1961, 1964, 1972), intitulada "Teoria dos polos de crescimento", surgida a partir da observação da existência de pontos que comandavam o crescimento econômico. Sua teoria se desenvolveu com base na demonstração de que existia uma série de poderosas unidades econômicas exercendo um domínio irreversível e unilateral sobre o ambiente econômico. Essa unidade econômica podia estar representada por uma firma, uma indústria, um complexo industrial, qualquer grupo social ou econômico, ou até mesmo por um país (Vargas, 1982a, 1985).

> O fato grosseiro, mas sólido, é o seguinte: o crescimento não aparece em toda a parte simultaneamente. Ao contrário, manifesta-se em pontos ou polos de crescimento, com intensidades variáveis, expande-se por diversos canais com efeitos finais variáveis para o conjunto da economia (Perroux, 1972, p.216).

Com essa afirmação, Perroux inicia uma reformulação da noção de espaço econômico e faz uma crítica aos trabalhos de Von Thunen, Weber, Christaller, que, segundo ele, preocuparam-se em explicar como as atividades econômicas organizavam-se sobre o espaço geográfico[8], espaço este considerado como um recipiente rígido, passivo e condicionante da evolução da dinâmica das forças econômicas (Vargas, 1982a).

---

[7] Entre essas ciências criadas naquele momento, encontram-se a Ciência Regional, com Walter Isard, nos Estados Unidos; a Prospectiva e a Organização do Espaço, na Europa Ocidental; a política de *Town and Country Planning*, na Inglaterra; e *L'Aménagement du Territoire*, na França (Andrade, 1970).

[8] De acordo com Spinola, 2003 (apud Silva, 2004), o debate teórico sobre a questão locacional pode ser dividido em dois períodos, sendo o primeiro anterior aos anos 1970 e o segundo posterior aos anos 1980. O primeiro período apresenta duas correntes teóricas. A primeira, denominada de estática, caracterizava-se por não levar em conta a interdependência de outros fatores locacionais, além de trabalhar com o conceito de concorrência perfeita, estando muito centrada em modelos matemáticos. Entre os teóricos dessa corrente encontram-se nomes como Von Thunen, Alfred Weber e Walter Chritaller, cujas ênfases estavam voltadas, respectivamente, para o funcionamento das atividades primárias, secundárias e terciárias. A segunda corrente, nomeada como dinâmica, incorporava a interdependência das demais ocorrências no território e via o mercado sob a ótica da concorrência imperfeita. Teve como principais teóricos August Losch e Walter Isard.

Entre os elementos fundamentais da teoria dos polos de crescimento, destacamos sua definição de espaço econômico como um campo de forças, ou de relações funcionais, caracterizado por centros que atraem forças centrípetas e que emanam forças centrífugas, cunhando o termo "unidade motriz" (Vargas, 1982a).

Essa unidade motriz, que pode ser uma empresa, uma indústria ou uma combinação delas, deve apresentar 3 características principais: ser de grande porte, de modo que sua produção seja tão significativa a ponto de suas decisões produzirem impactos na região; apresentar uma taxa de crescimento superior à média regional (ou nacional); e propiciar uma forte interdependência técnica (*linkages*) entre empresas, formando um complexo[9]. De certa forma, estes *linkages* relacionavam-se à existência de externalidades conforme definido por Marshal, pois a teoria de Perroux envolvia a discussão dos efeitos sobre outras empresas e sobre a estrutura da população em termos socioeconômicos (multiplicadores), funcionando como motor do desenvolvimento regional, promovendo uma aglomeração geográfica[10]. Embora nem sempre seja possível saber o que ocorreu antes, se a aglomeração ou a "empresa motriz", o fato é que, depois de certo ponto, o processo é autorreforçador.

Embora sujeita a críticas[11], tendo em vista seu foco no aspecto econômico, as contribuições da teoria de Perroux ainda hoje se fazem presentes.

No Brasil, essas teorias foram a base das políticas de desenvolvimento regional, assumidas tanto pelo governo federal como pelo estadual, desde o final da década de 1950. Como exemplos significativos dessas políticas, des-

---

9 Um dos exemplos de indústria com característica motriz é a indústria automobilística, altamente consumidora de insumos como aço, petróleo, plástico e vidro, por exemplo, que atrai para o seu entorno montadoras e prestadoras de serviços. Além disso, demanda mão de obra especializada e a concentração de população e de renda funcionam como um elemento motriz dos centros urbanos e de sua região. A região do ABC, em São Paulo, foi um grande exemplo desse tipo de desenvolvimento.

10 Influenciados por esta teoria, outros autores como Hirschman (1968) e Myrdal (1957) (apud Darwent, 1969) evoluíram a discussão para a noção de centro de crescimento de uma região ou país, definindo respectivamente os processos de "*polarization*" ou "*backwash*" como o efeito de domínio do centro sobre a região, dificultando o seu desenvolvimento; e os efeitos de "*trickingdown*" ou "*spread*" quando conseguem transmitir efeitos positivos para a região, como absorção da mão de obra desempregada e consequente aumento da renda *per capita* (Vargas, 1982a, 1985).

11 Friedmann, 1967 (apud Darwen, 1969) é um dos críticos da teoria de Perroux. Ele defende que o desenvolvimento polarizado incorpora outras variáveis além do aspecto econômico, como o desenvolvimento social, político e cultural do espaço geográfico.

tacamos a criação, no Governo de Juscelino Kubitscheck, em seu Plano de Metas, da Superintendência de desenvolvimento da Amazônia (Sudam), em 1953, e, posteriormente, da Superintendência de desenvolvimento do Nordeste (Sudene), em 1959. A partir da década de 1970, compondo os Planos Nacionais de Desenvolvimento (PND), foram criadas as Zonas Francas, como a de Manaus; foi incentivada a implantação de distritos industriais, como o de Tubarão, no Espírito Santo, ou mesmo o fortalecimento das políticas de incentivos fiscais para atração de indústrias (Vargas, 1982b, 1985). Podemos, inclusive, dizer que a criação de Brasília (1955-1960), na região central do Brasil, tinha, em sua origem, a intenção de interiorizar o desenvolvimento do país, ainda que lastreados na atividade terciária, cujos resultados foram, de certa forma, exitosos (Vargas, 1982b, 1985; Andrade, 1970).

A partir da teoria de Perroux (1961, 1964, 1972), podemos entender o turismo primeiro como uma atividade que, ao extrapolar o espaço geográfico, se apresenta, predominantemente, como um espaço econômico. Ou seja, muitas das atividades envolvidas não acontecem no local de destinação turística, propriamente dito. Lembrando, no entanto, que o turismo depende do espaço físico para se materializar e é, conforme mencionado por Cruz (1999), a atividade que mais consome espaço.

Outra contribuição da teoria dos polos de crescimento de Perroux para o estudo do turismo é o conceito de "indústria motriz" e a sua capacidade de criar *linkages* para a frente e para trás. A atividade turística, embora não seja uma grande empresa, tem características de indústria motriz na medida em que atrai e conecta uma série de outras empresas, produzindo um encadeamento e uma interdependência entre elas. Também é fundamental o papel das inovações iniciadas pela indústria motriz, podendo ser de ordem tecnológica, administrativa, operacional, entre outras, e que será utilizado e reforçado em diversas teorias posteriormente formuladas[12].

Um trabalho pioneiro no Brasil (Vargas, 1996, 1997) sobre a questão do turismo como força motriz produziu o pôster[13] apresentado na Figura 3.1, destacando essa condição que, embora naquela ocasião estivesse pouco ela-

---

[12] Conforme mencionado anteriormente, Marshal, em sua "Tríade", já pontuara a capacidade das aglomerações industriais em propiciar efeitos de transbordamento das inovações, que para Perroux tem como maior difusor a grande empresa considerada motriz.

[13] A Figura 3.1 foi um dos 3 pôsteres apresentados no VII Encontro da Anpur, sobre a temática "Turismo urbano: a cidade enquanto produto", em 1997, em Recife, PE. Os pôsteres apresentados, na ocasião, ganharam o primeiro lugar na categoria pôster.

borado, já oferecia uma base de conteúdo a ser amplamente expandida. Na verdade, esse conceito de ligações para a frente e para trás assume a condição de efeitos multiplicadores, conforme mencionado anteriormente.

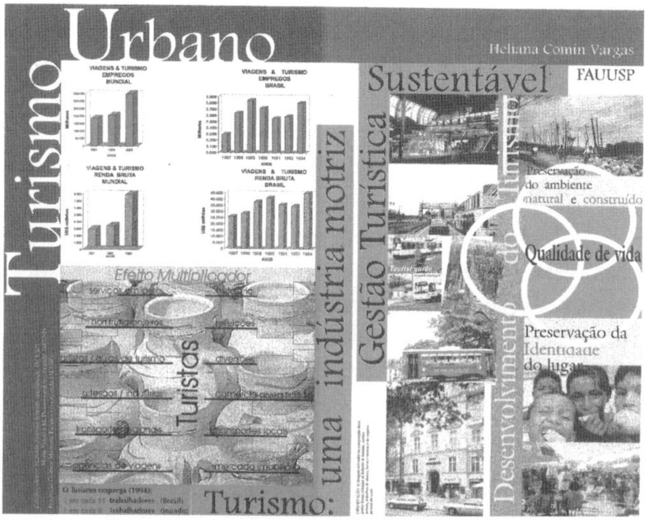

Figura 3.1 – Pôster apresentado no VII Encontro da Anpur, em 1997, em que os turistas (atividade turística) são mostrados como multiplicadores das atividades ofertadas, apresentados do lado esquerdo da imagem, e os impactos socioeconômicos e ambientais são destacados no lado direito. Fonte: Vargas (1996, 1997).

É interessante observar que a ideia dos polos de crescimento de Perroux (1961, 1964, 1972) ou dos centros de crescimento de Hirschman (1968) e Myrdal (1957) adentraram o campo das atividades terciárias (que inclui o turismo), transcendendo o papel da indústria como elemento motriz, e se constituíram em elementos importantes do planejamento regional. O próprio Perroux (1972) buscou relacionar os polos de crescimento aos centros urbanos destacando que, embora um polo de crescimento (com base na indústria) não possa ser identificado como um centro urbano (com base no terciário), ele pode, por sua vez, tendo em vista as economias de aglomeração e urbanização, funcionar como polo de crescimento.

Nessa discussão, ainda no início da segunda metade do século XX (pós-Segunda Guerra Mundial), o entendimento dos centros urbanos como polos de crescimento, juntamente com a teoria do lugar central de Walter Christaller (Vargas, 1985) e seus desdobramentos, passou a nortear os estudos de planejamento regional e a influenciar as políticas de desenvolvimento econômico, que tinham como objeto de estudo a conformação das redes urbanas regionais e nacionais e buscavam compreender suas relações hierárquicas.

Inicialmente centrada no tamanho de suas populações para definir uma rede urbana equilibrada[14], a definição de hierarquias urbanas passou a contar com as atividades terciárias como parâmetros para a indicação do posicionamento das cidades na rede urbana regional ou nacional, bem como para definir sua área de influência pela identificação do alcance de atendimento de usuários. Poderiam, portanto, auxiliar na classificação dos centros de acordo com o grau de raridade assumido pelas atividades que ofereciam (Vargas, 1981, 1985; Vargas e Bruna,1982).

No entanto, em algumas situações, a correspondência entre tamanho de população e nível de diversificação e intensidade de suas atividades terciárias pode não ter uma relação direta, tendo em vista o caráter especializado de alguns centros urbanos cujas atividades são alimentadas por fluxos externos provenientes, por exemplo, da atividade turística, áreas de segurança nacional, cidades universitárias, entre outras (Christaller, 1955, 1963; Dalmasso, 1976; Vargas e Bruna, 1982).

Trabalhos seminais nessa direção podem ser atribuídos a Walter Christaller (1955, 1963), que apontava o turismo como uma atividade que evitava os lugares centrais e as aglomerações industriais, imputando a ela a capacidade de combater a tendência à concentração. Afirmava que essa capacidade do turismo de desconcentrar superava até mesmo as atividades consideradas quaternárias ligadas à ciência e tecnologia, consideradas *footloose*. Reforçava a tendência natural do turismo para a busca de uma localização periférica voltadas à apreciação do ambiente natural em detrimento das regiões densamente povoadas[15] (Silva, 1996).

No entanto, não havia, naquele momento, uma menção explícita nas políticas de desenvolvimento regional e local tendo o turismo como protagonista. As cidades turísticas do período, conforme mencionado anteriormente, promoviam um desvio na rede urbana por sua especialização e

---

[14] Segundo Berry (1970), os estudos sobre hierarquia urbana a partir do tamanho da população das cidades levou à elaboração de teorias e modelos matemáticos, como a *Rank-Size Rule*, que considerava que o sistema urbano estava integrado quando havia uma distribuição regular das cidades por tamanho, correspondendo, em termos matemáticos, a uma distribuição log normal. Por outro lado, se essa regra não ocorresse, poder-se-ia chegar ao conceito de *Primate City*, desenvolvido por Marx Jefferson.

[15] Logicamente, no momento em que escreve sobre esse tema, a força do turismo urbano ainda não se colocava de forma exuberante, conforme apresentado no Capítulo 7.

a não correspondência em termos de dinamismo e diversidade na oferta de produtos e serviços, presentes em outras cidades de mesmo tamanho. O que se buscava era uma rede urbana com uma hierarquia bem definida regular e integrada.

Com base no fato de que, além de sinalizadoras das dinâmicas dos centros urbanos, as atividades terciárias poderiam, se incentivadas, contribuir para o equilíbrio das redes urbanas em prol do desenvolvimento regional, surge, na França, o conceito de Metrópoles de Equilíbrio, inserida no 50º Plano Francês como estratégia de desenvolvimento regional em uma iniciativa da Datar (Délégation interministérielle à l'aménagement du territoire et à l'attractivité régionale), em 1963.

Esse programa baseava-se na existência de um grande desequilíbrio entre a capital francesa e as demais cidades do país. As metrópoles de equilíbrio, quando definidas[16], deveriam receber benefícios das descentralizações realizadas em setores envolvidos com pesquisa e conhecimento, bem como daquelas realizadas em serviços da administração pública e em equipamentos terciários de nível superior, como hospitais, centros culturais e financeiros. Também havia incentivos ao desenvolvimento de atividades industriais, como aeronáutica e aeroespacial, em Toulouse, e química fina, em Lyon (Sénat, 2014). As atividades selecionadas poderiam agir como catalizadoras do desenvolvimento por atrair e gerar fluxos e promover encadeamentos com outras atividades e empresas, criando sinergias.

Embora não se identifique explicitamente a presença do turismo como uma atividade a ser contemplada, a mudança da ênfase do setor secundário para o terciário como motor do desenvolvimento regional e urbano passa a ser claramente considerada, principalmente porque, no período pós-1970, com o avanço da produção flexível, o processo de terciarização começa a marcar presença.

---

[16] Definiu-se uma amostra preliminar de mais de 200 centros urbanos, considerando-se até 27 atividades de comércio mais raras, cuja existência definia seu nível hierárquico. A partir daí, foram identificadas 42 cidades que exerciam certo papel regional: 8 em uma primeira categoria de metrópoles regionais, 10 em situação média e 24 com uma função regional incompleta. As cidades identificadas nesse processo de estabelecimento das metrópoles de equilíbrio, ao serem mapeadas, explicitaram o peso esmagador de Paris e uma desordem complexa na divisão regional a partir da delimitação das áreas de influência de cada centro. As 8 cidades de maior nível hierárquico foram trabalhadas no sentido de equilibrar o desenvolvimento do país, dentro das políticas de organização territorial francesa, cujo conceito foi abandonado em 1982 (Rochefort, 2002).

As políticas de *city marketing* e o desenvolvimento endógeno

A crise do final dos anos 1970 e 1980, bem como o acirramento da competição internacional, conduziram, entre outras coisas, a uma mudança significativa no cenário mundial dos países quanto ao sistema de planejamento e de desenvolvimento regional e urbano, até então conduzidos, predominantemente, pelo governo central.

O abandono da política do estado do bem-estar social, do estado interventor, abriu espaço para políticas neoliberais que funcionaram como causa e efeito para o surgimento de novas teorias de desenvolvimento e novas formas de gestão urbana. A alteração no modo de produção fordista para a produção flexível, bem como o avanço da tecnologia da informática, contribuindo para eliminação de barreiras físicas, foram outros elementos que colaboraram para a construção desse outro cenário (Vargas, 1992).

Nesse processo de acirramento da concorrência/competitividade, não mais apenas entre países ou empresas, mas entre cidades (até mesmo dentro de um mesmo país), o processo de desenvolvimento passa a ser conduzido por novas formas de gestão urbana que se pautam no planejamento estratégico[17] (planejamento de mercado) e nas políticas de *place marketing*[18] (Var-

---

[17] O planejamento urbano estratégico deriva do planejamento estratégico corporativo, cujas raízes encontram-se no planejamento militar: traz deles a busca de estratégias para trabalhar com incertezas e surpresas, desvalorizando a predição e valorizando a previsão e a ação; considera o mercado, principalmente em termos de oferta (adversários e competidores); e abre o campo da negociação como instrumento de gestão (Huertas, 1996). A adoção de um planejamento orientado para o mercado (estratégico) implica a substituição de uma abordagem de ordenação do espaço (oferta) para uma atenção maior com os desejos e necessidades dos usuários atuais e potenciais (demanda). Outro elemento incorporado a esse conceito refere-se à relação entre o poder público e o setor privado (parcerias) por meio de novas experiências organizacionais e de uma grande dependência deste último para a execução de intervenções urbanas públicas (Ashworth e Voogd, 1990).

[18] O marketing do lugar é resultado da integração de 3 escolas de pensamento: o marketing sem fins lucrativos, o marketing social e o marketing da imagem. Ele é, frequentemente, responsabilidade do setor público, isoladamente ou em conjunto com a iniciativa privada. Pode envolver tentativas para influenciar outros aspectos do comportamento de grupos, além de criar uma imagem ou venda do lugar para turistas e investidores, procurando atingir objetivos políticos, sociais e econômicos (Warnaby e Davies, 1996). Para Ashworth e Voogd (1990), *city marketing* é o processo em que o desenvolvimento das atividades urbanas deve estar o mais próximo possível das demandas do seu público-alvo (cidadãos), de forma a maximizar o funcionamento socioeconômico da área, de acordo com os objetivos previamente estabelecidos.

gas, 2004). A evolução dessa política de "marketing do lugar" para "*city marketing*" acaba por conduzir a uma forma de olhar para cidade como um produto a ser oferecido para investidores, empresários e turistas, limitando, muitas vezes, o entendimento do conceito de "*city marketing*" a uma estratégia de promoção da cidade[19] (Ashworth e Voogd, 1990; Vargas, 1998, 2004).

Envolvidos por esse novo paradigma, a partir dos anos 1980, os gestores urbanos, crescentemente, adotaram o estilo de governo empresarial (com planejamento estratégico), direcionados à criação de sítios, ambientes e imagens com base em incentivos voltados não apenas à atração de indústrias de alta tecnologia e quaternárias, mas, também, à implantação de um elenco de atividades de serviços produtivos e pessoais. Para prover a infraestrutura a todo esse tipo de indústria e serviços, os mais ambiciosos programas de regeneração urbana incluíram o turismo e o lazer como uma de suas bandeiras. Turismo, patrimônio e indústrias culturais foram, cada vez mais, associados às estratégias de desenvolvimento econômico, em termos de geração de emprego e renda, enquanto estratégias de marketing do lugar valorizavam a imagem do ambiente construído (Selby, 2004).

As políticas de valorização do lugar, com a intenção de atração de turistas e investidores, inclusive do setor imobiliário, terão como estratégia a realização de grandes projetos de intervenções urbanas (Vargas e Castilho 2006; Allis, 2012), além das políticas nacionais de incentivo ao turismo (Araujo, 2011). Da requalificação de centros históricos à intervenção nas cidades para receber megaeventos, da construção de centros de eventos ao financiamento de *resorts* litorâneos, a atividade turística aparece no discurso como o objetivo central das políticas de intervenção urbana como base para o desenvolvimento local, tendo como exemplo paradigmático a preparação da cidade de Barcelona para os Jogos Olímpicos de 1992.

No entanto, como lembra Harvey (2003), "*place marketing*" é um jogo de soma zero, já que todas as demais localidades podem fazer o mesmo.

Assim, um paradoxo é estabelecido. Ao mesmo tempo que a globalização induz à uniformização do território e à aproximação cultural, tornando-o homogêneo, o processo de competição entre cidades e territórios busca o

---

Para Harvey (1989), "*place marketing*" representa uma transição da cidade administrada, característica dos anos 1960, para a cidade empresarial, a partir dos anos 1970.

[19] No Brasil, foi bastante usado pelo governo da cidade de Curitiba, no estado do Paraná, para a promoção da cidade que passou a ser conhecida internacionalmente como uma cidade de primeiro mundo, com alta qualidade de vida, onde o planejamento urbano era bem conduzido. Com relação a esse assunto, ver: Moura e Kleinke, 1999; e Garcia, 1997.

único, o exclusivo, o diferente, para enfrentar a concorrência. É o momento da venda e da valorização da diferença (Vargas, 1998).

Essa diferença não se resume apenas à questão da diversidade dos espaços físicos e de seus atributos, ela se refere, também, à diferenciação dos produtos e das atividades oferecidas, para grupos de pessoas também diversos. Vai ainda mais longe, quando aceita a subjetividade da forma de receber, de olhar, de sentir e de oferecer dos indivíduos, de acordo com os respectivos repertórios. Na verdade, é o levar em conta todos os atores que participam do jogo desse amplo mercado globalizado, assumindo suas diferenças, que se constitui em um dos pilares para sustentar o processo de gestão das cidades (Vargas, 1998).

Os anos 1990 vão transformar o marketing do lugar de uma atividade essencialmente amadora em uma vasta e profissionalizada forma de governança urbana, com a prevalência das parcerias público-privadas; o acirramento, entre as localidades, da competição por uma parcela do capital móvel; e a promoção fundamental de uma boa imagem (Selby, 2004).

Entre alguns teóricos, o crescimento econômico passa a ser visto não mais como decorrência exclusiva de ações externas e capitaneadas pelo Estado Nacional e, sim, estaria baseado na dinâmica interna de cada localidade, passando a ser conhecida como teoria do desenvolvimento endógeno[20]. Este pensamento passará a dar suporte às políticas de desenvolvimento, cuja atribuição vai se deslocar do âmbito do estado nacional para o poder local. Este, orientando-se para o mercado e utilizando-se do planejamento estratégico e dos instrumentos das teorias de *place marketing,* articular-se-á diretamente com o global.

As teorias de desenvolvimento endógeno que partem dos condicionantes e oportunidades internas ao local oferecem várias abordagens, de acordo com os diferentes autores que se debruçaram sobre o assunto. No entanto, todas elas apresentam um traço em comum, incorporando o conceito de externalidades dinâmicas do tipo marshallianas (economias de escala externas ou economias de urbanização), mas, agora, aplicadas fora dos grandes eixos de aglomeração e voltadas à implantação de distritos industriais baseados na alta tecnologia e na inovação (Fochzatto, 2010; Feitosa, 2009).

Autores como Krugman (apud Fochzatto, 2010), apoiando-se na tríade marshaliana sobre a teoria da aglomeração, trazem discussões sobre as forças de dispersão, incluindo-se no grupo da Nova Geografia Econômica.

---

[20] Segundo Boisier, 2001 (apud Marini e Silva, 2012), o desenvolvimento endógeno é produzido como resultado de um forte processo de articulação de atores locais e de variadas formas de capital intangível, em um projeto coletivo de desenvolvimento do território em questão.

O Sistema de Inovação Regional, por sua vez, enfatiza o papel da inovação e da tecnologia como a forma mais adequada para se alcançar o desenvolvimento regional, pela pressuposição de constante competição, cooperação e interação, destacando-se, com frequência, as parcerias entre setores produtivos, institutos de pesquisas e universidades, o que leva a proposições de formação de distritos industriais (Fochzatto, 2010).

A escola de especialização flexível segue nessa mesma direção, debruçando-se sobre a importância desse novo paradigma tecnológico para a promoção do desenvolvimento, focado nas transformações da esfera produtiva, e centrando-se, ainda, na formação de distritos industriais[21].

Segundo Marini e Silva (2012), a literatura sobre o assunto apresenta várias experiências de aglomerações geográficas e setoriais de empresas, com uma diversidade de terminologias: distritos industriais, tecnopolos, *millieux innovateurs*, sistemas produtivos locais, *clusters* e arranjos produtivos locais. Como exemplos clássicos e precoces dessas aglomerações geográficas, destacamos o Vale do Silício[22] e os distritos industriais italianos, como a Terceira Itália[23].

Para esses arranjos produtivos locais, ou *clusters*, os principais componentes incluem capital social, governança local, políticas públicas, ações conjuntas e externalidades, em busca da eficiência coletiva ou vantagem competitiva (Marini e Silva, 2012).

---

[21] Esses distritos caracterizam-se por um grande número de firmas de pequeno e médio porte, em vários estágios da produção de um produto homogêneo, trabalhando em regime de concorrência e cooperação, contribuindo para a geração de externalidades, por meio da circulação de informação, conhecimento e inovação. Buscam uma interação política e sociocultural, além de econômica (Fochzatto, 2010).

[22] A aglomeração industrial conhecida como Silicon Valley, localizada na região sudeste da Baía de São Francisco, nos Estados Unidos, é formada por um grande número de empresas inovadoras que trabalham com *chips* de silício, passando a se identificar como local de desenvolvimento de negócios de alta tecnologia e ser usada, hoje, como metonímia para a área. O Silicon Valley nasceu a partir da iniciativa do reitor da faculdade de engenharia de Stanford, nos anos de 1940 e 1950, que encorajava alunos e professores a iniciarem suas próprias empresas. Foi no Silicon Valley que o circuito integrado baseado em silício, o microprocessador, o microcomputador, entre outras tecnologias-chave, foram desenvolvidos. Disponível em: http://en.wikipedia.org/wiki/Silicon_Valley. Acessado em: 26 jul. 2013.

[23] O distrito industrial conhecido como a Terceira Itália surgiu no início dos anos 1970, reunindo pequenas e médias empresas originárias das localidades, vinculadas por laços econômicos, sociais, políticos e culturais locais. A região compreende as cidades de Milão, Turim, Bolonha, Florença, Ancona, Veneza, Modena e Gênova, que passaram a utilizar processos de inovação e métodos de produção flexível. O conjunto de empresas contou com apoio governamental para negócios contábeis, financeiros, entre outros (Sampaio, 2002; Feitosa, 2009).

O entendimento dessa competitividade, como elemento de desenvolvimento, conduz à teoria da competitividade definida por Porter (2003), que, como o próprio nome sugere, enfatiza a competitividade entre as firmas que participam dos (distritos) *clusters* industriais, dando a noção de prosperidade (aumento da produtividade).

Para Fochzatto (2010), a ideia de *cluster*, além de incorporar o conceito de economias de aglomeração, externalidades tecnológicas, cooperação e competitividade, também se apropria dos ensinamentos da teoria dos polos de crescimento e de seus efeitos encadeadores.

Os *clusters* produtivos darão lugar aos *clusters* criativos. Estes, por sua vez, passam a incorporar, além da inovação tecnológica, a cultura e a criatividade[24]. E a política de *city marketing* se expande, conduzindo ao conceito de cidades criativas.

O avanço das atividades turísticas, em suas mais diversas formas de realização – do lazer às compras, dos eventos à cultura, da visitação à experiência –, associado aos meios de comunicação virtual e digital, oferece novos insumos às políticas de desenvolvimento local, agora pensadas como base para o desenvolvimento nacional.

A economia da cultura, os *clusters* e as cidades criativas

As sucessivas crises econômicas internacionais têm conduzido países, regiões e cidades a uma busca constante por novas possibilidades de desenvolvimento. Na atualidade, na chamada pós-modernidade, a questão cultural aparece como elemento central.

Vários elementos atuaram como catalizadores para chamar a atenção sobre a economia da cultura: a hegemonia do avanço da indústria cultural americana (ideológico e econômico); a conscientização de que cultura e criatividade são um setor em expansão; a demanda social por processos de regeneração de áreas degradadas; e o endurecimento das relações internacionais sobre o comércio e serviços de bens culturais (Reis, 2007).

[24] A inovação relaciona-se com modificar o existente, constituindo-se em uma releitura, e pressupõe a crítica para a busca de novos caminhos e possibilidades, devendo incorporar o diálogo, a multidisciplinaridade e a multiculturalidade (Bustani, 2013). Nessa direção, conduz imediatamente à noção de cultura, que passa a ser a protagonista desse novo momento, compondo, com a inovação, o conceito de criatividade.

Diversos autores têm discutido o papel da cultura como mola propulsora da economia e da sua utilização como mercadoria, principalmente no âmbito das políticas que se pautam no planejamento estratégico e *city marketing* (Hall, 2001; Arantes, 1998; Harvey, 2004; Zukin, 2003).

Esta exploração da cultura como elemento de atração de turistas e do aumento da visibilidade de cidades e países deu origem ao nascimento de uma série de intervenções urbanas em que se destacaram na década de 1990 as inciativas da cidade de Barcelona e Bilbao[25]. A partir daí, várias cidades passaram a se utilizar de adjetivações focadas na atividade cultural.

Pasquotto (2013) inclui nesse processo a Cidade das Artes e das Ciências de Valência, com projeto de Santiago Calatrava; a Cidade do Circo em Alcorcón; e a Cidade da Cultura da Galícia em Santiago de Compostela, com projeto de Peter Eisenmam, cujos êxitos fizeram surgir iniciativas semelhantes em outras partes do mundo. Com os mesmos objetivos, tem-se a criação da: Capital Cultural do Mundo Árabe, Capital da Cultura Islâmica, Capital Americana da Cultura, Capital da Região do Volga (Rússia), Capital da Cultura Catalã (Espanha), Capital Nacional da Cultura (Portugal), Capital Cultural do Canadá, etc. (Museu, 2007).

A criação de prêmios também tem feito parte do processo de valorização da marca da cidade. Em 1985, surgia, por iniciativa de Melina Mercouri, ex-ministra da cultura da Grécia, a premiação Capital Europeia da Cultura. Outros prêmios que caminham nessa direção são o European Museum of the Year Award (Emya) e o Council of Europe Museum Prize, que dão grande visibilidade para o país que os recebe (Pasquotto, 2013).

A economia da cultura incorpora a análise do mercado e a distribuição dos bens e serviços culturais, os quais, segundo Getino, 2003 (apud Reis, 2007), passam a ser produzidos dentro do conceito de produção industrial[26], ainda que, em muitos casos, voltados à experienciação de conteúdos culturais e intangíveis. Assim, nasce o conceito de indústrias criativas[27], na Austrália,

---

[25] Na Espanha, a cidade de Bilbao é um dos grandes exemplos de recuperação de uma economia industrial deprimida, transformada em cidade turística e terciária, onde o Museu de Guggenheim funcionou como carro-chefe para a recuperação da economia local, situação essa que passou a ser conhecida como "efeito Bilbao" (Vargas e Castilho, 2006).

[26] Essa Indústria relaciona-se diretamente com a criação, fabricação, comercialização de serviços e de bens culturais no âmbito de um país ou internacionalmente. Assume, inclusive, as principais características da indústria fordista, como a produção em série e em escala, padronização, divisão do trabalho e consumo de massa (Getino, 2003 apud Reis, 2007).

[27] Cunhado pela Austrália a partir da ideia de nação criativa, proposta em 1994, que defendia

com base no fato de que o trabalho criativo é elemento fundamental da política cultural, capaz de conduzir à defesa de direitos autorais, essencial para a independência econômica e *status* profissional dos criadores e da sua participação nas indústrias da informação.

No entanto, será a Inglaterra que, em 1997, na gestão do primeiro-ministro recém-eleito à época, Tony Blair, assumirá a liderança na implementação do conceito de indústrias criativas que substituirão as indústrias manufatureiras como carro-chefe da economia do país, com base na clara e promissora associação possível entre potencial criativo da nação e geração de direitos autorais. Com essa intenção, cria uma força tarefa (*creative industries task force*), unindo várias secretarias de governo e a iniciativa privada, dando continuidade ao planejamento de mercado (estratégico) inaugurado no período anterior, comandado pela primeira-ministra Margaret Thatcher. O conceito de indústrias criativas passa então a ser definido pela Inglaterra como:

> aquelas que têm sua origem na criatividade, habilidade e talento individuais com potencial para a criação de empregos e renda por meio da geração e exploração da propriedade intelectual. Isso inclui propaganda, arquitetura, mercados de arte e antiguidades, artesanato, design, moda, filme e vídeo, software de lazer, artes performáticas, edição, jogos de computador, televisão e rádio (Reis, 2007, p.283).

O sucesso dessas indústrias[28] levou o ministério das indústrias criativas estabelecido em 2005 a tentar transformar o Reino Unido no centro criativo do mundo, reforçando os benefícios macroeconômicos gerados: aumento do PIB, valor das exportações, geração de emprego e renda; aumento das vantagens competitivas das empresas; elevação do perfil internacional do país; e aumento da capacidade criativa da população (Reis, 2007).

No entanto, a necessidade de expansão do conceito de indústria criativa, essencialmente focado na produção (oferta), para economia criativa pressupunha: incorporação das análises e formação da demanda (acesso ao consumo); qualificação da mão de obra para capacitação criativa; implementação da distribuição dos bens e serviços gerados; e precisão do conceito de

---

que para se falar de cultura australiana dever-se-ia ter, como princípio, a identidade da nação, incluindo a autoexpressão e a criatividade (Australian Police online, 1994).

[28] Conforme informado por Reis (2007), as indústrias criativas inglesas responderam, em 2001, por 8,2% do PIB, com um crescimento entre 1997 e 2001 de 8% ao ano em média, contribuindo com 4,2% do total dos serviços exportados em 2002, e com crescimento superior aos demais produtos e serviços da economia entre 1997 e 2002. Criaram, em 2003, 1,9 milhões de empregos.

propriedade intelectual no âmbito das questões de ordem cultural. Além da utilização da cultura como mola propulsora transformada em mercadoria e da inovação tecnológica com base na informática, o foco da economia criativa é a junção da criatividade e da inovação com a cultura, pois ela gera direitos autorais, ou seja, direitos de propriedade intelectual que passam a funcionar como moeda de troca, transformando o potencial criativo em estratégia para o desenvolvimento socioeconômico sustentável (Reis, 2007).

O termo "indústrias culturais", portanto, tem o seu lastro fincado nesta questão dos direitos autorais e na propriedade intelectual, e sua reprodutibilidade técnica é garantida pela produção em grande escala e com rendimentos crescentes, proporcionada pelas inovações tecnológicas contemporâneas, marcadas por um "modernismo digital". Enquadram-se nessa categoria: edição, publicações em geral, fotografia, audiovisual, música, multimídia, artes e design, setores que reproduzem uma matriz original detentora de valores culturais e que traduzem o valor simbólico em valor econômico[29] (Reis, 2007).

A indústria cultural/criativa, como base da economia criativa, ao se territorializar, faz surgir o conceito de cidades criativas[30], *clusters* ou distritos[31] criativos, termos derivados dos conceitos da já mencionada economia de aglomeração, em que a presença de alguns empreendimentos em uma mesma área, como visto, é autorreforçador (Reis, 2007).

Reafirmando essa ideia, Alfred Marshall (apud Reis, 2007) indica que a Lei das utilidades marginais decrescentes, comum no consumo de roupas, não acontece da mesma forma no caso da cultura, pois, quanto mais a pessoa ouve uma música, por exemplo, mais provável é que seu gosto por ela aumente. Na verdade, não é necessário qualificar a música, pois o contato e o

---

[29] Para as obras de arte, há um mercado físico e outro das ideias. O mercado físico determina o valor econômico da obra; o mercado das ideias, o valor cultural. O fato da obra ser o veículo transmissor da ideia a transforma de bem econômico em bem cultural (Throsby, 2000, p.29).

[30] O Canadá foi pioneiro em formar uma rede de cidades criativas, considerando que o setor criativo vai além dos benefícios expressos pela economia (crescimento), expandindo-se na construção do orgulho e da identidade comunitária, aprimorando a qualidade de vida e favorecendo o desenvolvimento pessoal e social. Disponível em: http://www.creativecity.ca. Acessado em: 28 jul. 2013.

[31] Para Porter (2003 apud Reis, 2007), *clusters* são concentrações geográficas de empresas inter-relacionadas, com a presença de fornecedores especializados, provedores de serviços, empresas e instituições afins (por exemplo: universidades, agências, associações de comércio, etc.) em um campo específico em que competem, mas também colaboram. Greffe (2013) aponta que a diferença básica entre distritos e *clusters* é que, no primeiro, as empresas devem estar agrupadas territorialmente.

hábito fomentam o consumo, e a possibilidade de consumo reforça o hábito, em um ciclo vicioso que movimenta a produção, haja vista a emergência de produtos culturais de pouca qualidade, muitas vezes com grande público de consumidores, embora, muitas vezes, de caráter efêmero.

A cultura também se nutre do valor de signo. Ou seja, o que ela significa para a sociedade local ou global. Assim, um bem artístico, além do valor cultural (estético, social, político, histórico), só adquire valor econômico se sua existência for conhecida, se ele for apresentado ao mercado. A esse valor econômico adiciona-se o valor de signo, ou seja, o que a sua posse ou a sua presença em um evento significam em termos de prestígio social, além, é claro, da raridade do bem e da oportunidade, o que transformará todos esses valores em preço.

Devemos considerar, ainda, o fato de algumas manifestações e criações culturais serem únicas e irreproduzíveis e acabarem no momento em que são consumidas, o que adiciona valor ao local onde elas ocorrem, quando o evento marca o lugar (Rock in Rio; *Réveillon* em Copacabana, Carnaval na Bahia). A produção de *souvenirs*, que comprova o fato de terem estado lá, ou a apreciação de um prato gastronômico diferenciado fazem parte do consumo de bens e atividades culturais que têm estimulado o turismo, como será visto em outros capítulos.

A movimentação e a produção dessa economia criativa pressupõem a existência de consumo[32] para os seus bens e serviços e devem, portanto, estar atreladas à aproximação dos cidadãos para conhecimento e experimentação das atividades ofertadas, de modo a torná-los consumidores em potencial. Também pressupõem a utilização de uma mão de obra qualificada. Para tanto, algumas estratégias passam a ser utilizadas, como a oferta gratuita[33] de atividades ditas culturais e de recreação e lazer[34], visando à atração do indivíduo, a fim de criar valor simbólico para transformá-lo em valor econômico.

---

32 Para Tscherning (2013), a economia criativa não produz apenas consumo, mas também relações *business to business*. Deve ainda ser marcada pela possibilidade da experiência. Ou seja, um restaurante deve oferecer, além do alimento, diversão e história. A criatividade tem de buscar o DNA do lugar. Os empresários devem trabalhar com o coração, procurando a conexão entre corpo e mente, lado esquerdo e direito do cérebro. Os três "H"s: *head*, *heart*, *hand*. Eles devem primar pela curiosidade, autenticidade, flexibilidade e abertura e ser cooperativo.

33 Nessas atividades ditas "gratuitas", é bom lembrar que os patrocinadores agem no sentido de incentivar o consumo dos bens que produzem ou dos serviços que prestam.

34 A Virada Cultural é um bom exemplo que, a partir de São Paulo, espalha-se pelas demais cidades do país.

É importante ressaltar que essas atividades culturais não estão dirigidas apenas a turistas, principalmente nas grandes cidades, onde o morador também participa como "turista urbano", como será visto no Capítulo 7. Essas atividades culturais e de lazer também têm a finalidade de alienar os moradores quanto à necessidade de suprir as demais demandas básicas do cotidiano, não devidamente oferecidas pelo poder público, entrando na linha da conhecida estratégia de "pão e circo".

A necessidade de programas de qualificação de mão de obra também se faz presente nesse processo, conforme destaca Richard Florida (2005 apud Reis, 2007). Para ele, a classe criativa é aquela que desenvolve um trabalho criativo – cientistas, engenheiros, artistas, músicos, desenhistas e outros profissionais que desenvolvem suas funções com base em seu conhecimento. Na avaliação dessa classe criativa, considera-se fundamental a existência de 3 fatores possíveis de mensuração, os três "T"s, que incluem tecnologia, talento e tolerância.

Para garantir o aliciamento do cidadão para o consumo das atividades, bens e serviços ditos criativos, vale não apenas a intervenção no espaço construído, mas também a utilização de *slogans* para criar e consolidar marcas de cidade, aumentando o interesse pela visitação e pelo consumo por meio da geração de valores de signo. A utilização de *slogans*, como o do Reino Unido, *Creative Britan* ou *Cool Brittania;* Montreal[35], a cidade criativa do design; São Paulo, a capital gastronômica, faz parte dessa estratégia.

As intervenções que têm como base o programa de cidades criativas mostram-se presentes nos diversos continentes. Em Xangai, capital econômica da China, a princípio liderados pela iniciativa privada, foram criados e consolidados mais de 30 *clusters* criativos em 2006, com empresas atuando em design multimídia, projeto arquitetônico, design industrial e de interiores, design de moda e propaganda (Reis, 2007). Em Buenos Aires, o *cluster* criativo Palermo Hollywood tem focado na questão audiovisual, buscando a requalificação da área e a geração de emprego (Avogrado, 2013).

---

[35] Em 2006, mais na linha da criação de uma marca, a cidade de Montreal foi definida pela Unesco como Cidade Criativa do Design. Nesse sentido, de acordo com Dubuc (2013), as atividades de comércio e serviços e até mesmo as cidades devem contar com os profissionais de design para melhorar o seu desempenho. A realização de concursos de arquitetura faz parte dessa estratégia. Alguns eventos são realizados, como o Design Montreal Open House, em que arquitetos e designers abrem suas portas para visitação; a 6ª edição, em 2013, recebeu mais de 20 mil visitantes. Os profissionais que participam desses eventos, desde 2007, são adicionados automaticamente no diretório de Designers de Montreal, facilitando a busca por designers. Disponível em: http://www.portesouvertesdesignmontreal.com/en. Acessado em: 28 jul. 2013.

Na Espanha, a intervenção na cidade de Roca Umbert, cidade de 60 mil habitantes, a 30 km de Barcelona, segundo Dubuc (2013), volta-se para a conversão de um antigo edifício industrial em uma fábrica de cultura, compreendendo 14.700 m^2 de área construída.

Em São Paulo, algumas iniciativas decorrem da atuação da Agência São Paulo de Desenvolvimento "Desenvolve SP", criada em 2009 para fornecer crédito para pequenas e médias empresas. Um de seus programas, o "São Paulo Inova", visa apoiar empresas paulistas de base tecnológica e perfil inovador em estágio inicial. Outra iniciativa, mais na linha dos *clusters* criativos, é o estúdio Kaiser de Cinema, em Ribeirão Preto, com apoio da São Paulo Film Comission. Iniciativas criativas no bairro da Vila Madalena[36], em São Paulo, também seguem nessa direção.

Na verdade, a criatividade, como base para o desenvolvimento de cidades criativas, deve buscar atingir todos os sentidos, incorporando, por exemplo, áreas como a da gastronomia, com degustação de vinhos, cervejas e cafés, entre outros.

Outra atividade ligada a essa condição de cidade criativa do design foi a criação do Code Souvenir Montreal[37], em 2012, pelo *Bureau du design de la Ville de Montréal*: um catálogo de objetos/*souvenirs* elaborado a partir de proposições de designers-produtores e editores de Montreal e dedicado a compradores institucionais, como a Câmara de Comércio, instituições culturais e de turismo, entre outros.

Como síntese, os principais elementos dinamizadores das economias regionais e locais, retirados das diversas teorias apresentadas, emprestam seus conceitos à atividade turística, na medida em que ela pode ser considerada uma atividade motriz, cuja atuação promove um encadeamento de atividades

---

[36] Eventos, como o "Arte da Vila" (Vila Madalena), incluem a abertura de ateliês de quase 200 artistas da Vila Madalena para contato direto com o público, semelhante ao que ocorre em Montreal.

[37] Esses objetos constituem a base de presentes oferecidos para convidados e anfitriões internacionais, visando personificar a cidade e reforçar a marca da cidade do design, e devem atender a alguns critérios, como ser durável e ecorresponsável, universal, funcional, bem construído, tocável, atemporal, socialmente útil, bonito, ergonômico, acessível financeiramente. Critérios específicos incluem: facilidade de transporte, de fabricação local, emblemas ou representações de Montreal. Code Souvenir Montréal é a segunda atividade da rede de cidades criativas em Design pela Unesco e foi lançado entre 2011 e 2012 para outras 9 cidades (Berlim, Buenos Aires, Kobe, Nagoya, Xangai, Shenzhen, Saint-Étienne, Seul e Graz). Disponível em: http://mtlunescodesign.com/docs/projects/CODE_Souvenir_catalogue.pdf. Acessado em 28 jul. 2013.

para a frente e para trás (multiplicadores), ignorando quaisquer limites físicos e/ou político-administrativos, sejam de cidades, regiões ou países. Embora seu alcance atinja áreas periféricas em busca de ambientes naturais e isolados, a atividade turística também se aproveita, cada vez mais, das externalidades e efeitos de aglomeração para a realização do turismo urbano que, em algumas grandes cidades, surge espontaneamente, sem qualquer planejamento ou política direcionada especificamente para ele. Por outro lado, quando necessário, a atividade turística se utiliza das políticas de *place marketing* ou *city marketing* para transformar a cidade de valor de uso em valor de troca, oferecendo-a como produto para investidores e turistas, envolvendo-se no empreendedorismo urbano, centrado no poder local e nas parcerias público-privadas. Já na pós-modernidade e assumindo a cultura como grande mercadoria a ser comercializada, a junção da criatividade com a cultura e inovação reforça as políticas de desenvolvimento local e nacional, por meio da geração de cidades e *clusters* criativos, imprimindo às cidades uma nova marca e um novo elemento de valorização e atração.

Em busca do desenvolvimento e da garantia de uma base econômica para as cidades que asseguram a geração de emprego e renda, o turismo tem se posicionado como elemento fundamental, pois possibilita a atração de rendas externas como fonte de divisas adicionais. O que se destaca, no entanto, neste momento, é a necessidade de criatividade, lastreada na novidade sempre presente, para que a atratividade deixe de ser efêmera e se torne constante. A oferta de atividades de lazer, cultura e compras, nos seus mais diferentes formatos, detalhados nos capítulos que se seguirão, faz parte da estratégia de dinamização urbana como forma de atrair turistas e investidores em um processo autorreforçador. As maiores cidades, por sua vez, usufruindo das vantagens das economias de aglomeração, abrem-se para a criatividade e inovação, para permanecerem na liderança do tal almejado desenvolvimento.

Referências bibliográficas

ALLIS, T. *Projetos urbanos e turismo em grandes cidades: o caso de São Paulo*. São Paulo, 2012. Tese de doutorado. FAU-USP.

ANDRADE, M.C. *Espaço, polarização e desenvolvimento: a teoria dos polos de desenvolvimento e a realidade nordestina*. Recife: Brasiliense, 1970.

ARAUJO, C.P. *Terra à vista: o litoral brasileiro na mira dos empreendimentos turísticos imobiliários*. São Paulo, 2011. Tese de doutorado. FAU-USP.

ARANTES, O. *O urbanismo em fim de linha*. São Paulo: Edusp, 1998.

ASHWORTH, G.J.;VOOGD, H. *Selling the city: marketing approaches in public sector urban planning.* Londres: Belhaven Press, 1990.

AUSTRALIAN POLICE ONLINE. *Creative nation: commonwealth cultural policy*, 1994. Disponível em: http://apo.org.au/research/creative-nation-commonwealth-cultural-policy-october-1994. Acessado em: 05 abr. 2015.

AVOGADRO, E. Buenos Aires como uma rede de *clusters*. In: *Seminário Internacional de Clusters Criativos*. 2013, São Paulo.

BERRY, F.H.B. *Geographic perspectives on urban systems*. N. Jersey: Prentice Hall, 1970.

BOISIER, S. Desarrollo (local): De qué estamos hablando? In: MADOERY, O.; VASQUEZ, B. A. (orgs.). *Transformaciones globales, instituciones y politicas de desarrollo local*. Rosario: Editorial Homo Sapiens, 2001.

BUSTANI, L. 3 diferenças básicas entre inovar e inventar. *Exame*. Disponível em: http://www.exame.abril.com.br/pme/dicas-de-especialistas/noticias/3-diferencas-basicas-entre-inovar-e-inventar. Acessado em: 28 jul. 2013.

CANADÁ. Disponível em: http://www.creativecity.ca Acessado em: 28 jul. 2013.

CHAPIN Jr, F. S. *Urban land use planning*. Urbana/Chicago/Londres: University of Illinois Press. 1976.

CHRISTALLER, W. Beitrage zu einer Geographie des Fremdenverkehrs. *Erdkunde*, Bonn, v.9, n.1, p.1-19, 1955.

______. Some considerations of tourism location in Europe: the peripherical regions – underveloped countries-recreation areas. In: *Regional Science Association*. XII Lund Congress. *Papers...* p. 95-105, 1963.

CRUZ, R.C. *Política de turismo e (re) ordenamento de territórios no litoral do Nordeste do Brasil*. São Paulo, 1999. Tese de doutorado. FFLCH USP.

DALMASSO, E. *Les activités terciaires: leur role dans l'organisation de l'espace*. Tome I. Formes de relations entre activités tertiaires et l'organisation de l'espace. Paris: CDU/SEDES, 1976.

DARWENT, D.F. Growth poles and growth centers in regional planning - a review. Environment and Planning. v.1. Berkeley: Institute of Urbana & Regional Development, University of Califórnia, 1969. p.5-32.

DUBUC, C. Da cidade do design para um novo desenho de cidade. In: *Seminário Internacional de Clusters Criativos*. 2013, São Paulo.

FEITOSA, C.O. *Aglomerações industriais como fator de desenvolvimento regional: um estudo de caso do nordeste brasileiro*. Malaga: Eumed, 2009.

FLETCHER, J. The economic impact of tourism. Cap.7, p.144-174 In: FLETCHER, J.; FYALL, A.; GILBERT, D; WANHILL, S. (orgs.). *Tourism: principles and practices*. 5.ed. Harlow: Pearson, 2013.

FLORIDA, R. *Cities and the creative class*. Nova York: Routledge, 2005.

FOCHZATTO, A. Desenvolvimento regional: novas abordagens para novos paradigmas produtivos. In: CONCEIÇÃO, O.A.C.; GRANDO, M.Z.; TERUCHKIN, S.U. (orgs). *O ambiente regional: três décadas de economia gaúcha*. v.1. Porto Alegre: FEE, 2010.

FRIEDMANN, J.R. The general theory of polarized development. *Mimeo*. Santiago: ago., 1967.

GARCIA, F.E.S. *Cidade espetáculo: política, planejamento e city marketing*. Curitiba: Palavra, 1997.

GETINO, O. Las indústrias culturales en Mercosur: aproximación a un proyecto de política de Estado. In: ALVAREZ, G.O. (org.). *Indústrias culturais no Mercosul*. Brasília: Instituto Brasileiro de Relações Internacionais, 2003.

GREFFE, X.Valorando os impactos de um cluster criativo. In: *Seminário internacional de clusters criativos*. 2013, São Paulo. Sesc/Fecomércio.

HALL, P. *Cities in civilization*. Nova York: From International, 2001.

HARVEY, D. From manageralism to entrepreneurialism: the transformation in urban governance later capitalism. *Geografiska Annaler*. n.71, p.B:3-17, 1989. Estocolmo.

______. *A condição pós-moderna*. São Paulo: Loyola, 2003.

______. A arte de lucrar: globalização, monopólio e exploração da cultura. In: MORAES, D. (org.). *Por uma outra comunicação: mídia, mundialização cultural e poder*. São Paulo: Record, 2004.

HIRSCHMAN, A.O. *The strategy of economic development*. New Haven: Yale University Press, 1968.

HUERTAS, F. *Entrevista com Carlos Matus: o método PES*. São Paulo: Fundap, 1996.

HOOVER, E. M. *The location of Economic Activity*. Nova York, Tornato e Londres: MacGraw-Hill Book Company, 1948.

ISARD, W. *Location and space-economy*. Cambridge: MIT, 1956.

KEYNES, J. M. *A teoria geral do emprego, do juro e da moeda*. São Paulo: Nova Cultural, 1985. (Col. Os Economistas).

KRUGMAN, P. *Geography and trade*. Cambridge: MIT, 1991.

______. History versus expectations. *The quartely journal of economics*. v.56, n.2, p.651-667, 1991a.

LANE, T. O multiplicador da base urbana: avaliação de sua situação atual. In: SCHWARTZMAN, J. (org.). *Economia regional: textos escolhidos*. Belo Horizonte: Cedeplar/Cetrede – Minter, 1977.

MARSHALL, A. *Principles of economics*. Prometeus Books, 1997.

MARINI, M.J.; SILVA, C.L. Desenvolvimento regional e arranjos produtivos locais: uma abordagem sobre a ótica interdisciplinar. *G&DR Revista Brasileira de Gestão e Desenvolvimento Regional*. v.8, n.2, p.107-129, 2012. Taubaté-SP, Brasil.

MOURA, R.; KLEINKE, M.L. Modelo Curitiba: os riscos de uma cidade insustentável. In: VIII Encontro Nacional da Anpur. 1999, Porto Alegre.

MUSEU. As Capitais Culturais de 2007. *Revista Museu*. 2007. Disponível em: http://www.revistamuseu.com.br/naestrada/naestrada.asp?id=11861. Acessado em: 27 set. 2012.

MYRDAL, G. *Economic theory in underdeveloped regions*. Londres, 1957.

OLIVEIRA, A.S.; RIBEIRO, A.C. Análise de aspectos de aglomeração produtiva baseados em externalidades Marshallianas no distrito de Raposo-RJ. Disponível em: http://www.rii.sei.ba.gov.br/anais/g1/analisedeaspectosdeaglomeracaoprodutivabaseadosemexternalidadesmarshallianasnodistritoderaposo.pdf. Acessado em: 14 jul. 2014.

PASQUOTTO, G.B. A cultura como "bola da vez": a Espanha e suas ações culturais de divulgação mundial. In: *IV Colóquio Internacional sobre comércio e cidade*. 2013, Uberlândia.

PERROUX, F. Considerações em torno da noção de polo de crescimento. *Revista Brasileira de Estudos Políticos*. n.13, p.215-232, 1972. Belo Horizonte.

______. *L'Économie du XXème siècle*. Paris: Presses Universitaire de France, 1961, 1964.

PERROUX, F.; FRIEDMANN, J.; TINBERGEN, J. *Los polos de desarrollo y la planificación nacional, urbana y regional*. Buenos Aires: Nueva Visión, 1973.

PORTER, M.E. Local clusters in a global economy. In: HARTLEY, J. (ed.). *Creative industries*. Blackwell Publishing, 2003.

REIS, A.C.F. *A economia da cultura e desenvolvimento sustentável: o caleidoscópio da cultura*. Barueri: Manole, 2007.

RICHARDSON, H.W. *Elementos de economia regional*. São Paulo: Zahar, 1973.

ROCHEFORT, M. *Les activités tertiaires: leur rôle dans l'organisation de l'espace*. Tome I. Formes de relations entre activités tertiaires et l'organisation de l'espace. Paris: CDU/SEDES, 1976.

______. Des metropoles d'équilibre aux métropoles d'aujourd'hui. *Strates*. Hors-série, 2002. Disponível em: http://www.strate.revues.org/515. Acessado em: 20 abr. 2014.

SAMPAIO, A.B.F. *Desenvolvimento econômico e a formação de distritos industriais: o caso da terceira Itália*. Franca: Facef, 2002. p.1-100.

SANTOS, M. O meio técnico científico e a urbanização no Brasil. *Espaço e debates*. n.25, p.58-62, 1988.

SELBY, M. *Understanding urban tourism: image, culture & experience*. Londres, Nova York: I.B. Tauris, 2004.

SÉNAT. *Exception territoriale: un a tout pour la France*. Disponível em: http://www.senat.fr/rap/r02-241/r02-24124.html. Acessado em: 30 abr. 2014.

SILVA, J. A. S. Turismo, crescimento e desenvolvimento: uma análise urbano-regional baseada em *cluster*. Tese de doutorado. São Paulo: ECA-USP, 2004.

SILVA, S. B. de M. Metropolização e raízes da periferização turística. *Turismo em análise*. São Paulo, ECA-USP. Nov. 1996, p 9-16.

SPINOLA, N. D. Política de localização industrial e desenvolvimento regional: a experiência da Bahia. Salvador: Unifacs, 2003

TSCHERNING, R.W. Países nórdicos construindo um cento de referência de *cluster* criativo. In: *Seminário Internacional de Clusters Criativos*. 2013, São Paulo. Sesc/Fecomércio.

THROSBY, D. Economic and Cultural value in the work of creative artists. In: AVRAMI, E. et al. (eds.). *Values and heritage conservation*. Los Angeles: Getty Conservation Institute, 2000. p.26-31. Disponível em: http://www.getty.edu/conservation/publications_resources/pdf_publications/pdf/econrpt.pdf. Acessado em: 20 jul. 2013.

VARGAS, H.C. *A formação dos centros comerciais e a estruturação da rede urbana. Trabalho programado 1*. Curso de mestrado. São Paulo: FAU-USP. 1981. Disponível em: www.usp.br/fau/depprojeto/labcom.

______. *A teoria dos polos de desenvolvimento. Trabalho programado 3*. Curso de mestrado. São Paulo: FAU-USP. 1982a. Disponível em: www.usp.br/fau/depprojeto/labcom.

______. *Polos de desenvolvimento e o planejamento regional. Trabalho programado 4*. Curso de mestrado. São Paulo: FAU-USP. 1982b. Disponível em: www.usp.br/fau/depprojeto/labcom.

______. *A importância das atividades terciárias no desenvolvimento regional*. São Paulo, 1985. Dissertação de mestrado. FAU-USP.

______. *Comércio: localização estratégica ou estratégia na localização?* São Paulo, 1992. Tese de doutorado. FAU-USP.

______. Turismo urbano: uma nova indústria motriz. *Boletim dos cursos de Turismo e Administração Hoteleira*. Faculdade Ibero Americana. v.5, n.2, p. 38-46, out. 1996.

______. Turismo urbano: a cidade enquanto produto. In: *VII Encontro Nacional da Anpur*. Recife. 1997.

______. Turismo e a valorização do lugar. Turismo em Análise. São Paulo: ECA USP. v.9, n.1, p. 7-19, maio, 1998.

______. Áreas urbanas deterioradas. In: PHILIPPI Jr, A.; ROMÉRO, M.A.; BRUNA, G.C. *Curso de gestão ambiental*. Barueri: Manole, 2004, p.857-890.

VARGAS, H.C.; BRUNA, G.C. O setor terciário e a organização do espaço regional. *Sinopses*. n.2, 1982.

VARGAS, H.C.; CASTILHO, A.L.H. *Intervenções em centros urbanos: objetivos, estratégias e resultados*. Barueri: Manole, 2006.

WARNABY, G.; DAVIES, J.B. Cities as service factories? Using the Servection System for Marketing Cities as Shopping Destinations. Apresentado na 3rd Conference in Recents Advances in Retailing and Services Studies. Eirass. Jun., Insbrusk. 1996.

WEBER, A. *Theory of location of industries*. Chicago: University Press, 1929.

ZUKIN, S. Aprendendo com a Disney World. *Revista Espaço e Debates*. v.23, n.43-44, p.11-27, 2003. São Paulo.

Capítulo 4

O turismo como mote para os grandes projetos urbanos: a versão paulistana

Thiago Allis

> A visibilidade intrínseca à arquitetura, expandida para uma escala global, conduz a um aumento significativo da gama de propostas urbanísticas que não mais se restrigem à localização junto aos centros urbanos (históricos), já que a cidade como um todo adquire o *status* de produto de consumo.
> (Vargas e Castilho, 2006, p.47)

A compreensão e a inserção dos projetos urbanos na gestão urbana contemporânea são um assunto emergente, que apresentam questões em aberto, o que acaba por gerar algumas imprecisões em sua abordagem teórica – e mesmo na forma como os agentes locais se referem a eles, em especial os gestores públicos e demais "*city builders*" (Fix, 2007). De maneira geral, os projetos urbanos são tributários da reestruturação produtiva que vem se processando desde meados do século XX no centro do sistema econômico mundial. Mas, com a difusão do "modelo Barcelona" (Monclús, 2003) desde a década de 1990, nota-se um trânsito de influências[1] – por exemplo, em direção à América Latina e Ásia, no contexto de um "capitalismo tardio" (Jameson, 2007) – em que se agregam outros elementos, com maior ênfase nas atividades de turismo, lazer e entretenimento.

Entre gestores públicos e elites locais, é comum o desejo de conferir visibilidade às suas cidades, o que acaba por alimentar discursos e práticas urbanísticas extravagantes. Não raro, o discurso de estímulo ao turismo tem

---

[1] Sobre a "circulação de políticas urbanas" e modelos de planejamento urbano entre países, consultar Jajamovich (2013).

sido incorporado às estratégias da gestão urbana contemporânea. Por outro lado, essas estratégias, conectadas à "nova economia simbólica" ou à "economia da cultura", ao turismo urbano e às atividades de lazer, "contrastam com a atenção muito menor dada a outros importantes aspectos, como ao transporte público[2] e, sobretudo, à habitação" (Monclús, 2003, p.418).

De fato, a identificação e a leitura de casos específicos, bem como a abordagem teórica sobre reestruturação produtiva e espacial (Brenner e Theodore, 2002; Harvey, 2005; Gospodini, 2001; Muñoz, 2008), indicam algumas interfaces com a atividade turística, mesmo que a proposição e a implantação dos grandes projetos urbanos não se justifiquem apenas pelo turismo. No caso de São Paulo, a relação do turismo com os projetos urbanos, embora sutil, faz-se presente de alguma maneira, particularmente a partir dos anos 1950 – quando a cidade consolidava sua posição de principal centro econômico brasileiro, ainda que, então, o turismo fosse incipiente.

Grandes projetos urbanos: prática corrente, conceito em discussão

No quarto final do século XX, observou-se um abandono gradativo de "instrumentos convencionais do planejamento moderno" (Compans, 2005, p.120), que prezavam o funcionalismo programático, a totalidade do território, o tecnicismo, etc. A lógica do projeto – em substituição à do plano – emerge como alternativa, combinando as vantagens da flexibilidade das ações e a impressionante capacidade simbólica nelas envolvidas. Assim, o planejamento estratégico no campo do urbanismo ganha espaço nas capitais europeias entre os anos 1970 e 1980, "sinônimo de uma postura competitiva e empresarial preocupada com a atração de investimentos, eventos e turismo [...][numa] disputa pelos investimentos voláteis no novo processo de financeirização mundial" (Campos e Somekh, 2001, p.175). Essa orientação responde a uma visão de planejamento urbano estratégico de cidades, que envolve a lógica da competição entre cidades e *city marketing*, "graças a um exercício de metaforização da cidade, tomada como se fosse uma empresa, que compete, formula estratégias, atrai compradores e vende" (Compans, 2005, p.120).

[2] A exemplo da Estação Oriente, no bojo das intervenções para a Exposição Universal de Lisboa, de 2000, ou o aeroporto de Bilbao, ambos de Calatrava, ou ainda a Estação Ferroviária de Berlim, de Gerkan, Marg and Partners, mesma empresa que projetaria os estádios de Manaus, Brasília e Belo Horizonte para a Copa do Mundo de Futebol de 2014.

Nesse contexto, a figura dos grandes projetos urbanos (GPUs) reduz o horizonte temporal da gestão urbana, imprimindo, pretensamente, mais dinamismo no planejamento urbano. A abordagem de longo prazo do planejamento tradicional (modernista) vai sendo, gradativamente, substituída pelo imediatismo de um urbanismo de projetos, o que, por outro lado, também sugere um comprometimento do alcance espacial e temporal no planejamento urbano modernista. Em certo sentido, efemeridade (temporal) e fragmentação (espacial) são elementos recorrentes na gestão urbana contemporânea, que acompanham a duração dos projetos específicos e mandatos políticos, rapidamente suplantados pelos empreendimentos seguintes. Portanto, a complexidade das cidades que os planos diretores buscavam encampar vai sendo substituída pelo simbolismo de determinados projetos considerados estratégicos, ainda que pontuais.

De maneira sucinta, pode-se dizer que "os GPUs constituem a face prática, concreta, da adoção das concepções competitivas, *market oriented* e *market friendly*, marca do planejamento estratégico" (Vainer, 2013, p.138). O projeto "captura uma parcela da cidade e a transforma em símbolo da metrópole reestruturada/revitalizada, formada por uma poderosa imagem de inovação, criatividade e sucesso" (Swyngedouw et al., 2002). Para Orueta e Fainstein (2009) estes "novos megaprojetos"

> tendem a estar localizados em espaços que, como consequência da reestruturação urbana, perderam seus usos anteriores, mas apresentam potencialidades de nova rentabilidade numa economia urbana pós-Fordista [...]. Eles são geralmente desenvolvidos num contexto de parcerias público-privadas, frequentemente de uso misto, e buscam subsidiar as necessidades dos negócios corporativos, bem como dos serviços turísticos e de lazer. A introdução de novos métodos de financiamento, com grande colaboração entre os setores público e privado, é um importante fator de distinção" (Orueta e Fainstein, 2009, p.760).

No bojo da reestruturação urbana contemporânea, os projetos urbanos, ainda que definidos em escala local, buscam incorporar tendências globais a partir de intervenções localizadas (Swyngedouw et al., 2002). Nesse contexto, a "estratégia de internacionalidade" passa a ser entendida como condicionante às operações urbanísticas na escala local e atende a dois objetivos: indicar ao mundo uma "modernização urbanística" e uma "ideologia do crescimento econômico" – o que sinaliza oportunidades de investimento para capitais internacionais – e criar uma coesão social, de maneira que "o urbanismo da reestruturação, dos projetos e obras transformados em ícones imagéticos, organiza grande parte de seu poder retórico e político, por meio do apelo à 'comunidade'" (Sánchez, 2010, p.281).

Do ponto de vista espacial, poder-se-iam elencar grandes espaços culturais, reconversão de áreas portuárias ou industriais obsoletas em suas funções iniciais, constituição de amplas áreas corporativas e seus projetos arquitetônicos emblemáticos, implantação de distritos turísticos e de lazer e *waterfronts* (Quadro 4.1). O epítome dos grandes projetos urbanos talvez esteja nos "complexos empresariais", aos quais se agrega

> [...] uma enorme variedade de hotéis de luxo de cadeias internacionais em contínua expansão, também concebidos segundo desenhos normatizados, assim como diversos tipos de centros e complexos comerciais, onde os *shopping-malls* aparecem como outro dos ícones representativos dos novos tempos, além de sofisticados e impactantes complexos para as mais variadas expressões de espairecimento e cultura (Mattos, 2008, p.54).

Assim, parcelas do tecido urbano poderão conferir maior competitividade na esfera externa (por exemplo, na disputa por investimentos e turistas) e também difundir ondas de melhorias na escala intraurbana – a lógica da "acupuntura urbana" (Lerner, 2003), na medida em que intervenções na microescala poderiam "desencadear reações determinadas e previsíveis dos agentes privados, alavancando processos de reestruturação, revitalização ou de renovação urbana" (Compans, 2005, p.124).

Não raro, as leituras sobre os grandes projetos urbanos na América Latina se fazem em analogia às experiências internacionais, ainda que frequentemente se alerte para as particularidades da região, conforme Carmona (2005), Lungo (2005) e Orueta e Fainstein (2009).

Ademais, são recorrentes críticas à pretensa necessidade de se implantar projetos urbanos em prol do interesse comum, que, em geral, acaba sendo sobrepujado por interesses de elites locais que cooptam as instituições públicas para viabilizar os projetos (por exemplo, mediante subsídios ou flexibilização urbanística para captação das rendas urbanas) (Lungo, 2005, p.54). Nessa linha, Swyngedouw et al. (2002) lembram que a "produção da renda urbana", a partir da reprodução do espaço urbano, é um aspecto central dos projetos urbanos, em que os custos para sua viabilização são socializados, mas os benefícios são privatizados[3].

---

[3] Vide, por exemplo, as Operações Urbanas em São Paulo: a maior parte das contrapartidas pagas pelos empreendedores pelo direito de construir para além do previsto em zoneamento

De maneira resumida, três grandes aspectos permeiam os projetos urbanos:

- *Magnitude e impacto das estruturas* implantadas e sua amplitude territorial, contrastando com as paisagens, legislações e rotinas urbanas precedentes – sendo esse aspecto, não raro, fonte de conflitos e contestações para a implantação dos projetos.
- *Transformações de usos espaciais*, geralmente com bastante envolvimento e pressão do capital imobiliário, particularmente no que diz respeito à relação público-privado, por exemplo, estímulos ou controles no uso dos espaços públicos.
- *Caráter emblemático dos projetos*, nos quais a arquitetura icônica confere suporte para a construção de imagens de referência na paisagem urbana, ensejando e facilitando planos de *city marketing*.

Quadro 4.1 – Grandes projetos urbanos e turismo.

Localização	Descrição	Relação com turismo	Exemplos (América Latina)
		Núcleos históricos centrais	
Áreas centrais (ocupação histórica)	Recuperação de patrimônio histórico em áreas que perderam centralidade e passaram por processos de degradação.	• Patrimônio histórico como apelo ao turismo. • Oferta de serviços de apoio, com reconversão de estruturas (hotéis, restaurantes, lojas, etc.).	• Quito (Equador). • Cartagena (Colômbia). • Havana (Cuba). • Salvador, Recife, Porto Alegre, Rio de Janeiro (Brasil).
		Waterfronts	
Waterfronts (em geral, marítimas), nas proximidades de áreas históricas ou industriais	Transformação ou adaptação de usos de áreas portuárias (com ou sem desativação dos portos). Patrimônio histórico normalmente em destaque nos programas.	• Oferta de serviços de apoio turístico, bem como para lazer urbano. • Articulação com o setor de cruzeiros (terminais turísticos). • Constituição de novas paisagens urbanas e distritos de lazer e entretenimento.	• Buenos Aires/Puerto Madero (Argentina). • Rio de Janeiro/Porto Maravilha (Brasil). • Porto Alegre/Cais Mauá (Brasil). • Valparaíso (Chile).

(continua)

acaba revertida em melhoramentos paisagísticos ou obras viárias pontuais, pondo em questão os benefícios dessas operações para a urbe como um todo, principalmente no plano social.

Quadro 4.1 – Grandes projetos urbanos e turismo *(continuação)*.

Localização	Descrição	Relação com turismo	Exemplos (América Latina)
		Construção de novas centralidades	
		Estruturas para megaeventos	
Entre as áreas centrais e as periferias	Implantação de estruturas para realização de grandes eventos, geralmente de amplitude internacional (culturais ou esportivos).	• Afluxo massivo de visitantes aos locais e à cidade (antes, durante e depois dos eventos). • Geração de ícones urbanos, como suporte à promoção urbana (*city marketing*).	• Vila Olímpica (Rio de Janeiro). • Arenas e infraestrutura de transportes para a Copa do Mundo de 2014.
		Expansão urbana corporativa	
Limites da ocupação urbana consolidada	Desenvolvimento de grandes empreendimentos imobiliários, facilitados por flexibilização da legislação urbana e aumento de infraestrutura (p.ex., transportes).	• Oferta de serviços de apoio turístico (turismo de negócios). • Geração de ícones urbanos, como suporte à promoção urbana (*city marketing*).	• Las Condes (Santiago/Chile). • Barra da Tijuca (Rio de Janeiro/Brasil). • Santa Fé (Cidade do México). • Berrini/Marginal Pinheiros (São Paulo/Brasil).

Fonte: Allis (2012; 2013).

Turismo e grandes projetos urbanos: da intenção aos resultados

Os projetos urbanos emergem como resposta a políticas urbanas assentadas em princípios empreendedoristas, de maneira que as intervenções são estratagemas para subsidiar novas atividades produtivas da cidade contemporânea, onde o setor terciário se sobrepõe aos demais (ainda que a desindustrialização não seja patente para todos os países). Nesse sentido, o turismo, como parte do setor terciário, em decorrência do aumento da sua expressão e intensidade na sociedade de consumo contemporânea, surge também como um forte protagonista para justificar os grandes projetos urbanos. Em decorrência disso, os projetos urbanos são materializados, em certa medida, por obras de caráter espetacular, normalmente com a contratação de grandes arquitetos de prestígio internacional. Assim, a "grife" em si é parte da estratégia de diferenciação das cidades na competição interurbana. Com isso, essas intervenções acabam por se converter em "cartões postais", alimentando a promoção turística das cidades e a gestão urbana que a produziu.

Apesar dos projetos urbanos nem sempre serem definidos com a intenção de desenvolvimento turístico, a atividade é, em vários aspectos e em diferentes intensidades, considerada como parte dos objetivos das propostas. Dependendo da ênfase, as conexões objetivas com o turismo se dão pela oferta de atrativos e paisagens turísticas (por exemplo, nos *waterfronts* ou centros históricos) ou pela mistura de usos (serviços de atenção ao turismo, como meios de hospedagem, oferta gastronômica e locais de entretenimento).

Ainda que os projetos urbanos não se voltem exclusivamente ao desenvolvimento turístico, eles ensejam práticas turísticas ou se valem de sua possibilidade, para uma retórica favorável à sua consecução. Dependendo do tipo de projeto urbano e o contexto urbano em que se implantam, as interfaces com o turismo se fazem mais visíveis: as medidas de recuperação e reabilitação do patrimônio histórico, nas áreas centrais, costumam ser atreladas às atividades de turismo cultural; já na constituição de novas centralidades urbanas, em geral, o foco é no turismo de negócios e eventos, dada vinculação espacial com certos setores da economia. Ainda, as atividades de lazer e entretenimento não estariam presentes apenas nas áreas centrais (no que seriam as "cidades históricas", com seu apelo patrimonial), mas também nas bordas do centro, onde se desenvolvem sistematicamente intervenções urbanas de variados enfoques[4], gerando "paisagens simbólicas e de prestígio", como frentes de água (*waterfronts*) e antigas áreas industriais acrescidas de novos significados (Gospodini, 2006, p.313).

A noção de projeto urbano se aplica tanto para intervenções pontuais – definidas muitas vezes por construções isoladas, mas de grande impacto – quanto para projetos com maior abrangência territorial. Com frequência, os projetos urbanos têm, em sua composição programática, elementos que resumem o caráter espetacular conferido às transformações que as intervenções supõem. Assim, edificações isoladas – ou seja, um projeto arquitetônico específico – acabam por ser tomadas como epítomes dos projetos mais abrangentes (por exemplo, o Museu Guggenheim para o projeto Ría 2000, em

---

[4] As distinções conceituais e práticas entre renovação, reabilitação, requalificação, revitalização e ressignificação alimentam um debate constante há algumas décadas no Brasil e no mundo. Nesse sentido, sem especificar ou optar pelo uso de uma outra expressão, sugere-se consultar, para maior entendimento sobre a temática, Maricato, 2001; Vargas e Castilho, 2006.

Bilbao, ou o edifício Sony Center para o caso das intervenções no entorno da Potsdamer Platz).

Essas partes das cidades, consideradas "distritos turísticos", difundem-se no bojo de várias situações, associadas a grandes projetos urbanos que incluem edifícios (zonas de entretenimento, *waterfronts*, espaços públicos novos ou recuperados, museus, estádios, centros de convenções e hotéis). Nesse processo – seguindo a tendência de valorização do lugar –, certas áreas da cidade convertem-se em espaços de lazer, onde normalmente estão os marcos de referência (ou ícones) das destinações.

De fato, essa é uma recorrência quando se analisa o turismo como estratégia econômica para as cidades, qual seja a implantação de grandes projetos urbanos em "distritos especiais", como política urbana, em que o turismo é parte do argumento (Law, 2002; Hayllar et al., 2008; Spirou, 2011; Page, 1995) – não raro lastreado em experiências internacionais consagradas, como Docklands (Inglaterra), Sydney Opera House (Austrália), Guggenheim/ Projeto Ría 2000 (Espanha), além das experiências pioneiras em Baltimore, Boston (Quincy Market), Nova York (South Street Seaport), São Francisco (Fisherman's Wharf), Chicago (Navy Pier), etc. (Harvey, 2005; Frieden e Sagalyn, 1994; Metzger, 2001; Vargas e Castilho, 2006).

Nesse contexto, as atividades de turismo e afins poderão vir a ser inseridas como adorno à justificativa dos novos empreendimentos – na linha de uma "nova cultura urbana" e de "estetização da vida cotidiana" (Featherstone, 1995, p.98). No bojo dos grandes projetos urbanos, somam-se estratégias e técnicas arrojadas de comunicação e promoção urbana, que têm como alvo "visitantes e usuários solváveis" (Vainer, 2002, p.80) e cujos usos estariam definidos por sua capacidade de consumo.

Os projetos urbanos mais emblemáticos iluminam certos recortes do tecido urbano e fazem parte dos catálogos turísticos ou dos cadernos de promoção das cidades, concentrando uma boa parte da dinâmica turística local (por exemplo, Puerto Madero, em Buenos Aires, ou o Pelourinho, em Salvador).

No entanto, ainda que o turismo se dê com ênfase nessas áreas, a experiência turística urbana pode ser ampla, flexível e multissensorial, em que o urbano se apresenta na sua diversidade de paisagens e significados (mesmo aqueles não circunscritos aos perímetros dos projetos urbanos). Com efeito, a própria diversidade e o dinamismo das aglomerações urbanas (principalmente das grandes metrópoles), no conjunto, oportunizam elementos essenciais de atração ao "olhar do turista" (Urry, 2001).

A própria discussão sobre o planejamento e o desenvolvimento do turismo abre espaço para entender o papel das intervenções urbanas, que, por vezes, ensejam ou potencializam a atividade, com a construção de atrativos turísticos específicos, tanto públicos (equipamentos culturais, principalmente) quanto privados (parques temáticos, aquários, complexos de entretenimento, etc.), a implantação de espaços para o mercado de convenções, congressos e eventos em geral ou o estímulo a atividades de cultura, entretenimento, esportes e eventos especiais, articuladas a intervenções urbanas e arquitetônicas específicas[5]. Some-se ainda a expansão da hotelaria, da rede gastronômica e estruturas comerciais, que acabam por formar distritos turísticos, e ainda a expansão de estruturas de transportes, cujos usos se confundem com a vida urbana local. Essas estratégias, em geral, implicam intervenções urbanas de grande impacto territorial, alimentando os interesses relacionados à promoção de "venda" da cidade: para investidores, empresas e turistas.

Considerados realidades regionais, mas em uma perspectiva de promoção internacional, os eventos culturais (capitais europeias da cultura[6]), comerciais (exposições universais) e esportivos (jogos olímpicos, campeonatos de futebol, etc.) já são praxe na política urbana de vários países como oportunidade de aplicação de recursos em certas partes do tecido urbano e projeção da imagem das cidades em escala global – mesmo para cidades que não são capitais[7].

A construção de equipamentos culturais, como elemento "âncora" de intervenções territorialmente maiores, parece ser a ação mais recorrente, tanto com construções novas como a partir de reúso de estruturas. A Cidade das Artes e das Ciências, em Valência (Espanha) – em uma região tipicamente de turismo litorâneo –, conjuga uma série de práticas que ilustram as muitas ênfases, práticas e discursos em torno do turismo, associada às grandes inter-

---

5 Fainstein e Judd sustentam que as cidades têm adotado "um número relativamente pequeno de estratégias de marketing. Elas se concentram em eventos promocionais associados com seu *status* de 'cidade europeia da cultura' por um ano ou como anfitriã das Olimpíadas, Jogos Mundiais Estudantis, Copa do Mundo ou do Superbowl. As cidades patrocinam festivais de culinária ou música e exposições de arte bombásticas. *Banners* verticais propagandeiam os grandes eventos, são feitos acordos com restaurantes e lojas, marketing de camiseta e canecas – qualquer coisa que permita ao turista não apenas visitar, senão também comprar" (1999, p. 14).

6 Sobre o Programa Cidade de Cultura, consultar Law (2002) e Shukla et al. (2006).

7 Valência, capital da Comunidade Valenciana (Espanha), foi, por vários anos, sede de etapas da Fórmula 1 (Grande Prêmio da Europa) e também das regatas da America's Cup – evento que motivou a construção de estruturas próximas à zona portuária, na foz original do Rio Túria (hoje desviado por um canal artificial mais ao sul do núcleo urbano central).

venções urbanas: envolvimento de arquiteto de renome (Santiago Calatrava), implantação de estruturas emblemáticas (museu, sala de concerto, oceanário), ocupação do antigo leito e foz do Rio Túria, construção de espaços públicos de lazer e recreação, com forte valorização imobiliária das áreas do entorno[8].

Com efeito, essas "tendências do *design* globalizado" (Gospodini, 2001) desempenham importante papel nas "cidades menores da periferia europeia" (e, com o trânsito de influências entre países, também nas cidades de outras partes do mundo), que não dispõem de recursos naturais, culturais e financeiros para sua reestruturação econômica contemporânea. Com isso, entende-se, pelo menos em parte, o motivo pelo qual intervenções urbanas lastreadas em determinados apelos formais, ao se estabelecerem como ícones urbanos (Shibaki, 2010), acabam por atrair milhares de turistas, motivados por consumir *in situ* experiências urbanas espaciais. Em síntese, "a morfologia do espaço urbano e o *urban design* estão gradualmente se transformando em parâmetros e recursos importantes no desenvolvimento do turismo urbano" (Gospodini, 2001, p.927).

A participação de museus e outros equipamentos como parte das intervenções urbanas contemporâneas e, por consequência, do turismo vem sendo recorrentemente estudada (Hammet e Shoval, 2003; Tufts e Milne, 1999; Santos et al., 2004; Arantes, 2003; Moura, 2010). Dessas discussões, há de se reter a ideia de que a "arquitetura espetacular" acaba se convertendo em atração turística, a despeito do que encerram em seu interior (Hammet e Shoval, 2003, p.222). Nesse processo, a "arquitetura de grife" – com nomes do "*star system*" (Arantes, 2003)[9] – é um elemento de destaque, já que o caráter espetacular das construções está no centro das ações de promoção do "turismo cultural urbano", que, por sua vez, retroalimentam medidas de *city marketing*.

No que se refere aos grandes eventos esportivos, será nas décadas finais do século XX que eles se converterão em foco de atração de visitantes, daí sua importância na reorganização das cidades anfitriãs – como o caso emblemático de Barcelona, com os Jogos Olímpicos de 1992. O caso de

---

[8] Outro exemplo clássico é a filial do Museu Guggenheim, em Bilbao, associado ao projeto Ría 2000, ensejando experiêcias urbanas importantes para a promoção turística da cidade. O aumento de cada visitante ao museu, inaugurado em 1997, resultou em mais 0,272 pernoite na rede hoteleira local; em termos quantitativos, significa que 54% do aumento de turistas à cidade, entre 1994 e 1999, se deve à visitação ao museu (Plaza, 2000).

[9] Ao tratar do caso de Bilbao, Law reforça a ideia de que "[a] arquitetura agora é um elemento na competição entre lugares", a ponto de se consolidar uma "marca de museu global" ou "McGuggenheim" (2002, p. 94-5, tradução nossa).

Barcelona foi importante a ponto de se criar um novo paradigma[10], que relaciona a construção de imagens urbanas importantes para a realização de grandes eventos e, por consequência, para a atração de turistas (mas também visibilidade política e fluxo de investimentos externos). As políticas urbanas, por ocasião da organização dos jogos, foram condicionadas à valorização de determinadas partes da cidade (Montjuïc, Port Vell, Vila Olímpica), mediante projetos de grande escala, que respondiam a "demandas da economia global", privilegiando setores imobiliário, comercial e turístico, que vão encontrando novos nichos de desenvolvimento no espaço urbano (Muñoz, 2008, p.157).

No contexto nacional, São Paulo, na condição de metrópole de maior expressão, oferece, nas últimas décadas, um conjunto de características e estímulos para que se faça uma leitura de suas transformações urbanas, tendo por categorias de análise o turismo e os grandes projetos urbanos.

São Paulo: sua versão de grandes projetos urbanos e o turismo

Passados mais de 300 anos iniciais de uma ocupação rarefeita e pobre – que legou ao século XIX uma São Paulo de barro (Toledo, 1981) –, no século XX, a cidade de São Paulo se converteu no principal polo industrial e na maior aglomeração urbana do Brasil, acumulando as benesses da concentração econômica, mas também as mazelas de um desenvolvimento socioespacial altamente desigual.

Com a decadência do complexo cafeeiro, a partir da década de 1930, parte dos recursos seriam direcionados para o setor industrial, que timidamente começara a se estabelecer no final do século anterior e se fortaleceria com um processo de substituição de importações, a partir da Segunda Guerra Mundial. Entre 1933 e 1939, a taxa de crescimento anual da produção indus-

[10] Muñoz (2008) assevera que as intervenções levadas a cabo em Barcelona fizeram da cidade uma marca, processo que chama de "brandificação". No entanto, na crítica entre os projetos pontuais e as premências de sua situação metropolitana, novos desafios emergem na gestão da cidade, algo que deve ser considerado quando se toma Barcelona como referência de projeto urbano. O autor cita: "Barcelona pode e deve ser cidade e lugar, imagem e topos, mas, para isso, deve reconhecer-se a si própria para além de sua imagem espetacular, de sua marca, de seu itinerário de *urbanalização* e se ver também refletida nos outros territórios que, mesmo que de forma opaca em alguns casos e descontínua em outros, forma parte de um todo. Um território que deve ser entendido não como um fio de fragmentos, senão como uma cadeia de lugares" (Muñoz, 2008, p.174, tradução nossa, ênfase adicionada).

trial ultrapassou 14% (maior do que os 11,2% da média nacional), levando à consolidação de São Paulo, já nos anos 1950, como o maior complexo industrial do país (Araújo, 1992 apud Nobre, 2000, p.64).

No plano urbanístico, desde as "intervenções fragmentárias" (Pereira, 2010) na Rua Libero Badaró e no Vale do Anhangabaú, na passagem do século XIX para o XX, até a construção de grandes estruturas viárias e as Operações Urbanas nos anos mais recentes, São Paulo vem passando por sucessivas ondas de transformação em sua paisagem. As primeiras emanam do desejo de a elite cafeeira adequar uma vila singela aos preceitos de um nascente urbanismo europeu, nos moldes de uma "São Petersburgo dos trópicos" (Pereira, 2010, p.39), em competição com a então capital do país, Rio de Janeiro. Nas décadas seguintes, esse movimento se aprofundaria com a perspectiva de se construir uma metrópole industrial.

A cidade industrial e o turismo moderno: 1950-1990

Na segunda metade do século XX, do ponto de vista turístico, notam-se esforços para converter a cidade em uma "esquina dos negócios" do Brasil e da América Latina, em menção ao crescimento dos eventos e das feiras comerciais. Gradativamente, o turismo vem ganhando consistência em São Paulo[11], cenário que, nos anos mais recentes, viria a se diversificar em função de outras vantagens da cidade.

Na década de 1950, as comemorações do IV Centenário foram o mote para a construção do Parque Ibirapuera (Figura 4.1). Foram momentos em que o jargão "São Paulo não pode parar" fazia todo o sentido: a indústria paulista estava em ascensão, e a construção civil, aquecida pela intensa verticalização, cada vez mais se desenvolvia distante do centro histórico. O Parque Ibirapuera, inaugurado em 1954, abrigou, durante cerca de 20 anos, as principais feiras industriais e comerciais de São Paulo, até que se construísse o Parque Anhembi. Com projeto arquitetônico de Oscar Niemeyer – então em destaque por causa de importantes obras no Brasil e no exterior –, o parque se insere em um contexto de euforia pela modernização urbana

---

[11] As estatísticas e os registros turísticos em São Paulo não são acurados antes dos anos 1990. Por isso, não é possível precisar volume de visitantes, número de pernoites ou investimentos realizados, medidas comuns para caracterizar o setor. Empiricamente, pode-se dizer que o volume de eventos apresenta movimento crescente, e a rede de serviços específicos aumenta – como a hoteleira, cuja evolução e dinâmica vem sendo acompanhada, entre outros, por Spolon (2006, 2011).

Figura 4.1 - Oca do Parque Ibirapuera em construção, 1954. Fonte: Acervo do Banco de Dados da Folha.

de São Paulo, especialmente porque, nesse momento, ainda que o Rio de Janeiro continuasse sendo a capital do Brasil, São Paulo já se consolidava como principal centro econômico e populacional.

Em 1968, na avenida Paulista, também foi inaugurado o prédio do Masp (Figura 4.2), com ousado projeto modernista, reforçando o ideário de que uma cidade vanguardista precisa substituir velhas estruturas por projetos arquitetônicos novos e inusitados (Allis, 2012; Barbosa, 1994). Do ponto de vista arquitetônico, na década em que se construíra Brasília, a conquista de um vão livre de 78 metros entre as colunas da edificação era motivo de destaque, conferindo mais visibilidade ao novo centro financeiro da cidade.

O Parque Anhembi (Figura 4.3), às margens do rio Tietê – sacrificadas anos antes, com amplas vias expressas (Marginal Tietê) – foi inaugurado em 1970, com área quatro vezes maior que os pavilhões do Ibirapuera. Ao analisar as reportagens veiculadas nos jornais paulistas *Folha de S. Paulo* e *O Estado de S. Paulo* à época, pode-se perceber o encantamento que o novo empreendimento causava, no qual o Anhembi aparecia como um empreendimento de suma importância, contribuindo com o grande progresso da indústria nacional.

No que diz respeito às estruturas, dois pontos eram recorrentes nas reportagens: a tecnologia da construção que parecia como obra de ficção, alinhada com os padrões da arquitetura modernista bastante em voga; e a atualidade dos serviços, oportunizando novos formatos de feiras e conferências, sendo reforçado o fato de ser a maior área com ar-condicionado do mundo à época. A própria construção era vista como um sucesso, logrando

Figura 4.2 – Museu de Arte de São Paulo em construção. Fonte: Bardi (1992).

Figura 4.3 – Construção do Parque Anhembi: detalhe do içamento das estruturas. Fonte: Acervo do Banco de Dados da Folha.

içar uma estrutura de ferro de tamanho descomunal de 70.000 m^2, com o apoio do escritório de Cedric Marshall, que projetara estrutura similar, mas quatro vezes menor, para a Expo-68, de Montreal.

No que se refere à hotelaria, foi inaugurado, em 1971, com bastante destaque na mídia, o Hotel Hilton, na avenida Ipiranga. A primeira unidade da rede na América Latina representou um divisor de águas para a hotelaria paulistana, já que, até então, os meios de hospedagem seguiam padrões familiares, com resquícios provincianos do século XIX. Assim, o "luxo do

São Paulo Hilton" contrastou com as "pequenas hospedarias da Capital de cem anos atrás", o que era encarado como sinal de avanço e modernização[12].

Nesse período, a proteção ao patrimônio cultural edificado não recebia maiores atenções em que se explicitasse um ideal preservacionista, tampouco era valorizada e promovida pelo turismo. Ao contrário, o patrimônio cultural era sinal de atraso, que convinha substituir por projetos mais arrojados, respondendo à rapidez com que a paisagem urbana se transformava alinhada ao seu crescimento econômico.

Em geral, até a década de 1980, algumas intervenções urbanas se relacionavam com a imagem turística da cidade por seu peso econômico, mormente no campo do turismo de negócios, com a projeção de imagens de São Paulo como centro econômico frenético, onde a velocidade e a intensidade do trabalho oferecem oportunidades. Por isso, certos empreendimentos, ainda que isolados, tinham um grande peso simbólico.

Figura 4.4 – Sarney e Niemeyer inspecionam obras do Memorial da América Latina. Fonte: Acervo do Banco de Dados da Folha.

A construção do Memorial da América Latina (Figura 4.4), com projeto de Oscar Niemeyer e inaugurado em 1989, aconteceu em conjunto com a implantação da Linha Vermelha do Metrô, e ocupou amplos espaços na Barra Funda, com linguagem, técnica e materiais modernistas (como o Auditório Simón Bolívar e a emblemática escultura "A Mão"). Na época, não se vislumbravam de maneira explícita usos turísticos, contudo, Darcy Ribeiro, mentor cultural do projeto, projetava São Paulo como "capital cultural do continente [...] à frente de Buenos Aires e Cidade do México"[13], expondo um elemento comum dos grandes projetos urbanos:

[12] Como sintoma da migração de centralidades no setor hoteleiro, discutida por Teles (2006) e Spolon (2006), o Hotel Hilton foi fechado em 2004, e outras unidades foram abertas – uma delas na região da Berrini (Hilton Morumbi).

[13] "A grande obra de Quércia, tocada às pressas" (*Jornal da Tarde*, 15 ago. 1988).

a lógica da competição entre cidades – nesse caso, no campo cultural, tendo a integração latino-americana como mote.

Esse período legou importantes referências na paisagem urbana paulistana, expressão do movimento modernista, até hoje objeto de interesse turístico em São Paulo. Era o triunfo da "cidade de concreto" sobre a "cidade de tijolo" (Toledo, 1981).

A preocupação com relação à preservação do patrimônio histórico e arquitetônico entrará em cena em decorrência da degradação da área central, já notada entre as décadas de 1970 e 1980, com propostas de alguns projetos de recuperação do patrimônio que, em geral, não trouxeram avanços significativos, tampouco expressavam claramente propósitos de desenvolvimento turístico. Apenas o *Projeto Luz Cultural* (1985), de maneira tímida, insinuava um olhar turístico para o patrimônio da região sem, no entanto, uma interpretação abrangente do turismo. Restringiu-se a um "roteiro turístico" e algumas publicações de folhetos, isoladamente, pelas várias entidades presentes na região, com informações técnicas e de visitação sobre as construções entendidas como de apelo cultural e turístico, em uma "visão monumental de patrimônio" (Tozi, 2007, p.102; Kara José, 2007, p.63).

Será a partir dos anos 1990 que os projetos urbanos do patrimônio cultural ganharão mais ênfase, incluindo a preservação do patrimônio que pressupõe o desenvolvimento turístico com viés comercial.

A metrópole terciária e a diversificação do turismo: 1990-2010

Nas últimas décadas do século XX, observa-se uma mudança na composição da base econômica da cidade de São Paulo que, sem deixar de se lastrear na indústria, abre espaço para a consolidação de um terciário de ponta (Diniz e Campolina, 2007), com impacto na composição do emprego, na geração de riquezas e, também, na paisagem urbana.

Nesse contexto, um dos aspectos mais prementes de reconhecimento é a transformação com relação ao solo urbano, na qual a "reprodução da cidade como 'negócio'" consolida sua função primordial de mercadoria (Carlos, 2005). Para o caso de São Paulo, esse processo leva a "desdobramentos de centralidades", e não propriamente "deslocamento de centralidades", já que, no caso da região central, esse território "não perde sua atribuição de central, mas de única centralidade". Observam-se, de maneira dialética, a "descontinuidade das atividades produtivas no espaço" e, decorrente disso, um processo de "hierarquização de centralidades" (Alves, 2005, p.139-140).

Esse contexto enseja políticas e intervenções urbanas localizadas, em que se atrela o turismo ao discurso de recuperação do patrimônio histórico e arquitetônico, nas áreas centrais pelo viés da cultura, e, particularmente, do patrimônio edificado. Por outro viés, as Operações Urbanas trabalham no sentido da criação de novas centralidades – nas quais o setor hoteleiro, que também compõe esse espaço, é quem faz a aproximação mais imediata com o turismo –, assim como da criação de ícones arquitetônicos na paisagem urbana e da visão de uma cidade de negócios e de compras, marcada pelos centros de negócios com torres de escritórios e profusão de shopping centers e fortalecimento de ruas de comércio especializado.

Entre os anos 1990 e 2000, somente para o centro da cidade – particularmente a região da Luz –, foram estabelecidos vários planos de intervenção, além do já citado *Projeto Luz Cultural*, de 1985: o Programa de Requalificação Urbana e Funcional do Centro de São Paulo – *Procentro*, de 1993; o *Polo Luz Cultural*, de 1999; o *Programa Monumenta-BID*, de 1999[14]; e o Projeto de Desenvolvimento do Turismo no Centro de São Paulo (*Turismo no Centro*), concebido entre 2006 e 2008.

Desses, o *Programa Monumenta-BID* talvez seja o que mereça maior destaque por conjugar aspectos de política urbana e desenvolvimento turístico. O "Conjunto Histórico da Luz" é apresentado como referência para intervenções, mas, como a prerrogativa do Programa eram intervenções em conjuntos urbanos, foram tombados, pelo Iphan, a "toque de caixa", a Estação Júlio Prestes (gare e praça lindeira) – que recebera a Sala São Paulo, em meados dos anos 1990 –, a Pinacoteca do Estado e esculturas do Jardim de Luz, além de um ponto de bondes e um coreto, que viriam a compor a área de atuação do programa, juntamente com a Estação da Luz (tombada em 1995) – no interior da qual foi instalado o Museu da Língua Portuguesa – e o Museu de Arte Sacra. Esses equipamentos seriam encarados como "âncoras culturais", recobrando as iniciativas de Paris nos anos 1970, quan-

---

[14] Outros conjuntos de intervenções na área central foram conduzidos desde 1970, no entanto, sua vinculação com o turismo não é direta e, por isso, não foram tratadas na sua especificidade. São elas: Área da Luz (1974), Plano de Revitalização do Centro de São Paulo (1975), Projeto Sé-Arouche (1992), Boulevard São João (1991) e Operação Urbana Anhangabaú (1991). Entre outros aspectos, pode-se citar a ênfase na questão habitacional, na requalificação de espaços públicos e recuperação de atividades econômicas no Centro (mas sem fazer menção direta ao turismo).

do foi implantado o Centre Georges Pompidou/Beaubourg, expressão de grande projeto urbano que conjuga empreendedorismo e apelo cultural (Kara José, 2007, p.198).

Por fim, no que diz respeito às *Operações Urbanas Consorciadas (OUC)*, em São Paulo, elas têm um histórico de proposição e aplicação anterior ao Estatuto das Cidades[15] e oferecem alguns elementos que nos permitem entendê-las como uma prática que se aproxima à dos grandes projetos urbanos observados alhures. Como instrumentos urbanísticos, as OUCs introduzem uma visão contemporânea do projeto urbano, extrapolam o tradicional zoneamento e promovem uma rediscussão do papel dos agentes privados na produção do espaço urbano.

Pode-se dizer que as Operações Urbanas contêm a lógica contemporânea dos projetos urbanos, principalmente o entendimento de que certas partes do território devem ser tratadas em regime de exceção, face às regras previstas pelas políticas urbanas e legislações decorrentes delas, como "flexibilização do uso do solo", pela atenuação "do rigor do zoneamento" (Savelli, 2003) e "miniaturização do espaço fiscal" (Weber, 2008). Assim, observa-se uma definição rígida de perímetros de intervenção, em que, por lei, se preveem benefícios e tratamento urbanístico diferenciado. De acordo com Maleronka (2010), "a operação urbana consorciada se apresenta como instrumento próprio para promover projetos urbanos por meio de parcerias, alinhando-se às noções contemporâneas de projeto urbano e parceria público-privada".

No que tange aos propósitos das Operações Urbanas – de caráter mais "indicativo" do que efetivamente "propositivo" (Maleronka, 2010) –, notam-se menções atinentes ao ambiente urbano como um todo, que podem indicar alguma relação com o turismo, tais como "valorizar os imóveis de interesse arquitetônico e promover a harmonização do desenho urbano". Nos benefícios esperados, da mesma forma, podem-se antever pressupostos que, no quadro atual, seriam considerados estratégicos para o desenvolvimento do turismo urbano: "melhoria dos espaços públicos", "incentivo à preservação de imóveis de interesse histórico, arquitetônico e paisagístico", "aumento da atratividade da área central para exercício de atividades diversificadas".

---

[15] As Operações Urbanas Consorciadas, como "instituto jurídico e político", estão previstas nos art. 32, 33 e 34 do Estatuto das Cidades (Lei n. 10.257, 10 de julho de 2001) e são definidas como "conjunto de intervenções e medidas coordenadas pelo Poder Público municipal, com a participação dos proprietários, moradores, usuários permanentes e investidores privados, com o objetivo de alcançar em uma área transformações urbanísticas estruturais, melhorias sociais e a valorização ambiental" (art. 32, §1º).

De maneira resumida[16], o Quadro 4.2 mostra alguns vínculos possíveis entre cinco Operações Urbanas implantadas em São Paulo e o turismo. São elementos pontuais, sem expressividade marcante – à exceção da tentativa de se promover o patrimônio como atrativo turístico (no caso da operação urbana centro) ou certas estruturas e paisagens icônicas (como a Ponte Estaiada Octávio Frias de Oliveira, Figura 4.5, na Operação Urbana Água Espraiada, presente nos cartões postais da cidade).

Quadro 4.2 – Operações Urbanas em São Paulo e algumas relações com o turismo.

Nome da operação	Ano	Possíveis relações com o turismo
Operação Urbana Anhangabaú	1991	• Valorização do patrimônio edificado.
Operação Urbana Faria Lima	1995	• Expansão do setor hoteleiro. • Constituição de paisagens corporativas.
Operação Urbana Água Branca	1995	• Praticamente nenhuma.
Operação Urbana Centro	1997	• Valorização do patrimônio edificado.
Operação Urbana Água Espraiada	2001	• Expansão do setor hoteleiro. • Constituição de ícones urbanos. • Formação de novo distrito corporativo.

Fontes: Castro, 2006; Allis, 2012.

Consoante à maior exposição internacional do país, as atividades do turismo de negócios em São Paulo estariam se aprofundando nas décadas recentes[17] (ainda que presente desde a década de 1970), coincidindo com a construção de uma imagem de "cidade global". Nesse processo, os ícones urbanos desempenham um papel importante, em que as grandes edificações hoteleiras, principalmente as de luxo, também surgem como marcas a compor uma paisagem de natureza pós-moderna.

Convém ponderar que a conformação urbana paulistana é definida por outros parâmetros se comparados com o que se observa nos países de industrialização antiga (Estados Unidos e países da Europa Central). Nesse sentido, o afã de enxergar São Paulo como cidade global ou mundial seria

---

16 Para uma análise mais detalhada sobre as relações dessas Operações Urbanas com o turismo, consultar a lista de estudos apresentada por Allis (2012).

17 Entre 2005 e 2012, o número de turistas em São Paulo cresceu 32% – com mais de 12 milhões, a maior parte de visitantes nacionais. A principal motivação continua sendo eventos e negócios (76%), seguida de lazer (9,9%) e de outros segmentos (14,1%), como estudos, saúde, visitas a amigos e parentes. Do total de visitantes, 56% apontam compras e gastronomia como motivações secundárias – indicando outras vantagens do ponto de vista da oferta turística da cidade. Em 2012, a arrecadação do ISS-Grupo 13 ultrapassou R$ 236 milhões – ou 2,65% de toda a arrecadação paulistana (Observatório do Turismo de São Paulo, 2013).

Figura 4.5 – Ponte Estaiada Octávio Frias de Oliveira e região da avenida Engenheiro Luis Carlos Berrini (ver p.A1). Foto: Roberto Caldeyro Stajano/Studio Stajano (2008).

uma "miragem" (Fix, 2007) ou um "mito" (Ferreira, 2007). De qualquer forma, a cidade passa por importantes transformações que articulam porções de seus espaços à economia global – observáveis nos "enclaves globalizados numa metrópole periférica" (Fix, 2007, p.22) ou nas "ilhas de excelência globalizada" (Kouliumba, 2002 apud Ferreira, 2007, p.30) –, ensejando a implantação de negócios orientados ao turismo: grandes cadeias hoteleiras internacionais, restaurantes com destaque na gastronomia contemporânea, exposições culturais e eventos artísticos de grande visibilidade.

Na maior parte dos projetos urbanos paulistanos não fica explícita a sua relação direta com o desenvolvimento turístico, em que o ambiente construído se apresente como atrativo para subsidiar a atividade. Se, entre a década de 1950 e 1980, algumas ações levaram à constituição de referenciais turísticos, trata-se, aparentemente, de efeitos não objetivados na dimensão dos mecanismos de planejamento urbano.

Muitos dos projetos urbanos atuais podem ser considerados, de alguma maneira, projetos urbanos de referência na cidade; alguns tiveram uma dinâmica própria de concepção e implantação (como certos edifícios de referência, tanto públicos quanto privados), outros foram ensejados por causa de programas de maior envergadura – como as intervenções vinculadas às Operações Urbanas, que facilitam ou propiciam a definição de paisagens urbanas reconhecidas como "cartões postais" da cidade, como a Marginal do rio Pinheiros/Berrini. Não é razoável também supor que intervenções estruturantes – como obras viárias, por exemplo – realizam-se com a intenção de promover São Paulo como destino turístico. Mas é fato que muitas dessas intervenções acabam por alimentar as imagens turísticas atuais, como a Ponte Estaiada sobre o rio Pinheiros (Figura 4.5). O resultado é que, de alguma forma, as políticas públicas de turismo deveriam ser capazes de identificar, interpretar e incorporar aspectos que dizem respeito à atual reprodução espacial da metrópole, pois muito dessa dinâmica está sendo definida por mecanismos e instrumentos de gestão que se assemelham ou ensejam grandes projetos urbanos.

Não se pode desconsiderar que, em São Paulo, o turismo também é definido por outras nuances, presentes na dinâmica urbana espontânea, do cotidiano, em uma "cidade entendida como experiência polifônica" (Mongin, 2009, p.29) – vide as feiras públicas e os eventos de rua, as manifestações religiosas e das várias etnias, as ruas de comércios especializados, a gastronomia, a rede hoteleira, levando-nos, ao fim e ao cabo, a questionar a real necessidade das grandes intervenções urbanas, em que pesem os beneficiários de suas vantagens, no que tange ao desenvolvimento do turismo em grandes cidades, principalmente como a de São Paulo.

O estudo do caso de São Paulo abre uma boa oportunidade de revisão dos preceitos, práticas e conceitos que tendem a associar os grandes projetos urbanos ao turismo, já que nem um nem outro tem as mesmas expressões que recebem em outras partes do mundo, não se constituindo, o turismo, na versão paulistana, como mote explícito ou pelo menos óbvio para grandes projetos urbanos.

Referências bibliográficas

ALLIS, T. *Projetos urbanos e turismo em grandes cidades: o caso de São Paulo*. São Paulo, 2012. Tese de doutorado. Faculdade de Arquitetura e Urbanismo. Universidade de São Paulo.

______. Large Urban Projects and Tourism: Identifying and Assessing the Boundaries of Urban Tourism in São Paulo (Brazil). In: *RC 21 International Conference "Resourceful Cities"*. 2013, Berlim.

ALVES, G.A. São Paulo: uma cidade global. In: CARLOS, A.F.A.; CARRERAS, C. (Orgs.). *Urbanização e mundialização: estudos sobre a metrópole*. v.4. São Paulo: Contexto, 2005. p.137-149.

ARANTES, O. Berlim reconquistada: falsa mistura e outras miragens. *Revista Espaço & Debates*. São Paulo, v.23, n.43-44, p.23-50, 2003.

ARAÚJO, M. F. Os últimos 100 anos da história da cidade e a formação da Grande São Paulo. In *SEADE. Fundação Sistema de Análises de Dados do Estado de São Paulo,* Coleção: São Paulo no Limiar do Século XXI, v. 6: "Cenários da Urbanização Paulista", 1992, p. 17-52.

BARBOSA, A.C.M.M. *Masp: um museu e seu público*. Rio de Janeiro, 1994. Dissertação de Mestrado. Museu Nacional.

BARDI, P. M. *História do Masp*. São Paulo: Instituto Quadrante, 1992.

BRENNER, N.; THEODORE, N. (Orgs.). *Spaces of neoliberalism: urban restructuring in North America and Western Europe*. 4.ed. Oxford: Blackwell, 2002.

CAMPOS, C.M.; SOMEKH, N. Desenvolvimento local e projetos urbanos. In: Encontros nacionais da Anpur. 2001. Disponível em: http://www.anpur.org.br/revista/rbeur/index.php/anais/article/view/2150. Acessado em: 05 jan. 2015.

CARLOS, A.F.A. A reprodução da cidade como "negócio". In: CARLOS, A.F.A.; CARRERAS, C. (Orgs.). *Urbanização e mundialização: estudos sobre a metrópole*. São Paulo: Contexto, 2005, p.29-37. (Novas abordagens. GEOUSP, v.4).

CARMONA, M. (Org.). *Globalización y grandes proyectos urbanos: la respuesta para 25 ciudades*. Buenos Aires: Infinito, 2005. p.27-46.

CASTRO, L.G.R. *Operações urbanas: interesse público ou construção especulativa do lugar*. São Paulo, 2006. Tese de doutorado. Faculdade de Arquitetura e Urbanismo, Universidade de São Paulo.

COMPANS, R. *Empreededorismo urbano: entre o discurso e a prática*. São Paulo: Edunesp, 2005.

DINIZ, C.C.; CAMPOLINA, B.A. Região metropolitana de São Paulo: reestruturação, reespacialização e novas funções. *Eure*. v.33, n.98, p.27-43, 2007. Disponível em: http://www.scielo.cl/scielo.php?pid=S0250-71612007000100002&script=sci_arttext. Acessado em: 05 jan. 2015.

FAINSTEIN, S.S.; JUDD, D.R. Global forces, local strategies and urban tourism. In: JUDD, D.R.; FAINSTEIN, S.S. (Orgs.). *The tourist city*. New Haven e Londres: Yale University Press, 1999. p.1-17.

FEATHERSTONE, M. *Cultura de consumo e pós-modernismo*. São Paulo: Studio Nobel, 1995.

FERREIRA, J.S.W. *O mito da cidade global: o papel da ideologia na produção do espaço urbano*. Petrópolis: Vozes, 2007.

FIX, M. *São Paulo cidade global: fundamentos financeiros de uma miragem*. São Paulo: Boitempo, 2007.

FRIEDEN, B.J.; SAGALYN, L.B. *Downtown, Inc: How America rebuilds cities*. Cambrigde: MIT Press, 1994.

GALVANESE, H.C. Legislação urbanística: outroga onerosa e operações urbanas. In: VARGAS, H.C.; ARAUJO, C.P. *Arquitetura e mercado imobiliário*. Barueri: Manole, 2014.

GOSPODINI, A. Portraying, classifying and understanding the emerging new landscapes in the postmodern city. *Cities*, v.23, n.5, p.311-331, 2006.

______. Urban design, urban space morphology, urban tourism: an emerging new paradigm concerning their relationship. *European Planning Studies*. v.9, n.7, p.925-933, 2001.

HAMMET, C.; SHOVAL, N. Museums as flagships of urban development. In: HOFFMANN, L.; FAINSTEIN, S.; JUDD, D. (Eds.). *Cities and visitors: Regulating people, markets and city space*. Malden: Blackwell, 2003. p.217-236.

HARVEY, D. *A condição pós-moderna*. São Paulo: Loyola, 2005.

HAYLLAR, B.; GRIFFIN, T.; EDWARDS, D. Urban tourism precincts: engaging with the field. In: ______. (Orgs.). *City spaces, tourist places: urban tourism precincts*. Oxford: Elsevier, 2008. p.3-18.

JAJAMOVICH, G. Links between Barcelona and Buenos Aires: Puerto Madero as a controversial process of urban policy circulation. In: *RC 21 International Conference "Resourceful Cities"*. 2013. Berlim.

JAMESON, F. *Pós-modernismo: a lógica cultural do capitalismo tardio*. 2.ed. São Paulo: Ática, 2007.

KARA JOSÉ, B. *Políticas culturais e negócios urbanos: a instrumentalização da cultura na revitalização do centro de São Paulo: 1975-2000*. São Paulo: Annblume, 2007.

KOULIUMBA, S. São Paulo: cidade global? São Paulo, 2002. Tese de doutorado. Faculdade de Arquitetura e Urbanismo. Universidade de São Paulo.

LAW, C.M. *Urban tourism: the visitor economy and the growth of large cities*. 2.ed. Londres: Continuum, 2002.

LERNER, J. *Acupuntura urbana*. Rio de Janeiro: Record, 2003.

LUNGO, M. Globalización, grandes proyectos y privatización de la gestión urbana. In: CARMONA, M. (Org.). *Globalización y grandes proyectos urbanos: la respuesta para 25 ciudades*. Buenos Aires: Infinito, 2005. p.47-56.

MALERONKA, C. *Projeto e gestão na metrópole contemporânea: um estudo sobre as potencialidades do instrumento "operação urbana consorciada" à luz da experiência paulistana*. São Paulo, 2010. Tese de doutorado. Universidade de São Paulo.

MARICATO, E. O futuro das metrópoles. In: ALMEIDA, M.A.; MEYER, R. (orgs.). *Os centros das metrópoles: reflexões e propostas para a cidade democrática do século XXI*. São Paulo: Ed. Terceiro Nome; Associação Viva o Centro; Imesp, 2001, p.93-97.

MATTOS, C. Globalización, negocios inmobiliarios y mercantilización del desarrollo urbano. MONTÚFAR, M.C. (Org.). *Lo urbano en su complejidad: una lectura desde América Latina*. Quito: Flacso, 2008. p.35-62.

METZGER, J.T. The failed promise of a festival marketplace: South Street Seaport in lower Manhattan. *Planning Perspectives*. v.16, p.25-46, 2001.

MONGIN, O. *A condição urbana: a cidade na era da globalização*. São Paulo: Estação Liberdade, 2009.

MONCLÚS, F. The Barcelona model: an original formula? From "reconstruction" to strategic urban projects (1979-2004). *Planning Perspectives*. v.18, p.299-421, 2003.

MOURA, R. Efeitos simbólicos do Museu Oscar Niemeyer na internacionalização de Curitiba. *Arquitextos*. v.8, n.125, 2010. Disponível em: http://www.vitruvius.com.br/revistas/read/arquitextos/11.125/3567. Acessado em: 04 dez. 2011.

MULLINS, P. Tourism urbanization. *International Journal of Tourism Research*. v.14, n.3, p.326-342, 1991.

MUÑOZ, F. *Urbanalización: paisajes comunes, lugares globales*. Barcelona: GG Mixta, 2008.

NOBRE, E.A.C. *Reestruturação econômica e território: expansão recente do terciário na marginal do rio Pinheiros*. São Paulo, 2000. Tese de doutorado. Universidade de São Paulo.

OBSERVATÓRIO DO TURISMO DE SÃO PAULO. *Anuário Estatístico – Turismo 2013*. Disponível em: http://www.observatoriodoturismo.com.br/. Acessado em: 10 jan. 2014.

ORUETA, F.D.; FAINSTEIN, S.S. The new mega-projects: genesis and impacts. *International Journal of Urban and Regional Planning*. p.759-767, 2009.

PAGE, S. *Urban tourism*. Londres: Routledge, 1995.

PEREIRA, V. *São Paulo e Rio de Janeiro: hipermetrópoles: turismo e moda como economias culturais do espaço*. São Paulo, 2010. Tese de Doutorado. Faculdade de Arquitetura e Urbanismo, Universidade de São Paulo.

PLAZA, B. Guggenheim museum's effectiveness to attract tourism. In: *Annals of Tourism Research*. v.27, n.4, p.1055-1058, 2000.

SÁNCHEZ, F. *A reinvenção das cidades para um mercado mundial*. 2.ed. Chapecó: Argos, 2010.

SANTOS, A.C.M.; KESSEL, C.; GUIMARAENS, C. (Orgs.). Seminário Internacional Museus e Cidades (livro do seminário internacional). Rio de Janeiro: Museu Histórico Nacional, 2004.

SAVELLI, A.M. *Subsídios para a implementação de parceria público privada: operações urbanas em São Paulo*. São Paulo, 2003. Dissertação de mestrado. Universidade de São Paulo.

SHIBAKI, V.V. Ícones urbanos na metrópole de São Paulo. São Paulo, 2010. Tese de Doutorado. Universidade de São Paulo.

SHUKLA, P.; BROWN, J.; HARPER, D. Image association and European Capital of Culture: empirical insights through the case study of Liverpool. *Tourism Review*. v.61, n.4, p.6-12, 2006.

SPIROU, C. *Urban tourism and urban chance: cities in a global economy*. Nova York, Abindgon: Routeledge, 2011.

SPOLON, A.P.G. *Chão de estrelas: hotelaria e produção do espaço urbano em São Paulo, 1995-2005*. São Paulo, 2006. Dissertação de Mestrado. Faculdade de Arquitetura e Urbanismo, Universidade de São Paulo.

______. *Hotelaria, cidade e capital: o edifício hoteleiro e a reestruturação dos espaços urbanos contemporâneos*. São Paulo, 2011. Tese de Doutorado. Universidade de São Paulo.

SWYNGEDOUW, E.; MOULAERT, F.; RODRIGUEZ, A. Neoliberal urbanization in Europe: Large-scale urban development projects and the new urban policy. *Antipode*, v.34, n.3, p.380-404, 2002.

TELES, R.M.S. *Turismo urbano na cidade de São Paulo: o deslocamento do CBD e seus reflexos na hotelaria paulistana*. São Paulo, 2006. Tese de doutorado. Escola de Comunicações e Artes, Universidade de São Paulo.

TOLEDO, B.L. *São Paulo: três cidades em um século*. São Paulo: Duas cidades, 1981.

TOZI, D.R. *Primavera de estações: o Programa Monumenta e as políticas de preservação do patrimônio cultural na região do bairro da Luz, São Paulo*. São Paulo, 2007. Dissertação de mestrado. Faculdade de Filosofia, Letras e Ciências Humanas, Universidade de São Paulo.

TUFTS, S.; MILNE, S. Museums: supply-side perspective. *Annals of Tourism Research*. v.26, n.3, p.613-631, 1999.

URRY, J. *O olhar do turista: lazer e viagens nas sociedades contemporâneas*. São Paulo: Studio Nobel/Sesc, 2001 (Coleção Megalópolis).

VAINER, C.B. Pátria, empresa e mercadoria: notas sobre a estratégia discursiva do Planejamento Estratégico Urbano. In: ARANTES, O.; VAINER, C.; MARICATO, E. *Cidade do pensamento único: desmanchando conceitos*. 2.ed. Petrópolis: Vozes, 2002, p.75-103.

______. Grandes projetos urbanos: o que se pode aprender com a experiência brasileira. In: CUENYA, B.; NOVAIS, P.; VAINER, C. (Orgs.). *Grandes projetos urbanos: olhares críticos sobre a experiência argentina e brasileira*. 1.ed. Buenos Aires: Café de las Ciudades, 2013, v.1, p.135-166.

VARGAS, H.C.; CASTILHO, A.L.H. *Intervenções em centros urbanos: objetivos, estratégias e resultados*. Barueri: Manole, 2006.

WEBER, R. Extracting value from the city: neoliberalism and urban redevelopment. In: BRENNER, N.; THEODORE, N. (Orgs.). *Spaces of neoliberalism: urban restructuring in North America and Western Europe*. 4.ed. Oxford: Blackwell, 2008. p.172-193.

Capítulo 5

"Paraísos à beira-mar": os empreendimentos turísticos imobiliários

Cristina Pereira de Araujo

> Com ou sem ideologia, o urbanismo torna-se valor de troca. O projeto dos promotores de venda se apresenta como ocasião e local privilegiados: lugar de felicidade numa vida cotidiana miraculosa e maravilhosamente transformada.
> (Lefebvre, 2006, p.25)

Os empreendimentos turísticos imobiliários, fruto da fusão de negócios de hotelaria para o turismo de sol e mar e os condomínios residenciais, que têm sido veiculados pela publicidade do setor como verdadeiros "paraísos à beira-mar", nascem da estratégia do capital imobiliário para viabilizar os 2 empreendimentos a partir de benefícios recíprocos. A componente hoteleira oferece ao empreendimento residencial os serviços de hotelaria e os benefícios de uso da área de lazer dos *resorts*; por outro lado, essa demanda residencial dita potencial de primeira, segunda ou terceira residência auxilia na cobertura de parte dos custos fixos da hotelaria. Utiliza-se, assim, o princípio de empreendimentos de uso múltiplo, que tem como característica a geração e atração de fluxo pelo próprio empreendimento, de modo a garantir a sua viabilidade.

No entanto, essa fusão, no caso brasileiro, não foi imediata e, para a sua efetivação, algumas ocorrências foram observadas: a atuação do capital financeiro sobre o ambiente construído em um cenário de mundialização do capital; o incentivo oferecido pelas políticas públicas federais de turismo; o processo de fusão e aquisição entre redes hoteleiras; a disponibilidade de terra barata e não urbanizada ao longo do litoral brasileiro; os interesses da elite local na promoção dos investimentos.

Liberalização financeira, políticas públicas federais de turismo e financeirização do capital imobiliário

No que se refere às atividades turísticas, a reestruturação econômica mundial vivenciada a partir dos anos 1990, marcada pelo evento da liberalização financeira e pela abertura dos mercados mundiais, possibilitaria maior inversão de capitais expressa pelos investimentos estrangeiros diretos e fundos de investimentos que passariam a migrar mais livremente entre os cinco continentes à busca de melhores rendimentos.

A abertura econômica preconizada pela ruptura do Acordo de *Bretton Woods* (paridade dólar-ouro) em 1971, avalizada na década seguinte pelos governos Thatcher, Kohl e Reagan (Inglaterra, Alemanha e Estados Unidos, respectivamente), teria conduzido à formação de um mercado financeiro mundializado, dando origem a diferentes formas de investimento e formação de capital fictício à busca das melhores rentabilidades por meio de Investimentos Estrangeiros Diretos (IEDs). O Gráfico 5.1 sinaliza o aumento expressivo de IEDs direcionados ao Brasil sobretudo a partir dos anos 1990, que chegou ao valor recorde de US$ 66,7 bilhões no ano de 2011, apresentando um leve recuo de 5,55% em 2013, ano que registrou o montante de US$ 63 bilhões e levou o país a cair do 5º para 7º lugar no ranking de maiores receptores de IEDs no mundo (Moreira, 2014).

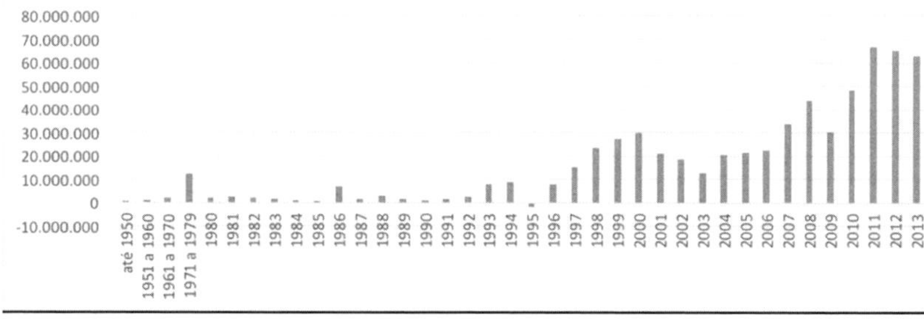

Gráfico 5.1 – Volume total de ingresso de Investimentos Estrangeiros Diretos no Brasil, aplicados de 1950 a 2013. Fonte: Araujo, 2011 e Banco Central do Brasil (www.bcb.gov.br).

Parte desses investimentos foi direcionada ao setor turístico e, mais especificamente, foi capitaneada pelo setor hoteleiro, o que acabou favorecendo a vinda de redes hoteleiras internacionais para o Brasil. A desregulamentação econômica propiciou processos de fusão e aquisição entre empresas hoteleiras e atraiu capital estrangeiro para o setor, tendo em vista a política macroeconômica empreendida ainda nos anos 1990, que isentava de tributação a remessa de lucros e dividendos por filiais de empresas estrangeiras no Brasil, além de colocá-las em paridade com empresas nacionais no tocante a subsídios.

Junta-se a esse panorama de abertura econômica as políticas públicas federais de turismo, que tomaram corpo também a partir dos anos 1990, em uma tentativa de estruturar o turismo para o receptivo internacional. Incrementavam-se as divisas e, com elas, o esforço de quitar a dívida externa brasileira. Os principais marcos dessa ação estatal, em ordem cronológica, foram o Programa de Desenvolvimento do Turismo para o Nordeste (Prodetur/NE), a criação do Ministério do Turismo e a promulgação da Lei nº 11.771/2008, que consolida a Política Nacional de Turismo.

O Prodetur/NE foi criado em 1991 e sua principal meta é o fortalecimento do turismo no Nordeste, promovendo a consolidação da região como importante destinação turística nacional e internacional. Trata-se de um programa de longo prazo, com vencimento em 2017, que conta com financiamentos gerados pelo Banco do Nordeste do Brasil por meio de recursos repassados pelo Banco Interamericano de Desenvolvimento, além de contrapartidas estaduais. São financiados projetos prioritários de infraestrutura nos setores de saneamento, transportes, administração de resíduos sólidos, proteção e recuperação ambiental, recuperação do patrimônio histórico e melhoramento de aeroportos.

Em linhas gerais, a ideia central do programa é prover infraestrutura por meio da ação do Estado – centrada sobretudo na melhoria de estradas e aeroportos, para a atração de investimentos privados, notadamente investimentos em hotelaria. Dado a envergadura do programa, o Prodetur acabou sendo recepcionado pelos planos de turismo posteriores e, hoje, gera recursos não somente para o Nordeste, como para qualquer Estado que queira pleitear a linha de crédito mediante apresentação do Plano de Desenvolvimento Integrado do Turismo Sustentável (PDITS) no Ministério do Turismo.

Já o Ministério do Turismo foi criado em 2003, na primeira gestão do Governo Lula. Possibilitou a consecução dos Planos Nacionais de Turismo (PNTs) bem como a promulgação da Lei n. 11.771, de 17 de setembro de 2008, regulamentada pelo Decreto n. 7.381, de 2 de dezembro de 2010, que prevê a concatenação dos PNTs com as metas orçamentárias de Governo expressas pelos Planos Plurianuais, reforçando, dessa forma, a importância da atividade como geradora de divisas e empregos para o país.

Desde a criação do Ministério do Turismo, foram três os PNTs editados: PNT 2003 – 2007; PNT 2007 – 2010 e PNT 2013 – 2016. Em todos eles, observa-se claramente a estruturação por metas e os mecanismos empreendidos para alcançá-las. O mais recente deles e que está em vigor, o PNT 2013-2016, traz 5 metas, e a primeira delas diz respeito ao aumento do receptivo internacional para 7,9 milhões de chegadas em 2016, superando a casa dos 5,8 milhões aferidos em 2012 (meta 1). A esse incremento, espera-se um aumento da receita para US$ 10,8 bilhões com o turismo internacional até 2016 (meta 2) ante os US$ 6,64 bilhões obtidos em 2012. Em relação ao turismo doméstico, espera-se aumentar para 250 milhões o número de viagens, a reboque do crescimento da renda interna, o avanço da classe C e da melhoria da infraestrutura turística (meta 3). A meta 4 propõe a melhoria do índice médio de competitividade dos destinos indutores de 60 para 70 pontos em 2016, visando a sua qualificação diante do receptivo internacional e promoção de megaeventos. Por fim, a meta 5 almeja o aumento para 3,6 milhões de ocupações formais no setor de turismo (2,78 milhões em 2012) até 2016.

Todo esse esforço de aumento do receptivo e geração de divisas tem causado verdadeiro impacto sobre o aumento da oferta hoteleira, uma vez que propicia condições de demanda e infraestrutura – o aumento de competitividade –, impulsionando, cada vez mais, os investidores a apostarem no Brasil. Um dos objetivos do atual PNT, inclusive, é a preparação do turismo brasileiro para receber megaeventos, o que sinaliza uma disposição governamental em diversificar as modalidades turísticas, antes bastante centralizadas no turismo de sol e praia.

Em relação à Lei n. 11.771/2008, é ela que define a Política Nacional do Turismo. Trata-se do primeiro diploma legal que procura disciplinar a matéria de forma mais abrangente, criando, inclusive, mecanismos para o cadastro dos prestadores de serviços turísticos, o que possibilita, finalmente, a compreensão da dimensão da oferta turística no país e, consequentemente, aprimora ações para fomentar a demanda. O ambiente Cadastur prevê o cadastro unificado dos prestadores dos serviços turísticos e permite consultas sobre os meios de hospedagem cadastrados, por tipologia e município, o que facilita o acesso à informação, seja pelo turista, pelo fornecedor ou pelo pesquisador. Vale ressaltar, conforme já mencionado, que é com a promulgação do Decreto n. 7.381/2010 que os planos nacionais de turismo tornam-se obrigatórios e consonantes com os planos plurianuais de governo.

O aumento do volume de investimentos privados no setor tem sido uma das principais ações do PNT. O PNT atual prevê a criação de um conjunto de informações sobre captação de investimentos, avaliação de impactos tributários e uma "cartilha" de como e onde investir em equipamentos turísticos no Brasil, direcionado a potenciais investidores nacionais e internacionais. A falta de clareza da legislação tributária e da legislação de uso e ocupação do solo ainda são fatores impeditivos de aporte mais expressivo de capital direcionado ao setor.

Apesar do aparente entrave à captação de investimentos, há de se pontuar que as ações institucionais e a participação do Ministério do Turismo no Salão Brasileiro e nos Salões Internacionais, sobretudo em Lisboa, têm contribuído para o desenvolvimento da marca Brasil e para a promoção dos destinos turísticos. Recentemente, foi anunciada, como principal meta do atual Ministro do Turismo, a reestruturação da Embratur, no intuito de torná-la mais ágil para atração de investimentos e promoção de produtos turísticos no exterior, além de fazê-la atuar nos salões (Exman, 2014). Tais ações refletem positivamente na demanda e têm propiciado um maior incremento da oferta de meios de hospedagem, notadamente de um novo segmento: os empreendimentos turísticos imobiliários.

Do hotel às redes hoteleiras e dos *resorts* aos ETIs

Pode-se afirmar que a hotelaria brasileira seguiu *pari passu* o processo de urbanização brasileira, crescendo de acordo com o desenvolvimento econômico das cidades e a necessidade de intercâmbio entre elas. Ou seja, assim como aconteceu com a produção residencial, em que, inicialmente, as edificações eram construídas por encomenda, cabendo sua concepção a arquitetos da época em meio a práticos e licenciados[1], as edificações hoteleiras possuíam, nesse primeiro momento, valor de uso. Pertenciam a seus proprietários que encomendavam o projeto a arquitetos, quando da hotelaria de luxo, e a práticos e licenciados, quando se tratava de uma hospedagem mais simples, como é o caso das pousadas.

Concomitantemente ao processo de fusões e aquisições e ao cenário de liberalização financeira é que ocorre uma transição do hotel como valor de uso – aqui entendido como sendo de pleno controle de seu proprietário e feito para este sob encomenda – para o hotel como valor de troca. Ou seja, o processo de desregulamentação financeira e a consequente maior fluidez do

[1] Para maior compreensão da dinâmica da produção residencial, sugerimos a leitura do Capítulo "Habitação e dinâmica imobiliária em São Paulo – 1870-2010", de Vargas e Araujo, 2014.

capital vão abrir espaço para a consolidação da hotelaria de rede[2]: a hotelaria passa a ser um negócio de larga escala e parte do portfólio de investimento de empresas. Assiste-se à separação entre propriedade e gestão do negócio.

No setor hoteleiro, portanto, os anos 1990 marcariam o início de um intenso período de fusões e aquisições entre as operadoras hoteleiras. Primeiro nos países de origem e em países desenvolvidos, para depois se expandir para outras regiões do mundo, onde cada rede apresenta estratégias próprias de expansão. Segundo Proserpio:

> As fusões, aquisições e parcerias entre as grandes operadoras hoteleiras, ocorridas especialmente a partir de 1993, decorreram da necessidade de aumentar a escala de atividades, reduzir custos operacionais e diversificar mercados de atuação, estratégia necessária frente ao aumento da competição e da perspectiva de crescimento do mercado. Por outro lado, as fusões possibilitaram o aumento da escala de operação a um custo inferior do que a expansão tradicional baseada na operação de novos estabelecimentos, com altos custos fixos de implantação (2007, p.53).

No Brasil, esse processo chegaria com mais força na década seguinte, de sorte que, em 2010, as redes hoteleiras já representavam cerca de 10% da hotelaria brasileira (Tabela 5.1). E o cenário tendencial é de expansão, visto que a maior parte dos projetos hoteleiros em construção ou em fase de planejamento está atrelada às principais redes hoteleiras que operam no Brasil. De 2013 a 2016, planeja-se investir R$ 12,2 bilhões em um montante de 422 hotéis e cerca de 70 mil novas unidades habitacionais (Cantalice, 2014), todas elas atreladas às redes hoteleiras.

Tabela 5.1 – Total de hotéis e flats no Brasil (posição até julho de 2010).

Tipo	Hotéis	%	Quartos	%
Hotéis e *flats* de cadeias nacionais	354	3,7	47.766	10,8
Hotéis e *flats* de cadeias internacionais	361	3,8	65.979	15,0
Hotéis independentes com até 20 quartos	3.486	36,6	38.518	8,7
Hotéis independentes com mais de 20 quartos	5.323	55,9	288.594	65,5
Total	9.524	100	440.857	100

Fonte: Mader, Gorni e Di Cunto, 2010.

[2] Já a partir dos anos 1970, presencia-se o surgimento de redes hoteleiras atreladas a companhias aéreas, como parte de diversificação das suas atividades (Araujo, 2011).

É comum observar a fusão e/ou aquisição entre empresas de capital estrangeiro que atuam no país, ou seja, a troca de bandeiras entre redes internacionais, o que é natural no setor hoteleiro, uma vez que as empresas geralmente optam pela administração dos hotéis, sem possuir vínculo com a propriedade (Araujo, 2011).

Os grupos hoteleiros operam hotéis em que são proprietários ou hotéis arrendados, pelos quais pagam aluguéis aos seus proprietários ou ainda por acordos de franquia; há casos em que administram os hotéis para os proprietários, mediante contratos de administração e participação nos lucros. Os contratos de gestão, em substituição às franquias, têm sido o principal meio de operacionalização das grandes redes que, para assegurarem o funcionamento de forma homogênea, lançam mão de manuais de procedimentos e operações, de instalações e padronizações rígidas, incluindo formação de pessoal, publicidade internacional e central de reservas (Dias, 1990; Proserpio, 2007).

A associação a parceiros locais é condição quase que certa para os investidores estrangeiros e grandes marcas hoteleiras. Para esta década, estudo da consultoria Ernest Young revela que investidores estrangeiros, por meio de fundos, empreiteiras e bancos de investimento, planejam investir US$ 1 bilhão em hotéis; cerca de 60% dos interessados, todos atuantes no setor imobiliário, pretendem associar-se a parceiros locais que disponham de terreno e conhecimento da legislação local; a estratégia é investir tanto na construção de novos hotéis quanto na aquisição de empreendimentos em operação (Araujo, 2011).

Dias (1990) ressalta que as redes hoteleiras internacionais apresentam níveis de qualidade de alojamento e serviços segundo parâmetros estabelecidos pela corporação. Grande parte do fluxo turístico internacional são clientes desse tipo de hotelaria, justamente devido à estandardização do produto, pois, se um cliente se hospeda no Mercure, seja em Paris, Barcelona ou São Paulo, estará seguro do padrão de serviços, equipamentos e instalações que irá encontrar.

Para Dias (1990), o grande problema no tocante às redes hoteleiras internacionais está no fluxo financeiro: não há como os países em desenvolvimento impedirem que parte das receitas vá em direção à "rede-mãe"; o uso de cartões de crédito, vouchers e pagamento em dinheiro torna o controle, por parte das autoridades locais, extremamente difícil, inviabilizando, portanto, contabilizar as receitas reais desses empreendimentos nos países receptores.

A rede francesa Accor lidera o mercado brasileiro no ranking das administradoras hoteleiras, incluindo-se as empresas nacionais e internacionais. A empresa trabalha, preferencialmente, com o sistema de franquia e faz captação dos investimentos com pessoas físicas, pela modalidade de participação nos lucros do empreendimento, ou com grandes construtoras. O negócio hoteleiro vira um negócio imobiliário[3] e, em última análise, um produto financeiro, já que se transforma em uma forma de investimento, seja de pessoa física, seja de pessoa jurídica. Definitivamente, nessa escala de operação, o hotel deixa de ser valor de uso e passa a ser mercadoria, assumindo valor de troca.

Em relação à atuação de redes hoteleiras no litoral brasileiro, a posição de 2010 também aponta a rede Accor como líder, tanto em número de apartamentos como de hotéis (Tabela 5.2)[4]. Na sequência, aparecem a rede holandesa Golden Tulip, cuja administração cabe à empresa brasileira de capital aberto BHG, e, em 3º lugar, a rede brasileira Othon, que empata em número de hotéis com a holandesa, porém possui menos apartamentos.

Tabela 5.2 – Redes atuantes no litoral brasileiro, classificadas em ordem crescente por número de hotéis e *resorts*.

Classificação	Rede	País de origem da marca	Administradora	Número de hotéis em 2010	Número de aptos em 2010	Número de hotéis no litoral	Número de aptos no litoral	Tipologia
1	Accor	França	Accor Brasil S.A.	145	23.950	35	5.129	Hotel
2	Golden Tulip	Holanda	BHG S.A. – Brazil Hospitality Group	30	5.313	12	2.456	Hotel
3	Othon	Brasil	Hotéis Othon S.A.	20	2.717	12	1.842	Hotel
4	Best Western	Estados Unidos	Hotelaria Brasil Ltda./hotéis independentes	16	1.945	11	1.079	Hotel
5	Windsor	Brasil	Windsor Adm. de Hotéis e Serviços Ltda.	10	2.726	10	2.726	Hotel

(continua)

[3] A Comissão de Valores Mobiliários (CVM) vem estudando uma forma de regulamentar a captação de recursos financeiros por meio da venda direta das unidades aos investidores, o que passaria a ocorrer somente pelo fundo imobiliário. Tal ação traria maior transparência ao negócio, afastaria investidores não qualificados e, ao mesmo tempo, protegeria o investidor de aplicar em empreendimentos lançados em condição adversa de mercado (Tauhata, 2014).

[4] A empresa continua líder no Brasil. Em janeiro de 2015, a rede já contabilizava 210 hotéis em operação no Brasil. Disponível em: http://www.accor.com/fileadmin/user_upload/Contenus_Accor/Presse/Country/America_Latina/Brasil/PR_2015_Brasil/150123_accor_anuncia_tres_novos_hoteis_em_recife.pdf. Acessado em: 29 mar. 2015.

Tabela 5.2 – Redes atuantes no litoral brasileiro, classificadas em ordem crescente por número de hotéis e *resorts (continuação).*

Classificação	Rede	País de origem da marca	Administradora	Número de hotéis em 2010	Número de aptos em 2010	Número de hotéis no litoral	Número de aptos no litoral	Tipologia
6	Choice	Estados Unidos	Atlantica Hotels Internacional do Brasil Ltda.	60	9.158	10	1.279	Hotel
7	Solare	Brasil	Solare Adm. e Consultoria Ltda.	12	1.426	8	799	Hotel (7); *resort* (1)
8	Pestana	Portugal	Grupo Pestana	8	1.449	7	1.144	Hotel (4); *resort* (3)
9	Travel Inn	Brasil	Travel Inn Hotéis	24	1.645	7	648	Hotel(6); *resort* (1)
10	Sol Express	Brasil	Rede Sol Express	6	1.008	6	1.008	Hotel(5); *resort* (1)

Fonte: Araujo, 2011.

Já o *resort*, definido pelo Sistema Brasileiro de Classificação de Meios de Hospedagem (Brasil, Ministério do Turismo, 2010) como "hotel com infraestrutura de lazer e entretenimento que oferece serviços de estética, atividades físicas, recreação e convívio com a natureza no próprio empreendimento", tem forte relação com a aposta no turismo de sol e mar e com a farta disponibilidade de terras ainda não urbanizadas no litoral nordestino, associado às políticas de incentivo à infraestrutura turística capitaneadas pelo Prodetur/NE.

Assim, se a origem das segundas residências (ou de veraneio) remonta aos anos 1960-1970 como consequência do surgimento da classe média e intenso processo de rodoviarização que o país atravessava, apresentando maior incidência nas regiões Sul e Sudeste[5], os *resorts* irão marcar presença a partir dos anos 1990, sobretudo no litoral nordestino (Araujo, 2011).

Mas foi na década passada que, indubitavelmente, ocorreu o maior pico de inaugurações de *resorts* ao longo da costa litorânea, como demonstrado no Gráfico 5.2. Foram 64 empreendimentos inaugurados entre os anos de 2000 e 2010, ante 21 empreendimentos inaugurados na década anterior. Esse fenômeno certamente está relacionado com a disponibilidade de capital as-

[5] Em pesquisa de matriz origem/destino realizada pelo Ministério do Turismo em 2005, constatou-se que, para cada turista que o Nordeste envia para o Sudeste, o Nordeste recebe 4,5 turistas advindos do Sudeste. Adicionalmente, 44% das viagens domésticas têm origem e destino na região Sudeste (Araujo, 2011). Tamanho de população e renda são os fatores que marcam a forte emissividade da região Sudeste para as demais regiões do país.

sociada ao momento de estabilidade econômica do país. Na tipologia *resort*, observa-se ainda a presença das redes hoteleiras nos processos de gestão e incorporação do negócio, com os fundos de pensão e o mercado imobiliário.

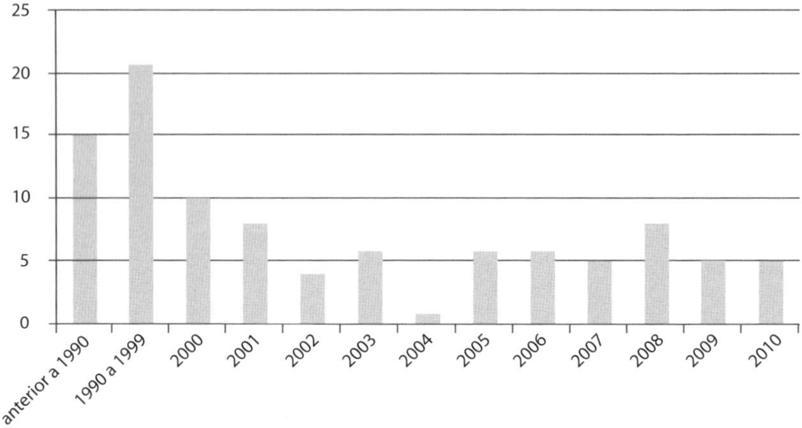

Gráfico 5.2 – Número de *resorts* inaugurados ao longo da costa brasileira. Fonte: Araujo, 2011.

O foco dos novos investimentos tem sido, em parte, os grandes eventos, como Copa do Mundo, que ocorreu em 2014, e Olimpíadas, que acontecerá em 2016, no Rio de Janeiro, com maior concentração direcionada aos empreendimentos econômicos e *midscale,* ao contrário do que se observou na década anterior, quando os investimentos estavam direcionados a *resorts* e hotéis de categoria superior (Oliveira, 2013a). Estes, por sua vez, certamente terão de se reinventar para a manutenção dos lucros: daí o surgimento dos empreendimentos turísticos imobiliários (ETIs).

Os ETIs surgem no Brasil como uma natural fusão do mercado imobiliário com o mercado hoteleiro, fusão essa já observada na incorporação dos negócios relacionados às redes hoteleiras. A diferença está no fato de que, além da participação na incorporação, o produto passa a ser o hotel associado com residência. Ou seja, unem-se o *status* do hotel, geralmente do tipo *resort,* atrelado a uma marca consolidada, ao mercado de segundas residências, conformando um único produto. Um *masterplan*, geralmente construído em várias fases, em que o *resort* assume o papel de atrativo do empreendimento.

Avalia-se também que a crise financeira mundial de 2008 colaborou para um reposicionamento dos investimentos e o surgimento desse novo produto, o ETI. Se, por um lado, já se constatava que os *resorts* apresentavam uma média de ocupação inferior a da hotelaria convencional em cerca de

10 pontos percentuais (Araujo, 2011), por outro, a disponibilidade de terra barata propiciou aos investidores a aquisição de grandes glebas e a oportunidade, portanto, de diversificar seu portfólio por meio da oferta do ETI, pelo planejamento do lançamento de produtos imobiliários atrelados ao *resort* em várias fases.

Os ETIs acabam por trazer às segundas residências os serviços de hotelaria e os benefícios de compartilhar a área de lazer do *resort* ou contígua a este, e, em contrapartida, o componente imobiliário permite maior rentabilidade e antecipação de parte significativa do fluxo de caixa.

Em pesquisa realizada por Araujo (2011), constatou-se que, até o ano de 2010, foram lançados 53 ETIs e que 38 deles se encontram no litoral da região Nordeste e juntos somam uma área superior a 150 milhões de m^2. Desses 38, mais da metade (22 ETIs) possuem área acima de 1 milhão de m^2 e totalizam praticamente 96% das áreas empreendidas. Quanto à origem do capital, prevalece a associação entre o capital nacional e o estrangeiro (11 ETIs), seguido por investimentos de capital internacional (8 ETIs).

Mas o que faz o litoral nordestino concentrar grande parte desses investimentos? Como se dá essa espacialização? Para responder a essas questões, é importante que se compreendam algumas teorias acerca do comportamento do mercado imobiliário e de seus investidores.

Empreendimentos turísticos imobiliários: paraísos à beira-mar?

O cenário de liberalização financeira, sem dúvida, facilitou a conexão entre o capital financeiro e o imobiliário e explica o que Harvey (1989) denominaria de "investimento no circuito secundário de capital", ou seja, a produção do ambiente construído pelo capital financeiro, provocando a exacerbação do valor de troca sobre o valor de uso.

O investimento no circuito secundário de capital é uma alternativa à acumulação no circuito primário (bens de produção), permitindo a inversão de fluxos de capital para a formação de bens de longo prazo, que são aqueles que constituem o ambiente construído.

No caso dos ETIs, tal movimento explica a forte atuação do capital estrangeiro, direta e indiretamente, em que prevalece a sua atuação por vezes associada ao capital nacional – o que, sem dúvida, facilita os trâmites burocráticos para aquisição de terras e bens no Brasil.

É importante observar que a oferta desse tipo de investimento, conforme mostrado na Figura 5.1, na região Nordeste tem forte relação com a disponibilidade de áreas litorâneas ainda intactas, ao contrário do que acontece na região Sudeste, que passou por um surto de urbanização ainda nos anos 1960-1970, o que, à época, fez surgir o fenômeno de segundas residências (residências de veraneio) associado aos emissores próximos: as cidades de São Paulo e Rio de Janeiro. Aqui já se teria uma explicação plausível para o fenômeno dos ETIs na região Nordeste[6].

No entanto, outras hipóteses relacionadas ao estudo do mercado imobiliário podem ser úteis para a compreensão do fenômeno. Para Feagin (1987 apud Wilderode, 2000), a razão para investimentos em uma região em detrimento de outra poderia ser definida pela frase "um lugar ótimo para investimento imobiliário", imagem essa difundida pela elite econômica local associada às construtoras e à mídia. A imagem de um "lugar quente" provoca um *boom* imobiliário, faz subir o valor de troca do lugar e ocasiona uma oferta acima da demanda. No entanto, o autor alerta que as altas taxas de vacância ao longo do tempo, por causa da superoferta – consequência do comportamento gregário dos investidores –, levarão a cidade a adquirir a imagem de "lugar frio" e, consequentemente, propiciará as inversões imobiliárias para outras cidades com "imagem quente".

Em paralelo, Logan e Molotch (1996 apud Wilderode, 2000) defendem que são os atores locais que participam diretamente do que eles denominam como "máquina do crescimento urbano". Dentre esses atores, destacam-se: os políticos (o financiamento de campanhas tem estreita ligação com as benesses que aquele político retornará a determinado setor e/ou a empreiteiros locais com quem tenha uma relação privilegiada); a mídia local (por meio do enaltecimento da imagem do lugar); e os serviços de utilidade pública (especuladores fundiários e executivos das companhias de transporte são, geralmente, a mesma pessoa).

---

[6] Importante esclarecer que o fenômeno das segundas residências também já se fazia presente na região Nordeste durante os anos 1960-1970. Contudo, abarcava as cidades próximas das grandes capitais nordestinas, como é o caso de Aquiraz/Fortaleza, Ilha de Itaparica/Salvador, Ilha de Itamaracá/Recife, deixando grandes vazios litorâneos nos demais municípios, cuja urbanização é interiorana, muito provavelmente em função da pouca atratividade dos banhos de mar quando de sua ocupação.

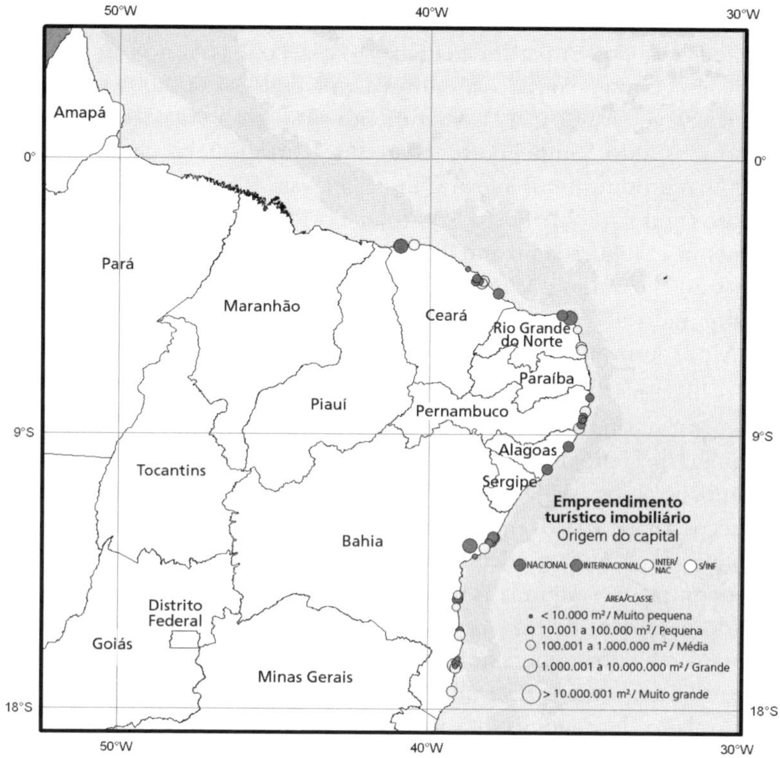

Figura 5.1 – Panorama dos ETIs na costa litorânea das regiões Norte e Nordeste do Brasil (ver p.A2).
Fonte: Araujo, 2011.

Contudo, se o clima de "bons negócios" foi instaurado, sobretudo na gestão de Antonio Carlos Magalhães na Bahia, que soube tomar partido dos recursos advindos do Prodetur/NE e transformou o litoral baiano em objeto de desejo e consumo – um pseudo valor de troca – de brasileiros e estrangeiros que, encorajados pela disponibilidade de crédito e terras, passaram a empreender no litoral, elevando o metro linear de praia para valores acima de US$ 5.000, o que se observa hoje é um redirecionamento dos empreendimentos e uma clara oferta adiante da demanda, a se avaliar pelas altas taxas de vacância dos *resorts* instalados que, para minimizar os prejuízos, lançaram mão das segundas residências associadas a eles – dando origem aos ETIs (Araujo e Vargas, 2011).

As segundas residências, o componente imobiliário do ETI, ainda são comercializadas a preços maximizados. A rede espanhola Iberostar, por exemplo, inaugurou o *resort* Iberostar Bahia em 2006 e, 2 anos depois, estaria inaugurando o *resort* Iberostar Praia do Forte, ambos no município Mata de São João, próximo a Salvador. A partir de então, passaria a trabalhar no lançamento de residenciais[7], comercializados a valores acima de R$ 1.000.000,00 (valor de referência: fevereiro de 2011). Movimento similar observa-se em seu quase vizinho Costa do Sauípe, pertencente ao grupo Odebrecht, que lançou, em 2009, o produto imobiliário Quintas Private Residence[8] e também em Trancoso (município de Porto Seguro), pelo Terra Vista Empreendimentos[9], cuja âncora, inaugurada no ano 2000, teria sido o *resort* Club Med Trancoso (Araujo, 2004; Araujo e Vargas, 2011). Recentemente, em março de 2014, foi inaugurado o Teatro Mozarteum Brasileiro, não por acaso, próximo ao Club Med, com projeto do arquiteto luxemburguês François Valentiny[10]. Certamente, uma estratégia para valorização do empreendimento Terra Vista.

Na costa cearense, o "clima de bons negócios" parece estar concentrado em Aquiraz, pela proximidade da capital Fortaleza, e também nos municípios de Camocim/Jijoca de Jericoacoara, por causa da fama adquirida pela Praia de Jericoacoara: 1 das 10 mais belas praias do mundo, segundo o jornal *The Washington Post*, ainda na década de 1980. Em Aquiraz, a 25 km de Fortaleza, encontra-se o Aquiraz Riviera[11]: 3 milhões de m^2 e um investimento estimado na ordem de R$ 900 milhões. O Hotel Dom Pedro Laguna, que pertence à rede portuguesa homônima, inaugurado em 2010, é a âncora do empreendimento que prevê um conjunto de casas e vilas comercializadas em um plano de negócio que vai até 2018. São empreendedores a rede hoteleira portuguesa Dom Pedro Laguna, a também portuguesa Solverde, o empresário cearense Ivens Dias Branco e o fundo imobiliário Ceará *Investment Fund* (Araujo, 2011).

Em Camocim, o empreendimento Long Beach, de propriedade da BHG[12] constitui um banco de terrenos de 50 milhões de m^2 e 12,5 km de

---

7 Disponível em: http://www.iberostate.com/pt/praia-do-forte. Acessado em: 08 jan. 2014.

8 Disponível em: http://quintasprivate.com.br. Acessado em: 08 jan. 2014.

9 Disponível em: http://www.terravistabrasil.com.br/masterplan. Acessado em: 08 jan. 2014.

10 Teatro de Trancoso: um monumento à cultura no sul da Bahia. Disponível em: https://br.noticias.yahoo.com/teatro-trancoso-monumento-%C3%A0-cultura-sul-bahia-173831788.html. Acessado em: 29 maio 2014.

11 Disponível em: http://www.aquiraz-riviera.com. Acessado em: 08 jan. 2014.

12 O informe de investimentos é da InvestTur, referente ao ano de 2007. À época de aquisição do banco de terrenos, a operação societária que envolveu a incorporação da InvestTur e da LA Hotels, resultando no grupo BHG, ainda não havia ocorrido. Com a incorporação, o banco de terrenos passou a pertencer à BHG.

extensão costeira a menos de 10 km da praia de Jericoacoara; o ETI, planejado em 4 etapas, prevê um investimento na ordem de R$ 14 milhões e um retorno de R$ 209 milhões só na comercialização dos lotes. Se houver a participação da BHG no desenvolvimento dos projetos hoteleiros e imobiliários, a empresa estima que esse valor de retorno possa ser ainda mais alto (Araujo, 2011).

Certamente, o empreendimento aguardava a inauguração do aeroporto de Camocim, que ocorreu em abril de 2011. No entanto, a crise financeira de 2008 parece ter afugentado um pouco o clima de bons negócios da região, haja vista que, no blog Camocim OnLine[13], há o seguinte comentário, datado de 02 de julho de 2013: "sem voos regulares, o aeroporto de Camocim é uma ilha cercada de mato por todos os lados". Talvez seja esse o motivo para a BHG ainda não ter dado início ao ETI.

Por fim, ainda na região Nordeste, merece destaque os ETIs da costa pernambucana, notadamente a Reserva do Paiva[14]. Um empreendimento que abrange mais de 10 milhões de m^2 no município de Cabo de Santo Agostinho e tem como investidores o grupo Brennand, a construtora Odebrecht e o grupo de investimento português Promovalor. O investimento estimado na ordem de R$ 1,6 bilhão ocupa 8,5 km de faixa litorânea e compreende 2 hotéis de bandeira americana, Sheraton e Four Seasons, residências, prédios de apartamentos, prédios empresariais, centro de compras e conveniência, escolas, supermercados e até um centro médico. Os residenciais na fase de lançamento são comercializados na faixa de US$ 4.000,00/m^2.

O Reserva do Paiva (Figuras 5.2 a 5.5) é vendido como o primeiro bairro 100% planejado do Brasil[15] pelos corretores e tem expectativa de atender a 50.000 pessoas. Aqui, certamente a máquina de crescimento local viabilizou o ETI que atende não somente ao público de segunda e terceira residência, mas também ao de primeira residência, por causa da demanda suscitada pelos empregos gerados no Porto de Suape (que fica no município de Cabo de Santo Agostinho), e também do deslocamento das camadas

---

[13] Disponível em: http://www.camocimonline.com/2013/07/sem-voos-regulares-aeroporto-de-camocim.html. Acessado em: 04 jan. 2014.

[14] Disponível em: http://www.orealizacoes.com.br/Novos-Destinos-Urbanos-Conceito.aspx?id=21. Acessado em: 08 jan. 2014.

[15] Há de se ponderar que o empreendimento Riviera de São Lourenço, no litoral paulista, também pode ser considerado um bairro 100% planejado e sua concepção data de 1979, como será visto mais adiante.

de alta renda de Boa Viagem – capitaneados pelos promotores imobiliários, em direção ao Cabo. É importante ressaltar que a disponibilidade de terra à beira-mar na praia de Boa Viagem já se encontra escassa, conurbando-se com o município vizinho de Jaboatão de Guararapes, pelas praias de Piedade e Candeias, até chegar ao Cabo, cuja faixa litorânea passa, portanto, a atender os mecanismos de segregação socioespacial da metrópole. A previsão para conclusão completa do *masterplan* é 2018.

Figuras 5.2 a 5.5 – Aspectos do ETI Reserva do Paiva. Da esquerda para a direita, de cima para baixo: detalhe da construção do Hotel Sheraton, inaugurado em 2014. Vista do complexo residencial e demarcação, onde está o *outdoor*, da área de serviços. Maquete do empreendimento, com destaque aos empresariais. Vista à beira-mar de um dos edifícios residenciais (ver p.A1). Foto: Cristina Araujo, 2013.

Em um modelo de parceria público-privada, a contrapartida estatal foi a construção de um sistema viário de acesso, composto de ponte e uma via litorânea, que receberam investimentos na ordem de R$ 75,6 milhões, parte advinda do financiamento do Banco do Nordeste do Brasil (Vida Imobiliária, 2009), via Prodetur/NE.

Já na região litorânea Sul-Sudeste (Figura 5.6), o que se observa é uma quantidade menor desse tipo de empreendimento se comparado à região Nordeste. Os ETIs estão concentrados no Rio de Janeiro, em São Paulo e Santa Catarina.

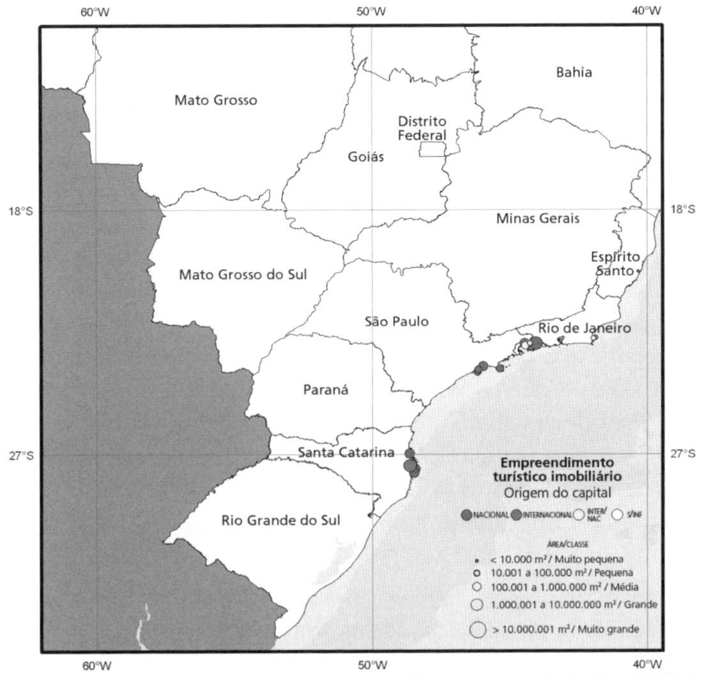

Figura 5.6 – Panorama dos ETIs na costa litorânea das regiões Sudeste e Sul do Brasil (ver p.A3). Fonte: Araujo, 2011.

No Rio de Janeiro, os *resorts* e ETI da região concentram-se em Mangaratiba, Armação de Búzios e Angra dos Reis. O ETI Portobello *Resort* & Safari, em Mangaratiba, é o maior em área, com 25 milhões de m^2; o empreendimento faz parte da fazenda Portobello, empresa de capital nacional e com metade da área de Mata Atlântica preservada, segundo informações da página eletrônica do empreendimento[16]. Como opera desde 1987, o empreendedor certamente enxergou a oportunidade de comercialização de terrenos e casas dentro da área do *resort*, transformando-o em ETI.

A inauguração mais recente (ano de 2010) foi a do ETI Breezes Búzios[17] que, a exemplo da rede Pestana, no segmento Pestana Residences (Salvador-BA), faz a capitalização com investidores individuais que passam a integrar o *pool* hoteleiro e a participar dos resultados da operação do *resort* (Araujo,

[16] Disponível em: http://www.imoveisemportobello.com.br/. Acessado em: 08 jan. 2014.

[17] Disponível em: http://www.bluetree.com.br/hotel/blue-tree-park-buzios/. Acessado em: 08 jan. 2014.

2011). Atualmente, o ETI não faz mais parte da rede jamaicana: em agosto de 2012 a gestão passou para as mãos da empresa nacional Blue Tree[18].

No litoral paulista, o destaque é do ETI Riviera de São Lourenço[19], no município de Bertioga. Idealizado e administrado pela Sobloco Construtora S/A, a área abrange cerca de 9 milhões de m² e, segundo a construtora, trata-se do maior projeto de desenvolvimento urbano do litoral brasileiro, iniciado em 1979 (Vida Imobiliária, 2009) e que originalmente contemplava somente segundas residências. Seu plano urbanístico é setorizado em zona residencial, turística e mista, contando ainda com shopping center, restaurantes e lojas dentro da área do empreendimento; as unidades habitacionais são comercializadas para venda e locação, inclusive para temporada, pelo Sistema Integrado de Vendas (SIV). A zona turística, situada à beira-mar, começou a ser desenvolvida bem depois que a zona residencial; o Ilha da Madeira *Resort*, cuja inauguração data de 2004, além de *flats*, traz a componente hoteleira para dentro do empreendimento. O *masterplan* ainda prevê a construção de campo de golfe e marina, a depender das benesses do licenciamento ambiental paulista.

Na região Sul do país, apenas o estado de Santa Catarina tem recebido ETIs. Em Florianópolis, destacam-se os empreendimentos Jurerê Internacional[20] e Costão do Santinho[21]. O primeiro possui características similares ao paulista Riviera de São Lourenço. Já o Costão do Santinho, de propriedade do empresário Fernando Marcondes Mattos, foi fruto de um controverso processo de licenciamento ambiental, posto que apresentava várias irregularidades no sentido de avanço em áreas ambientalmente frágeis e terras da marinha; o processo, inclusive, foi parar na Procuradoria Geral da República. O *resort* foi inaugurado em 1991 e hoje também dispõe de 2 condomínios residenciais que usufruem da mesma área do hotel. Junto com o Jurerê, os 2 ETIs somam mais de 6 milhões de m² (Araujo, 2011).

Por fim, a BHG anunciou, em junho de 2010, que as licenças para a construção do ETI Txai Ganchos, em Governador Celso Ramos-SC, já fo-

---

18 A operação de R$ 6 milhões divididos em investimentos, capital de giro e marketing, sem contrapartida exigida aos condôminos, foi submetida ao conselho de representantes e *pool* de proprietários do hotel que conferiu à rede Blue Tree a gestão do empreendimento (Oliveira, 2012).

19 Disponível em: http://www.rivieradesaolourenco.com/. Acessado em: 08 jan. 2014.

20 Disponível em: http://www.jurere.com.br/. Acessado em: 08 jan. 2014.

21 Disponível em: http://www.costao.com.br/. Acessado em: 08 jan. 2014.

ram liberadas. Depois de inaugurado, o empreendimento certamente tirará a exclusividade do *resort* Ponta dos Ganchos, uma das diárias mais caras do litoral brasileiro. Aliás, ao que tudo indica, o município em questão, que fica próximo a Florianópolis, está na mira dos ETIs: nas contas da prefeitura, os investimentos previstos para os próximos 5 anos em empreendimentos turísticos voltados para o público de alta renda poderão chegar perto de R$ 3 bilhões (Jurgenfeld, 2009).

Dos 5 ETIs previstos, apenas o Txai e o Quinta dos Ganchos, de propriedade espanhola, informam a área comercializada. Para todos os empreendimentos, a intenção é de se construir hotéis associados a residências de alto padrão. As terras de Governador Celso Ramos vêm sendo negociadas desde os anos 1970, no entanto, boa parte da área em que se encontra o município é de preservação ambiental – lá se encontram a Reserva Biológica do Arvoredo e a Área de Proteção Ambiental do Anhantomirim (Araujo, 2011).

Diante do exposto, pode-se concluir que existe uma oferta potencial de ETI ao longo da costa nordestina em detrimento das costas do Sudeste e do Sul do país, e que estes empreendimentos ao longo do litoral foram alavancados pelo evento da liberalização financeira graças à farta disponibilidade de dinheiro e crédito para o ambiente construído, como mencionado.

Se, por um lado, o Estado se demonstrou presente nas iniciativas de estruturação e regulamentação do setor – que vai do lançamento do Prodetur à promulgação do Decreto n. 7.381, de 2 de dezembro de 2010, que regulamenta a atividade turística enquanto geradora de divisas para o país –, por outro lado, apresenta-se omisso ao permitir o avanço de tais empreendimentos sem uma política territorial de uso e ocupação do solo que os preceda, o que incorre em cenários predatórios de produção do espaço, seja pela segregação socioespacial entre os ETIs e seu entorno, sendo a Reserva do Paiva (Cabo de Santo Agostinho – PE), sem dúvida, um caso exemplar; seja pela avaliação de impacto ambiental insuficiente, o que gera danos ambientais, como a destruição de espécies endêmicas, exemplificada pelo ambiente de mussununga, em Trancoso (Porto Seguro – Bahia), que deu lugar ao empreendimento Terravista, ou a controversa licença obtida pelo Costão do Santinho, em Florianópolis – SC.

Embora o Zoneamento Ecológico Econômico (ZEE) (Decreto Federal n. 4.297/2002) já exista há mais de uma década e, em seu art. 2º, reze que ele deve ser obrigatoriamente seguido quando da intervenção no território, o que se observa é um descompasso entre a lei e a realidade, já que são raros os Estados que têm o ZEE implantado enquanto instrumento de planejamento e ordenamento territorial e fazem efetivo uso dele para o direcionamento e equacionamento dos usos do solo, diante das potencialidades apontadas pelo instrumento (Araujo et al., 2012). Se o ZEE fosse de fato um instrumento a ser respeitado, certamente se assistiria a menos problemas de localização de ETI e demais empreendimentos hoteleiros em áreas ambientalmente frágeis.

Isso posto, a caracterização da oferta adiante da demanda no tocante aos ETIs, sobretudo na região Nordeste, poderá inferir em vacância desses empreendimentos, lançando-os a um futuro incerto. O lugar deixa de ter uma imagem quente e passa a ter uma imagem fria, momento em que o capital certamente fluirá em direção a novos empreendimentos – comportamento amplamente utilizado pelas redes hoteleiras que trabalham por contratos de gestão, como se pode observar –, onde o clima de bons negócios, associado à máquina do crescimento urbano local, esteja operante. Contudo, o elemento construído, no caso o ETI, permanecerá, transformando-se em passivo para o território, caso não suscite interesse de nenhum outro empreendedor, caracterizando a "urbanização vazia" (cunhado por Heliana Comin Vargas apud Paiva, 2011, p.178).

A se avaliar pelos investimentos especulativos ao longo da orla associados aos altos valores por m^2, só mesmo a Lei n. 7.661/88, em seu art. 10º, para garantir o livre acesso às praias, pois todo o resto do paraíso foi privatizado.

Referências bibliográficas

ARAUJO, C.P. *Porto (in)Seguro: a perda do paraíso. Os reflexos do turismo na sua paisagem.* São Paulo, 2004. Dissertação de Mestrado. Faculdade de Arquitetura e Urbanismo, Universidade de São Paulo.

______. *Terra à vista! O litoral brasileiro na mira dos empreendimentos turísticos imobiliários.* São Paulo, 2011. Tese de Doutorado em Arquitetura e Urbanismo. Faculdade de Arquitetura e Urbanismo, Universidade de São Paulo. Disponível em: http://www.teses.usp.br/teses/disponiveis/16/16139/tde-19012012-140819/. Acessado em: 05 jan. 2015.

______. Da Embratur à Política Nacional de Turismo. *Revista Pós*. v.19, n.31, p.146-162, 2012.

______. Investimentos imobiliários e meios de hospedagem. In: VARGAS, H.C.; ARAUJO, C.P. *Arquitetura e Mercado Imobiliário.* Barueri: Manole, 2014.

ARAUJO, C.; GATTAMORTA, M.A.; SILVA, S.B. Planejamento Ambiental: um novo olhar sobre a forma de se planejar os usos no território. *Cadernos Proarq*. n.16, 2012, Rio de Janeiro.

ARAUJO, C.P.; VARGAS, H.C. Empreendimentos turísticos imobiliários na região Nordeste do Brasil: valor de uso ou valor de troca?. In: *11ª Conferência Internacional da Lares*. 2011, São Paulo. Disponível em: http://www.lares.org.br/2011/trabalhos.html. Acessado em: 05 jan. 2015.

BRASIL. *Decreto nº 7.381, de 2 de dezembro de 2010. Regulamenta a Lei nº 11.771, de 17 de setembro de 2008, que dispõe sobre a Política Nacional de Turismo, define as atribuições do Governo Federal no planejamento, desenvolvimento e estímulo ao setor turístico, e dá outras providências*. Brasília: Ministério do Turismo, 2010.

_______. Decreto 4.297, de 10 de julho de 2002. *Regulamento o art. 9º, inciso II, da Lei 6.938, de 31 de agosto de 1981, estabelecendo critérios para o Zoneamento Ecológico Econômico do Brasil – ZEE, e dá outras providências.*

_______. *Lei nº 7.661/88, de 16 de maio de 1988. Institui o Plano Nacional de Gerenciamento Costeiro e dá outras providências.*

_______. *Lei nº 11.771, de 17 de setembro de 2008. Dispõe sobre a Política Nacional do Turismo, define as atribuições do Governo Federal no planejamento, desenvolvimento e estímulo ao setor turístico; revoga a Lei nº 6.505, de 13 de dezembro de 1977, o Decreto-Lei nº 2.294, de 21 de novembro de 1086, e dispositivos da Lei nº 8.181, de 28 de março de 1991; e dá outras providências.* Brasília: Ministério do Turismo, 2007.

_______. Ministério do Turismo. *Sistema Brasileiro de Classificação de Meios de Hospedagem. Cartilha de orientação básica.* Brasília, 2010. Disponível em: http://www.turismo.gov.br/turismo/programas_acoes/qualificacao_equipamentos/classificacao_hoteleira_2.html. Acessado em: 15 jan. 2011.

_______. Ministério do Turismo. *Plano Nacional de Turismo 2007/2010: uma viagem de inclusão.* Brasília, 2007. Disponível em: http://www.turismo.gov.br/turismo/o_ministerio/publicacoes/cadernos_publicacoes/02planos_nacionais.html. Acessado em: 31 mar. 2008.

_______. Ministério do Turismo. *Plano Nacional do Turismo: diretrizes, metas e programas 2003–2007*. Brasília, 29 de abril de 2003. Disponível em: http://www.turismo.gov.br/turismo/o_ministerio/publicacoes/cadernos_publicacoes/02planos_nacionais.html. Acessado em: 23 out. 2006.

CANTALICE, O. Investimentos em hotéis vão chegar a R$ 12,2 bi até 2016. *Jornal Valor Econômico.* São Paulo, 2014.

DIAS, C.M.M. *Home away from home. Evolução, caracterização e perspectivas da hotelaria: um estudo compreensivo*. 1990. Dissertação de Mestrado. Escola de Comunicações e Artes, Universidade de São Paulo.

EXMAN, F. Reformular a Embratur é uma das metas após a Copa, afirma Ministro. *Jornal Valor Econômico*. São Paulo, 2014.

FEAGIN, J.R. The secondary circuit of capital: office construction in Houston, Texas. *International Journal of Urban and regional Research*. v.11, n.2, 1987, p.172-190.

HARVEY, D. *The Urban Experience.* Baltimore: Johns Hopkins University Press, 1989.

JURGENFELD, V. Vila de pescador atrai projeto de R$ 3 bi. *Jornal Valor Econômico*. São Paulo, p.B4, 2009.

LEFEBVRE, H. *O direito à cidade.* 4.ed. São Paulo: Centauro, 2006.

LOGAN, J.R.; MOLOTCH, H.L. The city as a Growth Machine. In: FAISTEIN; CAMPBELL (ed.). *Readings in Urban Theory*. 1996, p.291-338.

MADER, R.; GORNI, M.; Di CUNTO, K. Hotelaria em números: Brasil 2010. *Jones Lang La Salle Hotels*. São Paulo, p.20, 2010. Disponível em: http://www.joneslanglasallehotels.com.br. Acessado em: 03 jan. 2011.

MOREIRA, G. Fluxo Global de IED sobe 11% em 2013, diz Unctad. *Jornal Valor Econômico.* São Paulo, 2014.

OLIVEIRA, J.J. Investimento projetado é de R$ 12,2 bilhões. *Jornal Valor Econômico*. 2013a.

______. Oferta além da demanda segura preço dos hotéis. *Jornal Valor Econômico*. 2013b.

OLIVEIRA, R. Superclubs arruma as malas para sair do país. *Jornal Brasil Econômico* 2012.

PAIVA, R. A. *A metrópole híbrida: o papel do turismo no processo de Urbanização da Região Metropolitana de Fortaleza.* São Paulo, 2011. Tese de Doutorado em Planejamento Urbano e Regional - Faculdade de Arquitetura e Urbanismo, Universidade de São Paulo.

PROSERPIO, R. *O avanço das redes hoteleiras internacionais no Brasil.* São Paulo: Aleph, 2007.

TAUHATA, S. Devagar com esse hotel. *Jornal Valor Econômico*. São Paulo, 2014.

VARGAS, H.C.; ARAUJO, C.P. Habitação e dinâmica imobiliária em São Paulo – 1870-2010. In: VARGAS, H.C.; ARAUJO, C.P. *Arquitetura e Mercado Imobiliário.* Barueri: Manole, 2014.

VIDA IMOBILIÁRIA. Breve panorama do turismo residencial no Brasil. *Revista Vida Imobiliária*. n.4, p.30-67, 2009.

WILDERODE, D.J.V. *Cidade à venda: interpretações do processo imobiliário.* São Paulo, 2000. Tese de doutorado. Faculdade de Arquitetura e Urbanismo, Universidade de São Paulo.

Capítulo 6
Cruzeiros marítimos: *resorts* flutuantes?

Mauro Scazufca

> O viajante era um cara que ficava viajando de um lugar para outro, sem parar. Até que um dia ele começou a viajar de um lugar para dentro do mesmo lugar.
> (Mautner, 1981)

A intensificação dos cruzeiros marítimos na atualidade conduz à reflexão sobre seu papel na dinâmica do turismo e dos espaços das cidades que fazem interface com essa atividade. Isso exige um olhar voltado à origem dos deslocamentos aquáticos da população, sua evolução no tempo e a mudança nas motivações de viagens por navio e seus significados. Com base nessa contextualização, é possível apresentar a inserção das principais cidades brasileiras nesse processo, o que permite conhecer o funcionamento dos cruzeiros marítimos atuais no Brasil, suas conquistas e dificuldades, assim como reconhecer o avanço da indústria do turismo no país.

Do transporte de passageiros aos cruzeiros marítimos

Desde tempos imemoriais as localizações das ocupações humanas procuraram estar próximas às rotas aquáticas, sejam de rios ou mares, buscando facilitar a locomoção e a troca de mercadorias, processo esse que, com variações na intensidade, nos locais e nas tecnologias, ainda mantém a sua importância, o que promove forte interdependência entre lugares e mantém a centralidade de tantos outros.

A princípio, as viagens traziam muitas incertezas e nelas se aventuravam, principalmente, indivíduos com a intenção de descoberta de novas terras e povos, seus produtos e riquezas. Essas viagens assumiam, portanto, um caráter de viagens de negócios com alto risco, muito distante do lazer, diferentemente do que se busca hoje nos cruzeiros marítimos. Enquanto a força motriz das embarcações limitou-se a fenômenos naturais, perdurou a dúvida sobre o tempo de viagem e a chegada aos destinos predeterminados, dificultando, assim, a formalização de rotas comerciais e, principalmente, o estabelecimento de rotinas nessas rotas, ou seja, não se podiam definir padrões logísticos, seja para as trocas comerciais ou para as viagens de negócios. Nesse período, que coincide com a quase totalidade do desenvolvimento da civilização, os deslocamentos marítimos não adentraram o campo do lazer.

Foi somente durante o século XIX que surgiram as primeiras viagens organizadas de travessias do oceano Atlântico, transportando, em uma mesma embarcação, mercadorias e passageiros, situação que perduraria até meados do século XX. Pode-se salientar que o primeiro navio a vapor surgiu em 1776 e que ele só atravessaria o Canal da Mancha em 1785 (Vargas, 1996).

A incorporação da máquina a vapor aos navios, a regularidade e maior segurança na navegação constituíram o mais importante marco para o desenvolvimento das viagens marítimas, com reflexos no transporte de passageiros.

Um dos principais desdobramentos da revolução industrial, como sabido, é a motorização dos meios de transporte, inicialmente pelas máquinas a vapor. Na navegação, os reflexos são percebidos diretamente na previsibilidade que o transporte marítimo adquire, ao se libertar das forças naturais para a locomoção, principalmente nas travessias oceânicas. Com essa nova condição, o transporte de passageiros ganha uma nova dinâmica e são criadas companhias de navegação com rotas definidas e regularidade. Algumas dessas companhias atuam até os dias atuais, promovendo cruzeiros marítimos, como a inglesa "Princess Cruise" (Ponce, 2006).

É importante mencionar que o custo dessas viagens era altíssimo, direcionadas, portanto, exclusivamente das classes de maior renda – o exemplo mais significativo desse cenário foi retratado pelo filme "Titanic", a despeito da real tragédia ocorrida em 1912. No entanto, o uso das viagens marítimas de passageiros não acontecia somente com a finalidade turística de lazer; muito pelo contrário, as viagens eram realizadas para o transporte de imigrantes a diversas regiões do globo e como viagens de negócios, logicamente sem o requinte oferecido pelos navios ditos turísticos.

A navegação como principal forma de viagens longas, e única para outros continentes, perdurou até meados do século XX, quando passou a ser crescentemente superada pelo transporte aéreo, ou seja, a quase totalidade de nossa história moderna tem interface com o transporte de passageiros somente por meio aquático. Coincide com esse período o aumento da atividade turística pela população em geral e, no final do século XX, os cruzeiros marítimos adentram a lógica da produção flexível, segmentando suas atividades, criando viagens temáticas, com atividades direcionadas aos mais diversos públicos.

Com essa concorrência desequilibrada em termos de tempo de viagem, as viagens feitas por navio começaram a enfatizar o uso da embarcação como meio sofisticado de hospedagem, para viagens curtas, desviando a atenção da espera pela destinação final para as atividades oferecidas pelos navios durante o percurso. Dessa forma, o navio perde sua condição de hotel meio para adquirir a condição de hotel fim.

Pode-se fazer um paralelo entre a dinâmica da oferta quantitativa e qualitativa dos cruzeiros com um universo maior, representado pela evolução do processo de desenvolvimento socioeconômico e a consequente compartimentação e especialização de nichos de mercado:

> A acumulação flexível foi acompanhada na ponta do consumo, portanto, por uma atenção muito maior às modas fugazes e pela mobilização de todos os artifícios de indução de necessidades e de transformação cultural que isso implica. A estética relativamente estável do modernismo fordista cedeu lugar a todo fermento, instabilidade e qualidades fugidias de uma estética pós-moderna que celebra a diferença, a efemeridade, a moda, o espetáculo e a mercantilização de formas culturais (Harvey, 1989, p.149).

Essa nova situação traz ao antigo porto um público diferenciado, não apenas estivadores e marinheiros, o que gera novas dinâmicas urbanas e novos olhares para os espaços portuários, além de uma amplificação pela mudança na forma de produção, seus produtos e as novas exigências para o seu transporte. Vale salientar que a evolução na forma de produção ocorrida a partir do pós-guerra, na década de 1950, trouxe alterações fundamentais na logística de transportes. Especialmente no transporte marítimo, a introdução da conteinerização das mercadorias demandou dos portos áreas novas, com dimensões superiores às anteriormente praticadas para carga e descarga, e, consequentemente, tornou ociosos diversos espaços portuários, especialmente aqueles próximos aos centros urbanos, geralmente coincidentes com áreas históricas na relação porto-cidade.

O porto turístico produz alterações importantes em muitas cidades portuárias que também são destino ou local de origem de cruzeiros marítimos. De fato, pode-se afirmar que a transformação de antigos cais de mercadorias, especialmente de espaços decadentes em virtude da proximidade a centros urbanos e, portanto, carentes de áreas para movimentação logística, foi motivada pela crescente necessidade de atracação dos navios transatlânticos. Os chamados projetos de requalificação do *waterfront*, que se reproduziram e se internacionalizaram a partir das últimas décadas do século XX, incluem, em seus programas, inúmeras opções de lazer para moradores e funcionam como elementos de atração turística, tendo entre seus mais importantes vetores de desenvolvimento o espaço para os navios de turismo. Novas atividades são incorporadas a essas cidades, especialmente nos espaços requalificados, como embarque e desembarque de passageiros, provimento de mercadorias para os cruzeiros, além da criação de espaços públicos nas áreas reurbanizadas.

O navio como destinação turística

O papel do transporte no turismo é essencial ou mesmo intrínseco a essa atividade, já que o turismo pressupõe deslocamentos para diferentes regiões. A existência de infraestrutura de transportes adequada para o suporte das atividades dos transatlânticos se constitui em importante fator para manter e dinamizar esse tipo de turismo. De fato a velocidade de crescimento dos cruzeiros tem demandado a especialização de espaços portuários para o transporte de passageiros e a implantação desse tipo de infraestrutura não tem acompanhado a dinâmica dessa atividade (Page, 2001).

Essa relação direta entre os serviços de transporte e de turismo, no caso dos cruzeiros marítimos, parece simbiótica. Nessa atividade, os 2 serviços se fundem e têm como suporte os navios de passageiros, que oferecem inúmeras atrações de lazer no percurso, fazendo com que os destinos turísticos assumam um papel secundário.

A integração entre o meio de transporte e o turismo também é destacada por Ponce (2006, p.84): "no caso dos cruzeiros, o meio de transporte forma um contexto e um ambiente sob controle para o movimento dos turistas, entre as destinações e as atrações".

Portanto, deve-se reforçar como principal fator de atratividade dos cruzeiros marítimos o próprio meio, que oferece, a bordo, lazer, gastronomia e outras atividades. As pessoas passeiam a bordo por um espaço internacionalizado, que pode estar navegando em qualquer território, mas que é regulado por normas e comando próprios, no qual o que parece menos importar é a destinação final. Ou seja, consubstancia-se em um turismo "sem território".

Nesse sentido, o cruzeiro insere-se devidamente nas motivações atuais do turista, em que a realização de atividades e, no caso, a própria viagem imprimem, ilusoriamente, uma condição de *status* social ambicionado.

O navio, enquanto espaço desterritorializado e com atividades de lazer suficientes para o entretenimento do turista, independentemente do contexto externo, em muito se assemelha com o espaço de hotéis tipo *resort*, comparação explorada por estudiosos da área de turismo que afirmam ser os "*resorts* flutuantes" o próprio motivo da viagem dos turistas.

Isso pôde ser comprovado a partir da análise comparativa realizada entre o Resort Super Clubs Breezes e o navio Freedom of the Seas. Ambos contam com infraestrutura completa e variedade de serviços, que proporcionam ao turista satisfação de suas necessidades e expectativas em uma única viagem. Observou-se ainda nessa comparação que há uma tendência cada vez maior de segmentação. Tanto no *resort* quanto no navio, notam-se a diversificação de atividades e de alimentação e a preocupação em oferecer serviços e equipamentos específicos para cada tipo de público, assim como uma programação voltada para atender aos turistas de diferentes faixas etárias (Ponce, 2006).

Internacionalmente, existe uma disputa pelas rotas que fazem o suporte para os cruzeiros marítimos. Essa disputa se define principalmente pela oferta de infraestrutura, visto que o número de navios é menor que a demanda de turistas. Até o momento, a relação entre demanda e oferta continua desequilibrada. O rápido crescimento dos candidatos a um cruzeiro marítimo e a lenta resposta dos armadores e da indústria naval em aumentar a oferta de navios especializados no transporte turístico de passageiros indicam uma tendência em manter tal desequilíbrio.

Na atualidade, novos mercados se abrem para esse tipo de turismo, especialmente no Oriente, liderado pela China, mas também disputados por Austrália, Indonésia e Buenos Aires. Essa situação fez com que o Brasil recuasse, nos últimos 2 anos, do 5º para o 7º colocado na movimentação de cruzeiristas (Clia, 2013). A Tabela 6.1 apresenta os dados totalizados pela Clia entre janeiro e dezembro de 2011.

Como coroamento desse processo de crescimento e diversificação dos cruzeiros marítimos, observa-se o crescimento dos cruzeiros temáticos, em que, mais do que o destino ou o próprio turismo a bordo, o maior atrativo é a atividade oferecida pelo tema (esporte, religião, casamento, estado civil, preferência sexual, entre outros), que, inclusive, pode ser de trabalho, ou seja, chega a prescindir diretamente do lazer. Neste sentido, os cruzeiros temáticos se colocam entre oportunidades e desafios: oportunidade para o crescimento do setor, desafio para os destinos turísticos dos cruzeiros.

O desafio internacional da disputa das destinações turísticas para os cruzeiros marítimos como um todo, com os cruzeiros que independem das destinações, reflete-se diretamente no espaço portuário. Essas destinações podem deixar de ser atrativas como destino final e se transformar simplesmente em estações de embarque e desembarque de passageiros.

Tabela 6.1 – Quantidade de passageiros cruzeiristas por país na temporada 2011.

País	Passageiros	Ranking
EUA	10,44 milhões	1°
Inglaterra	1,7 milhão	2°
Alemanha	1,38 milhão	3°
Itália	923 mil	4°
Canadá	763 mil	5°
Espanha	703 mil	6°
Brasil	694 mil	7°
Austrália	623 mil	8°

Fonte: Adaptada de Clia (2013).

O transporte aquático no Brasil

Para o Brasil, desde a colonização desse imenso território, a importância do transporte marítimo de passageiros foi fundamental, visto que a imigração de povos oriundos de outras terras, como a Europa, a Ásia e a África, formou, em conjunto com a população nativa, a nação brasileira. Esse fator teve papel preponderante na formação de cidades costeiras brasileiras. Esse tipo de transporte foi um dos responsáveis pelas feições que marcam as paisagens de nossas cidades portuárias.

Rotas mercantes e de transporte de passageiros se estabilizaram no Brasil durante o período imperial (1822-1889), coincidindo o final desse período com a revolução industrial e a propulsão dos navios, independentemente de fenômenos naturais, como citado anteriormente. Cidades como Recife, Salvador, Rio de Janeiro e Santos, assim como Montevidéu e Buenos Aires, formavam os principais entrepostos de comércio da costa oriental da América do Sul e, portanto, local de passagem regular de embarcações transatlânticas.

As rotas marítimas para a América do Sul, que perduraram de meados do século XVIII a meados do século XX (Figura 6.1), denominadas "Rotas do Ouro e da Prata", foram as responsáveis pelo transporte de inúmeros

Figura 6.1 – Cartaz de divulgação de navegação transatlântica em meados do século XX. Fonte: Arquivo do Museu do Mar, Rio de Janeiro. Foto: Mauro Scazufca.

imigrantes e "homens de negócio", além de mercadorias, pois a maioria das embarcações tinha configuração mista de passageiros e carga (Rossini, 1995).

A imagem do navio turístico, em inúmeras localidades do Brasil, hoje comum, era uma raridade na década de 1960, assim como a passagem de navios da Linha "C" (Figura 6.2), que vinham de Cruzeiros Transatlânticos e traziam turistas europeus ou americanos, poucas vezes, durante o verão, à costa brasileira.

Figura 6.2 – Andrea C, cruzeiro das décadas de 1940 a 1960, em passagem por Santos. Fonte: Photografias & Fotografias do Porto de Santos (1996).

Os cruzeiros marítimos, especialmente com percursos internos à costa brasileira, passaram a ter uma dinâmica importante no setor turístico nacional a partir de meados da década de 1990 e consolidaram-se como atividade de destaque nesse setor no século XXI, atingindo, até o momento, o seu ápice nos anos de 2007 a 2009. De lá para cá, a atividade vem passando por um período de estabilidade, com pequeno declínio no número total de passageiros, que alcança, anualmente, grandezas próximas a 600 mil cruzeiristas (segundo a Clia/Abremar, na temporada 2013/2014, foram 596 mil cruzeiristas que utilizam 11 navios e percorreram 230 roteiros diferentes).

De acordo com informações da Associação Brasileira de Cruzeiros Marítimos (Abremar) e da Cruise Lines International Association (Clia), o número de passageiros em cruzeiros marítimos na costa brasileira evoluiu de 139 mil, em 2004, com 6 navios, para chegar ao ápice, em 2012, quando 805 mil cruzeiristas viajaram em 17 navios que percorreram rotas pela costa brasileira. Com crescimento médio anual de quase 70%, esse índice, provavelmente, não tem comparativo com outros do setor turístico nem se considerarmos todo o universo de atividades econômicas do Brasil nesta primeira década do século XXI.

A Abremar reforça que a tendência de crescimento e consolidação dos cruzeiros marítimos é internacional e poderá evoluir no Brasil; no entanto, é preciso, para isso, melhorar a infraestrutura portuária de apoio a essa atividade.

O estudo da Fundação Getúlio Vargas (FGV) para análise do setor turístico, especialmente das atividades relacionadas com os cruzeiros marítimos em seus diversos aspectos socioeconômicos, realizado na temporada de 2011 para a Abremar, apontou diversos fatores relevantes, mostrados na Tabela 6.2.

Os principais dados a destacar dizem respeito ao montante de recurso movimentado, principalmente se relacionado com o crescimento desse setor na contemporaneidade, ou seja, as cidades com maior frequência dos navios de cruzeiros estão passando por transformações, em virtude dos impactos positivos das atividades diretas e indiretas exercidos por eles. Esses impactos se manifestam no meio urbano a partir da frente marítima das cidades, nos espaços que recebem as operações de embarque e desembarque, nas áreas de apoio logístico à atividade e em seu entorno.

Deve-se reconhecer que, na atualidade, no Brasil, somente os portos de Santos e do Rio de Janeiro possuem em seus cais instalações exclusivas para a movimentação de passageiros e que, mesmo nesses 2 casos, elas se mostram insuficientes para momentos de maior fluxo, como datas especiais e grandes eventos. No momento, o Rio de Janeiro executa projeto relevante de requa-

Tabela 6.2 – Aspectos socioeconômicos dos cruzeiros marítimos no Brasil em 2011.

Aspecto do setor de cruzeiros marítimos no Brasil	Situação verificada em 2011
Portos com mais de 200 escalas de cruzeiros	Santos e Rio de Janeiro.
Portos com 100 a 200 escalas	Búzios, Ilhabela e Salvador.
Receita total do setor (direta e indireta dos armadores e setor turístico)	R$ 1,3 bilhão.
Receita gerada pelos armadores com compras de suprimentos, custos portuários e combustíveis	R$ 791,6 milhões.
Receita gerada pelos cruzeiristas nos locais de embarque/desembarque	R$ 522,5 milhões.
Fatores que mais influenciam a realização da viagem de cruzeiro	Indicação de amigos e parentes; preço.
Primeira viagem de navio	62,7% dos cruzeiristas na temporada.
Deseja viajar novamente	86,8% dos cruzeiristas na temporada.
Comportamento nas escalas	88,9% dos cruzeiristas desceram em pelo menos uma escala; média de 2 a 3 cidades visitadas por viagem.
Origem dos passageiros	Por ordem decrescente: estado de São Paulo, 61,1%; estado do Rio de Janeiro, 12%; estado do Paraná, 5,9%.
Perfil dos cruzeiristas	Maioria sexo feminino, 55,8%. Maioria casada, 54,4%. Maioria com idade entre 25 e 44 anos (48,6%). Maioria com ensino superior completo (58,1%). Faixa de renda mensal familiar acima de R$ 10 mil, 14,7%; entre R$ 5 mil e R$10 mil, 29%.

Fonte: Adaptada de Relatório Cruzeiros Marítimos Abremar/FGV, 2011/2012. A mesma pesquisa foi realizada para a temporada 2013/2014, verificando-se pequena queda no número de cruzeiristas e valores movimentados e mantido perfil social e intenções semelhantes dos cruzeiristas.

lificação de sua área portuária histórica, que tem importante componente voltado para recepcionar os cruzeiros marítimos, como mostra a Figura 6.3. Santos tem projeto com diretriz semelhante que ainda não se encontra em implantação, bem como outras cidades portuárias do país. Vale destacar que o maior terminal de passageiros específico para os cruzeiros marítimos localiza-se em Santos, em área isolada do centro histórico urbano e portuário.

Destinos turísticos como Búzios e Ilhabela têm sua rotina alterada pela presença dos grandes transatlânticos e buscam soluções de infraestrutura

Figura 6.3 – Implantação do píer com novas atrações junto ao terminal de navios de passageiros no projeto Porto Maravilha de requalificação de área portuária no Rio de Janeiro (ver p.A4). Foto: Mauro Scazufca.

para poder se consolidar como receptores desses fluxos turísticos. Fluxos que têm sua origem principal no estado de São Paulo e local de embarque e desembarque preferencial no porto de Santos, estrutura portuária com maior desenvolvimento do Brasil e, portanto, com maior capacidade de oferta de serviços logísticos de abastecimento, conservação e manutenção das embarcações.

Cidades de grande dinâmica socioeconômica agregam novos valores à sua rotina, como é o caso de Rio de Janeiro e Santos (entre os recursos gastos diretamente pelos cruzeiristas – R$ 522,5 milhões –, R$ 102,9 milhões foram gerados na cidade do Rio de Janeiro e R$ 86,6 milhões em Santos) (Abremar/FGV, 2011), as 2 cidades consideradas com a melhor infraestrutura portuária voltada para o transporte de passageiros no Brasil.

A questão dos cruzeiros temáticos se reflete no Brasil também como uma tendência em crescimento, como se pode observar pela divulgação dos diversos tipos de cruzeiros temáticos realizados por uma das principais operadoras na costa brasileira. Seguem 2 exemplos que ilustram o que os cruzeiristas buscam quando optam por uma viagem nesses moldes:

> O Costa Fascinosa partiu em direção à Bahia. Mas, para o casal e seus amigos, isso não era o mais importante. Todos estavam ali para dançar, conhecer pessoas com as mesmas afinidades e bailar pelas pistas. Um verdadeiro Planeta Dança (Blog Temáticos Costa, 2013).

> No Plantão da Nutrição, recebeu dicas de alimentação saudável. Sem pressa, Ângela aproveitou o tempo bom para uma caminhada no deck superior, com o cheiro do alto-mar, o sol e o vento estimulando o corpo. Ficou parada observando um grupo que fazia *Bike Up Show* na proa do navio, pedalando ao som estimulante de um pop-rock, com uma instrutora animada (Blog Temáticos Costa, 2013).

Pode-se somar a esses tipos de viagens temáticas cruzeiros para festejar casamentos, para treinamento corporativo e para diversos outros eventos, ou seja, iniciativas que visam especialmente ao turismo associado ao meio de transporte, um lugar que se utiliza prescindindo do espaço exterior, do território.

Para finalizar, é imprescindível destacar que o porto de Santos, no ciclo atual de cruzeiros, é o principal local de embarque e desembarque de passageiros no Brasil, (85% dos cruzeiristas utilizaram esse porto na temporada 2013/2014 para escala ou embarque/desembarque), segundo a Abremar. O jornal *A Tribuna* (2013), destaca que Santos, por causa das citadas condições de serviços portuários, incorpora a maior parcela dos R$ 791,6 milhões gastos pelos armadores para dar o suporte aos cruzeiros na costa brasileira.

O caso do porto de Santos

A posição do porto de Santos em relação às regiões de maior dinâmica socioeconômica do Brasil (Figura 6.4), sua tradição portuária, a infraestrutura para a movimentação dos navios e a rede de serviços para abastecimento, conservação e manutenção foram os determinantes para garantir sua posição atual, de local com maior movimentação de navios de cruzeiros do Brasil.

Isso não significa que Santos seja uma destinação turística de interesse dos cruzeiristas, mas sim que a logística privilegiada do porto de Santos trouxe com os cruzeiros marítimos um novo e intenso fluxo de serviços e de pessoas à região. Esses serviços são relacionados diretamente aos novos fluxos, destacando-se o abastecimento de mercadorias diversas para sustentar o consumo nos cruzeiros, manutenção e conservação dos navios, entre outros. De fato,

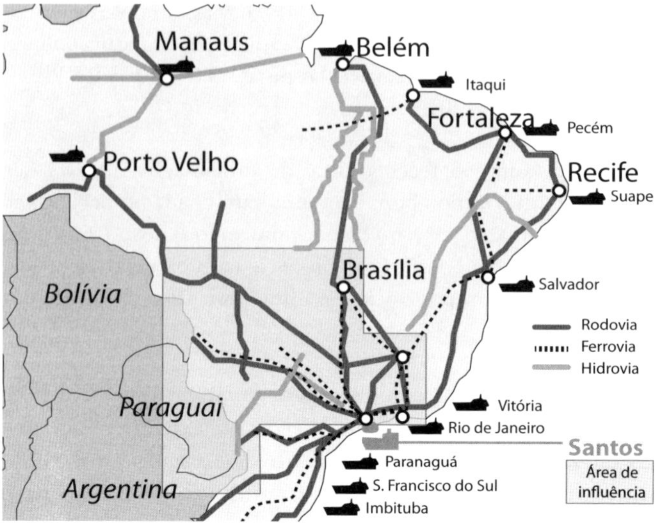

Figura 6.4 – Área de influência do porto de Santos. Fonte: PDDZS, 1996 (Plano Diretor e de Desenvolvimento e Zoneamento do Porto de Santos).

pesquisas realizadas pelo Núcleo de Pesquisas e Estudos Socioeconômicos (Nese), em 2004, e a observação dos fluxos de passageiros demonstram que a maior parte dos cruzeiristas não realiza passeios turísticos na região da Baixada Santista, até mesmo entre aqueles em trânsito, ou seja, aqueles que fazem uma escala nesse local (embarcados no Rio de Janeiro, por exemplo).

Ilhabela, Búzios, Rio de Janeiro, Salvador, Buenos Aires e Punta del Este, entre outros, são os locais para onde "navegam" os cruzeiros, que têm Santos como porta de entrada e de saída. Muitas vezes, são minicruzeiros, com menos de uma semana de duração, atendendo a um público com menor poder aquisitivo.

A Tabela 6.3 apresenta a situação da grande atividade logística e pequena atividade de turismo em Santos, demonstradas pela intensa troca de passageiros nos navios, ocorrida no verão de 2010.

Pode-se observar que a quantidade de troca de passageiros superou a própria capacidade dos navios, ou seja, 85% dos passageiros que estavam a bordo dos 5 navios desembarcaram e foram substituídos por outros que aguardavam no cais santista.

Apesar da infraestrutura privilegiada, quando comparada às condições de suporte para os cruzeiros no Brasil, Santos carece de uma área de frente marítima atrativa para os turistas e de melhores condições de acessibilidade

Figura 6.5 – Navio de cruzeiro acostado no porto de Santos. Ambiente portuário sem atratividade turística (ver p.A4). Foto: Mauro Scazufca.

Tabela 6.3 – Movimentação de navios em 21 de fevereiro de 2010.

Navio	Armador	Capacidade	Desembarques	Embarques	Trânsito	Total
Costa Concórdia	Costa Cruzeiros	3.780	2.889	2.800	750	6.439
CVC Soberano	CVC	2.800	1.267	0	1.154	2.421
CVC Zenith	CVC	1.800	1.752	1.450	0	3.202
Grand Celebration	Iberojet	1.676	810	0	2.486	1.486
MSC Orchestra	MSC	3.013	2.899	2.871	0	5.770
Splendour of the Seas	Royal Caribean	2.076	1.983	2.100	0	4.083
	Total	14.955	12.466	10.031	1.904	24.401

*Trânsito corresponde a passageiros que já estavam no navio e continuarão o cruzeiro.

Fonte: Adaptada de *A Tribuna*, 21/02/2010, Santos, SP. "Porto ferve com escala recorde", apud Concais, 2013.

para a demanda de pessoas que se deslocam por mais que 500 km para essa atividade. De fato, projetos como a reurbanização da área do porto histórico (Valongo) e da implantação do aeroporto metropolitano no território do Guarujá, apesar do consenso da governança regional desde o início do século XXI, ainda não saíram da etapa de planejamento.

Para a temporada 2013-2014 ocorreram 156 escalas entre 10 de novembro de 2013 e 25 de abril de 2014 (Concais, 2013), mantendo, assim, por mais uma temporada, a característica de principal local para o suporte logístico dos cruzeiros no Brasil.

Oportunidades e desafios

Apesar de existirem algumas estações de passageiros, especialmente no Rio de Janeiro e em Santos, observam-se entraves na oferta de condições adequadas ao embarque e desembarque de passageiros e ausência de uma frente marítima requalificada para atendê-los (Tabela 6.4). Há uma grande ruptura entre o espaço interno do porto e a cidade. A área urbana portuária ainda apresenta a configuração do porto de cargas, geralmente hostil ao turista. Outros destinos têm uma condição ainda mais precária, pela falta de estação de passageiros no porto ou mesmo pela impossibilidade de acostagem dos navios, com a obrigatoriedade do transbordo por embarcações menores e consequente dificuldade operacional.

Tabela 6.4 – Oportunidades e desafios para os cruzeiros marítimos.

Aspecto	Oportunidade	Desafio
Infraestrutura	Melhorias urbanas. Projetos de reconversão de frentes marítimas.	Implantação de infraestrutura. Não atendimento da demanda. Estagnação e diminuição do fluxo de cruzeiristas.
Geração de postos de trabalho	Lei de cabotagem exige contratação de 25% da tripulação local nos cruzeiros pela costa brasileira.	Oferta de mão de obra especializada.
Movimentação de cadeia de suprimentos e serviços	Suprir atividades hoteleiras e de manutenção de embarcações com critérios internacionais de qualidade. Desenvolvimento do setor logístico nas cidades portuárias.	Atender a demanda de suprimentos.
Aumento da demanda de cruzeiristas	Realização de cruzeiros curtos com menor custo e cruzeiros temáticos para públicos específicos.	Atração dos armadores para o Brasil.
Locais de visitação	Visitação de diferentes locais durante as escalas.	Manter e alternar a atratividade dos destinos turísticos para atrair os turistas aos locais visitados.
Cruzeiros temáticos	Nova atratividade, atração de público específico.	Menor interesse pelos destinos. Esvaziamento das cidades turísticas.

Os cruzeiros marítimos se constituem em motivadores para a realização de projetos de requalificação de frentes para o mar (*waterfront*). A interface entre a recuperação de áreas portuárias ociosas, geralmente situadas próximo ao casco histórico das cidades portuárias, e a criação de espaços receptivos para os cruzeiros devem ser consideradas como componente fundamental destes projetos, despertando importantes interesses públicos e privados e, consequentemente, promovendo ciclos de desenvolvimento para as respectivas localidades. "As cirurgias plásticas e as instalações idealizadas para atrair maior número de turistas também melhoram a qualidade de vida daqueles que vivem no local, inclusive atraindo novas indústrias" (Harvey, 2006, p.176). Na mesma diretriz, quanto à recuperação urbana, Hall (1995) destaca a importância do interesse e da participação empresarial nesses projetos de reconversão do *waterfront*.

No Brasil, quanto à oportunidade de trabalho com remuneração atrativa, observa-se que essa demanda tem levado muitos trabalhadores, especialmente jovens de cidades portuárias, a procurar qualificação para atuar nos navios de cruzeiros (Tabela 6.4). Nesse sentido, a falta de treinamento específico para atender à demanda tem sido um fator limitante para o crescimento da atividade. Os armadores se colocam contra a obrigatoriedade de contratação de 25% de trabalhadores brasileiros, quando nessa costa. Em conversas com tripulantes sobre sua rotina a bordo, identifica-se que eles se instalam na parte mais baixa do navio, e a maioria dos trabalhadores envolvidos com alimentação, limpeza e manutenção, entre outros, trabalha cerca de 10h/dia, sem benefícios dentro do navio. Esse cenário faz com que grande parte dos trabalhadores não volte aos cruzeiros no ano seguinte.

Manter a atratividade dos cruzeiros no Brasil para sustentar a continuidade de seu crescimento passa a ser o maior desafio do setor, como se verifica nos depoimentos a seguir, extraídos do jornal *A Tribuna*, de 10 de novembro de 2013:

> O baixo preço dos pacotes internacionais faz com que os passageiros optem por cruzeiros em outras partes do mundo. O mercado de cruzeiros ficou interessante na China, Austrália e Emirados Árabes. Os navios vão para onde houver dinheiro e menos burocracia na hora de empreender, além de construção rápida de terminais para os cruzeiros e outras estruturas, além de menores taxas e impostos (Marcelo Del Bel, Infinity Brasil, operadora do setor).

> A desaceleração enfrentada pela indústria de cruzeiros marítimos no país aconteceu, em grande parte, pela falta de estrutura portuária, que hoje tem como

> foco a movimentação de cargas. A atividade de cruzeiros é uma indústria relativamente nova no Brasil e é necessário que haja mais interação entre os poderes constituídos para entenderem melhor os benefícios gerados por este segmento (Ricardo Amaral, presidente da Abremar).

Além da questão da própria sustentabilidade do setor, certamente essencial para toda uma cadeia de serviços turísticos que se desenvolve em torno dele, algumas reflexões são importantes:

- Os cruzeiros marítimos representam a valorização do "não lugar", e o navio é um espaço de fantasia desterritorializado.
- O cruzeiro pode acontecer em qualquer lugar, pois a arquitetura ou a ambientação transformam a embarcação em um espaço internacional.
- A fantasia oferecida pelos navios, principalmente em cruzeiros temáticos, compete em atratividade com a destinação turística, que perde importância com relação às atividades culturais, de lazer e de compras, preterindo o ambiente natural, urbano e/ou cultural.
- Locais de destino com pouca infraestrutura têm dificuldade de adaptação a situações de fluxo intenso e fugaz, como é o caso das escalas de navios de cruzeiros.
- Cidades portuárias que oferecem apoio logístico para as atividades dos navios de passageiros manterão sua importância no suporte dessa atividade, independentemente de os cruzeiros levarem os turistas para destinos turísticos ou somente para os espaços dos próprios navios.
- Apesar dessas aparentes contradições, o que se verifica é que os locais de destino dos cruzeiros marítimos aceitam as condições estabelecidas por essa atividade e disputam a sua preferência; também que novas instalações de apoio logístico para cruzeiros marítimos estão em processo de instalação em portos brasileiros e internacionais.

Essa situação dos cruzeiros marítimos, de afastamento da atividade turística em relação aos destinos em terra, constituindo-se em um turismo sem território, merece um olhar mais acurado por parte dos gestores públicos e privados, seja para diminuir os impactos negativos nas economias nacionais e locais, seja para garantir o aproveitamento das oportunidades geradas pelos processos de requalificação das áreas portuárias, incorporando-as ao cotidiano de seus cidadãos.

Referências bibliográficas

A TRIBUNA. *Temporada começa hoje com MSC Lírica.* A Tribuna - C8. Line Santos. Disponível em: http://www.portodesantos.com/imprensa/mostra_clipping.php?id=12278. Acessado em: abr. de 2014.

ABREMAR/FGV *Relatório Cruzeiros Marítimos 2011/2012.* Disponível em: http://www.abremar.com.br/. Acessado em: out. 2013.

ABREMAR/FGV *Relatório Cruzeiros Marítimos 2013/2014.* Disponível em: http://www.abremar.com.br/. Acessado em: mar. 2015.

AQUINO, S. O Futuro Portuário Mundial (perspectivas). O Papel dos Portos no Desenvolvimento Regional e Local (visão local). In: XVI CONGRESSO BRASILEIRO DE CIDADES PORTUÁRIAS. 2007, Paranaguá.

BALBINO, F. Começa a Temporada. *A Tribuna.* Santos, 2013.

BLOG TEMÁTICOS COSTA. Disponível em: http://www.tematicoscosta.com.br. Acessado em: 15 nov. 2013.

CLIA/ABREMAR. Disponível em: http://www.abremar.com.br/. Acessado em: jan. 2015.

[CODESP] COMPANHIA DOCAS DO ESTADO DE SÃO PAULO. PDDZS, Plano Diretor e de Desenvolvimento e Zoneamento do Porto de Santos, 1996, Santos, SP.

CONCAIS Disponível em: http://www.concais.com.br/historia.php. Acessado em: out. 2013.

COSTA CRUZEIROS Disponível em: http://www.tematicoscosta.com.br/. Acessado em: nov. 2013.

CRUISING Disponível em: http://www.cruising.org. Acessado em: out. 2013.

DIÁRIO DO TURISMO Disponível em: http://www.diariodoturismo.com.br/texto.asp?codid=15626. Acessado em: fev. 2010.

EMPLASA. *Complexo Metropolitano Expandido.* 2006.

GIRAUD, L.J. (org.). *Photografias e fotografias do porto de Santos.* Santos: Instituto Oceanum, 1996.

GONÇALVES, A.; NUNES, L.A.P. *O grande porto. A modernização no Porto de Santos.* Santos: Realejo Edições, 2008.

HALL, P. *Cidades do amanhã.* 1.ed. São Paulo: Perspectiva, 1995.

HARVEY, D. *Condição pós-moderna: uma pesquisa sobre as origens da mudança cultural.* 1.ed. São Paulo: Edições Loyola, 1989.

______. *A produção capitalista do espaço.* 2.ed. São Paulo: Annablume Editoras, 2006.

HONORATO, C. *O polvo e o porto. A Cia. Docas de Santos (1888-1914).* Santos: Hucitec, 1995.

[IBGE] INSTITUTO BRASILEIRO DE GEOGRAFIA E ESTATÍSTICA. *Economia do turismo: uma perspectiva macroeconômica, 2003-2007.* Estudos e Pesquisas. Informação Econômica. n.13. Disponível em: http://www.ibge.gov. Acessado em: 05 jan. 2015.

JORNAL DA ORLA. Disponível em: http://www.jornaldaorla.com.br/noticias_integra.asp?cd_noticia=3048. Acessado em: fev. 2010.

MARTINS, A.M.S.M. *O porto de Santos na legislação e propostas de planejamento urbano, no período de 1945 a 1995.* São Paulo, 2000. Dissertação de mestrado. Universidade de São Paulo, Faculdade de Arquitetura e Urbanismo.

MAUTNER, J. *Negro Blues.* Álbum: Bomba de estrelas. São Paulo. Warner, 1981.

[NESE] NÚCLEO DE ESTUDOS SOCIOECONÔMICOS. Universidades Santa Cecília. Santos, SP.

NOVO MILÊNIO. Disponível em: http://www.novomilenio.inf.br/santos/h0157.htm. Acessado em: 05 jan. 2015.

PAGE, S.J. *Transporte e Turismo.* São Paulo: Artmed Editora, 2001.

PONCE, P.S. *Cruzeiros marítimos como "resorts flutuantes"?* Niterói, 2006. Trabalho de Conclusão de Curso. Universidade Federal Fluminense.

PORTAL NAVIO. Disponível em: http://www.portalnaval.com.br/noticia/25662/sindamar-aposta-em-aumento-de-30-na-procura-por-agencias. Acessado em: out. 2013.

PORTO DE SANTOS. Disponível em: http://www.portodesantos.com/imprensa/mostra_clipping.php?id=1227. Acessado em: out. 2013.

PREFEITURA MUNICIPAL DE SANTOS. *Caminhos e vocações econômicas*, 1994.

______. *Ações e normas para o porto de Santos*, 1994.

PREFEITURA MUNICIPAL DO GUARUJÁ. *Plano diretor e lei de zoneamento*, 2006.

SANTOS, C.H.S. *Logística e gestão portuária: uma visão ibero-americana.* Caxias do Sul: Educs, 2008. p.135.

SILVA, G.; COCCO, G. *Cidades e portos: os espaços da globalização.* Coleção espaço do desenvolvimento. Rio de Janeiro: Lamparina Editora, 1999.

ROSSINI, J.C. *Rota de ouro e prata.* São Paulo: GPO Produções Gráficas Ltda., 1995.

SANTOS E REGIÃO CONVENTION BUREAU. Disponível em: http://www.santoseregiaoconvention.com.br/noticias/visualizar/115. Acessado em: fev. 2010.

SCAZUFCA, M. *A primazia do porto de Santos no cenário portuário nacional no período contemporâneo. Determinantes logísticos, territoriais e de gestão.* São Paulo, 2012. Tese de doutorado. FAU/USP.

SCAZUFCA, M.; VARGAS, H.C. Uma década de evolução dos cruzeiros marítimos no porto de Santos. In: III Colóquio Internacional Comércio e Cidade. São Paulo.

SEIXAS, G. Entrevista ao autor em novembro de 2013.

VARGAS, H.C. Turismo urbano: uma nova indústria motriz. *Boletim de Turismo e Administração Hoteleira.* Faculdade Ibero Americana. v.5, n.2, p.38-46, 1996.

VARGAS. H.C. *Espaço terciário. O lugar, a arquitetura e a imagem do comércio.* São Paulo: Senac, 2001.

Capítulo 7
Turismo urbano e os consumidores de lugar

Heliana Comin Vargas

> O turismo urbano não tem como elementos fundamentais o ambiente natural como praias, montanhas, florestas, águas, etc. Seu produto é a cidade. Falar de turismo urbano é adentrar o campo do ambiente construído que vai muito além do patrimônio arquitetônico e da história que só o lugar pode contar. É usufruir de tudo aquilo que a vida urbana pode oferecer e, quanto maior a cidade, maior a força do turismo urbano (Vargas, 2000a e 2000b).

Na passagem do nomadismo para o sedentarismo, os assentamentos humanos, ao concentrar indivíduos em um mesmo local, por diversas razões (existência de água, encontro de rotas, facilidade de deslocamento, recursos naturais, etc.), ao mesmo tempo que promoviam interações sociais, funcionavam como ponto de referência para viajantes[1]. Esses assentamentos humanos iniciais – transformados em rurais, depois em urbanos – marcam a origem da maior parte das cidades.

As viagens, por sua vez, motivadas também pelas mais diversas intenções (comércio, peregrinação, saúde, conhecimento, repouso, etc.), sempre tiveram nesses centros ou assentamentos humanos um ponto de apoio, tendo em vista a oferta de serviços de hospedagem (doméstico[2] ou comercial), mesmo quando não eram a destinação final pretendida.

---

[1] No mundo árabe, os caravançarais eram locais para o descanso e hospedagem de viajantes e seus camelos (Vargas, 2001).

[2] É interessante observar que, nas casas bandeiristas paulistas, sempre havia cômodos destinados a hóspedes e localizavam-se na parte da frente das edificações (Lemos, 1979).

Com o crescimento das cidades e o desenvolvimento da infraestrutura também para forasteiros, as cidades passaram a ser pontos de referência para a atividade turística. No entanto, a identificação do turismo urbano com o turismo em cidades não é imediata, tendo em vista a complexidade assumida pelo urbano na contemporaneidade, principalmente em grandes cidades.

Outro aspecto deve ser considerado: em um passado não muito distante, a atividade turística resumia-se a um deslocamento em busca da visitação de lugares, com a predominância das atividades de contemplação, ou seja, visitas aos monumentos e edifícios históricos, ao patrimônio arquitetônico, a museus e de apreciação de eventos religiosos e esportivos e da paisagem natural, quando significativa, entre outros. Assim, as cidades antigas e históricas foram sempre uma grande atração (Vargas, 1998).

No final do século XX, em decorrência de uma série de mudanças na forma de produção industrial, na intensificação do processo de terciarização e informatização da sociedade e na criação de novos mercados para novos produtos e serviços, cujas causas não cabe aqui apresentar, o turismo passa a adquirir um novo formato (Vargas, 1998).

Passando a ser adjetivado com a palavra "urbano", o turismo deixou de se identificar diretamente e apenas com elementos físicos do ambiente natural, como praias, montanhas, florestas, águas, ou mesmo com o ambiente construído marcado pelo patrimônio histórico e arquitetônico. Seu produto passou a ser a cidade, no sentido da incorporação do urbano, como definido por Lefebvre (2008). Para ele, uma definição mais ampla de urbano inclui, além do domínio edificado das cidades, o conjunto de manifestações do predomínio da cidade sobre o campo, onde essa sociedade urbana estaria caracterizada por hábitos e modos de vida ditos urbanos.

Como a cidade é a manifestação física dos seus habitantes, ela revela muito da cultura e da sociedade que a construiu e que se apresenta ao turista como o não cotidiano. Essa diferença, por sua vez, convida à peregrinação e à busca do estranho que comove e que, embalado como produto, passa a ser consumido (Wainberg, 1999).

Dessa forma, o turismo urbano acrescenta à atividade de contemplar e visitar as atividades de participar, de se envolver. Esses novos desejos incluem atividades ligadas a novas descobertas: encontrar pessoas, adquirir cultura, ir às compras, vivenciar o novo, em que a aventura, a surpresa, a emoção têm de estar sempre presentes. Isso tudo é o que não falta nas cidades, no meio urbano, no qual, quanto maior a cidade, maiores as possibilidades. Portanto, falar de turismo urbano é falar da fruição de tudo aquilo que a vida urbana pode oferecer (Vargas, 1998, 2000a, 2000b).

Vários autores, como Ashworth e Page (2011) e Ashworth (1989, 2003) insistem em reafirmar a complexidade do estudo do turismo urbano, bem como o distanciamento dessa temática pelos estudiosos da cidade, dos quais não podemos discordar.

Edwards, Griffin e Hyallar (2008 apud Ashworth e Page, 2011) indicam a existência de uma pequena produção intelectual na área, com forte fragmentação e ausência de reconhecimento como campo de estudo antes de 1980, ao mesmo tempo que apontam que, na década seguinte, o número de trabalhos na área aumentou bastante. A proliferação de subtemas, no domínio da pesquisa do turismo urbano, por sua vez, só cresceu a partir de 1990.

Essa condição, segundo Ashworth e Page (2011), deve-se a uma série de paradoxos enfrentados pelo turismo urbano. O primeiro deles refere-se ao fato de que turismo urbano é uma forma de turismo extremamente importante em sentido amplo, mas que tem recebido pouca atenção dos estudiosos do turismo e das cidades, particularmente em abordagens teóricas, mantendo-se imprecisamente definido.

Essa indefinição deve-se também ao fato de se associar ao termo turismo toda gama de atividades, atribuindo-lhe várias adjetivações: turismo cultural[3], histórico, de compras, noturno, etc. Essas adjetivações podem ainda segmentar o turismo urbano quando, por exemplo, usa-se "turismo urbano gastronômico". Os autores destacam que o uso do plural seria fundamental para defini-lo, por diferenciar, ao mesmo tempo que inclui, todos esses segmentos.

O segundo paradoxo diz respeito ao controle do número de visitantes e de suas atividades. Turistas visitam as cidades por inúmeras razões e, quanto maior a cidade e mais atividades ela oferece, mais difícil se torna contabilizar os turistas, o que os deixa invisíveis física e economicamente.

Há poucos estudos que trabalham com o levantamento da experiência do turista ou do morador no que concerne a suas percepções, significados, emoções ou memórias, conforme mencionado por Selby (2004).

Destacamos, no entanto, o trabalho de Allis (2012) que, em um estudo sobre a cidade de São Paulo, demonstra que os atrativos turísticos mais significativos da cidade são visitados fundamentalmente por seus moradores e os da região metropolitana, embora a falta de dados sobre essa temática tenha dificultado a obtenção de resultados mais promissores. Uma das conclusões

3 Para Hugues (2000 apud Selby, 2004), o turismo cultural alimenta o turismo urbano.

do trabalho é que não há uma preocupação em entender esse "consumidor de lugar", seja turista ou morador, nem o papel que ele exerce na utilização dos atrativos da cidade, idealizados como turísticos.

O terceiro paradoxo envolve o uso intenso, pelos turistas, dos serviços oferecidos pelas cidades, embora pouco da cidade tenha sido criado especificamente para eles. No entanto, outro importante paradoxo refere-se ao fato de que as cidades que dependem substancialmente do turismo pouco dele se beneficiam, quando comparadas às cidades cuja base econômica é mais ampla e pouco dependem do turismo (Ashworth e Page, 2011).

Nessa direção, o turismo urbano ainda oferece uma vantagem ao eliminar a questão da sazonalidade – presente nas assim chamadas cidades turísticas de base econômica única – ao oferecer atividades e atrativos de forma constante e contínua.

Embora os governantes de cidades reconheçam o enorme potencial da indústria turística como geradora de empregos e de renda e sua dinâmica econômica, essa complexidade do turismo urbano passa, muitas vezes, despercebida por eles e pela própria população (Vargas, 1998).

Partindo-se do princípio de que o produto turístico é o "lugar" e que o objetivo dessa atividade é atrair o turista e imprimir nele a vontade de voltar, algumas cidades se preocuparam em fornecer a condição adequada para que isso aconteça. Quanto maior e mais dinâmico é um centro urbano, mais descobertas, encontros e atividades podem se realizar. O novo parece estar sempre presente. Isso nos conduz a outro paradoxo: a oferta de todas essas atividades passa a ser compartilhada por visitantes (turistas) e moradores (*day visitors*)[4]. O primeiro grupo responde pela geração de rendas externas, dinamizando a economia; o segundo, relacionado às atividades de recreação, cultura, lazer e compras usufruídas pela população local, viabiliza espontaneamente as atividades que passam a ser apreciadas pelos turistas (Vargas, 1998).

---

4 Braga (2006), em sua pesquisa sobre turistas de negócios na cidade de São Paulo, informou que aqueles que participam de feiras comerciais, tinham a intenção, inicialmente, de trabalhar apenas com os participantes não moradores da cidade de São Paulo ou de municípios limítrofes (50 km), buscando conhecer a opinião dos turistas de negócios que pernoitavam na cidade. No entanto, durante o pré-teste, verificou que o número de visitantes vindo de outras cidades do interior de São Paulo, a mais de 50 km, que não pernoitavam na cidade era muito significativo, o que o levou a considerá-los turistas/excursionistas. Isso mostrou que nem sempre o pernoite auxilia na definição de turista; são as distâncias reais em tempo que têm feito algum sentido.

O entendimento do conceito de turismo urbano e de quem é esse turista que dele participa é a principal questão tratada a seguir.

Turismo urbano: aproximações

A cidade dos burgueses, a cidade que a Idade Média ocidental criou, era animada e dominada por mercadores e banqueiros, conforme nos conta Lefebvre (1969). Eles agiam a fim de promover e generalizar o comércio; no entanto, para eles, a cidade tinha um valor de uso e não de troca[5], como se poderia imaginar. Os burgueses cuidavam de sua cidade tal qual uma relíquia, ornamentando-a com todas as obras de arte possíveis e de diversas origens, possível de ser apreciada, ainda hoje, nas cidades medievais remanescentes. Para Lefebvre (1969), o urbano é decorrente do comércio (terciário), e a subordinação do urbano ao industrial é um equívoco de origem.

Atualmente, a fruição das atividades oferecidas pelo urbano e pelo lugar propriamente dito é utilizada pela atividade turística, que vê a cidade como produto, ou seja, como valor de troca.

Na verdade, esse produto oferecido ao turista se apresenta como o estranho a ser experimentado, a satisfação da busca pelo não cotidiano. É aí que surge outro paradoxo: a busca do não cotidiano, muitas vezes, significa interessar-se pelo cotidiano alheio, pois, como aponta Lefebvre (1971), a riqueza da vida cotidiana está no fato de se esboçarem as mais autênticas criações, estilos e formas de vida, o que envolve gestos, imagens e palavras expressando a cultura.

Além disso, conforme também apontado por Lefebvre (1971), a monotonia e a ausência de atividades outras diferentes das cotidianas podem ser "substituídas" pela sociabilidade promovida pela recreação[6] que o urbano

---

[5] Para Lefebvre (1969), o urbano difere da mercadoria, pois se baseia no valor de uso. No entanto, a disputa desse uso, por sua vez, leva ao conflito.

[6] É interessante destacar que as palavras "recreação" e "lazer" são utilizadas como sinônimas nos textos mencionados, cujo significado intencionado, a nosso ver, aproxima-se da definição de lazer apresentada por Dumazedier (1973, p.34 apud Lohmann e Panosso, 2012). Para esse autor "lazer é um conjunto de ocupações às quais o indivíduo pode entregar-se de livre vontade, seja para repousar, seja para divertir-se, recrear-se e entreter-se ou ainda para desenvolver sua informação ou formação desinteressada, sua participação social voluntária ou sua livre capacidade criadora, após livrar-se ou desembaraçar-se das obrigações profissionais, familiares e sociais". Incorpora, portanto, as funções de descanso, recreação, desenvolvimento e entretenimento: a recreação tende a ser entendida como uma atividade de recuperação física

pode proporcionar, dos jogos de apostas ao olhar as vitrinas (atividade esta desdenhada pelos urbanistas), e, até mesmo, um bate-papo. Lefebvre (1969) considera que o grande desafio é acabar com a separação entre cotidianidade e lazeres ou entre vida cotidiana e festa, transformando-a, considerando que a cidade foi um espaço ocupado ao mesmo tempo pelo trabalho produtivo, pelas obras de arte e pela festa (festa diferente de festivais ou festividades). Para ele, ou a cidade é um teatro espontâneo ou não é nada.

Ainda, segundo Lefebvre (1971), os lugares de passagem e encontro, a rua, o café, as estações têm mais o interesse da cotidianidade do que os lugares de acolhimento e envolvimento, como a casa e o escritório (trabalho), constituindo-se em lugares de lazer, tendo, na rua, o espaço cotidiano da sociedade dos anos 1960, do cotidiano em busca do não rotineiro. A rua se repete e se modifica com o cotidiano, marcada pela mudança incessante das pessoas, das horas, dos objetos e mesmo do clima. No entanto, aqueles que participam desse espetáculo, cotidianamente, nem sempre se dão conta dele, ainda que ocorram pequenas surpresas.

A busca da vitalidade que anima o cotidiano tem, nas cidades médias ou grandes, as melhores opções, que seduz o turista e o seu morador, ao mesmo tempo que gera novas demandas das mais diversas naturezas. Se, por um lado, conforme mencionado nos capítulos precedentes, a pós-modernidade, fortalecida a partir dos anos 1990, colocou a ênfase do desenvolvimento econômico sobre as atividades de lazer, fundamentalmente como entretenimento, e da cultura, como produto de consumo; por outro lado, buscou oferecer uma arquitetura e um urbanismo correspondentes a essas novas demandas.

Nessa direção, o turismo urbano tem sido apresentado como uma importante força para a comodificação da cultura transformada de processo em produto (Richards, 1996), assumindo a condição de mercadoria vedete da sociedade espetacular, como foi o automóvel na primeira metade do século XX e a ferrovia na segunda metade do século XIX (Clark Kerr apud Debord, 1992). Para Jamenson (1984 apud Selby, 2004) a sociedade pós-industrial indica um período em que todos os ramos da economia se

---

e mental decorrente das obrigações cotidianas, em que o aspecto lúdico se evidencia como elemento de alívio das tensões diárias; o desenvolvimento volta-se às atividades de capacitação, conhecimento e criação de habilidades; e o entretenimento, como a arte de manter alguém entretido (ocupado) para desviar a sua atenção de outras coisas, associando-se à necessidade de audiência, com a indústria cultural e comunicação de massa, e implicando investimentos financeiros (Lohmann e Panosso, 2012).

industrializam, não somente a cultura e o turismo urbano estão inseridos nessa lógica do capitalismo.

Nesse momento, os cientistas sociais começaram a reconhecer que lazer e turismo são, na verdade, centrais na vida social e são os principais determinantes do espaço no seu próprio direito, em que o turismo urbano tem um papel maior no desenvolvimento de atividades lúdicas, dominando os ambientes contemporâneos. Ou seja, o turismo urbano trabalha por meio da realização de sonhos e fortalecimento de mitos, tendo um papel vital na diferenciação de lugares (Selby, 2004).

Autores como Harvey (1989), Dear (1986) e Huyssen (1984) consideram que houve uma mudança brutal na forma de pensar as cidades entre o período do modernismo e do pós-modernismo. No modernismo, a produção de cidades estava voltada à funcionalidade e eficiência obsessivas, pautadas pelo exercício do planejamento urbano e da ciência, em analogia ao sistema de produção industrial em massa dos anos 1950-1960, e tinha como parâmetro o conceito de "máquina de morar", cunhado por Le Corbusier. A manifestação física desse modelo, que resultou na construção de empreendimentos de grande escala, padronizados e uniformes, que não conseguiram melhorar a existência humana, como preconizado, mas, ao contrário, marginalizaram e alienaram comunidades urbanas inteiras, passou a ser desafiada pelo discurso da pós-modernidade (Selby, 2004).

Em termos arquitetônicos, portanto, a pós-modernidade vem se contrapor à pureza insossa da arquitetura moderna, apresentando-se plena de variedade, cores, detalhes e deliberada mistura de estilos (Huyssen, 1984 apud Selby, 2004).

Em termos estéticos, a pós-modernidade tem estado ligada ao aumento da mídia reprodutiva, como a fotografia, e aos sistemas de comunicação eletrônicos. Para além da fragmentação do tempo e do espaço, a realidade tem sido, portanto, transformada em imagem.

De acordo com Baudrillard (1983 apud Selby, 2004), o processo contraditório de verdadeiro ou falso, real ou imaginário e a dissolução do real e imaginário, do sujeito e objeto, em um sentido desconstrutivista, têm um papel crucial na experiência do turismo urbano. Nessa direção, podemos inferir que essa condição contribui para o desaparecimento da contraposição entre cotidiano e não cotidiano, aproximando o morador (*day visitor*) do turista.

Lugares são, então, marcados por suas imagens, e a constância dessas imagens transformam-se em lugares mitos; assim, os lugares passam a ser inseparáveis das imagens criadas pelo turismo urbano, como Las Vegas, Monte Carlo e Nova York (Selby, 2004).

Esse ambiente construído pós-moderno, portanto, caracteriza-se por uma deliberada tentativa de se referir e abrigar emoções e experiências, promovendo o "*sense of place*" de seus habitantes. E o turismo urbano, que consiste fundamentalmente no consumo de signos, símbolos e espetáculos, apropria-se desses espaços estetizados de entretenimento e prazer (Cooke 1990; Featherstone, 1991; Lash e Urry, 1994; Selby, 2004).

Um conceito utilizado por pesquisadores da cultura urbana é o de labirinto para descrever a cultura contemporânea, com muitos layers, muitas falsas perspectivas e retornos, sempre mudando e nunca terminando (Rojek 1997 apud Selby, 2004).

Pesquisadores como Wearing e Wearing (1996 apud Selby, 2004) e Grosz (1995 apud Selby, 2004) definem outro conceito: "chora", definido como o espaço entre o ser e o tornar-se. No turismo urbano, "chora" é o lugar de interação entre os moradores e os turistas. Essa situação permite aos turistas construir seu próprio significado e identidades, mais do que considerar a destinação objetivamente como um lugar para se apreciar.

A apreciação do lugar já aparecia nos estudos de Walter Benjamin (1979, 1983, 1989), quando associou o usuário da cidade ao prazer[7], elemento fundamental para o turismo urbano, na criação do conceito de "*flâneur*", sujeito que aprecia a vida urbana, consumindo os mesmo lugares buscados também por turistas.

Esta passagem da apropriação dos lugares no turismo urbano para o comportamento do usuário urbano (turista ou morador) conduz à discussão sobre a identificação desse turista urbano.

Turista urbano: um consumidor de lugar

De acordo com a World Tourism Organization e com as diversas definições expostas ao longo desta obra, o turista é o indivíduo que gasta pelo menos 24 horas fora de casa.

---

[7] A combinação de compras com lazer, *recreacional shopping*, no sentido da utopia e da fantasia, materializado nos shopping centers como representação do consumo da pós-modernidade, inspira-se no conceito de heterotopia de Foucault (1980, 1986), entendido como um sítio heterogêneo que justapõe vários lugares incompatíveis (Selby, 2004, p.101).

No entanto, para a análise do turismo urbano, essa definição é muito restritiva, já que os visitantes de um dia (excursionistas) são cada vez mais frequentes e significativos, tendo em vista o processo de urbanização e de conurbação em curso e a melhoria dos meios de transporte e de comunicação[8]. Para Pearce (2003 apud Allis, 2012), com exceção das acomodações para alojamento, são poucas as instalações e serviços utilizados exclusivamente por turistas, os quais compartilham com os moradores os serviços de transporte, lojas, restaurantes, catedrais, museus, centros de compras, etc.

Ashworth e Page (2011) apontam a dificuldade de se conhecer como esses turistas usam a cidade. Como diferenciar os usos turísticos dos não turísticos? Como isolar o residente que realiza turismo na sua cidade do turista propriamente dito? Como o turista seleciona as atividades urbanas a realizar? E os lugares a visitar e conhecer? Qual é o tempo envolvido no consumo das atividades urbanas quando comparado a outras formas de turismo (de sol e mar, por exemplo)? Qual a possibilidade de retorno[9] a um mesmo local?

Allis (2012), citando Urry (2001), coloca que, se o turismo apresenta uma divisão binária entre o ordinário (cotidiano) e o extraordinário (em que as pessoas experimentam situações diversas daquelas do seu dia a dia), as experiências extraordinárias que ocorrem internamente às cidades (ou naquelas cidades do seu entorno ou a elas conturbadas), realizadas por seus residentes, devem ser consideradas como típicas de visitantes.

Allis (2012) defende ainda que, por mais que uma paisagem possa ser ordinária para seus moradores, os significados e interações podem variar, na medida em que estes adquiram a condição de "*flâneur*", perambulando pela cidade.

Já no final da década de 1950, em seu livro *Imagem da cidade*, Lynch (1960) também indica diferenças possíveis do olhar. Para ele, as impressões que as pessoas têm sobre a cidade ou um local em particular são mais do que visuais. Elas incluem uma quantidade imensa de sensações, memórias, odores, esperanças, multidões, lugares, edifícios, afetando cada pessoa de ma-

---

[8] No Reino Unido, viajantes de um dia (*day visitor*) têm sido definidos como aqueles que gastam mais de 3 horas ou que se deslocam mais de 20 milhas em uma viagem de ida e volta. Essa mensuração exclui residentes que consomem as mesmas atividades que os turistas (Law, 1993 apud Selby, 2004).

[9] O turismo urbano como experiência pode garantir o retorno, principalmente se apresentar características únicas, constantemente mutáveis, diferentemente do turismo de sol e mar, por exemplo, quando não se tratar de segunda residência, que mantém a fidelidade para a escolha da destinação turística.

neira diferente, conforme sua formação e vivência, levando à constituição de um quadro mental da realidade da cidade. Acresce-se a essa condição o fato de que essa leitura da cidade também se faz de acordo com os interesses, objetivos e expectativas de quem a percorre.

A percepção do espaço urbano, segundo Belgiojoso (1988), por sua vez, não se dá somente por sua morfologia. Isto é, não pode ser pensada apenas como algo visível, formal, de paisagem, mas também, e especialmente, deve ser considerada do ponto de vista estrutural, das condições fisiológicas que se referem às atividades e sua diversidade. Até os elementos mais visíveis são constituídos de elementos não definíveis em termos estéticos e, ao contrário, expressam-se em termos de comunicação, de riqueza de estímulos, de mensagens, de informações e de significados.

Posteriormente, outros enfoques foram acrescentados com ênfases variadas. O grau de subjetividade com que os indivíduos olham para a cidade passou a ser devidamente considerado. Assim, outros autores, como Ítalo Calvino (1997), em *Cidades invisíveis*, e Urry (1996), em *O olhar do turista*, dão grandes contribuições à compreensão de como ocorre a leitura da cidade e, consequentemente, sua percepção e magnetismo.

Para a nossa cidade do cotidiano, temos percepções diferentes, de acordo com o momento e a intenção com os quais a percorrermos, o tempo disponível, as condições climáticas e os dias da semana, entre outros condicionantes. Muitas vezes, conforme apontado por Maitland (2010 apud Allis, 2012), os residentes consomem a cidade de maneira semelhante aos turistas: quando moradores deslocam-se para partes da cidade ainda desconhecidas, principalmente quando se trata de grandes cidades.

Aliás, os habitantes locais percebem, imediatamente, quando "forasteiros" vindos de outros bairros adentram seu espaço cotidiano.

Nessa direção, o sujeito do turismo urbano não seria apenas o turista, mas o consumidor de lugar, incluindo-se nessa categoria todos os que consomem ou vivenciam a cidade: visitantes que não pernoitam na cidade (excursionistas), independentemente das motivações da viagem, e seus moradores.

O conceito de *place consumer* apresenta-se, assim, como bastante adequado para definir o turista urbano (visitante e morador), representando o indivíduo que vivencia a destinação turística e também as representações que dela se lhe apresentam (Selby, 2004).

Allis (2012) destaca que o sentido de consumo do lugar pode incluir as experiências urbanas para além do viés econômico que se atribui ao consumo. Para ele, essa concepção se afasta da ideia da cidade como produto, conforme discutido por Ashworth e Voogd (1990).

As experiências e as possibilidades são inúmeras e se apresentam de forma planejada ou espontânea, permeadas de eventos e megaeventos que abrem o espaço para encontros e desencontros. Seja pelas atividades de compras, em suas mais variadas formas de sedução, seja pelas muitas outras atividades que esse consumidor de lugares se encarrega de descobrir ou saborear, como a culinária diversa com a qual se depara, nas também diversas formas de serem ofertadas.

De qualquer forma, a imagem do turista urbano ou do consumidor de lugar reporta-se ao conceito de *flâneur,* cunhado por Walter Benjamin (1983), que define os indivíduos que têm prazer em se apropriar da cidade, que perambulam distraídos e descomprometidos, que usufruem da cidade como lazer, incluindo-se aí, além do turista, aquele usuário rotineiro (morador) que se deixa levar nos caminhos da deriva urbana.

Referências bibliográficas

ALLIS, T. *Projetos Urbanos e Turismo em grandes cidades: o caso de São Paulo.* São Paulo, 2012. Tese de doutorado. FAU/USP.

ASHWORTH, G.L. Urban Tourism: an imbalance in attention. In: *Cooper,* C.P. (ed.). *Progress in tourism, recreation and hospitality management.* v.1. London: Belhaven, 1989. p.33-54.

______. Urban tourism: still an imbalance in attention? In: COOPER, C. (ed.). *Classic reviews in tourism.* Channel View: Clevedon, 2003. p.143-163.

ASHWORTH, G.L.; VOOGD, H. *Selling the city: marketing approaches in public sector urban planning.* Londres: Belhaven, 1990.

ASHWORTH, G.; PAGE, S.J. Urban tourism research: recent progress and current paradoxes. *Tourism Management.* v.32, n.1, p.1-15, 2011.

BELGIOJOSO, A. *Qualitá della cittá e projettazione urbana.* Milão: Mazzota, 1988.

BAUDRILLARD, J. *Simulations.* EUA: Semiotext(e), 1983.

BENJAMIN, W. *On way street.* London: New Left Books, 1979.

______. *Charles Boudalaire: A lyric poet in the Era of High Capitalism.* Tradução de H. Zohn. London: Verso, 1983.

______. *Paris, Capital du XIXe Siècle: le Livre des Passages.* Edição de R. Tiedmann. Tradução de J. Lacoste. Paris: Cerf, 1989.

BRAGA, D.C. Turista de negócios na cidade de São Paulo: um estudo de demanda segmentada. *Turismo em Análise.* v.17, n.1, 2006.

CALVINO, I. *As Cidades Invisíveis*. Tradução de Diogo Mainardi. São Paulo: Companhia das Letras, 1997.

COOKE, P. *Moderns Urbana Theory in Question*. Transactions of Institute of British Geographers. v.15, n.3, p.331-43, 1990.

DEAR, M.J. Postmodernism and planning. Environment and Planning D: Society and Space 4, p.367-84, 1986.

DEBORD, G. *La société du Spectacle*. Paris: Gallimard, 1992.

DUMAZEDIER, J. *Lazer e cultura popular.* São Paulo: Perpective, 1973.

EDWARDS, D.; GRIFFIN, T.; HYALLAR, B. Urban Tourism Research: developing an agenda. *Annals of tourism Research*. v.35, n.4, p.1032-1052, 2008.

FEATHERSTONE, M. Consumer, culture and postmodernism. London: Sage, 1991.

FOUCAULT, M. *Power/Knoledge*. London: Tavistock, 1980.

______. Of others spaces. *Diacritics*. p.22-27, 1986, Spring.

GROSZ, E. Women, Chora and Dwelling. In: WATSON, S.; GIBSON, K. *Postmodern Cities and Spaces*. Oxford: Blackwell, 1995.

HARVEY, D. *The Condition of Posmodernity*. Oxford: Blackwell, 1989.

HUGUES, H. *Arts, Entertainment and Tourism*. London: Butterworth Heinemann, 2000.

HUYSSEN, A. Mapping the Postmodern. *New German Critique*. v.33, p.5-52,1984.

JAMENSON, F. Postmodernism or the Cultural Logic of the Late Capitalism. *New Left Review*. v.146, p.52-92, 1984.

LASH, S.; URRY, J. *Economies of Signs and Space*. London: Sage, 1994.

LAW, C.M. *Urban Tourism, Attracting Visitors to Large Cities*. London: Mansell Publishing, 1993.

LEFEBVRE, H. *O direito à cidade. O fenômeno urbano: sentido e finalidade da industrialização. O principal direito do homem*. Tradução de T.C. Netto. São Paulo: Documentos Ltda, 1969.

______. *De lo rural a lo urbano. Antologia preparada por Mario Gavíria*. Tradução de Javier Gonzãlez-Pueyo. Barcelona: Edicones Península, 1971.

______. *A revolução urbana*. Belo Horizonte: UFMG, 2008.

LEMOS, C.A.C. *A Arquitetura Brasileira*. São Paulo: Melhoramentos/Edusp, 1979.

LINCH, K. *The image of the city.* Harvard University Press, 1960.

LOHMANN, G; PANOSSO, N.A. *Teoria do Turismo: conceitos, modelos e sistemas*. 2.ed. São Paulo: Aleph, 2012.

MAITLAND, R. Everyday Life as a creative experience in cities. *International Journal of Culture, Tourism and Hospitality Research*. v.4, n.3, p.176-185, 2010.

PEARCE, D.G. *Geografia do Turismo: fluxos e regiões no Mercado de viagens*. São Paulo: Aleph, 2003. (Turismo)

RICHARDS, G. Production and Consumption of European Cultural Tourism. *Annals of tourism research*. v.23, n.2, p.261-83, 1996.

ROJEK, C. Indexing, Dragging and Social Construction of Tourism Sights. In: ROJEK, C.; URRY, J. *Touring Cultures: Transformations of Travel Theory*. London: Routledge, 1997.

SELBY, M. *Understanding Urban Tourism. Image, Culture & Experience*. London, New York: I.B. Tauris, 2004.

URRY, J. *O olhar do turista; lazer e viagens nas sociedades contemporâneas*. Tradução de Carlos E. M. de Moura. São Paulo: Studio Nobel, 1996, 2001.

VARGAS, H.C. Turismo nas grandes cidades brasileiras: o que falta? *O estado de São Paulo*. 1998.

______. Turismo urbano: a cidade enquanto produto. Eleições 2000. *Estadão*. 2000a. Disponível em: www.estadao.com.br/est/eleicoes.

______. Turismo nos Grandes Centros Urbanos. In: IV ENCONTRO NACIONAL DE TURISMO COM BASE LOCAL. 2000b, Joinville.

______. *Espaço Terciário. O lugar, a arquitetura e a imagem do comércio.* São Paulo: Senac, 2001.

WAINBERG, J.A. Cidades como sites de excitação turística. In: GASTAL, S. (org.). *Turismo Urbano. Cidades, sites de excitação turística*. Porto Alegre: Edição dos autores, 1999.

WEARING, B; WEARING, S. Refocusing the tourist experience: the flaneur and the choraster. *Leisure studies*. v.15, n.4, p.229-243, 1996.

Capítulo 8

Eventos de rua, espaço público e gestão urbana

Virginia Santos Lisboa

> A rua pode ser invocada como lugar de passagem, como caminho que leva ao trabalho, ao lazer, ao culto, mas ela mesma dá lugar a todas essas atividades.
> (Santos e Vogel, 1981, p.51)

"As ruas são canais ao longo dos quais o observador se move, usual, ocasional ou potencialmente" (Lynch, 1982 p.58). As ruas são ainda espaços de movimentação linear, "a rua diz: siga em frente, ao contrário das praças e largos que privilegiam a permanência, o olhar" (Gehl, 2013, p.38).

A rua, não como espaço de circulação, mas como lugar e suporte de sociabilidade, ainda que por um tempo determinado, tende a deixar de ser o meio entre a partida e o destino para se tornar o fim, o lugar do acontecimento.

Magnani[1] afirma que a cidade, e aqui se pode entender também a rua em suas diversas utilizações, não se impõe de forma homogênea e absoluta sobre seus moradores. Ele propõe olhar a cidade sob o ponto de vista do acúmulo das rotinas cotidianas que regulam o trabalho, a devoção, a diversão, a convivência, que deixam suas marcas no "mapa da cidade". O resultado

---

[1] José Guilherme Cantor Magnani, professor titular do Departamento de Antropologia da FFLCH-USP, é coordenador do Núcleo de Antropologia Urbana da USP (NAU/USP – http://www.n-a-u.org), de sua revista eletrônica, *Ponto.urbe* (http://www.pontourbe.net) e da coleção "Antropologia Hoje", Nau/Editora Terceiro.

dessas diversas rotinas é um "desenho bastante particular e que se sobrepõe ao desenho oficial da cidade: às vezes rompe com ele, outras vezes o segue, outras ainda não tem alternativa senão adequar-se" (Magnani, 2013, p.13).

A observação de algumas ruas eleitas para a realização de eventos e a sua consequente transformação em lugares-destino desses eventos, que passam a se repetir, conduz à necessidade de discussão do significado dessas ocorrências na contemporaneidade.

Eventos: significados, ocorrências e repercussões

A palavra "evento", na atualidade, passou a ser constantemente utilizada, assumindo diferentes conceitos conforme a área de atuação dos profissionais envolvidos. No entanto, na sua origem latina – *eventu* – significa "acontecimento". Não somente os acontecimentos naturais e espontâneos, como um eclipse, por exemplo, mas também um nascimento ou uma descoberta são considerados eventos (Lisboa, 2010). Sob essa rubrica incluem-se também os acontecimentos organizados com diversos objetivos, institucionais, comunitários ou promocionais, como casamentos, colheitas, homenagens, presentes nos mais remotos assentamentos humanos (Mauss, 1974). No significado da palavra "evento" inclui-se o que é eventual. Ou seja, ocasional, esporádico e até mesmo temporário, deixando distante a condição de rotineiro ou cotidiano.

Outra característica do conceito de evento é a questão do seu tempo único de realização, ou seja, conforme mencionado por Santos (1996), os eventos não se repetem, e o seu "caráter principal" é o fato de poderem situar-se com precisão nas coordenadas do espaço e do tempo. Portanto, os eventos, ainda que programados, idênticos no formato, programa e local, nunca serão iguais, diferindo na apresentação e na participação do público, o que dá ao evento este caráter único (Lisboa, 2010).

Essa condição, por si só, já desperta interesse pelas atividades que se apresentam como um "evento". E, como observa Giacaglia (2004), faz parte da intenção de qualquer evento propiciar uma ocasião extraordinária para o encontro de pessoas, cuja finalidade específica estabelece seu tema essencial.

Outro ponto importante é a relação do evento com o lugar. Para Santos (1996), o lugar é o depositário final, obrigatório, do evento. Ele recorre a *Vie des Formes*, de Henri Focillon, que considera o evento um nó, um lugar de encontro, no qual o evento é considerado um elemento que amarra as diversas manifestações do presente, unificando esses instantes atuais por meio de um verdadeiro processo químico em que os elementos perdem suas qualidades originais para participar de uma nova entidade que já aparece com suas próprias qualidades.

A rua, como o lugar da ocorrência do evento, embora tenha sido concebida para a circulação, para a conexão entre os lugares, encontra, aqui, o seu uso reinventado e apropriado para realizações coletivas.

A análise do significado, da apropriação e da gestão dos grandes eventos remete à relação tempo-espaço, à condição de efemeridade e ao valor do tempo e do uso do espaço. Esse processo, que ocorre nas grandes cidades, também surge com a intenção de valorização da gestão urbana, não pelas obras que realiza, mas, principalmente, pelas experiências lúdicas que proporciona na direção da estratégia de "pão e circo". Não menos importante é a escolha dos espaços para esses grandes eventos, de grande visibilidade e de caráter simbólico e das dinâmicas espaciais próprias que interferem significativamente no funcionamento da cidade (Vargas e Lisboa, 2011).

O tempo passa a ser cronometrado e, cada vez mais, o valor do tempo é considerado. Todo evento possui um tempo determinado para a sua realização, com início e término, porém vivenciar um evento, conforme apontado por Getz (2007), pode fazer sua experiência perdurar por tempo indeterminado.

Embora a realização de um evento nos remeta à questão da efemeridade do uso do espaço, ou seja, uma ocorrência momentânea e, portanto, não permanente, a constante realização de eventos em determinados espaços os caracteriza como espaços permanentes para eventos, tanto em sua frequência, quanto em sua especificidade. Além desse aspecto, os eventos ainda apresentam uma dinâmica espacial própria, relacionando o espaço destinado a apresentação (palco) à plateia e à forma de participação do público.

O uso da rua para eventos não é uma prática recente, uma vez que os eventos de rua podem ser observados em todo o mundo ao longo do tempo, destacando-se as festas religiosas, procissões, quermesses, maratonas, desfiles, festas de finais de ano, entre outros. Entretanto, observam-se mudanças nas escalas de abrangência de alguns desses eventos, decorrentes de novas formas de produção e consumo dos meios de locomoção, sobretudo da circulação de informações, que alcança os mais variados públicos e conecta os mais diversos interesses.

Não pertencendo ao rol das atividades cotidianas, os eventos geram sistemas complexos de circulação, redes e fluxos que coexistem com os espaços cotidianos, estabelecendo a simultaneidade e a heterogeneidade da experiência urbana contemporânea.

Utilizando as maratonas como exemplo de uma prática cultural milenar, houve, além de uma mudança quantitativa, tendo em vista o número crescente de corridas nas diversas partes do mundo, transformações significativas na organização e na estruturação dessa modalidade, caracterizando-a como "um fenômeno sociocultural contemporâneo" (Dallari, 2009).

As corridas contam com empresas e patrocinadores que, com o auxílio da mídia e do poder público, elaboram eventos que atraem pessoas dos mais variados lugares. Os valores e hábitos comuns dos corredores criam, por sua vez, oportunidades de oferta em larga escala de produtos e serviços para esse segmento de consumidores.

Uma empresa de eventos, hoje, terceiriza uma grande quantidade de serviços, tais como: recepção, decoração, limpeza, segurança, alimentação, produção de faixas, locação de equipamentos audiovisuais, serviços gráficos, entre outros. Trata-se de uma cadeia de serviços complementares ligada à execução dos eventos (Lisboa, 2010).

Sempre há uma estratégia na escolha do lugar para a realização do evento. Em busca de benefícios sociais, culturais, turísticos e econômicos, os diversos setores públicos promovem eventos de entretenimento coletivo relacionados a lazer, esporte, feiras comunitárias, entre outros. Os patrocinadores corporativos estão mais voltados à promoção de produtos, serviços ou mesmo da própria empresa promotora. Os comunitários podem ser exemplificados por meio de reuniões promovidas por clubes, associações ou grupos com variados tipos de interesses (Allen et al. apud Lisboa, 2010).

Os eventos comunitários, ainda que produzidos por e para a comunidade local, inseridos no contexto da metrópole, muitas vezes, apresentam uma conformação diversa em suas reedições, atraindo pessoas não só das proximidades, mas de outros bairros, de outras cidades.

Pode-se falar ainda de eventos organizados pelo poder público, como a virada do ano, que tem por objetivo comemorar a passagem do ano com espetáculos pirotécnicos e shows musicais, ou as viradas culturais e esportivas, que ocorrem em espaços simbólicos da cidade e/ou estratégicos para a promoção e o fortalecimento de determinado espaço público ou do poder público em si.

Os eventos planejados nas grandes cidades, de uma forma geral, atraem tanto a população local de residentes quanto um grande número de visitantes de outras localidades, que acabam por impulsionar os negócios locais, aumentando as rendas urbanas, além de divulgar a gestão urbana em curso. A produção, transmissão e manutenção da imagem do lugar passam a ser instrumentos importantes para a captação de novos eventos.

Sanchez (1999) chama a atenção para a produção e a divulgação de imagens de cidades como instrumento de formulação de estratégias econômicas e urbanas orientadas para a promoção da cidade externamente a ela e como ferramenta de captação de uma adesão social para os projetos da gestão e da administração da cidade.

A observação dos espaços eleitos para a ocorrência dos eventos mostra características estratégicas que combinam capacidade de público, interesses mercadológicos e oportunidades de realização.

A política de *city marketing* pode ser observada nas ações de reforço à visibilidade e à divulgação da cidade de São Paulo como destino para eventos apresentadas no contexto de gestão de turismo da cidade.

Somada a essa política, é possível observar, como característica da sociedade atual, uma maior mobilidade ocasionada também pela mudança: do consumo de bens duráveis ao consumo de serviços efêmeros, como shows, palestras, visitas a museus, entre outros. O produto oferecido, nesses casos, é a experiência de estar naquele momento em determinado lugar.

A logística necessária para a realização de eventos deve buscar sua viabilização, procurando minimizar os impactos negativos causados à cidade por meio de uma gestão que associe as diversas dinâmicas de eventos aos espaços eleitos para sua realização.

O tempo único de realização do evento sempre é precedido de seu tempo de produção e organização, ao qual também deverá ser acrescentado o tempo de memória da experiência proporcionada. O lugar, enquanto espaço dessa vivência, influencia e é influenciado continuamente por essas manifestações aparentemente eventuais.

A visibilidade do espaço público e a gestão urbana

Como já foi dito, muitos eventos surgem a partir da comunidade local, de uma organização religiosa, de uma associação de bairro ou são promovidos por empresas ou pelo próprio poder público, visando sempre à atratividade de um público maior. A dimensão de cada um desses eventos e a capacidade real que os locais dispõem para recebê-los nem sempre são coincidentes.

Ruschmann (2000), entre outros autores, estuda a questão da capacidade de carga dos lugares para receber os turistas e apresenta a necessidade do equilíbrio na relação entre o homem e o local, ressaltando a importância de uma relação que promova uma experiência vivencial e não atinja apenas objetivos financeiros.

Van de Borg, em seu estudo sobre Veneza, também discute a capacidade de carga dos lugares para abrigar o turismo urbano. Não estuda propriamente a infraestrutura local para acolher eventos, mas a infraestrutura necessária para a cidade, enquanto polo de atração de turistas, e a gestão desses lugares que requerem uma ação do poder público, visando a um maior equilíbrio entre o número de visitantes e a capacidade do lugar (apud Tyler, Guerrier e Robertson, 2001). Esse estudo aponta o excesso de turistas e excursionistas[2] em Veneza, principalmente na época das festas religiosas e com foco na virada do milênio, quando o Vaticano declarou o ano 2000 como um Ano Sagrado. Ele relata os danos causados ao ambiente, à população local e, inclusive, à qualidade da experiência do visitante, quando existe um desequilíbrio entre a oferta e a demanda do lugar, pois um destino é um bem com uma capacidade limitada.

Um dos itens mais complexos de um evento de rua é o dimensionamento de sua expectativa de público. Quando o evento já tem um histórico, a edição anterior pode fornecer uma base inicial de cálculo. Entretanto, muitas vezes há uma grande imprecisão nos dados divulgados, pois a quantidade de participantes é a principal forma de medir a relevância de um evento de rua, e quase sempre os interesses divergem.

Quanto mais precisa for a estimativa de público, mais eficiente será o planejamento do evento. O Centro de Estudos e Pesquisas de Desastres da Coordenação Geral do Sistema de Defesa Civil, órgão ligado à Secretaria de Governo da Prefeitura da Cidade do Rio de Janeiro, publicou uma Portaria, em março de 2006, aprovando a Instrução Técnica CEPD 001 – Estimativa do Quantitativo de Indivíduos em multidões[3].

A Figura 8.1 apresenta algumas taxas de ocupação de público (densidade), típicas em diversas situações de eventos, com fotografias tiradas em uma área de 3 m × 3 m. O quadriculado interno delimita uma área correspondente a 1 m^2.

---

[2] Os excursionistas, ao contrário dos turistas, não pernoitam na cidade.

[3] Informação disponível em: http://www0.rio.rj.gov.br/defesacivil/IT%20CEPD%20001.pdf.

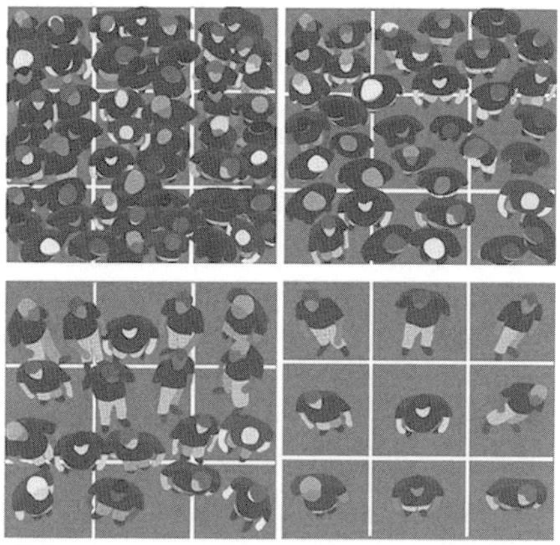

Figura 8.1 – Densidades típicas (ver p.A5). Ilustração de Manuela Halluli baseada em PMRJ (2006).

É claro que ainda é necessário estimar o número de pessoas que se renovam durante um evento, uma vez que o espaço não é confinado e não há controle de entrada e saída de público. Novas formas de contagem têm sido testadas. Em 2012, o Datafolha divulgou uma nova metodologia de contagem de público, em que se considera a variação de público ao longo do trajeto. A contagem se deu por questionários aplicados a um determinado número de pessoas de hora em hora, o que permitia computar o tempo de permanência do público no evento (Folha de S. Paulo, 2012).

Como já dito, a estimativa de público auxilia no planejamento da infraestrutura necessária para um evento. Entretanto, a cidade recebe uma grande quantidade de eventos vinculados a promotores e realizadores com interesses diversos. A disponibilidade dos locais públicos para atender a essas demandas também está relacionada aos usuários cotidianos, os habitantes da região.

Os espaços públicos devem servir, a princípio, de suporte às funções ordinárias públicas, ou seja, as ruas para a circulação, as praças para o descanso, o lazer, a contemplação. O uso extraordinário, por exemplo, para a ocorrência de eventos, deve ser regulado.

Buscando compreender e ordenar essa questão, ocorreu, em 27 de agosto de 2013, o Encontro Temático sobre Uso Coletivo do Espaço Público para Eventos, promovido pelo Ministério Público de São Paulo e pelo Centro de Estudos e Pesquisas de Administração Municipal (Cepam). Esse encontro versou sobre a necessidade de normatização do uso do espaço público pelo município, possibilitando que o art. 5º, inciso XVI da Constituição se realize plenamente. Diz ele:

> Todos podem reunir-se pacificamente, sem armas, em locais abertos ao público, independentemente de autorização, desde que não frustrem outra reunião anteriormente convocada para o mesmo local, sendo apenas exigido prévio aviso à autoridade competente.

Diz, ainda, o art. 30, inciso I da Constituição Federal:

> Compete aos Municípios legislar sobre assuntos de interesse local, sendo que por interesse local existe a predominância do interesse do Município sobre o do Estado ou da União, devendo a Lei Municipal prevalecer em todas as matérias que demonstrem interessar apenas ou preponderantemente ao Município. Ex. horário de funcionamento do comércio, questões de circulação de vias públicas (estacionamento, licenciamento de obras).

Na ocasião, discutiu-se a necessidade de normatização sobre quais atividades deveriam ser objeto de solicitação de licenciamento e sua regulamentação. Como atividades que independem de licenciamento, foram mencionadas as passeatas e as manifestações populares. Ainda foram propostas algumas classificações para análise dos eventos de rua:

- Constante: aquele realizado periodicamente no mesmo local com intervalo de, pelo menos, uma semana entre uma e outra reunião.
- Itinerante: aquele realizado periodicamente com intervalo de, pelo menos, uma semana entre uma e outra realização e com variação do local de realização.
- Esporádico: aquele realizado em dia certo específico, sem periodicidade e intervalos determinados, não podendo ultrapassar o total de X realizações ao ano no mesmo local.

Nesse sentido, em termos de análise e normatização de eventos, essa classificação não contribui, pois coloca em uma mesma categoria a parada do orgulho LGBT e uma feira de pulgas. Ambos os eventos podem ser classificados como constantes e, portanto, podem contar com análises prévias de realização, mas possuem dinâmicas diferenciadas de realização e interferência espacial.

Já as classificações para eventos itinerantes e esporádicos parecem se confundir em termos de realização inédita em determinado lugar, pois os eventos itinerantes são itinerantes no tempo, mas são esporádicos em relação ao local e, portanto, demandam igualmente considerações específicas para cada ocorrência.

Nesse encontro temático, foram discutidos ainda vários elementos a se considerar na apresentação de um projeto para a realização de um evento em espaço, tais como soluções para segurança, limpeza, deslocamentos, entre outros[4].

A dinâmica espacial dos eventos de rua: São Paulo em foco

As classificações existentes sobre eventos, formuladas por estudiosos das áreas de turismo e marketing, têm o intuito de facilitar a compreensão e a atuação de estudantes, promotores e produtores de eventos, assim como de facilitar sua identificação pelo público-alvo. Uma análise dessas classificações, preocupada com a gestão dos eventos na cidade, identificou três elementos essenciais para justificar a dinâmica espacial dos eventos programados: público-alvo, tipo de apresentação e espaço de realização.

A incorporação da dinâmica espacial como mais uma forma de classificação dos eventos significa estabelecer uma inter-relação entre esses três elementos principais, de modo a auxiliar na identificação e controle de sua interferência no espaço urbano.

É importante destacar que as ruas das cidades são espaços urbanos construídos para a circulação de veículos e pessoas no seu uso cotidiano e não pensados para eventos, que acontecem ocasionalmente, ainda que programados. O fato da escolha de espaços estratégicos, normalmente espaços de alta visibilidade, ou simplesmente icônicos, com os mais diversos objetivos, como ilustra a Figura 8.2, reforça a necessidade de uma classificação que considere o espaço como um item importante de análise.

A classificação a partir da dinâmica espacial se pauta pela relação da mobilidade entre a apresentação (entendida aqui como a parte expositora),

---

4 Especificamente na cidade de São Paulo, os eventos temporários realizados em logradouros públicos e com mais de 250 pessoas deverão requerer seu alvará de autorização com a subprefeitura. Os eventos com mais de 50 mil pessoas em locais abertos precisam ainda da aprovação do Departamento de Controle do Uso de Imóveis (Decreto n.49.969/2008). Para a realização de um evento nas vias públicas, é preciso fazer uma solicitação à CET para Autorização de Eventos (Lei n. 14.072/2005, regulamentada pelo Decreto n.46.942).

Figura 8.2 – Maratona de São Paulo, na Ponte Estaiada, em 15 de maio de 2009 (ver p.A5). Foto: Virginia Lisboa.

o público em suas mais variadas formas de participação e o espaço físico da realização do evento.

Eventos que trabalham com a apresentação e o público fixos em um determinado espaço delimitado, como os shows em palcos especialmente montados, por exemplo, apresentam-se de forma muito diversa daqueles que têm como premissa o espaço da apresentação e o do público em movimento, em um espaço não totalmente definido, como as paradas. Independentemente do número de pessoas que cada um desses eventos possa atrair, a participação do público e a ocupação do espaço, nessa situação, são móveis. Enquanto, em um teatro, o show de determinado cantor pode ser realizado em um palco com número específico de público (Figura 8.3), sobre um trio elétrico ou na praia, esses dados não são devidamente mensuráveis. Já em uma avenida, pode-se assistir a um show ou um desfile ou participar de uma passeata. Portanto, as dinâmicas espaciais não estão vinculadas ao formato do evento, nem ao local de sua apresentação, exclusivamente, mas à relação entre eles.

Eventos em movimento, seja pela mobilidade espacial do público ou da apresentação, seja por uma combinação entre eles, geram ocupações diferenciadas, que requerem gestões diferenciadas, principalmente quando ocorrem nas ruas das grandes cidades, já totalmente congestionadas.

Apresentações móveis podem estar associadas a públicos fixos delimitados espacialmente, como os desfiles de carnaval (Figura 8.4); não delimitados espacialmente, como nas maratonas (Figura 8.2); ou a públicos móveis, como nas passeatas, paradas e marchas (Figura 8.5). Nos dois primeiros, as pistas reservadas para os atletas e artistas são preservadas do acesso ao público e têm a apresentação como elemento móvel vista por um público fixo, mas diferente a cada momento do percurso. No terceiro caso, não existe controle ao acesso de público: parte do público que adere ao evento confunde-se com a apresentação e se desloca com ela.

A construção dos sambódromos para desfiles de carnaval busca a criação de um espaço dotado de infraestrutura para um evento específico, causando, aparentemente, um menor impacto para a cidade.[5] Entretanto, o equipa-

Figura 8.3 – Show na praça Dom José Gaspar, em São Paulo, 2008. Foto: Virginia Lisboa.

Figura 8.4 – Exemplo de público fixo em espaço delimitado. Desfile de Carnaval no sambódromo de São Paulo, em fevereiro de 2008 (ver p.A6). Foto: Virginia Lisboa.

Figura 8.5 – Exemplo de público móvel. Parada do Orgulho LGBT em São Paulo, 2008 (ver p.A6). Foto: Virginia Lisboa.

[5] O simulacro do espaço da rua observado no equipamento urbano criado para o carnaval mantém a sua linearidade, possibilita maior visibilidade das arquibancadas, mas proporciona outra experiência, com regras de tempo e restrições de acesso, inclusive pelo novo espaço.

mento urbano, de funcionamento esporádico, cumpre sua função apenas na época do carnaval. No restante do ano, apesar da utilização do espaço para alguns poucos eventos, constitui-se em mais um vazio urbano com a sua não ocupação.

A Avenida Paulista, em São Paulo, pelo caráter simbólico adquirido e por sua grande visibilidade, tem se constituído em um palco muito visado para a realização de grandes eventos. Para exemplificar a complexidade da dinâmica espacial dos grandes eventos que ali ocorrem, tomou-se como base a Festa de Réveillon (Figura 8.6), a Corrida Internacional de São Silvestre (Figura 8.7) e a Parada do Orgulho de Lésbicas, Gays, Bissexuais e Transgêneros (LGBT) (Figura 8.8).

Figura 8.6 – Festa de Réveillon na Avenida Paulista. Ocupação definida com controle de acesso. Utilização dos dois lados da avenida (ver p.A7). Foto: Daigo Oliva - G1. Disponível em: http://g1.globo.com/Noticias/0GF78270-17815,00 REVEILLON+EM+SAO+PAULO.html. Acessado em: 10 jan. 2010.

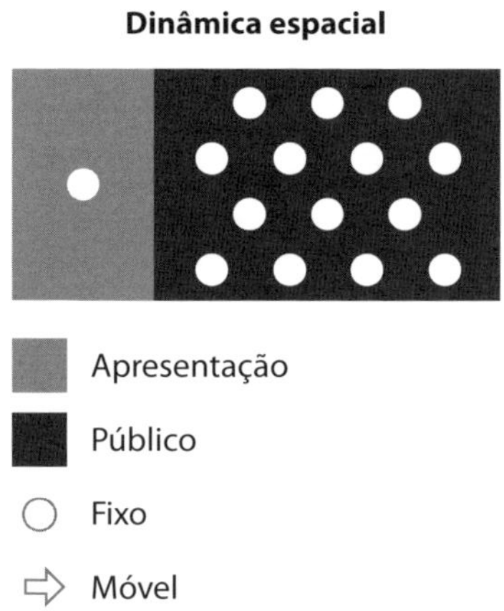

No caso da Festa de Réveillon, ilustrada pela Figura 8.6, a apresentação é fixa, concentrada no palco montado para a realização dos shows, em que estão concentradas as estruturas de segurança e apoio. Os acessos de entrada e saída de público são controlados.

Uma avaliação sobre a lotação dos espaços é programada: à medida que os espaços são preenchidos, são fechadas as ruas de acesso próximas ao palco, permitindo certa delimitação do espaço.

A concentração de público próximo da área do palco se rarefaz à medida que se distancia dele. Pela avenida, são espalhadas torres com telas e caixas de som, ampliando o espaço de apresentação para o grande público.

No caso da Corrida de São Silvestre (Figura 8.7), a apresentação é móvel ao longo do espaço confinado e livre de interferências de algumas ruas da

Figura 8.7 – Corrida de São Silvestre, 2010. Ocupação de uma pista com o evento. Ao outra pista é restrita à instalação da infraestrutura. Foto: Marcia Regina Moreira da Silva.

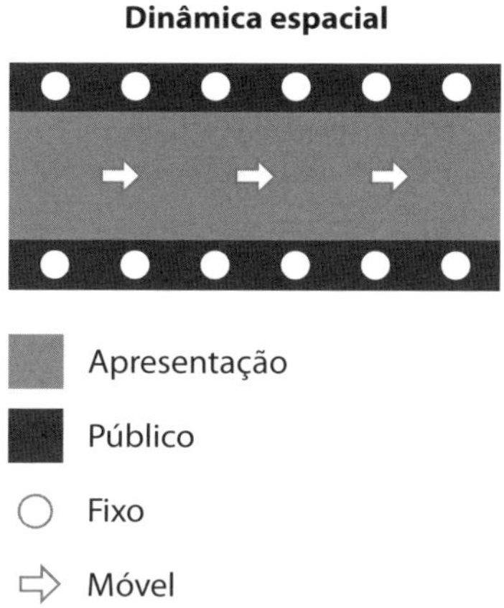

cidade de São Paulo. Os gradis separam o público dos atletas, e o público se espalha por todo o percurso, com livre acesso. A avenida Paulista é parte do trecho a ser percorrido. O fato de concentrar a largada e a chegada no mesmo local permite oferecer certa infraestrutura, como sanitários, guarda-volumes, palcos e arquibancada.

O espaço desse evento pode ser considerado fixo como um todo, na medida em que ele é predeterminado, o que possibilita que a operação de delimitação do espaço e localização de infraestrutura sejam planejados. O fato do espaço não poder ser apreendido em sua totalidade, do ponto de vista do espectador, causa uma impressão de mobilidade com relação à apresentação.

Figura 8.8 – Parada do Orgulho LGBT. Ocupação total da avenida. Mescla entre público e apresentação (ver p.A7). Foto: Daigo Oliva - G1. Disponível em: http://g1.globo.com/sao-paulo/noticia/2011/06/parada-gay-quer-bater-recorde-com-valsa-na-avenida-paulista.html. Acessado em: 10 jan. 2010

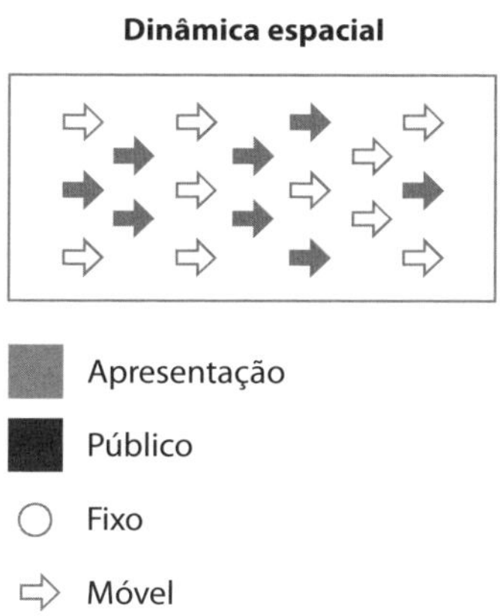

Mas nem por meio dela é possível visualizar todo o evento. O que se coloca aqui é uma questão de escala.

Por ser móvel em sua apresentação com relação ao espaço, o evento permite o desativamento de sua infraestrutura ao longo da prova.

A Parada do Orgulho LGBT (Figura 8.8), por não ter nenhuma obstrução de acesso ao longo do seu percurso, pode ser interceptada a qualquer momento. As ruas paralelas à Paulista, bloqueadas para o trânsito de veículos, também ficam lotadas de pedestres.

O formato dinâmico do evento, em que o público e a apresentação se mesclam no espaço, com livre acesso durante todo o percurso, traduz a falta de consenso para limite de público e para a área de ocupação do evento.

Outro evento importante para análise é a Virada Cultural (Figuras 8.9 a 8.14), que permite uma reflexão sobre a dimensão dos impactos urbanos causados. Embora seja um evento programado, considerado espacialmente fixo em seu conjunto (o espaço urbano consolidado da cidade), tem um público móvel que percorre os diversos microeventos, que se constituem de apresentações ocorridas em vários locais durante todo o período de realização, sendo possível observar o surgimento de inúmeros outros eventos paralelos e não programados (Figura 8.10).

Em 2013, em sua 9ª edição, a Virada Cultural de São Paulo apresentou uma programação diversificada e concentrada no espaço central da cidade. Muitas ocorrências de violência marcaram essa edição. A política de *city marketing*, observada nas ações de reforço à visibilidade e à divulgação da cidade de São Paulo como destino para eventos e turismo, experimenta uma

Figura 8.9 – Virada Cultural, 2009. Palco da Rua XV de Novembro. Foto: Virginia Lisboa.

Figura 8.10 – Virada Cultural, 2009. Evento não programado. Foto: Virginia Lisboa.

Figura 8.11 – Virada Cultural, 2009. Tela ampliando visibilidade do show. Foto: Virginia Lisboa.

Figura 8.12 – Virada Cultural, 2009. Morador assistindo a evento da sacada. Foto: Virginia Lisboa.

Figura 8.13 – Virada Cultural, 2013. Público com bicicletas. Foto: Virginia Lisboa.

Figura 8.14 – Virada Cultural, 2013. Nova opção do evento: setor de Gastronomia (ver p.A7). Foto: Virginia Lisboa.

contradição quando vivencia, no mesmo contexto desse evento cultural, as manifestações geradas pelas insatisfações sociais.

Apresentada e discutida a dinâmica espacial dos eventos de rua, com a identificação de seus impactos na dinâmica da cidade, a dificuldade da gestão urbana e da logística necessária, é importante destacar que, embora dispersos no tempo e no espaço, os efeitos tangíveis e intangíveis e o significado dos eventos e grandes eventos no cotidiano da cidade têm sido, paulatinamente, incorporados à gestão urbana da cidade. As atividades de lazer e cultura oferecidas por esses eventos estão carregadas de diversas intenções, que passam muito distante do desejo real de seus participantes. Efeitos mercadológicos, interesses político-eleitoreiros e tentativa de alienação no e pelo lazer estão no bojo desses grandes eventos, que oferecem temas dos mais diversos e colocam mais uma variável na discussão sobre o conceito.

Referências bibliográficas

DALLARI, M.M. *Corrida de rua, um fenômeno sociocultural contemporâneo*. São Paulo, 2009. Tese de doutorado. Faculdade de Educação, USP.

FOLHA DE S. PAULO. Disponível em: http://www1.folha.uol.com.br/fsp/poder/36069-datafolha-estreia-novo-calculo-de-multidao.shtml. Acessado em: jan. 2015.

GIACAGLIA, M.C. *Organização de eventos. Teoria e prática*. São Paulo: Pioneira, Thompson Learning, 2004.

GEHL, J. *Cidade para as pessoas*. São Paulo: Perspectiva, 2013.

GETZ, D. *Event studies: theory, research and policy for planned events*. Oxford: Butterworth Heinemann, 2007.

GIDDENS, A. *As consequências da modernidade*. Tradução de Raul Fiker. São Paulo: Editora Unesp, 1991.

HARVEY, D. *The urban experience*. Oxford: Basil Blackwell, 1989.

LEFEBVRE, H. *O direito à cidade. O fenômeno urbano: sentido e finalidade da industrialização. O principal direito do homem*. Tradução de T. C. Netto. São Paulo: Documentos, 1969.

______. *De lo rural a lo urbano*. Tradução de Javier Gonzãlez-Pueyo. Barcelona: Edicones Península, 1971.

LISBOA, V.S. *Eventos programados e suas dinâmicas espaciais: São Paulo em foco*. São Paulo, 2010. Dissertação de mestrado. FAU/USP.

LYNCH, K. *A imagem da cidade*. São Paulo: Martins Fontes, 1982.

MAGNANI, J.G. *Rua, símbolo e suporte da experiência urbana*. Disponível em: http://www.n-a-u.org/ruasimboloesuporte.html. Acessado em: nov. 2013.

MINISTÉRIO PÚBLICO DO ESTADO DE SÃO PAULO & CEPAM. *Encontro temático sobre uso coletivo do espaço público para eventos*. Disponível em: http://www.cepam.sp.gov.br/index.php?option=com_content&task=view&id=1958&Itemid=17. Acessado em: nov. 2013.

MAUSS, M. *Sociologia e antropologia*. Tradução de Mauro W. B. de Almeida. São Paulo: Edusp, 1974.

[PMRJ] PREFEITURA MUNICIPAL DO RIO DE JANEIRO. CENTRO DE ESTUDOS E PESQUISA DE DESASTRES. IT CEPD 001. *Estimativa do quantitativo de indivíduos em multidões*. Mar. 2006. Disponível em: http://www0.rio.rj.gov.br/defesacivil/IT%20CEPD%20001.pdf. Acessado em: nov 2013.

PREFEITURA DE SÃO PAULO. Lei n. 14.072, de 18 de outubro de 2005 – autoriza a Companhia de Engenharia de Tráfego (CET) a cobrar pelos custos operacionais em eventos relativos à operação do sistema viário. Disponível em: http://www3.prefeitura.sp.gov.br/cadlem/secretarias/negocios_juridicos/cadlem/integra.asp?alt=19102005L140720000. Acessado em: 28 abr. 2009.

______. Decreto n. 46.942, de 30 de janeiro de 2006. Regulamenta aplicação da Lei n. 14.072, de 18 de outubro de 2005, que autoriza a Companhia de Engenharia de Tráfego - CET a cobrar pelos custos operacionais de serviços prestados em eventos, relativos à operação do sistema viário. Disponível em: http://www3.prefeitura.sp.gov.br/cadlem/secretarias/negocios_juridicos/cadlem/pesqnumero.asp?t=D&n=46942&a=&s=&var=0. Acessado em: 28 abr. 2009.

______. Decreto n. 49.969, de agosto de 2008. Regulamenta a expedição de Auto de Licença de Funcionamento, Alvará de Funcionamento, Alvará de Autorização para eventos públicos e temporários e Termo de Consulta de Funcionamento, em consonância com as Leis n. 10.205, de 4 de dezembro de 1986, e n. 13.885, de 25 de agosto de 2004; revoga os decretos e a portaria que especifica. Disponível em: http://www3.prefeitura.sp.gov.br/cadlem/secretarias/negocios_juridicos/cadlem/integra.asp?alt=29082008D 499690000

RUSCHMANN, D. *Turismo e planejamento sustentável. A proteção ao meio ambiente.* 6.ed. Campinas: Papirus, 2000.

SANCHEZ, F. Políticas urbanas em renovação: uma leitura crítica dos modelos emergentes. *R. B. Estudos Urbanos e Regionais.* n.1, p.115, maio 1999.

SANTOS, C.N.F.; VOGEL, A. (coord.). *Quando a rua vira casa: a apropriação de espaços de uso coletivo em um centro de bairro.* 2.ed. Rio de Janeiro: Convênio Ibam/Finep, 1981.

SANTOS, M. *A natureza do espaço. Técnica e tempo. Razão e emoção.* São Paulo: Hucitec, 1996.

SANTOS, M.; SILVEIRA, M.L. *O Brasil – Território e sociedade no início do século XXI.* Rio de Janeiro: Record, 2001.

TYLER, D.; GUERRIER, Y.; ROBERTSON, M. (orgs.) *Gestão de turismo municipal.* São Paulo: Futura, 2001.

VARGAS, H.C.; LISBOA, V.S. Dinâmicas espaciais dos grandes eventos no cotidiano da cidade: significados e impactos urbanos. *Cadernos Metrópole.* v. 13, n. 25. São Paulo: Educ, 2011.

Capítulo 9

Eventos e megaeventos: ócio e negócio no turismo[1]

Ricardo Alexandre Paiva

> É importante haver reconhecido, estudado e analisado o território social e urbano antes de fazer propostas, ao mesmo tempo em que é preciso pensar no uso posterior, pois os eventos são ocasiões demasiado únicas para desperdiçá-las em oportunidades pontuais e perdidas para a melhoria real da vida cotidiana das pessoas que vivem nas cidades.
> (Muxi, 2010, p.123)

As atividades de ócio e/ou de negócio sempre estiveram presentes no âmbito da atividade turística quando, para realizá-las, era necessário um deslocamento, uma viagem. As viagens de mercadores em busca de novas terras, novos mercados e novos produtos desde sempre são marcadas como viagens de negócios. Já os deslocamentos das classes mais abastadas, em busca de repouso, conhecimento e cultura, peregrinação religiosa, entre outras, ainda que posteriores (século XVI), são caracterizados como uma forma de preenchimento do tempo de ócio com atividades prazerosas. No entanto, as viagens turísticas, propriamente ditas, assumiram papel de destaque na medida em que foram sendo capturadas e absorvidas pelo sistema capitalista, transformando o turismo em uma grande atividade econômica, ou seja, em um grande negócio. Para compreender essa evolução, é importante resgatar historicamente a dialética entre ócio e negócio na relação com o turismo.

---

[1] Este capítulo é uma revisão do artigo homônimo publicado na *Revista Brasileira de Pesquisa em Turismo*, v.9(3), 2015.

Em sua origem, na Grécia Antiga, o ócio era privilégio das classes bens nascidas, que podiam dedicar-se às atividades filosóficas e de gestão das cidades em contraposição ao trabalho para a sobrevivência, necessário para as demais classes sociais.

> Tanto é verdade que a origem etimológica da palavra negócio (o comércio, o trabalho, o negócio) surgiu como oposição ao conceito de ócio, decorrente de sua concepção grega negócio, isto é, negação do ócio[2] (Vargas e Lisboa, 2011, p.148-149).

A distinção entre ócio e negócio se insere, então, na divisão das atividades intelectuais e manuais, das artes liberais, orientadas para as classes privilegiadas, e das artes mecânicas, voltadas para a classe trabalhadora, respectivamente.

Ócio, derivado do latim *otium*, refere-se ao tempo utilizado para as atividades de descanso ou repouso ou para uma ocupação prazerosa e, como tal, com o passar do tempo, assumiu a ideia de ociosidade, preguiça, tempo não produtivo (Aquino e Martins, 2007).

No contexto das mudanças provocadas pela Revolução Comercial, a partir do século XV, marcada, sobretudo, pela ascensão da burguesia mercantil e pelos valores protestantes, o trabalho passa a adquirir importância maior entre as classes mais abastadas, ao permitir e justificar o enriquecimento, atribuindo ao ócio uma conotação negativa (Vargas, 2001).

Nesse momento, as viagens têm uma motivação relacionada aos deslocamentos impulsionados pela conquista de novos territórios dentro da lógica expansionista e imperialista dos primórdios do capitalismo, portanto motivadas, prioritariamente, pelos negócios.

As viagens voltadas para o ócio, e privilégio das classes dominantes, serão, por sua vez, intensificadas a partir do Iluminismo, no final do século XVII e começo do XVIII, coincidindo com o nascimento do capitalismo industrial, e essa exclusividade será mantida até meados do século XX.

O capitalismo industrial, marcado pelas revoluções industriais, a partir do final do século XVIII, vai estimular também as viagens de negócios, tendo como referência as exposições universais, a partir de 1951, em Londres, como forma de divulgação da produção industrial, reproduzindo, de certa forma, o papel das grandes feiras da Idade Média (Vargas, 2001).

Quanto ao uso do tempo, ele será regido pelo viés da produção industrial. A ideia de tempo livre passa a ter primazia em relação ao tempo do

---

[2] Essa discussão foi originalmente publicada por Vargas (2001).

ócio, mas continua a designar a ideia de oposição ao negócio. A expressão "tempo livre" exprime a desobrigação do trabalho regulamentado, mas não necessariamente de exercício da liberdade.

No início do processo de industrialização, os operários não dispunham de tempo livre em razão das condições de exploração do trabalho. Lafargue escreveu o livro *Direito à preguiça*, publicado pela primeira vez em 1880, denunciando essa situação e reivindicando o tempo livre como forma de emancipação.

O ócio, nesse contexto, passa a estar relacionado à necessidade de dispor de um tempo para a recuperação da força de trabalho, como forma de não comprometer a produtividade ou de realização de mais trabalho, garantindo o acesso aos produtos industriais colocados à sua disposição pelo sistema (Vargas, 1996). É justamente nesse momento, em que o consumo é induzido pela produção industrial, que se inicia o desenvolvimento do turismo como atividade econômica propriamente dita, já no século XIX.

Na lógica da indústria fordista, da produção e do consumo de massa, emerge o turismo de massa[3], que acentua a contraposição entre o tempo de trabalho e o tempo de ócio, correspondendo, respectivamente, ao cotidiano e ao anticotidiano, ao ordinário e ao extraordinário. Segundo Urry (2001, p.17), "o turismo é uma atividade de lazer que pressupõe o seu oposto, isto é, um trabalho regulamentado e organizado".

O uso do "tempo livre" para o turismo pressupõe o trabalho, pois as pessoas que não possuem remuneração (proveniente do trabalho) não têm condição de realizar os gastos necessários para a prática do turismo (hospedagem, alimentação, deslocamento, compras, etc.). "Entende-se o tempo livre, portanto, como aquele vinculado ao trabalho, pois, se não houver o trabalho, o tempo não será livre, estará sempre desocupado" (Coriolano e Silva, 2005, p.50).

No tempo social sob a égide da industrialização, o tempo do trabalho (negócio) e o tempo livre (ócio) alimentam a reprodução do modo de pro-

---

[3] Cruz explicita as especificidades do turismo de massa ao afirmar que "[...] é preciso reconhecer que 'turismo de massa' não significa 'turismo das massas', pelo simples fato de que as massas não fazem turismo. O turismo de massa é uma forma de organização do turismo que envolve o agenciamento da atividade bem como a interligação entre agenciamento, transporte e hospedagem, de modo a proporcionar o barateamento dos custos da viagem e permitir, consequentemente, que um grande número de pessoas viaje. Faz-se necessário lembrar, entretanto, que essa quantidade de pessoas que viaja está muito longe de corresponder ao total da população mundial e muito longe, portanto, de corresponder à massa da população do planeta" (2001, p.6).

dução capitalista, pois "as leis do sistema (de produção) nunca entram de férias" (Baudrillard, 2008, p.205).

Adentrando a pós-modernidade, as práticas sociais que envolvem o turismo transcenderam o turismo de massa e, atualmente, caracterizam-se como uma atividade inserida no modo de "produção flexível", com a prevalência da lógica do consumo, da flexibilidade e da segmentação das demandas e das ofertas turísticas, da busca de uma série de sensações que envolvem o consumo de bens imateriais, experiências intangíveis e serviços diferenciados.

A flexibilidade das práticas sociais do turismo na atualidade se manifesta na divisão em segmentos e na emergência de várias modalidades da atividade, em função das características específicas dos lugares a serem produzidos e consumidos, da complexidade das demandas e dos tipos de consumidores – caracterizando o "turismo flexível"[4] –, assim como dos benefícios econômicos decorrentes da diversificação das ofertas.

O "turismo flexível" se relaciona também ao tempo, que se torna fragmentado, mensurável, passível de comercialização, como qualquer outra mercadoria. Tal premissa se manifesta, frequentemente, no desmembramento do período de férias, favorecendo deslocamentos para destinos diversos, assim como na possibilidade de realizar viagens em que ócio e negócio coexistem, como é o caso verificado no turismo de eventos, de negócios e em megaeventos.

Conforme discussão levantada, ócio e tempo livre se confundem, o que leva à necessidade de precisar as diferenças entre eles. O tempo de ócio entendido como tempo livre conserva muito do seu significado de origem, qual seja, a oposição ao trabalho, o tempo em que nos livramos das obrigações laborais e realizamos atividades de outra natureza, como administração familiar, obrigações domésticas, etc. (Masia e Montero, 2011), ainda que estas, muitas vezes, sejam imperativas e necessárias para a sobrevivência.

Neste sentido, Munné (1980, apud Masia e Montero, 2011) destaca que o tempo de ócio deve envolver uma atividade, geralmente prazerosa, que o indivíduo voluntariamente deseja realizar, desde descansar, divertir-se, entreter-se, viajar, informar-se ou desenvolver sua formação, independentemente de suas obrigações profissionais, familiares e sociais.

---

[4] O turismo flexível foi uma definição discutida por Paiva. "O turismo contemporâneo, ou flexível, empregando-se uma analogia ao processo de acumulação atual, incorpora também os avanços tecnológicos de transportes e comunicação, facilitando a articulação entre os lugares." (2011, p.36).

É esse caráter voluntário e prazeroso das atividades realizadas no tempo de ócio que pode se desdobrar em práticas de lazer que envolvem o turismo (deslocamentos).

A complexidade verificada na contemporaneidade aponta ainda para mais uma dificuldade em definir as fronteiras entre o tempo de trabalho e o tempo de ócio, pois tanto o trabalho pode se constituir ou se sobrepor a uma prática ou a um estado de ócio, quanto o ócio pode se vincular ou se transformar em negócio[5].

O turismo de eventos, de negócios e os megaeventos, discutidos a seguir e esquematizados na Figura 9.1, situam-se nessa encruzilhada, entre ócio e negócio, pois o suposto antagonismo entre ócio e negócio acaba por se diluir, na medida em que uma viagem para eventos de negócios acaba por ser complementada com a realização de atividades de lazer das mais diversas

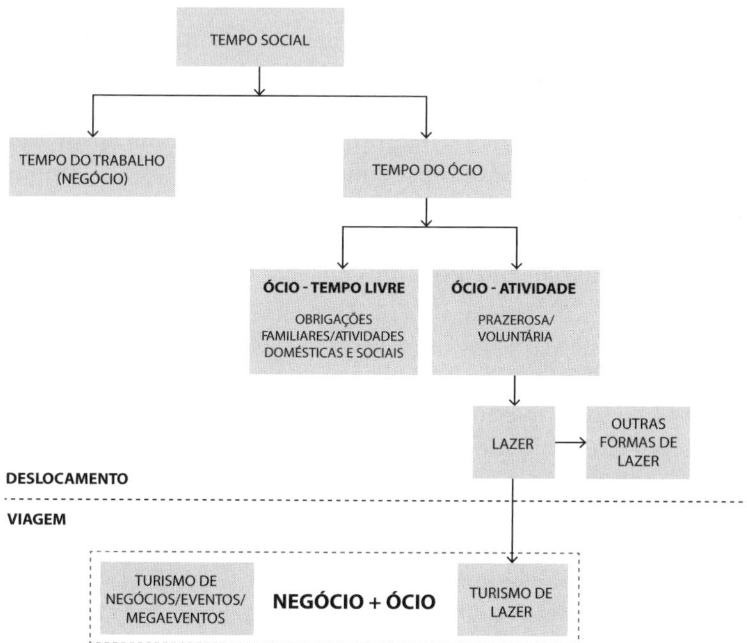

Figura 9.1 – Relação ócio, negócio e turismo. Fonte: Adaptada de Malta (2000).

[5] Nessa direção, afirma-se o conceito de ócio criativo (De Masi, 2000), qual seja, a conciliação entre um modo de viver e trabalhar criativamente, apostando em uma nova economia fundada no tempo livre (Aquino e Martins, 2007).

no tempo de não trabalho. Por outro lado, eventos voltados às atividades de recreação e lazer têm assumido o *status* de um grande negócio turístico.

Turismo de negócios *versus* turismo de eventos

Embora o "turismo de negócios" se consolide como um fenômeno da sociedade moderna, incrementado por uma maior divisão internacional do trabalho, os deslocamentos originados por negócios e pelas especificidades de certas profissões constituem uma das motivações mais antigas para viajar.

Desde a Antiguidade, a necessidade de trocas comerciais, seja por causa da escassez ou ausência de certos produtos (agrícolas, a princípio) em determinadas regiões, seja em busca de lucro, impulsionou diversos deslocamentos. Esse mercado de trocas, por seu turno, contribuiu sobremaneira para o estabelecimento de importantes núcleos urbanos e rotas comerciais.

Na Idade Média, por exemplo, as feiras se constituíram como importantes espaços de negócios e se localizavam estrategicamente em rotas comerciais terrestres (Vargas, 2001). Com os Grandes Descobrimentos, essas rotas comerciais passaram a ser marítimas, consoante o desenvolvimento das navegações, criando novas oportunidades de negócios e contribuindo para expansão do mercantilismo. No século XIX, os processos migratórios internacionais, as expedições e as colonizações também foram viagens impulsionadas prioritariamente por conveniências de negócio.

A industrialização potencializa os deslocamentos de pessoas, mercadorias e viagens motivadas pelos negócios. Para Swarbrooke e Horner (2001, apud Marques, 2012), esse processo se intensifica por 3 razões, a saber: a Revolução Industrial, que aumentou sobremaneira a produção de bens que deveriam ser comercializados, divulgados e transportados, juntamente com o surgimento da figura do vendedor, que frequentemente viajava a trabalho; a colonização na África, Oriente Médio e Ásia por países europeus, aumentando o deslocamento de bens entre metrópoles e colônias; e, finalmente, o desenvolvimento dos meios de transportes, tanto ferroviário quanto rodoviário, e suas respectivas vias, que possibilitaram a diminuição do tempo de deslocamento, permitindo, assim, alcançar lugares e mercados mais distantes.

Com o advento da industrialização, em que os meios de transportes e comunicações são meio e condição para a sua consolidação, as relações comerciais dos produtos industrializados se intensificam. As feiras e exposições internacionais eram promovidas como eventos para demonstração das possibilidades da indústria e tinham como meta internacionalizar a produção e o consumo destes produtos industrializados. Nesse contexto, as viagens suscitadas pelos eventos possuem forte ligação com o negócio e também com o ócio.

No início do século XX, as viagens de negócio se especializam, sobretudo nos Estados Unidos, e surgem as conferências e convenções. Nesse momento, fica evidente, assim como nas exposições internacionais, a interseção entre as viagens motivadas por negócios e a realização de eventos.

> Associações industriais, comerciais e científicas, juntamente com entidades políticas, começaram a organizar encontros em grande escala nos finais do século XIX que se desenvolveram nas primeiras décadas do século XX. O desenvolvimento deste tipo de eventos despertou a atenção dos potenciais destinos, capazes de albergar tais encontros, para os benefícios econômicos e sociais que representavam. Consequentemente, as cidades começaram a promover os seus recursos e atrativos de forma a captar o maior número possível de eventos, verificando-se o surgimento de organizações especializadas neste domínio: os *Convention Bureaux* (por vezes também designados de *Convention & Visitors Bureaux*) (Marques, 2012, p.149).

Na segunda metade do século XX, momento que se intensifica a promoção desses eventos prioritariamente relacionados aos negócios, é que surgem as modalidades de turismo de negócios e turismo de eventos, ao mesmo tempo que as atividades da cultura, do entretenimento e do lazer a eles associados contribuem para garantir a permanência do visitante por mais tempo.

Os avanços da comunicação e dos transportes (sobretudo aéreo) pós-Segunda Guerra e o advento da pós-modernidade potencializaram ainda mais a realização de viagens motivadas por negócios e a realização de eventos profissionais e, mais recentemente, relacionados ao ócio.

Essas atividades ligadas predominantemente ao ócio passam a ser tão vantajosas economicamente que, em muitos casos, elas se transformaram na principal motivação para a realização de um evento e, por conseguinte, converteram-se em um grande negócio. O megaevento constitui certamente a maior expressão dessa realidade, como será visto mais adiante.

O turismo de negócios constitui, assim, uma das práticas que motiva a realização de viagens, conforme a definição de turismo cunhada pela OMT, qual seja, "as atividades que as pessoas realizam durante viagens e estadas em lugares diferentes do seu entorno habitual, por um período inferior a 1 ano, com finalidade de lazer, negócios ou outras" (OMT, 2001).

Para Marques (2012), o turismo de negócios se divide em dois componentes: individual (viagens de negócios individuais) e coletiva ("*Meeting Industry*"[6], reuniões, exposições/feiras, incentivos, hospitalidade corporativa). Essa vertente coletiva se identifica com o chamado turismo de eventos.

O turismo de eventos é uma segmentação que possui como produto turístico a realização de um acontecimento planejado, que constitui uma importante motivação para o desenvolvimento da atividade turística. A especificidade que envolve o turismo de eventos, independentemente de sua magnitude e alcance, refere-se ao fato de que, a princípio, a motivação é extrínseca aos sujeitos que realizam a viagem, no caso, o turista ou participante do evento, uma vez que a sua realização é suscitada pelos promotores (entes privados e/ou públicos), de modo diferente das outras modalidades de turismo, em que a motivação é intrínseca.

Isso não significa admitir que os turistas estejam obrigados a participar dos eventos de forma compulsória, mas indica, por outro lado, que, na modalidade de turismo de eventos, a oferta tem primazia em relação à demanda.

A importância do emergente mercado de eventos tem como particularidade o incremento do turismo nos períodos de baixa estação, evitando a diminuição do fluxo de turistas provocados pela sazonalidade, podendo, assim, equilibrar as oscilações entre a oferta e a demanda turística.

É importante salientar que a motivação primeira para a prática da modalidade de turismo de eventos, qual seja, o próprio evento, é acompanhada ou coexiste com outras práticas e motivações (atrativos históricos e culturais, compras, gastronomia, etc.). Nesse sentido, tanto as práticas do ócio quanto as do negócio compõem as ofertas e demandas turísticas relacionadas aos eventos, premissa que constitui um dos argumentos deste capítulo. Por causa disso, com o objetivo de garantir maior êxito ao evento, qualificando-o como um bom negócio, e atrair mais turistas, os promotores buscam associá-lo a

---

[6] "Como tentativa de uniformização de conceitos e criação de uma imagem mais forte do setor surgiu, em 2006, o conceito de *Meetings Industry* (MI), cuja tradução à letra é 'indústria das reuniões'. Este conceito veio substituir, de um modo geral, a utilização da expressão Mice (e outras expressões similares) e começou a ser utilizado em novembro desse ano, de acordo com uma decisão levada a cabo pela International Congress & Convention Association (ICCA), a Meeting Professionals International (MPI), a Reeds Travel Exhibitions e a United Nations World Tourism Organization (UNWTO)" (Marques, 2012, p.155).

outras amenidades preexistentes ou criar outras atratividades que valorizem o evento como um produto turístico contextualizado, concentrando atividades de lazer e trabalho[7].

O turismo de eventos admite que, no destino da viagem, o participante/turista intercale atividades de trabalho e lazer, com a possibilidade de que as atividades de negócio realizadas no evento sejam prioritárias em relação ao ócio, constituindo, assim, o motivo principal do deslocamento. Embora o turismo de eventos esteja contido no turismo de negócios, essas duas categorias apresentam algumas distinções, pois, nesse último (missões, reuniões, viagens corporativas ou encontros técnicos e científicos), não há propriamente o intuito de se criar o atrativo, uma vez que o turista de negócios se desloca com a finalidade de atender às demandas e às oportunidades suscitadas prioritariamente pelo trabalho, dependentes não necessariamente da atratividade turística do lugar, ou mesmo porque o viajante não realiza atividades de lazer durante a viagem.

Outra distinção se refere ao fato de que nem todos os eventos acontecem relacionados a convenções, missões, reuniões, viagens corporativas ou encontros técnicos e científicos, pois têm a sua razão de ser relacionada a atividades de lazer, entretenimento, espetáculos artísticos e culturais, exposições e feiras, festas populares (profanas e sagradas), competições esportivas, entre outros.

Em virtude das interseções entre o turismo de negócios e eventos, sobretudo a realização de uma atividade de trabalho no destino, o Ministério do Turismo no Brasil, para efeito de planejamento, qualifica o turismo de negócios e eventos como uma importante segmentação da oferta turística e define Turismo de Negócios & Eventos como "o conjunto de atividades turísticas decorrentes dos encontros de interesse profissional, associativo, institucional, de caráter comercial, promocional, técnico, científico e social" (Brasil, Ministério do Turismo, 2010, p.15).

Tenan (2002) destaca vários benefícios suscitados pelo turismo de eventos que podem ser estendidos ao turismo de negócios, entre eles: o equilíbrio da oferta e da demanda turística geral, minimizando problemas de sazonalidade; a agregação de valor à oferta turística; o favorecimento da atuação de todo o *trade* turístico da localidade receptora e emissora; a geração

---

7 A maioria dos eventos não está necessariamente enraizada ao lugar no qual é realizado, embora existam exceções, caso dos eventos culturais, em que a tradição, o folclore e as festividades possuem forte vínculo com o lugar, como o Carnaval, no Rio de Janeiro, Recife ou Salvador, só para citar alguns poucos exemplos.

de negócios; a oportunidade de criação de emprego e renda e a captação de divisas; o prestígio à cidade ou país-sede, que é alvo da imagem positiva na mídia espontânea.

Entretanto, é importante destacar que essas vantagens associadas aos eventos e aos negócios são exploradas no discurso dos profissionais do ramo, envolvidos em sua promoção, gestão e organização. Percebe-se que, na maioria das vezes, esses promotores públicos e/ou privados justificam a sua importância, principalmente quando se trata de eventos, apenas em termos econômicos (benefícios e legados) e não atentam para as contradições e custos sociais de sua realização.

De fato, o mercado de eventos busca, o máximo possível, estimular a realização de eventos a fim de incrementar os diversos negócios a ele correlatos, que têm como meta a rentabilidade, independentemente do caráter das atividades (ócio e/ou negócio).

Entidades internacionais, como a International Congress and Convention Association[8] (ICCA), vêm, sistematicamente, analisando as tendências do mercado de turismo de eventos e negócios e divulgando o ranking de países e cidades que mais hospedam eventos internacionais. Esse ranking não contempla eventos de caráter cultural e esportivo, apenas feiras, congressos e convenções.

O Brasil ocupa uma posição de destaque no ranking, passando de 11° colocado, em 2005, para 9° colocado, em 2013, com 315 eventos sediados, chegando a ocupar, em 2012, a 7ª posição. Com isso, o país ocupa a 2ª melhor colocação das Américas, atrás apenas dos Estados Unidos, 1° colocado do ranking, com 829 eventos sediados.

No ranking de cidades, não há a participação de nenhuma cidade brasileira na lista das 20 que mais sediam eventos. O Rio de Janeiro é a cidade

---

[8] "A International Congress and Convention Association (ICCA) surgiu em 1958, quando 6 agências de viagens de países diferentes, especializadas em mercado de congressos e convenções, reuniram-se para formar uma associação com o objetivo de estudar formas práticas da indústria de viagens e promover a expansão do mercado das reuniões internacionais, mediante a troca de informação sobre as suas operações. A partir daí, outras agências se organizaram e formaram associações. De alguns anos para cá, adotou o nome The International Meeting Association (Associação Internacional de Encontros), apesar de não alterar a sigla pela qual ficou mundialmente famosa. A ICCA tem como missão ser uma organização da mais alta qualidade para os seus sócios, com o objetivo de facilitar as oportunidades empresariais; elevar e encorajar padrões profissionais alinhados com as expectativas do cliente; desenvolver a competência e a compreensão dos mecanismos da indústria e facilitar a troca de informações entre os sócios" (Coriolano e Montes, 2003, p.52).

Tabela 9.1 - ICCA Ranking de países e cidades mensurados pelo número de eventos organizados em 2013.

Ranking	País	Eventos	Ranking	Cidade	Eventos
1	E.U.A.	829	1	Paris	204
2	Alemanha	722	2	Madri	186
3	Espanha	562	3	Viena	182
4	França	527	4	Barcelona	179
5	Reino Unido	525	5	Berlim	178
6	Itália	447	6	Singapura	175
7	Japão	342	7	Londres	166
8	China	340	8	Istambul	146
9	Brasil	315	9	Lisboa	125
10	Países Baixos	302		Seul	125
11	Canadá	290	11	Praga	121
12	Coreia do Sul	260	12	Amsterdã	120
13	Portugal	249	13	Dublin	114
14	Áustria	244	14	Buenos Aires	113
15	Suécia	238	15	Bruxelas	111
16	Austrália	231	16	Copenhague	109
17	Argentina	223	17	Budapeste	106
18	Turquia	221	18	Pequim	105
19	Bélgica	214	19	Roma	99
20	Suíça	205	20	Banguecoque	93
				Estocolmo	93
				Sydney	93

Fonte: http://www.iccaworld.com/cdps/cditem.cfm?nid=4036

que mais acolhe eventos no Brasil e ocupa a 26ª posição no ranking, com 79 eventos, seguida de São Paulo, na 31ª posição, com 70 eventos, e Foz do Iguaçu, na 161ª posição, com 15 eventos.

Os eventos voltados para os negócios tendem a ter um alcance e um público mais característico e restrito, inclusive porque possuem uma audiência menor que os eventos para o ócio, como os esportivos, culturais, artísticos e de entretenimento, que possuem sua finalidade associada, de fato e cada vez mais, às atividades com fins de lazer, recreação e turismo.

Não resta dúvida de que os segmentos de turismo de negócios e de eventos constituem uma das modalidades turísticas mais dinâmicas na atualidade, pois englobam grande parte da cadeia produtiva da atividade, como transportes, hotelaria, alimentação, animação cultural e esportiva, diversas escalas de comércio e de serviços, sem falar da grande repercussão espacial. Prova disso se sustenta na competitividade entre os lugares para promover os destinos turísticos e captar esses eventos, que, mais recentemente, têm assumido um alcance sem precedentes.

Dos eventos aos megaeventos

Embora os eventos reúnam atividades de ócio e de negócio, possuem a primazia de uma das duas motivações, o que permite classificá-los quanto ao tipo. Entretanto, a categorização do evento quanto a escala, dimensão e alcance suscita o questionamento: Quando um evento passa a ser um megaevento?

Antes de responder a esse questionamento, é importante destacar que um grande evento não é necessariamente um megaevento, uma vez que certo evento pode reunir uma quantidade significativa de pessoas, mas a pontualidade com que ele acontece no tempo e no espaço não o qualifica como um evento de repercussões que transcendem a escala local.

Os megaeventos têm sido um tema emergente e objeto de estudo de vários campos disciplinares, justamente por seus variados desdobramentos econômicos, políticos, culturais e espaciais.

De modo geral, o megaevento constitui uma segmentação da oferta turística, que se diferencia do turismo de eventos na medida em que as suas práticas são mais complexas e mais abrangentes, além do fato de que constitui uma condição e um sintoma da globalização da sociedade. Entretanto, os eventos e megaeventos encontram como ponto de interseção o fato de constituírem um grande negócio para o turismo, em menor ou maior escala.

A magnitude que qualifica um megaevento se sustenta na mobilização, além da atividade turística e do evento em si, de uma variedade de ações e dimensões econômicas, políticas e simbólicas, que transcendem a escala local e apontam para um elevado nível de articulação entre os lugares e os agentes envolvidos globalmente, traduzindo-se em uma complicada trama de interesses, conexões e conflitos. Para Hall, os megaeventos

> apresentam grandiosidade em termos de público, mercado-alvo, nível de envolvimento financeiro do setor público, efeitos políticos, extensão de cobertura televisiva, construção de instalações e impacto sobre o sistema econômico e social da comunidade anfitriã (1992, p.59).

Para Getz, os megaeventos são "tipicamente mundial na sua orientação e exigem uma oferta competitiva para ganhá-los como um evento único para um lugar particular" (2008, p.408). Tais definições reforçam, ainda, que o alcance do evento é global, mas ele está enraizado no local, quer dizer, sua realização não se desenvolve independentemente nem do lugar, nem da comunidade que o acolhe, justamente porque produz vários desdobramentos socioespaciais.

Embora os megaeventos sejam pontuais no espaço e no tempo, sua realização gera transformações que excedem, extrapolam e suplantam as barreiras espaciais e temporais. Os megaeventos impactam e promovem transformações espaciais que incidem antes, durante e após o acontecimento planejado e que alargam a sua amplitude no tempo. Esse desencadeamento para trás e para a frente, que se estabelece desde a sua captação até o pós-evento, também qualifica um evento como mega.

Na perspectiva do turismo, esses megaeventos, pela grande cobertura e audiência da/pela mídia internacional na contemporaneidade, constituem uma oportunidade singular de estimular a produtividade e competitividade do lugar sede, potencializando não somente as atividades específicas relativas ao evento, mas toda a cadeia produtiva, modalidades e segmentações atreladas ao turismo, além de outras atividades econômicas, conformando-se como um grande negócio.

É importante ressaltar, entretanto, que, historicamente, os megaeventos remontam as Feiras e Exposições Universais do século XIX, que já possuíam uma escala mundial e movimentavam trocas de informações, mercadorias e serviços entre sujeitos de várias partes do mundo, gerando deslocamentos e viagens. Mas o seu alcance e o seu impacto restringiam-se às limitações impostas pelos meios de transporte e comunicações, ainda não tão desenvolvidos à época.

Ao longo do século XX, concomitantemente ao progresso tecnológico dos meios de comunicação, os eventos planejados possibilitaram o envolvimento e a participação de muito mais pessoas sem requerer necessariamente a presença física. O advento das coberturas televisivas e de comunicação de massa contribuiu sobremaneira para transformar um evento (planejado ou não) em algo espetacularmente superlativo. Nesse contexto de transformação, os megaeventos esportivos estão para o século XX e XXI assim como as exposições universais estavam para o século XIX.

Os megaeventos relacionados ao ócio, fundamentalmente os esportivos, acabaram por suplantar os eventos que possuíam o negócio como primazia, na medida em que o ócio passou a ser uma atividade passível de ser transformada em importante insumo para reprodução do capitalismo. Nesse novo *status* do ócio, os megaeventos esportivos passaram a ter uma importância significativa ao promover, em várias escalas, a competição de diversas modalidades esportivas (concentradas, como as Olimpíadas, ou individualizadas, como a Copa do Mundo de Futebol), envolvendo diversos atletas, países e suas instituições públicas e privadas, além das organizações ou entidades transnacionais, como o Comitê Olímpico Internacional (COI) e a Fédération Internationale de Football Association (Fifa).

As práticas e competições esportivas têm contribuído para diluir diversas barreiras econômicas, políticas e culturais dos estados-nação, funcionando como um elo de integração entre os povos. Essa paixão mundial pelo esporte, que inclui a idolatria aos atletas, aos símbolos da nação (bandeiras, camisas, ícones), estimula o orgulho cívico e a exposição nacional e potencializa o interesse dos lugares em sediar esses eventos esportivos devido à garantia de adesão de vários atores: turistas (torcedores ou não), o Estado, patrocinadores, mídia internacional, entre outros.

Note-se que, pela grandiosidade e pela logística para viabilizá-lo, o megaevento movimenta profissionais de diversas áreas, tanto nos centros emissores quanto nos receptores, suscitando negócios de várias naturezas e a construção de estruturas e infraestruturas urbanas e edilícias.

(Mega)eventos, arquitetura e cidade

O turismo de eventos e os megaeventos exigem intervenções no espaço, uma vez que a atratividade dos lugares por si só não permite o pleno desenvolvimento dos fluxos turísticos, o que torna necessária a provisão de infraestruturas urbanas e edilícias para a sua efetivação. Essas intervenções podem se transformar em atrativos turísticos e mobilizar investimentos e capital em escala global e local.

Esses espaços (infraestruturas urbanas e tipos de edifícios) que possibilitam e abrigam os eventos possuem um caráter permanente ou ocasional.

> A realização de grandes eventos no espaço urbano já construído revela dois tipos principais de espaços: os permanentes e os ocasionais. Os permanentes referem-se a espaços que foram concebidos para uma atividade principal, de eventos, definindo em projeto as premissas de ocupação, dimensão e localização, ainda que esse espaço possa ser utilizado para outras atividades. Entre eles

> incluem-se pavilhões de exposições, centros de convenções, auditórios, salas de concerto, templos religiosos, salões de festas, ginásios, estádios, recintos para exposições, casas de música, autódromos, sambódromos, hípicas, clubes associativos, recreativos e esportivos. [...]. Os espaços ocasionais de eventos [...] são espaços estratégicos, utilizados temporariamente, de acordo com os objetivos de determinado evento. Como exemplo, podemos citar os logradouros públicos, tais como ruas, praças, viadutos e parques (Vargas e Lisboa, 2011, p.152-153).

Essa distinção dos tipos de espaços destinados à realização de eventos demonstra o alcance, a escala e a repercussão espacial dos (mega)eventos.

As articulações entre (mega)eventos, turismo, cidade e arquitetura se relacionam, em grande medida, a uma variedade de tipologias arquitetônicas, como os centros de convenções, feiras e eventos; os complexos de eventos atrelados aos meios de hospedagem; e os edifícios ou complexos culturais e esportivos.

Os centros de convenções, feiras e eventos, em estruturas independentes ou em hotéis, constituem importantes tipologias arquitetônicas que têm sua função relacionada, principalmente, ao turismo de eventos e negócios e menos aos megaeventos.

Os eventos como congressos, exposições e feiras demandam edifícios com funções e estruturas diversas, que podem ser independentes ou agrupados em complexos.

> [...] segundo o estatuto da Associação Brasileira de Centros de Convenções e Feiras (Abraccef), dentre as categorias de classificação dos associados, há os que possuem a denominação social ou de fantasia de centro de convenções, centro de convenções e feiras, centro de convenções e de exposições, pavilhão de exposições, pavilhão de feiras, *convention center* ou centro de eventos. Eles têm por objeto social, única e exclusivamente, a oferta de espaços e serviços correlatos a terceiros, específicos e apropriados, para a realização de eventos de qualquer tipo ou natureza, sob a forma de locação ou cessão, em caráter temporário (Brasil; Ministério do Turismo, 2010, p.22).

A solução em planta dos pavilhões para eventos e feiras apresenta elementos arquétipos, sobretudo em relação à flexibilidade dos espaços: uma espécie de galpão modulado e livre, capaz de abrigar usos eventuais e de tamanhos distintos. A explicitação da estrutura também constitui outro aspecto típico dos pavilhões de feiras e exposições.

O Palácio de Cristal (Figura 9.2), construído em 1851, em Hyde Park, primeira grande edificação que caracteriza a tipologia de um pavilhão de ex-

Figura 9.2 – Palácio de Cristal no Hyde Park em Londres. Fonte: http://upload.wikimedia.org/wikipedia/commons/d/d8/Crystal_Palace_General_view_from_Water_Temple.jpg

posição, demonstra a condição de flexibilidade, racionalidade e expressão da estrutura, todas características necessárias à realização de eventos, assim como tantos outros que foram construídos para sediar eventos e exposições internacionais desde o século XIX.

No caso de (mega)eventos, que são, de modo geral, extraordinários no tempo e no espaço, historicamente, as estruturas para abrigá-los podem ter um caráter itinerante e transitório. Os pavilhões de feiras e exposições são um exemplo emblemático das possibilidades de produção de uma arquitetura efêmera, notadamente marcada pela facilidade de montagem e desmontagem e, geralmente, composta por estruturas pré-fabricadas, como de fato já o fora o Palácio de Cristal.

No caso exclusivo de centros de convenções, os auditórios e salas para reuniões e conferências são os principais elementos do programa arquitetônico, acompanhados das áreas de apoio de serviços, restaurantes e/ou lanchonetes.

Essa diversidade de edificações concebida e construída para abrigar eventos, por suas dimensões e funções, costuma provocar grande impacto na tessitura urbana, devendo a sua localização garantir o acesso de pessoas e mercadorias e abrigar uma grande quantidade de áreas de estacionamento e de carga e descarga. Aliás, o fator localização dos centros de convenções, feiras e eventos deve ser objeto de gestão e planejamento urbano. Além disso, devem-se realizar estudos de impacto de vizinhança e ambiental e considerar os aspectos relativos ao uso e ocupação do solo do entorno e à integração com a paisagem natural e construída.

Figura 9.3 – Centro de Convenções Anhembi, em São Paulo-SP (ver p.A7). Foto: Virginia Lisboa.

Há casos em que esses complexos arquitetônicos são polos tão importantes que passam a atrair para o seu entorno alguns hotéis, que garantem a demanda de ocupação dos meios de hospedagem e diminuem o deslocamento e o tempo entre o local de pernoite e o evento, constituindo também importantes negócios imobiliários.

É importante salientar, ainda, que algumas áreas destinadas a eventos são projetadas em edifícios existentes, de valor patrimonial ou não. Edifícios fabris, hangares e galpões, por causa de sua planta livre e altos pés-direitos, prestam-se, sobremaneira, a projetos de reutilização e de "*retrofit*" para fins de readaptação para uso de eventos.

A inclusão das áreas de eventos na arquitetura hoteleira tem sido também recorrente, pois constitui uma demanda das redes de hotéis que buscam diversificar seus usos e criar uma atratividade extra, sobretudo para estimular a ocupação das unidades habitacionais nos períodos de baixa estação.

No caso dos *resorts*, percebe-se a crescente inclusão de áreas destinadas a eventos e negócios em seus domínios, mesmo que a sua atratividade esteja prioritariamente relacionada ao lazer. Como se localizam, geralmente, em áreas um pouco mais distantes dos centros urbanos, os eventos costumam ter um caráter de imersão; além disso, os empreendimentos buscam suprir todas as demandas dos hóspedes *in door*, uma vez que essa é uma das características dos *resorts*.

Um ponto comum do programa de necessidades desse setor de eventos nos meios de hospedagem é a flexibilidade do uso, com a possibilidade de abrigar eventos distintos.

> Essas áreas podem variar de apenas algumas poucas salas para reuniões, pequenas ou de médio porte, até grandes centros de convenções ou congressos, que reúnem salas e salões de tamanhos variados e em condições de acolher, simultaneamente, diversos tipos de eventos de variadas dimensões (Andrade, Brito e Jorge, 2003, p.134).

O setor de eventos, juntamente com os espaços de lazer e de alimentação dos hotéis (além da hospedagem), constitui uma forma de integração do edifício hoteleiro ao ambiente urbano, possibilitando a criação de espaços de transição entre o domínio público e o privado (Spolon, 2011). Esses espaços intermediários localizam-se contíguos aos acessos dos hotéis com o *lobby* ou possuem acessos exclusivos para áreas de eventos a partir da rua, justificando, na maioria das vezes, a sua localização no nível do térreo ou no pavimento inferior ou superior a este, além da necessidade de saídas de emergência.

Figura 9.4 - Hotel Jaraguá, do arquiteto Franz Heep em São Paulo-SP. Foto: Heliana Vargas.

Compõem, genericamente, o programa de setores de eventos dos hotéis os salões, o *foyer* (ou *ballroom*) e as instalações de apoio e serviços, que compreendem áreas administrativas, chapelaria, sanitários, áreas de projeção e tradução simultânea, cozinha ou copa de distribuição, em caso de banquetes, coquetéis e *coffee breaks.* Em centros de eventos maiores localizados em hotéis, há ainda áreas de exposição e auditório (Andrade, Brito e Jorge, 2003).

Figura 9.5 – Casa da Música, do arquiteto Rem Koolhas, no Porto. Foto: Ricardo Paiva.

As salas ou salões de eventos, com o intuito de abrigar atividades e usos de diferentes portes, são planejados e projetados para permitir uma variedade de tamanhos e *layouts*. Para tanto, recorre-se à utilização de divisórias retráteis, que possuem ainda tratamento acústico para garantir a simultaneidade de eventos.

Por outro lado, eventos culturais de entretenimento demandam edifícios minuciosamente planejados para se adequar ao tipo de espetáculo a ser exibido, como espaços para shows, apresentação de orquestras, musicais, festivais de teatro e cinema, exposições artísticas e culturais, entre outros.

Essas tipologias têm a sua gênese no século XIX, quando se inicia uma maior complexidade das práticas culturais e surgem edifícios específicos, como teatros e museus, acompanhados, no século XIX, por cinemas. A partir da década de 1970, surgem edifícios culturais mais híbridos, como os centros culturais, que concentram uma diversidade de funções. Esses complexos arquitetônicos são palcos de importantes eventos e megaeventos e, na maioria das vezes, convertem-se em atrativos turísticos emblemáticos do ponto de vista da sua linguagem arquitetônica.

Os (mega)eventos esportivos têm igualmente estimulado a construção de edifícios esportivos, que devem não só cumprir às exigências técnicas e funcionais necessárias para a realização da competição da modalidade esportiva, mas ainda servir, majoritariamente, à concepção de uma arquitetura espetacular e icônica que, por meio de uma forma ousada e singular, seja capaz de expressar uma imagem urbana condizente com os interesses econômicos e políticos que os cercam.

Figura 9.6 – Arena Castelão em Fortaleza (ver p.A8). Foto: Ricardo Paiva.

Os projetos arquitetônicos de estádios, ginásios, parques aquáticos, pistas e demais construções para fins esportivos têm valorizado sobremaneira uma monumentalidade que se expressa não somente nas grandes dimensões do próprio equipamento, mas na sua inserção urbana, nas transformações que provocam no sítio e na ostentação do seu caráter imagético e iconográfico, colaborando ainda para tornar a cidade um grande negócio.

A linguagem arquitetônica passa a ser um instrumento para garantir o cenário do megaevento, sendo ela mesma parte do processo de espetacularização, que já se inicia com o recrutamento de célebres arquitetos, os "*starchitects*".

É interessante notar que esses equipamentos esportivos são concebidos para funcionar como equipamentos para a realização de grandes espetáculos culturais e artísticos, criando uma diversificação maior de suas funções com a implantação de restaurantes, áreas vips e uma formalização maior de alguns setores da plateia. Não é à toa que na Copa de Futebol da Fifa 2014, no Brasil, os estádios tiveram sua denominação mudada para arenas, uma premissa da Fifa para diversificar e justificar o uso desses equipamentos após a realização do megaevento.

Os edifícios esportivos, sobretudo os estádios, passaram a atrair uma quantidade significativa de visitantes e se transformaram em pontos turísticos por vários motivos:

- Testemunharam competições internacionais em momentos e contextos singulares do ponto de vista esportivo e histórico, atuando como palco de marcas superadas, recordes, títulos e consagrações pessoais e coletivas.
- Incluíram em seu programa áreas de exposições e museus com a narrativa dos feitos e dos eventos que abrigou.
- E, mais recentemente, adotaram uma arquitetura propagandística e publicitária.

> Nesse processo, a arquitetura vem sendo transformada em provedora de marcas visuais e de ambientações de conveniência e em emblema icônico projetado na imaginação popular para ajudar a "visualizar" uma cidade e situá-la no mapa cognitivo do mundo (Broudehoux, 2011, p.42).

A efetivação de (mega)eventos está fortemente condicionada à provisão de infraestruturas urbanas que viabilizem os deslocamentos das pessoas e os fluxos de mercadorias que o evento demanda, como: os terminais dos diversos meios de transportes (aeroportos, rodoviárias, terminais portuários e ferroviários e estações); sistema viário adaptado e adequado às várias modalidades de transporte urbano, permitindo mobilidade e acessibilidade aos locais de realização do evento.

Embora não sejam tão visíveis e menos espetaculares espacialmente, as infraestruturas de comunicação se impõem também como essenciais e imprescindíveis para viabilizar os (mega)eventos, como os sistemas de lógica, cabos de fibra ótica, redes de transmissão e subestações elétricas, entre outros.

Os eventos culturais e de entretenimento, alguns deles considerados megaeventos, utilizam, frequentemente, os espaços públicos da cidade, transformando a dinâmica urbana dos lugares e atraindo não somente turistas, mas a própria população local, como é o caso do carnaval, das micaretas e das paradas no Brasil, (conforme pode ser verificado no Capítulo 8).

No caso dos megaeventos esportivos, a infraestrutura urbana se torna imperativa, seja pelas exigências dos organismos internacionais, como a Fifa e o COI, que avaliam as condições de infraestrutura das cidades-sede que pleiteiam hospedá-los, seja pela necessidade real de uma infraestrutura básica para viabilizar o acontecimento.

Percebe-se que os governos têm usado o pretexto da realização de megaeventos para implementar infraestruturas urbanas, uma vez que o discurso sobre seus benefícios minimiza possíveis restrições políticas e jurídicas e consente, ainda, uma maior captação de investimentos e financiamentos públicos e privados.

Nos megaeventos esportivos, pode-se dividir as infraestruturas em "esportivas", que incluem gastos com estádios e instalações esportivas exclusivas, como tratado anteriormente, e as "não esportivas", que consiste na construção de infraestrutura de transportes, acomodações para turistas e atletas e espaços públicos (Matheson, 2012). Nos casos em que não há tradição de prática e/ou campeonatos da modalidade esportiva na cidade ou lugar que sedia o megaevento, a reutilização ou reconversão dos usos das instalações esportivas ficam mais difíceis, ao passo que as instalações não esportivas tendem a permanecer como legado para a cidade-sede.

Note-se que a infraestrutura construída para o megaevento não pode ser vista necessariamente como um legado ou benefício, pois, a princípio, ela constitui um custo. Aliás, esses gastos ainda podem ser maiores em casos em que as obras são mal planejadas ou ficam inacabadas, e as infraestruturas se tornam obsoletas, ou ainda quando atendem prioritariamente às demandas específicas, pontuais e extraordinárias do evento[9].

As intervenções que decorrem dos megaeventos possuem potencial para ressignificar a estrutura urbana, pela criação de novas centralidades e estímulo de novas dinâmicas imobiliárias, o que provoca, em alguns casos, processos de *gentrification* e privatização de espaços de uso coletivo.

---

[9] Ao que tudo indica, foi o que aconteceu com a realização da Copa do Mundo Fifa 2014 no Brasil: as demandas concretas de infraestrutura urbana da população foram preteridas em detrimento das demandas dos visitantes e turistas.

(Mega)eventos e imagem da cidade

O evento contribui para dar visibilidade aos lugares, principalmente com o advento das novas tecnologias digitais e informacionais. Contribui para essa grande audiência, sobretudo do megaevento, o caráter único e irreprodutível que o caracteriza, malgrado a periodicidade de alguns. Concorrem ainda para o seu caráter espetacular, o culto aos indivíduos (atletas, artistas, celebridades, lideranças políticas e religiosas), aos produtos e aos lugares[10].

O caráter internacional do (mega)evento, principalmente os esportivos, em função do alcance e simultaneidade de sua transmissão por diversos meios de comunicação, maximiza sua importância e justifica o interesse dos diversos agentes em sua realização, ao impulsionar a promoção das marcas, dos ícones (pessoas e objetos) e da imagem da cidade. Assim, a grande audiência do (mega)evento é uma oportunidade para as empresas, as organizações transnacionais e as variadas instâncias do Estados atraírem consumidores, investidores e conquistar novos mercados, além de legitimarem sua hegemonia econômica e/ou política.

A escalada ou inserção nos fluxos globais pretendidos pelas cidades que pleiteiam ou sediam megaeventos é um indício de que o desenvolvimento urbano na contemporaneidade se funda na lógica do consumo e é, cada vez mais, ditado pelo mercado. Assim, a cidade é uma mercadoria e, como tal, se faz imperativo investir na promoção de uma imagem urbana positiva, sedutora e atraente.

A gestão empresarial da cidade, por meio do planejamento estratégico e das táticas do *city marketing*, possui forte articulação com a captação e realização de megaeventos e a construção da imagem da cidade.

A relação entre megaeventos, *city marketing* e planejamento estratégico tem seu exemplo mais emblemático nas Olimpíadas de Barcelona de 1992, que passou a ser um paradigma do desenvolvimento urbano contemporâneo fundado na realização de um megaevento.

O discurso do planejamento estratégico, que, desde então, tem sido amplamente difundido tanto nos centros hegemônicos quanto nos países

---

[10] Como é o caso dos eventos esportivos, a exemplo dos Jogos Olímpicos de Verão e Inverno e a Copa do Mundo; os festivais artísticos e musicais, como o *Rock in Rio*; eventos religiosos, como a Jornada Mundial da Juventude; os eventos temáticos, como expos e fóruns sociais e econômicos; além das festividades, como o Réveillon em Copacabana.

periféricos pelas agências internacionais ligadas à ONU – no caso da América Latina, pelo BID e Habitat, e a partir das experiências de Barcelona, pelos consultores catalães –, tem como característica principal um receituário de ações que devem ser postas em prática a fim de instrumentar as regiões e cidades a se inscrever de forma competitiva no mundo globalizado (Paiva, 2005).

A imagem da cidade[11] deve contemplar a projeção não somente em escala global, como também local, à medida que:

> Cabe ainda ao governo local a promoção interna à cidade para dotar seus habitantes de "patriotismo cívico", de sentido de pertencimento, de vontade coletiva de participação e de confiança e crença no futuro da urbe. Esta promoção interna deve apoiar-se em obras e serviços visíveis, tanto os que têm um caráter monumental ou simbólico como nos dirigidos a melhorar a qualidade dos espaços públicos e bem-estar da população (Castells e Borja, 1996, p.160).

A variada literatura sobre megaeventos coloca a promoção da imagem das cidades-sedes como um dos principais legados, justificando, em grande medida, o acirramento para sediar os megaeventos esportivos. Para Matheson (2012), a concorrência entre as cidades para sediar os megaeventos é tão feroz quanto as próprias disputas esportivas. Para Getz (2008), muitos países usaram os megaeventos para adquirir legitimidade e prestígio internacional, chamar a atenção para suas realizações, fomentar o comércio, os serviços e o turismo e se abrir para o mercado internacional.

Os megaeventos esportivos e os culturais buscam potencializar e transcender uma noção de imagem urbana estática e meramente relacionada aos atributos físicos do lugar. Para Petrillo:

> Não é mais o simples "cartão-postal" do lugar, ainda que projetado com força em uma escala global, que irá resolver a questão da atração turística, que pode agir como uma espécie de "ímã". Essa é uma visão que hoje, no contexto de uma transformação mais ampla do turismo e dos turistas, já não é mais suficiente para promover uma imagem de turismo meramente atrativo. Devem ser associados a esse tipo de atividade de marketing, até então apenas "estáticos", também elementos "dinâmicos", como a realização de *clusters* produtivos es-

---

[11] Porém, na maioria das vezes, esses atributos criados revelam uma imagem unívoca e sintetizadora, que nem sempre corresponde à realidade vivenciada na cidade, apenas um fragmento dela (Vainer, 2002).

pecíficos das novas "indústrias criativas", tentando assim dar vida aos distritos que se especializam em exportação e difusão de produtos culturais (2011, p.20).

Historicamente, eventos como a Copa do Mundo de Futebol e, principalmente, os Jogos Olímpicos de Verão, aconteceram, majoritariamente, nos países desenvolvidos. Das 25 versões das Olimpíadas (entre 1986 e 2012), 15 ocorreram na Europa Ocidental e 7 nos Estados Unidos, Canadá e Austrália. Somente 3 edições do evento foram realizadas em cidades de países em desenvolvimento: Cidade do México (1968), Seul (1988) e, mais recentemente, Pequim (2008).

É importante salientar que há uma tendência de mudança de perfil nos países e cidades que buscam sediar os megaeventos esportivos, com o intuito de afirmar sua escalada econômica e melhorar e/ou reinventar a imagem dos governos e dos lugares. O grupo dos países emergentes do Brics (Brasil, Rússia, Índia, China e África do Sul) é um bom exemplo, pois, com exceção da Índia, os demais países ou já sediaram ou sediarão os 2 principais megaeventos esportivos mundiais.

O efeito colateral da notoriedade que a mídia atribui ao megaevento pode revelar as fragilidades do lugar (violência, baixos níveis de hospitalidade, sujeira) e dos agentes promotores, como governantes ou instituições públicas ou privadas (corrupção), investindo, de modo geral, contra a imagem da cidade ou do país.

Como síntese, é importante atentar que os desdobramentos espaciais do turismo de negócios, de eventos e dos megaeventos se manifestam em várias escalas e com diferentes níveis de complexidade, revelando as potencialidades e/ou fragilidades dos lugares. O planejamento urbano, a arquitetura e o urbanismo são importantes objetos do conhecimento e de intervenção espacial para garantir infraestruturas e estruturas urbanas e edilícias adequadas à realização de eventos, que devem ser sensíveis às demandas de turistas e das comunidades receptoras.

Enfim, a promoção de eventos e megaeventos mobiliza, simultaneamente, de forma concatenada ou não, práticas de ócio e negócio, que são capturadas pela atividade turística como estímulo para a reprodução do capitalismo, pela quantidade de outras atividades que engrena (setores primário, secundário e terciário), colocando a arquitetura e a cidade como protagonistas no desenvolvimento urbano contemporâneo.

Referências bibliográficas

ANDRADE, N.; BRITO, P.L.; JORGE, W.E. *Hotel: Planejamento e Projeto.* São Paulo: Senac, 2003.

AQUINO, C.A.B.; MARTINS, J.C.O. Ócio, lazer e tempo livre na sociedade do consumo e do trabalho (B1). *Revista Mal-Estar e Subjetividade.* v.7, n.2, p.232-240, 2007.

BAUDRILLARD, J. *A sociedade do consumo.* Lisboa: Edições 70, 2008.

BRASIL. MINISTÉRIO DO TURISMO. *Turismo de negócios e eventos: orientações básicas.* Ministério do Turismo, Secretaria Nacional de Políticas de Turismo, Departamento de Estruturação, Articulação e Ordenamento Turístico, Coordenação-Geral de Segmentação. 2.ed. Brasília: Ministério do Turismo, 2010. 62p.

BROUDEHOUX, A.M. Imagens do poder: arquiteturas do espetáculo integrado na Olimpíada de Pequim. *Novos estudos – Cebrap.* n.89, p.39-56, 2011. São Paulo.

CASTELLS, M.; BORJA, J. As cidades como atores políticos. *Novos Estudos – Cebrap.* n.45, p.152-166, 1996.

CORIOLANO, L.N.M.T.; MONTES, V.A. O Turismo de Eventos, Promoções e Parcerias do Brasil. *Turismo em Análise.* v.14, p.40-64, 2003.

CORIOLANO, L.N.M.T.; SILVA, S.B.M. *Turismo e Geografia: Abordagens Críticas.* 1.ed. Fortaleza: Eduece, 2005.

CRUZ, R.C.A. *Introdução à geografia do turismo.* 2.ed. São Paulo: Roca, 2001.

DE MASI, D. *O ócio criativo.* Rio de Janeiro: Sextante, 2000.

GAMA, A.; SANTOS, N. Tempo livre, lazer e terciário. In: Gama, A.; Santos, N. (ed.). *Lazer. Da libertação do tempo à conquista das práticas.* Imprensa da Universidade de Coimbra, 2008. p.59-83.

GETZ, D. Event tourism: definition, evolution and research. *Tourism Management.* v.29, n.3, p.403-428, 2008.

HALL, C. *Hallmark Tourist Events: Impacts, Management and Planning.* Londres: Belhaven, 1992.

MALTA, P.A. Das relações entre tempo livre, lazer e turismo. *Cadernos do Noroeste – Série Sociologia.* v.13, n.1, p.219-239, 2000.

MARQUES, J. Trabalho, lazer e turismo de negócios. *Revista de Geografia e Ordenamento do Território.* n.2, p.139-163, 2012. Centro de Estudos de Geografia e Ordenamento do Território.

MASIA, J.R.; MONTERO, D.P. Ocio, deporte y turismo. Situación actual y líneas de negocio. *Esporte e Sociedade.* n.16, p.1-31, 2011.

MATHESON, V. Assessing the infrastructure impact of mega-events in emerging economies. *College of the Holy Cross.* v.12, n.03, p.1-34, 2012.

MUXI, Z. Episódios da Transformação Urbana de Barcelona. *Arqtexto.* v.16, p.104-123, 2010. UFRGS.

[OMT] ORGANIZAÇÃO MUNDIAL DO TURISMO. *Introdução ao Turismo*. Madrid, 2001.

PAIVA, R.A. *Entre o Mar e o Sertão: paisagem e memória no centro de Fortaleza*. São Paulo, 2005. Dissertação de mestrado. Faculdade de Arquitetura e Urbanismo, Universidade de São Paulo.

______. *A metrópole híbrida: o papel do turismo no processo de urbanização da região metropolitana de Fortaleza*. São Paulo, 2011. Tese de doutorado em Planejamento Urbano e Regional. Faculdade de Arquitetura e Urbanismo, Universidade de São Paulo.

______. O turismo e as práticas socioespaciais. *Revista Turismo & Desenvolvimento* (Online). v.2, p.1013-1024, 2012.

PETRILLO, A. Turismo cultural e grandes eventos: reflexões sobre o caso genovês. *e-metropolis: revista eletrônica de estudos urbanos e regionais*. v.6, p.18-24, 2011.

SPOLON, A.P.G. *Hotelaria, cidade e capital: o edifício hoteleiro e a reestruturação dos espaços urbanos contemporâneos*. São Paulo, 2011. Tese de Doutorado em História e Fundamentos da Arquitetura e do Urbanismo. Faculdade de Arquitetura e Urbanismo, Universidade de São Paulo.

TENAN, I.P.S. *Eventos*. São Paulo: Aleph, 2002.

URRY, J. *O olhar do turista: lazer e viagem nas sociedades contemporâneas*. São Paulo: Studio Nobel/Sesc, 2001.

VAINER, C. Pátria, empresa e mercadoria. Notas sobre a estratégia discursiva do planejamento estratégico urbano. In: ARANTES, O.; MARICATO, H.; VAINER, C. *A cidade do pensamento único. Desmanchando Consensos*. 3.ed. Petrópolis: Vozes, 2002.

VARGAS, H.C. Turismo urbano: uma nova indústria motriz. *Boletim dos Cursos de Turismo e Administração Hoteleira*. São Paulo, v.5, n.2, p.38-46, 1996.

______. *Espaço Terciário: o lugar, a arquitetura e a imagem do comércio*. 1.ed. São Paulo: Senac, 2001, p.333.

VARGAS, H.C.; LISBOA, V.S. Dinâmica espacial dos grandes eventos no cotidiano da cidade: significados e impactos urbanos. *Cadernos metrópole*. v.13, p.145-162, 2011. PUC/SP.

Capítulo 10
Turismo e compras: aproximações e simbioses

Heliana Comin Vargas

> Todas as sociedades desperdiçaram, dilapidaram, gastaram e consumiram sempre além do estrito necessário, pela simples razão de que é no consumo do excedente e do supérfluo que, tanto o indivíduo como a sociedade, se sentem não só existir, mas viver.
> (Braudillard, 2007, p.38)

O estudo da atividade comercial varejista e de seu papel na vida dos consumidores, durante muito tempo, principalmente no Brasil, não recebeu a devida atenção de estudiosos dos demais campos do saber (com exceção dos especialistas de administração e marketing), ficando, muitas vezes, restrito a um tratamento genérico sobre o "consumismo" na sociedade contemporânea (Vargas, 1985, 2001 e 2013). Somente nos últimos anos, o estudo da relação entre comércio e consumo tem surgido como um tópico importante para a academia interessada em conhecer o impacto das práticas de consumo no cotidiano das pessoas e no território, bem como sua presença nas atividades de lazer e turismo.

A compreensão do consumo e sua crítica fora objeto de preocupação de alguns autores, desde o século XIX, ainda que, em alguns casos, de forma subsidiária, como aparece na obra de Karl Marx, ao tratar do fetichismo da mercadoria (Marx, 1980), pois o pensamento da época focava-se na produção e seu papel em uma sociedade moderna de livre mercado. No final desse mesmo século, com a riqueza da burguesia (classes médias e altas), as atenções voltaram-se também para o consumo, que passaria a marcar a distinção das classes sociais, com desdobramentos nas práticas de lazer e ócio, contrapondo-se, assim, à produção e ao trabalho (Edwards, 2000 apud Timothy, 2005; Souza, 1994; Vargas, 2013), consubstanciando-se num campo fértil para outros estudiosos que se seguiram[1]. Timothy (2005) destaca o papel que sociólogos, antropólogos e psicólogos continuam exercendo no sentido de derrubar a noção do "ato de compra" como um processo de consumo simples e racional em que indivíduos tomam decisões lógicas, introduzindo a discussão do aspecto lúdico e emocional nele existente, adentrando o campo do lazer e turismo e contribuindo para uma indicação direta de mudança de paradigma sobre "o ato de comprar". Considerando-se que o consumo de massa moderno está baseado quase que inteiramente em desejos mais do que em necessidades, essa constatação reforça a condição do consumo como uma questão sociocultural para além do campo estritamente econômico (Timothy, 2005).

Nessa direção, a discussão oportuna sobre o significado e a dimensão do assim chamado "turismo de compras" remete, inicialmente, à necessidade de entendimento do que está envolvido no "ato de compra", ou seja: por que compramos?

Como desdobramento dessa discussão, adjetivações acopladas às modalidades da atividade turística relacionadas a compras e seus significados também merecem ser revisitadas e aprofundadas.

Conceitos e definições afinadas e devidamente exploradas convidam, então, como objetivo da presente reflexão, a delinear o papel das compras no âmbito do desenvolvimento turístico, seu impacto na dinâmica urbana e no ambiente construído.

Por que compramos?

Comprar é, sem dúvida, um desdobramento do ato da troca que permeia a história da humanidade, escondendo, por trás da sua prática, intenções, formatos e manifestações das mais diversas.

Uma das primeiras formas de troca manifesta-se na relação do homem com os deuses, quando proteção e provisão de alimentos são retribuídos

[1] Entre esses estudiosos, destacamos: Thorstein Bunde Veblen, com a obra *A teoria da classe ociosa: um estudo econômico das instituições*, de 1899; Werner Sombart, com *Amor, luxo e capitalismo*, de 1913; Marcel Mauss, com o seu *Ensaio sobre a dádiva: forma e razão da troca nas sociedades arcaicas*, de 1925; Guy Debord, com *A sociedade do espetáculo*, de 1967; Henry Lefebvre, com *O direito à cidade*, de 1969, e *A revolução urbana*, de 1970; Jean Braudrillard, com *A sociedade de consumo: seus mitos e suas estruturas*, de 1970; Fernand Braudel, com *Os jogos da troca*, de 1979; e, mais recentemente, Mike Featherstone, com *Consumo, cultura e pós-modernidade*, de 1991.

por toda uma sorte de sacrifícios, fossem de vidas ou de bens (Mauss, 1974; Cassady, 1974, Miller, 1998), práticas que se manifestam até hoje, por meio de promessas pagas mediante a obtenção de milagres.

O sacrifício[2] em si, cuja finalidade é estabelecer uma relação com o divino, passa a ser considerado uma rotina na vida das pessoas, e foi, muitas vezes, entre povos antigos, visto como uma forma de gastar. O sacrifício é, sempre, um ato de consumo, uma forma de gastar por meio de algo ou alguém que é consumido[3]. Para Miller (1998), por analogia, comprar é um ato regular de gastos em um ritual de devoção que afirma a força transcendental e torna-se o meio primário pelo qual o transcendente se constitui.

Saindo do âmbito do sagrado e adentrando o campo do profano ou do estado laico, a demonstração de amizade e poder – seja com a intenção de aproximação entre povos inimigos, doando para se obter um sentimento amistoso, de aproximação; seja pela necessidade de proteção por um chefe poderoso – também é uma forma de troca (Mauss, 1974; Cassady, 1974) ou de compra de amizade e proteção.

Essas formas primitivas de troca, ainda hoje observadas, encontram-se na categoria de compras pela *necessidade de sobrevivência* e incluem as necessidades fisiológicas de alimentação e sono, de estabilidade, segurança e ordem, de modo a garantir a manutenção da vida (Maslow, 1954).

No entanto, é importante destacar, conforme mencionam Vargas e Ribeiro, que

> quando as necessidades básicas são supridas, outras começam a aparecer. Na verdade, o ser humano tem necessidades e desejos. Os desejos tornam-se necessidades a partir do momento em que se vislumbra a possibilidade de satisfazê-los. Os desejos também dependem do repertório individual. Só se deseja o que se conhece ou sabe-se que existe (2001, p.16).

---

[2] Os memoriais aos mortos de guerra, por exemplo, podem se constituir em objetos inalienáveis, que buscam reconstituir a guerra como doações voluntárias de sangue pela crença da defesa da nação, transformando-a em um rito de sacrifício. Os memoriais transformam, posteriormente, as vítimas da guerra em ritos de sacrifício (Rowlands, s.d. apud Timothy, 2005).

[3] Em muitas sociedades, o efeito dessas variedades de relações entre sacrifício e consumo visa incorporar o senso geral de gastos na economia da devoção. O sacrifício assegura que o melhor que a sociedade produz é, efetiva e eficientemente, gasto para obter não apenas provisões mundanas, mas também benefícios de relações de amor e devoção para com uma força divina (Miller, 1998).

Hoje, em razão do avanço dos meios de comunicação, esses desejos são potencializados.

À medida que as necessidades básicas de sobrevivência são supridas, o ato de adquirir bens e serviços começa a adentrar outros campos da satisfação pessoal, como a melhoria da condição de vida, quando *o conforto* passa a ser um item fortemente demandado (uso de energia, equipamentos e instrumentos, mobiliários, etc.).

O avanço técnico possibilitado pelas revoluções industriais (do carvão e do aço, têxtil, de energia e tecnologia e, mais recentemente, da comunicação e da informática), que passam a colocar à disposição dos indivíduos novos bens e serviços, sucessiva e ininterruptamente, cria e fortalece uma segunda categoria nas motivações do ato de adquirir. A busca pelo conforto, por uma vida com mais qualidade, propiciada pela produção em massa, fordista, durante a primeira metade do século XX, levou a sério esse discurso na divulgação de seus produtos (Vargas, 1992).

Saindo do campo das necessidades mais concretas de sobrevivência e de conforto, Miller (1998) sinaliza que o ato de comprar também envolve a necessidade de *demonstração de afeto e amor* quando se compra para dar aos outros ou quando a compra é realizada pela mulher[4], no âmbito familiar. Por outro lado, o autor indica que a compra, quando realizada pela dona de casa, a fim de atender suas próprias necessidades, tem, muitas vezes, como justificativa o autorreconhecimento pelos serviços prestados à família, nem sempre devidamente reconhecidos e/ou remunerados, quer no âmbito familiar ou social.

Um componente essencial do argumento de que objetos são meios de criar relações de amor entre sujeitos, mais do que uma espécie de elo materializado, é a capacidade de conduzir a devoção para fora do seu próprio sujeito, ou seja, para outras pessoas. O propósito da compra, portanto, não é adquirir o que as pessoas querem, e sim estreitar as relações com sujeitos que desejam tais objetos (Miller, 1998).

Essa situação reforça, como já mencionado, a condição do produto comprado como uma retribuição (troca) por serviços ou bens ofertados, reafirmando o conceito de dádivas, conforme trabalhado por Mauss (1974),

---

[4] Para Miller (1998), a mulher, durante muito tempo, foi apontada como quem gastava o que o homem arrecadava com sua produção, assumindo o fardo simbólico de gastadora, principalmente no período de 1950 a 1960, anterior ao movimento feminista. Era a mulher, consumidora por excelência, quem transformava o trabalho sério em consumo trivial.

e estabelecendo vínculos, não entre comprador e vendedor, mas entre quem dá e quem recebe.

O sentimento de amor expresso no ato de comprar nos supermercados, por exemplo, pode significar o cuidado com as pessoas que estão próximas, principalmente da mulher que se preocupa com a alimentação da família ou com a forma como ela se veste. Miller (1998) conclui que a evidência etnográfica tem auxiliado no redirecionamento da visão do ato de compra, antes considerado uma expressão de subjetividade e identidade individual, agora uma expressão de laços de parentesco e de outras relações. No entanto, DeVault (1991) destaca que, no caso da dona de casa que tenta dar conta das necessidades e desejos de toda a família e que sacrifica suas preferências, esse altruísmo nem sempre se manifesta, pois, muitas vezes, sua vontade domina a decisão da compra. Ainda segundo Miller (1998), há uma preocupação com o que os outros pensam a seu respeito, o que nos remete a uma terceira motivação para a compra, *o reconhecimento social.*

Considerando-se que o ato de comprar insere-se em um sistema de relações entre quem compra e para quem se compra (aquele com quem se relaciona), Chiavenato (1988) afirma que a grande questão ligada ao ato de adquirir passa pela necessidade de reconhecimento social, que se constitui na grande busca existencial do ser humano, seja no trabalho, na vizinhança ou na família, e que, segundo Maslow (1954), joga para o contexto social as necessidades de amor, de pertencimento e de estima, antes restritas ao âmbito familiar e dos amigos.

A necessidade de adquirir como busca pelo reconhecimento social atrela-se à posse de determinado bem cujo valor de signo a ele associado representa aceitação e inclusão em determinados grupos sociais.

Nessa direção, a ciência do varejo, a partir da segunda metade do século XX, desenvolveu-se com a finalidade de seduzir e induzir à compra, trabalhando com a venda não do produto em si, mas do que ele poderia representar na sua vida em termos de prazer e inserção social (Nelson, 1958; Davidson et al., 1988; Vargas, 1992 e 2001).

Além dessa preocupação, a indução ao consumo também atingiria o ponto de venda, visando envolver e atrair o interesse do consumidor, transformando o ato de compra em momento de conforto e prazer e ampliando a possibilidade das compras por impulso (Vargas, 1992). Os estudos de Paco Underhill (1999) trabalharam nessa direção, a partir da observação do comportamento dos indivíduos nos espaços de compra, que visava garantir, seja pela forma de expor a mercadoria, pelo atendimento e pelo próprio espaço da loja, uma alta taxa de conversão, transformando-os em consumidores.

Diante de uma concorrência exacerbada, decorrente de uma oferta crescente de variedade de produtos, opções de espaços de compras e formas de efetivá-las, características do terceiro quartel do século XX, da nova forma de produção industrial conhecida como produção flexível (Vargas, 1992), outras estratégias de negócios passam a compor o incentivo ao consumo. O apelo sensorial inserido no ato da compra e a possibilidade de se transformar numa verdadeira experiência colocaram o ato de comprar num outro patamar: a *compra como recreação e lazer*.

A ideia de ir às compras como atividade de recreação e lazer (*recreational shopping*), segundo Campbel (1994), tem como explicação o afastamento do fator obrigação que relaciona compra a uma necessidade qualquer, e uma aproximação com o hedonismo, com a liberdade de escolha e procura associada aos momentos de não trabalho e de prazer, ou seja, livre de obrigações[5].

Comprar, como uma atividade de recreação, tem se transformado numa relevante área de estudo, interpretada além da sua tradicional e utilitária perspectiva, para incluir visões que a consideram como um fenômeno que produz experiências e diversão e promove interações sociais. As características hedônicas do comprar tornam essa atividade um vício para muitos consumidores, como as drogas, o jogo e a bebida, devido a sua habilidade para mudar sentimentos de maneira veloz e poderosa (Baker, 2000 apud Timothy, 2005).

Nessa linha de raciocínio, as compras podem ainda funcionar como uma válvula de escape para a saída do cotidiano, uma das motivações para viagens, ou assumir uma função terapêutica, como sugere o famoso "banho de loja".

O desenho da loja, a variedade de mercadorias, a vitrina, a iluminação, a decoração e o tipo de atendimento, por sua vez, têm um papel importante na estimulação sensorial do cliente e na criação de experiências de compras prazerosas e divertidas, fortalecendo a imagem mental positiva da loja e garantindo o retorno (Vargas, 2001). Na compra recreativa, o objetivo é a diversão, e qualquer bem adquirido é um acidente de percurso, estrategicamente provocado.

Finalmente, outra motivação envolvida com o ato da compra, segundo Miller (1998), refere-se à intenção *de gastar para economizar*, em que a possibilidade de economizar com as promoções é o único incentivo para comprar, dando a sensação de ter conseguido alguma vantagem.

---

[5] A revisão bibliográfica feita por Timothy (2005), ainda que focada em perspectivas econômicas e de marketing, indica que todas as classificações, explícita ou implicitamente, fazem a alusão às compras como relacionadas ao trabalho (utilitárias/obrigação) ou como experiência de lazer (hedônicas).

No entanto, há uma diferença entre economizar e fazer bom uso do dinheiro. Este refere-se a comprar apenas coisas que, de fato, são necessárias e se pode pagar; aquele, à habilidade de encontrar boas coisas com preços convidativos.

Para os comerciantes, as promoções são uma maneira de incentivar o consumidor a gastar. Para este, gastar, aproveitando-se da promoção, pode ser uma forma de economizar para gastar na aquisição de outros bens. Além desse fato, "comprar porque está em promoção", pensando fazer um bom uso do dinheiro, tem se transformado em um fim em si mesmo, quando a intenção passa a ser a experiência de economizar e a ilusão do ganho de oportunidade. As compras coletivas, realizadas em promoções pela internet, são um bom exemplo dessa condição, assim como a oferta de cupons de descontos.

Conforme o exposto e tendo em vista a literatura analisada sobre o ato de comprar, identificamos 6 tipos principais de motivações para as compras, a saber:

- Necessidade de sobrevivência.
- Busca de conforto.
- Demonstração de afeto e amor.
- Busca de reconhecimento social.
- Forma de recreação e lazer.
- Possibilidade de gastar para economizar.

Essas motivações são facilmente percebidas na realização das compras associadas à atividade turística, conforme será possível verificar.

No entanto, é importante destacar que o perfil de cada turista, conforme mencionado no Capítulo 1, implica formas diferenciadas de comprar, assim como interfere no tipo de produtos adquiridos, nos espaços de compras priorizados e nos destinos turísticos selecionados.

Turismo e compras: conceitos e adjetivações

Um claro exemplo do crescimento do turismo relacionado a compras é Dubai. O Dubai Summer Surprises' Shopping Festival, com duração de dez semanas, a cada ano, cuja atratividade passou de 600 mil visitantes, em 1998, para mais de 2 milhões, em 2009 (Southall, 2009), é o mais nítido exemplo do estreitamento da relação entre compras e turismo.

Em Londres, por sua vez, a Oxford Street, sua rua turística mais famosa, recebe cerca de 9 milhões de visitantes estrangeiros por ano, cerca de dois terços de todos os turistas estrangeiros que visitam a cidade. Além disso, observa-se ainda uma busca por localizações mais periféricas, como em Bicester Village Outlet, que tem atraído cerca de 3 milhões de consumidores por ano e é a primeira destinação para compras, fora de Londres, preferida pelos turistas japoneses (Southall, 2009).

Timothy (2005), em sua revisão de literatura, também mostra a crescente importância dessa atividade a partir da década de 1990[6], e indica, entre muitos outros dados sobre esse crescente fenômeno, que, segundo a Travel Industry Association of America (TIA) (2001 apud Timothy, 2005), no ano 2000, nos Estados Unidos, as compras foram o item de maior incidência entre as atividades mencionadas pelos turistas internacionais (87%) e pelos turistas domésticos (33%).

Informações mais recentes da United State Travel Agency mostram que a situação de primazia das compras entre as atividades realizadas pelos turistas internacionais se repete em 2011, mas deixa a primeira posição para a atividade de visitar parentes, no caso das viagens domésticas (USTA, 2011).

Na cidade de São Paulo, à parte a dificuldade de se encontrar dados a respeito do assunto, entre os meses de setembro e outubro de 2011, 14% dos gastos dos turistas nacionais foram destinados às compras, e os artigos mais procurados foram os de vestuário (32,5%) e livros (17,2%). Entre os turistas estrangeiros, os gastos com compras foram semelhantes aos dos turistas nacionais (15%), com destaque para o vestuário (31,7%) (SPTuris, 2013).

Essa crescente aproximação entre as compras e o turismo, embora muitas vezes unificada sob o termo de "turismo de compras", exige mais profundidade no entendimento da diversidade dos conceitos que incorpora,[7] pois agrupam-se as motivações para viagem com as motivações para compras[8].

---

[6] Warnaby (1996) indicava, na década de 1990, que cerca de 70% dos deslocamentos gerados (visitas) no Reino Unido eram motivados por compras, significando um grande aporte financeiro para as economias locais.

[7] Cada vez mais, as compras têm se tornado a primeira motivação para o turismo, havendo, no entanto, conforme indica Coles (2004), uma diferença entre o turismo de compras (*shopping tourism*) e o turismo de consumo (*retailing tourism*).

[8] Com relação a compras, conforme apresenta a área de administração e marketing, elas podem ser de quatro tipos: planejadas, por impulso, comparadas e por conveniência. A compra planejada pressupõe a constatação de uma necessidade ou mesmo um desejo a ser realizado em determinado momento, adquirindo características de racionalidade (como os alimentos

A primeira das adjetivações a ser esclarecida, o assim denominado *turismo de compras (shopping tourism)*, remete ao turismo de negócios, no qual o deslocamento tem como finalidade realizar negócios; no caso das compras, a finalidade é comprar para revender.

Essa situação é evidente em uma situação de fronteira internacional, onde há diferenças entre as moedas, taxas e impostos cobrados, facilidades de transporte para as mercadorias, com ou sem fiscalização alfandegária. As diferenças entre as exigências legais que se rebatem em vantagens no preço dos produtos, bem como no tipo de produto ofertado, animam e justificam o negócio e, muitas vezes, justificam também o risco.[9] Casos clássicos dessa condição são as fronteiras dos Estados Unidos com o México e as do Brasil com o Paraguai, via Foz do Iguaçu, onde o fenômeno sacoleiras[10] é bastante conhecido. Mais recentemente, com o fim da Guerra Fria, conforme apontado por Michalkó e Timothy (2001), o comércio de fronteira entre a Europa Ocidental e a Oriental passaria a atrair o interesse de consumidores de ambos os lados[11]. A criação de Zonas Francas, de livre comércio (sem impostos), como forma de desenvolvimento local, cujo exemplo brasileiro mais conhecido foi a Zona Franca de Manaus, acaba por transformá-las em destinações de interesse turístico focado nas compras.

---

e instrumentos), embora, muitas vezes, possa ser antecipada por um impulso. As compras por impulso, por sua vez, são aquelas realizadas a partir de um estímulo do momento, em que a forma de expor as mercadorias tem um papel importante no processo de aquisição do bem (como as peças de vestuário). Nela, o prazer pela compra, carregado ou não de significados, assume maior importância. Já a compra por conveniência busca unir a necessidade do momento à oportunidade oferecida em lugar e momento estratégicos (gelo, água, pilhas). As compras comparadas, para além da necessidade do bem que tende a ser especializado, possibilitam a comparação de preço e qualidade, permitindo ao consumidor fazer um melhor negócio, daí o sucesso das áreas de comércio especializado. Todas essas situações, pelas motivações ou pelas oportunidades oferecidas, podem compor o assim chamado "turismo de compras" (Vargas, 2001).

9 Diferenças na legislação, para além da liberação do jogo de azar, implicam, muitas vezes, a facilitação de compra de remédios controlados sem receita médica ou do uso de serviços médicos e odontológicos não fiscalizados a um custo monetário menor.

10 Por sacoleiros são chamadas as pessoas que viajam para comprar em outras cidades ou outros países, carregando sacolas. Muitas dessas viagens, nacionais ou internacionais, não implicam pernoite, pois boa parte desses turistas dorme no transporte, normalmente ônibus, durante o percurso, que é noturno, dedicando-se às compras durante o dia.

11 Muitos desses consumidores são considerados "*day visitors*" ou excursionistas internacionais, e podem, no entanto, ser considerados turistas, pois a pessoa viaja para fora, gasta dinheiro, usa a infraestrutura turística e é, frequentemente, contabilizado como turista internacional (Timothy, 2005).

Quando o deslocamento para compras com a intenção de revenda acontece entre cidades ou regiões de um mesmo país, embora a grande atratividade também seja a diferença de preço e qualidade das mercadorias, as razões são de outra ordem. Em alguns casos, o que conta é a oferta de artigos específicos nos quais as condições da produção permitem preços mais convidativos, oferecidos diretamente da fábrica. As cidades de Santa Catarina, que, pela qualidade dos produtos, exportam para 190 países, e que, ao mesmo tempo, facilitam a venda para varejo e atacado, envolvendo várias cidades e diversos produtos que compõem um verdadeiro roteiro de compras[12], são um bom exemplo. A cidade de Ibitinga, no estado de São Paulo, conhecida como a capital nacional do bordado[13] ilustra bem esse cenário. Já o caso de Pedro II, no Piauí[14], voltado à extração de opala (pedra semipreciosa), passou a produzir joias e bijuterias, atraindo um fluxo de turistas, apesar da enorme dificuldade de acesso.

Em outros casos, as condições de produção, facilitada pelas economias de aglomeração com diversidade de produtos, viabilizada pelo grande mercado, como no caso das grandes cidades, são os fatores de atração para as compras, seja pelo preço, qualidade ou variedade. Um caso exemplar é o conjunto de bairros na cidade de São Paulo (Brás, Bom Retiro e região da 25 de março)[15] que tem sido trabalhado pela municipalidade e pelas associações comerciais como um "Circuito de Turismo de Compras", como ilustra o mapa da Figura 10.1, em que existe um terminal de ônibus[16] conhecido como terminal turístico de compras.

---

[12] Esse roteiro de compras envolve cidades como: Blumenau (toalhas, cristais e doces); Pomerode (porcelanas e cristais); Brusque (confecções, vestuário e roupas para cama, mesa e banho); Jaraguá do Sul (malhas e confecções); São João Batista (calçados); Criciúma (jeans); São Bento do Sul (móveis); Tijucas (cerâmicas); Joinville (têxtil) (Santa Catarina, 2014).

[13] Para saber mais sobre os bordados da cidade de Ibitinga, consultar: http://www.centraliza.com.br/ibitinga/feira_bordado/evento.html.

[14] Para saber mais sobre a cidade D. Pedro II, a Suíça piauiense, consultar: http://www.portalpedroii.com.br/menu.php?id=5.

[15] A região da 25 de março chega a receber cerca de 400 mil pessoas por dia; no final do ano, o número de pessoas é de 1,2 milhão por dia (SPTuris, 2013). No Bairro do Brás, segundo dados da Alobrás (Associação dos Lojistas do Brás), as fábricas de roupas ali instaladas são responsáveis pela geração de 150 mil empregos diretos e 250 mil indiretos. A região chega a receber 500 mil pessoas por dia na época do Natal; contém 6 mil lojas, sendo 4 mil de fabricantes de roupas e peças jeans. A economia do Brás gera R$ 7,5 bilhões por ano, e são produzidas cerca de 10 milhões de peças jeans por mês (Olivier e Odloak, 2010).

[16] Outro estudo realizado pela SPTuris no terminal turístico de compras junto à 25 de março, um dos principais polos de recepção de turistas no Brasil, mostra que a região recebe

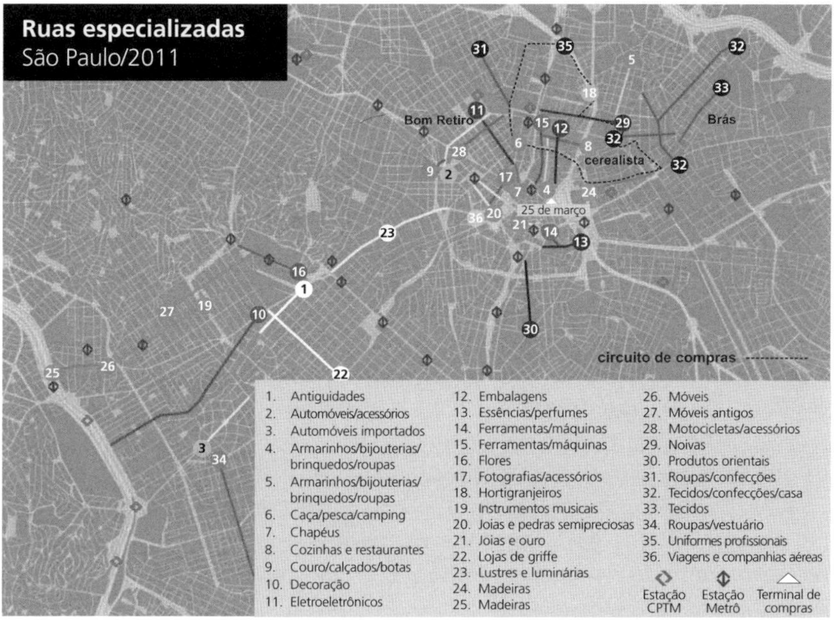

Figura 10.1 – Ruas especializadas em São Paulo. Elaborada por Heliana Comin Vargas (ver p.A8). Fonte: SPTuris, 2013.

Incluindo-se nessa região, ou somando-se a ela, ruas de comércio especializado[17] em São Paulo (Figura 10.1) também oferecem possibilidades a revendedores ou àqueles que necessitam de bens mais especializados. Os agrupamentos de lojas e serviços similares garantem um bom negócio para o consumidor ou comprador focado em revenda. No caso do consumidor individual, a possibilidade de comparar preços trabalha com uma das motivações para as compras, que incluiu a oportunidade de "economizar", incluindo-se também em uma outra forma de turismo de compras, mais focada no consumo individual, como será visto mais adiante.

O segundo tipo de turismo relacionado com as compras é o que optamos por chamar de *compras turísticas (tourist shopping)*, que está diretamente

---

cerca de 600 ônibus mensalmente, com aproximadamente 350 pessoas por dia, número este praticamente dobrado na época de Natal (SPTuris, 2013).

[17] Existem 59 ruas de comércio especializado em São Paulo, em 51 segmentos. Algumas ainda carecem de devida definição, tendo em vista apenas um embrião de especialização. No entanto, a maioria delas pode ser considerada especializada; algumas chegam a contar mais de 500 lojas, como a de eletroeletrônicos, na rua Santa Efigênia, ou a rua São Caetano, com mais de 100 lojas dedicadas às noivas (SPTuris, 2013).

relacionado à prática do turismo, independentemente do objetivo principal da viagem.

Nesse grupo, algumas das compras realizadas podem ser incluídas na categoria de compras necessárias/planejadas, pois fazem parte da preparação da viagem (malas, acessórios de acordo com o objetivo da viagem, roupas, etc.). Outras se colocam na condição de compras por conveniência, para atender a situações inesperadas durante a viagem, como uma brusca mudança do tempo. Já as compras relacionadas às famosas "lembrancinhas" da viagem ou *souvenirs*[18] incluem-se na categoria das compras por impulso.

Essas "lembrancinhas" referem-se aos bens comprados[19] que remetem às experiências da viagem como evidências tangíveis, testemunhais, da visita à destinação turística. Podem ser compradas para uso próprio ou para presentear os que ficaram,[20] como demonstração de amor e afeto. Outras motivações podem induzir a sua compra como forma de contribuição a causas humanitárias e ambientais; para preencher o tempo, porque a viagem está chata; para matar o tempo de espera nos aeroportos; ou para gastar o valor restante em moeda local.

Independentemente do que move os turistas em direção às compras, a escolha dos produtos depende, no entanto, do perfil de cada turista envolvido na viagem. Ou seja, depende de nível cultural (repertório), renda,

---

[18] A palavra "*souvenir*", de origem francesa, enquanto verbo significa "*Avoir de nouveau présent a l'ésprit (qqch. qui appartient à une expérience passée)*". (Le Robert Méthodique, 1994). Ter novamente presente ao espírito (qualquer coisa que remeta a uma experiência passada) (Tradução nossa).

[19] Há também uma série de presentes comprados pelos residentes para dar aos visitantes que, por sua vez, também trazem presentes de seu local de origem para retribuir a hospitalidade.

[20] No caso dos japoneses, é a tradição que faz com que gastem muito tempo e dinheiro comprando. De acordo com Rob Tange e Associates (1995 apud Timothy, 2005), a prática de dar presentes tem origem na longa experiência religiosa para marcar datas especiais (nascimento, casamento, final do ano). A mais famosa troca de presentes no Japão é *omiyage* e *senbetsu*. *Omiyage* refere-se à compra de presentes para parentes, amigos, colegas de trabalho e vizinhos, quando se viaja, devendo representar o lugar, ter alto valor ou parecer ter. É uma forma de retribuir os presentes recebidos para a viagem (*senbetsu*), antes dela acontecer, como dinheiro, câmeras. *Omiyage* também é uma forma de interação social, ao mesmo tempo que se constitui em uma forma de altruísmo, presenteando quem não pode viajar ou uma comprovação de que esteve em uma determinada região (Graburn, 2000; Hobson e Christensen, 2001). Na Coreia, conforme aponta Ko (1999), há práticas semelhantes. Na verdade, é uma forma de dar e retribuir, como identificado em sociedades arcaicas por antropólogos como Mauss (1974) e Cassady (1974), entre outros, embora, no âmbito do turismo, essa seja uma relação mais forte entre quem viaja e quem fica na cidade natal.

idade, entre outras variáveis, assim como do que é oferecido na destinação turística. Enquanto alguns viajam em busca de experiências de compra de produtos autênticos, outros compram mesmo tendo noção de que muitos objetos não são fabricados pelos artesãos locais e que sua produção é direcionada ao turista[21].

É importante mencionar que o conceito de autenticidade[22], que é uma construção social dos objetos e dos significados que os envolvem, é, portanto, altamente subjetivo, variando de cultura para cultura, de lugar para lugar e de pessoa para pessoa (Timothy, 2005).

Além do produto em si, o compartilhamento do processo de produção como experiência vivenciada fornece conhecimento e adiciona valor ao objeto – por exemplo, comprar lembranças de Veneza, confeccionadas em murano, depois de presenciar sua confecção pelos artesãos locais. Nesse caso, a compra começa a assumir um caráter lúdico, ao mesmo tempo que fornece informação e conhecimento novo.

Todavia, embora os produtos possam ser considerados não autênticos[23], funcionam como uma espécie de troféu que deve traduzir a imagem do local visitado, conferindo aí, sim, autenticidade à experiência da viagem realizada (Dougoud, 2000). A autenticidade passa a ser o fato de que o objeto foi comprado lá (na destinação).

Esses *souvenirs* podem incluir os mais diversos objetos: alguns complementam-se com atributos de caráter espiritual, como bênçãos, ou concretizam-se por pedaços de pedras e materiais do lugar, ossos de animais e conchas; outros associam-se à utilidade do produto comprado para uso

---

[21] Muitos turistas, portanto, adentram o campo das coleções como forma de marcar as suas viagens, comprando itens que se repetem pelo mundo afora, como copinhos de pinga com a impressão do nome de cada cidade visitada, pratos de parede, máscaras, dentre outros.

[22] Embora autenticidade seja uma construção social, podendo ter diferentes significados em diferentes sociedades, Bunn (2000 apud Timothy, 2005) sugere que a ideia ocidental de autenticidade em artesanato requer que sejam considerados autênticos produtos feitos por membros dessa mesma sociedade, usando materiais locais ou produzidos por ela, devendo ser usados por seus membros. Cohen (1992, p.23 apud Timothy, 2005) nota, ironicamente: marcadores de livros e toalhas de mesa são produzidos por tribos do Sudeste Asiático, os quais não têm nem livros nem mesas.

[23] Littrell, Anderson e Brown (1993 apud Timothy, 2005) identificaram alguns critérios que os turistas usam para a classificação de autêntico nos trabalhos comprados: originalidade e caráter único; integridade histórica e cultural; valores estéticos; feito à mão; o artesão e o material; experiência da compra; funcionalidade; verdade no que transmite pela certificação de origem ou assinatura.

no local de moradia do turista, como chaveiros, copos, camisetas, chapéus; podem ainda restringir-se a cartões-postais, calendários, livros e materiais com imagens; ou consistir em miniaturas de marcos representativos, como a Estátua da Liberdade ou a Torre de Pisa. Produtos típicos da culinária local ou equipamentos tradicionais por ela utilizados também se apresentam como *souvenirs* muito desejados, como os *sticks* da China.

Além das "lembrancinhas" tornarem tangíveis as experiências intangíveis, elas contribuem para a busca de reconhecimento social, conforme mencionado anteriormente. Hoje, esse reconhecimento está fortemente atrelado às viagens e às experiências que se podem realizar e torná-las pública por meio, principalmente, das redes sociais.

Uma terceira forma de relacionamento de compras com turismo refere-se ao *turismo de consumo (retail tourism ou consumption tourism)*, que, a nosso ver, pode ser dividido em três subcategorias: o turismo de consumo oportuno, o turismo de consumo recreativo e o turismo de consumo do luxo.

Nesse sentido, Timothy (2005) destaca a diferença entre os termos *buying* e *shopping,* sem correspondente na língua portuguesa, diferenciando o ato de compra (*buying*) focada no produto (tipo e marca) do ato de ir às compras (*shopping*), cuja ênfase é a experiência da compra (escolher, comparar, provar, checar preços, conhecer a moda, observar vitrinas, encontrar outras pessoas, deleitar-se e recrear-se).

Na categoria de *turismo de consumo oportuno*, o foco é a compra varejista, em que a atividade de compra aparece como o principal motivo da viagem (sem a intenção de revenda). Ou seja, os produtos adquiridos são para consumo próprio ou da família, tendo em vista as diferenças de preço e de qualidade, em que o custo do deslocamento e da estadia é absorvido pelas vantagens oferecidas pela compra.

Na Suíça, por exemplo, 25% dos consumidores compram regularmente nos países vizinhos, em virtude de melhores preços e horários mais flexíveis. Esse fenômeno tem sido significativo em termos econômicos, pois, como aponta Swissinfoch (2013), representou cerca de 5% do total das receitas varejistas do país em 2012.

Essa situação foi claramente observada no Brasil, diante da valorização da moeda local frente ao dólar (entre 2008 e 2014) e da atratividade (qualidade e preço) dos produtos estadunidenses (Furbino, 2013). Nesse caso, a compra pode estar relacionada à demonstração de afeto e carinho com a família ou à possibilidade de buscar as promoções e se regozijar com "economias" realizadas. Essa situação também pode ocorrer dentro de um mesmo país, conforme mencionado anteriormente, quando as compras não têm a intenção da revenda.

A outra forma de comprar associada ao turismo de consumo relaciona as viagens às *compras como recreação* (experiência recreativa).

Os compradores recreativos, em geral, não têm ideia do que querem comprar e não se preocupam com a distância a percorrer. Compram com mais frequência, gastam mais tempo em cada viagem, gostam de comprar acompanhados e mantêm-se comprando. Para Babin, Darden e Griffin, (1994 apud Timothy, 2005), eles buscam momentos de liberdade, fantasia e escape. Para Grahan, Grahan e Naclean (1991 apud Timothy, 2005), eles gostam de olhar, de experimentar e, eventualmente, de comprar.

Diferentemente dos compradores de consumo oportuno, cujos propósitos são econômicos e utilitários, os compradores recreativos são capazes de perceber o mais elevado e subjetivo valor em reunir informações que passam a compor o prazer, a diversão e a autorrealização envolvidos no processo de compra[24] (Timothy, 2005).

De acordo com Jackson (1991 apud Timothy, 2005), há de se diferenciar essas compras recreativas de outras em que os produtos comprados estão direcionados às práticas de recreação e lazer propriamente ditas (livros, discos e equipamentos para esportes), bem como para compras realizadas por impulso quando se referem àquelas realizadas no processo de ida ao cinema, teatro, jantares[25].

As compras de consumo recreativas tiveram como precursores de seu desenvolvimento o centro de compras West Edmonton Mall, em Alberta, no Canadá[26], e o Mall of America (MOA)[27], em Minnesota, nos Estados

---

24 De acordo com o estudo citado por Jackson (1991 apud Timothy, 2005), uma pesquisa, nessa década, mostrava que 31% dos americanos adultos viam shopping como um passatempo recreativo. Na mesma década, outros estudos mostraram que cerca de 75% dos americanos iam aos *malls* pelo menos uma vez por mês.

25 Nesse caso, a associação entre lazer e compras é uma estratégia utilizada pelos Shopping Centers que distribuem, nas imediações dos cinemas, restaurantes e teatros, lojas com atividades afins e de conveniências. Nesse caso, o lazer entra como âncora (*magnet*) para que as compras sejam realizadas por impulso, durante o tempo de espera (Vargas, 1992, 2001).

26 O West Edmonton Mall tornou-se a maior atração turística do Canadá na década de 1990, superando os pacotes turísticos da Niagara Falls (Timothy, 2005).

27 O Mall of America (MOA), o segundo maior shopping center na década de 1990, dividia-se em regiões temáticas ou destinos de compras. A região do West Market assemelhava-se às

Unidos, representantes maiores das mais amplas formas do fenômeno de *shoppertainment*, no qual o foco da visita centrava-se na diversão, buscando uma sinergia entre compras e recreação.

É evidente que a novidade e o seu caráter único, naquele momento, responderam pelo grande excitamento, como no contexto do West Edmont Mall (Butler,1991; Finn e Rigby, 1992). O mesmo pode ser dito com relação ao MOA, pois, como mencionam Nelson (1998) e Beck (1998), na década de 1990, ele foi mais visitado do que a Disney World, na Flórida, o Elvis Graceland e o Grand Canyon juntos.

Entre as estratégias para o fortalecimento das compras recreativas, o grande segredo é a facilitação do ato de gastar ao máximo, reduzindo os custos e as barreiras culturais, além da criação de experiências centradas no espaço das lojas, pois comprar tornou-se o tema central do turismo global. Integração de espaços de compras (*malls*) com hotéis, liquidações apresentadas na língua do seu principal público-alvo, oferta de produtos de diversos lugares do mundo e realização de festivais de compras são evidências de que compras são um bom negócio para países que querem aumentar o turismo (Shankman, 2012), além de viabilizar os empreendimentos imobiliários e fortalecer sua base econômica.

Como forma de alcançar uma alta taxa de ocupação dos hotéis[28], montam-se estratégias de negócios em que os hotéis oferecem *tours* de compras, prêmios e brindes. O "The Program's Shop Las Vegas Passport", por exemplo, fornece cupons com descontos em casas comerciais para os pacotes de viagens. Há ainda políticas promocionais das próprias companhias aéreas[29] que se juntam a grandes varejistas, companhias de ônibus, hotéis e operadoras de viagens.

---

agitadas cidades europeias, com uma arquitetura do tipo estações ferroviárias, com praças de mercado, lojas tradicionais e mobiliários urbanos; o North Garden oferecia terraços, jardins com boutiques e lojas sofisticadas; na região denominada South Avenue, ficavam hotéis de luxo com percursos acarpetados e lojas de luxo; o East Brodway apresentava-se como uma cidade americana com os neons, luzes e moda contemporânea (Goss, 1999 apud Timothy, 2005).

[28] A taxa de ocupação dos hotéis chega a alcançar 90% durante os festivais de compras, como o Dubai Shopping Festival, que atraiu 3,5 milhões de visitantes, em 2011, ou o Dubai's 24 Hours Shopping Iniciative (Shankman, 2012).

[29] Timothy (2005) cita que os pacotes turísticos para compras são uma forma das companhias áreas capitalizarem em cima das viagens de compras, levando turistas a grandes centros que oferecem esses serviços, durante um final de semana. Um exemplo desse cenário é a associação entre o MOA e a Northwest Airlines.

É importante destacar que a ênfase nessa sinergia entre compras e recreação durante as viagens (*recreational shopping tourism*) também cumpre o papel de viabilizar os grandes empreendimentos imobiliários (Vargas, 1992; Garrefa, 2008; Vargas e Araujo, 2013), como um fenômeno mundial, exacerbado nos países asiáticos e do Oriente Médio e que, se esvaziados, afetariam o processo de reprodução do capital no circuito secundário, como mencionado por Harvey (1989).

Mesmo com a procura ainda elevada, alguns especialistas notam um declínio nas vendas desses grandes *malls* e de sua popularidade desde os anos 1990 (Timothy, 2005). Entre as razões para esse declínio, Vargas (2001) destaca a semelhança entre todos eles, lembrando que, acabada a novidade, o que entra em campo é a comodidade ou mesmo novidades de outros lugares, dando um caráter efêmero a esses espaços de compras. Garrefa (2008) mostra a semelhança entre os shopping centers e os produtos de consumo com relação ao ciclo de vida do produto e do lucro, apresentando a evolução desses empreendimentos que, tendo início como um centro de abastecimento para as populações dos subúrbios americanos na década de 1950, assumem a condição de produtos imobiliários e acabam por se transformar em produtos de consumo, de caráter efêmero, possibilitando rápida substituição por outros.

Paradoxalmente, a necessidade de economizar tempo com compras, para ver e vivenciar mais coisas, também faz com que as compras sejam mais direcionadas, inclusive com a utilização do recurso de compras online disponibilizado por grandes lojas ou lojas de marca. Esse tipo de compra possibilita a entrega dos produtos no hotel em que os turistas se hospedarão. No entanto, não se pode esquecer de que, na sociedade atual, o consumo não se refere exclusivamente a bens materiais tangíveis. Os serviços também adquirem importância significativa, seja na gastronomia, na cultura ou na diversão propriamente ditas.

Alguns locais assumem uma condição de shopping temático, com destaque a uma das mais conhecidas, a Rovaniemi, próximo ao Círculo Polar, promovida como a terra do Papai Noel (Timothy, 2005). Esse tema também é encontrado na cidade de Penedo, no estado do Rio de Janeiro, com o parque denominado Pequena Finlândia, que busca reproduzir fielmente uma pequena cidade finlandesa onde vive o Papai Noel (Fagerlande, 2010).

Aliás, o Natal é sempre um grande tema para incentivar as compras, e os mercados de Natal proliferam-se mundo afora, como em Budapeste, Dresden, Freiburg, entre outros (Booth, 2013).

Outra estratégia utilizada nesse processo é o uso da cultura como forma de envolvimento para motivar as compras, seja pelo apelo à tradição e à história ou pela adição de conhecimento diferenciado. É importante destacar que, enquanto o patrimônio, com raras exceções, atrai o turista uma única vez, as compras podem se repetir, como acontece com feiras de artesanato[30].

Na linha da tradição, surge o apelo às *crafts villages*. Especializadas, historicamente, em algum produto, passam a atrair turistas, acabando, muitas vezes, por assumir a industrialização desses produtos, descaracterizando-os. Outros exemplos que se apresentam são fornecidos por cidades que possuem produções agrícolas especializadas e que passam a promover festas sazonais, de acordo com as respectivas safras. A abertura ao público de vinícolas, destilarias e fábricas de comida artesanais, como queijos e doces, também adentram o campo das compras recreativas, nas quais, além da experimentação, a indução à compra dos bens produzidos faz parte da intenção. A atratividade baseia-se no conceito de *place based* (Maskulka e Thode, 1996), com certificação de origem, lastreada nas condições geográficas do lugar e na tradição do *savoir faire* pelos habitantes locais[31].

Mas o apelo à tradição, à cultura e às artes continua seu progresso em direção aos espaços dos museus. Já no início dos anos 1990, uma pesquisa da Associação de Museus identificara que cerca de 80% deles tinham uma espécie de loja acoplada (Marsh, 1991). Atualmente, muitas dessas lojas, além de oferecer produtos com a marca dos museus, também oferecem produtos de designers famosos. Mesmo sendo produtos de preço elevado, que em muito excedem o valor dos ingressos, se eventualmente cobrados, os visitantes não hesitam em completar as compras da viagem com esses itens.

Como uma terceira derivação do turismo de consumo, encontramos o consumo do luxo, que, segundo Berry (1994 apud Reinsinger e Park, 2008), direciona-se à classe afluente e de meia-idade (45 a 54 anos), os famosos *baby-boomers*, cujos gastos mais significativos estão voltados para a alta gastronomia, meios de hospedagem sofisticados, vestuário e acessórios de

---

[30] A feira de artesanato que acontece todos os domingos na cidade de Embú das Artes, em São Paulo, é um bom exemplo. A diversificação da variedade de oferta e o incentivo da produção industrial local atraem, inclusive, turistas estrangeiros.

[31] Produtores de vinho franceses, por exemplo, buscam preservar rendimentos monopólicos ao insistir nas virtudes únicas da terra, clima e tradição, adicionando valor ao produto (Maskulka e Thode, 1996; Harvey, 2004). Fato semelhante pode ser observado no Turismo e Ecoturismo, no sentido de que adiciona valor sobre as atividades desenvolvidas nesses locais únicos e irreproduzíveis (Vargas, 1997 e 1998).

marca, formas sofisticadas de lazer. Dubai é, novamente, um bom exemplo de destino para esses turistas. Na Europa, o mesmo caminho vinha sendo observado até 2012, voltado predominantemente para os *shopaholics* originários dos Brics, assim chamados os países emergentes como Brasil, Rússia, Índia, China e África do Sul (Shankman, 2012).

As grandes cidades têm recebido, cada vez mais, lojas de marca, com uma arquitetura inusitada, de uma ambiência exuberante, assinadas por *star architects*. As assim chamadas *Flagships* marcam seu lugar na cidade e nos grandes espaços de compras focados na fixação do conceito envolvido com sua marca e seu produto.

O processo de turismo de consumo do luxo se consolida com a organização de tours costumizados[32], facilitados pelo apoio de funcionários que dominam a língua desse público-alvo, incorporando experiências que incluem a visita a estilistas e designers famosos, que, muitas vezes, compartilham o jantar (Booth, 2013).

Ofertas, promoções contínuas e cupons com descontos são fornecidos para a realização de visitas vips, como acontece em Fidenza Village, um dos 9 mais sofisticados Outlets Shopping Village da Europa, que inclui ainda estadia para final de semana com acompanhante, tudo obtido apenas com uma resposta a uma simples pergunta veiculada em sites específicos (Booth, 2013).

Na verdade, essa é uma estratégia em que gastar se une à ilusão do economizar[33], que se constitui em uma das principais motivações para compras, como mencionado anteriormente, adicionando-se aqui o caráter recreativo. Esses incentivos[34], que estimulam e fortalecem a compulsão por compras, atuam da mesma forma que aqueles realizados para jogo de azar, quando os cassinos patrocinam os clientes que mais jogam e mais perdem.

É fundamental destacar que os compradores recreativos são mais susceptíveis ao ambiente físico desses espaços de compras, o que demanda do

---

32 Antes de começar o tour, os turistas são solicitados a informar o tipo de compras que querem fazer e aí encontros especiais são agendados em lojas, além de assessorar o turista a ter o reembolso da VAT, na ocasião do retorno (Travelweekly, 2000b apud Timothy, 2005).

33 Essa estratégia respondeu pela febre das famosas compras coletivas, ocorrida recentemente no Brasil (2012), que, tão rápido quanto surgiam, desapareciam.

34 Em 2000, um tour básico oferecido nos Estados Unidos incluía 5 noites para compras de Natal em Paris por US$ 500 e passagem aérea, hospedagem com café da manhã, entrada para show de modas e 10% de desconto na loja de departamentos Primtemps, com admissão livre no Lorenzi Diamond Museum e cupom de 25% de desconto para compras (Travel Weekly, 2000a).

projeto de ambientes a criação de uma atmosfera acolhedora, convidativa e estimulante, com aspectos lúdicos envolvidos de modo a incentivar o consumo, aumentar a permanência e garantir o retorno, fortalecendo a impressão de ser um ato voluntário e aumentando a avidez pela compra.

A Figura 10.2 busca resumir os diferentes tipos de turismo e compras aqui identificados.

Figura 10.2 – Categorias de turismo relacionadas a compras.

Nesse sentido, um rápido olhar para as nossas cidades mostra claramente seu rebatimento espacial como consequência da simbiose entre turismo e compras, que tem respondido pela conformação da paisagem de muitas das cidades na contemporaneidade: de Dubai a Hong Kong, de Miami a São Paulo, de Embú a Caruarú. Nesses espaços de compras, há lugar para os mais diversos perfis de turistas concretizarem suas intenções de compras, impulsionados pelas diversas motivações anteriormente identificadas.

Das lojas de rua ao espaço da praça, dos mercados públicos aos bazares árabes, das arcadas comerciais aos shopping centers, das lojas de ruas à invasão do espaço público, dos quarteirões do luxo às lojas de museus e do design, da loja de lembrancinhas às *flagships* do luxo, esses espaços materializam-se nas mais diversas tipologias arquitetônicas, conformando a paisagem de nossas cidades, abrindo o seu cotidiano para aqueles em busca do não cotidiano, do extraordinário, do que lhes é estranho ou do cotidiano cada vez mais global. As Figuras 10.3 a 10.10 ensaiam uma síntese, por meio de uma profusão de imagens, que buscam contemplar a discussão aqui levantada sobre a relação do turismo com as compras, convidando o leitor a mergulhar e a se encontrar nesse fascinante mundo das compras.

Figura 10.3 – O lugar da troca com imagens de bazares e praças do mundo árabe (ver p.A9). Imagens e montagem: Heliana Comin Vargas.

Figura 10.4 – O lugar do Mercado no mundo. Da venda de produtos alimentícios para o consumo cotidiano de refeições. A transformação em praças de alimentação (ver p.A9). Imagens e montagem: Heliana Comin Vargas.

Figura 10.5 – O lugar do consumo no século XIX. Galerias Comerciais, Grands Magasins, Lojas de Departamentos (ver p.A10). Imagens e montagem: Heliana Comin Vargas.

Figura 10.6 – O lugar do luxo. Bairros, lojas, shopping centers voltados ao consumo de luxo (ver p.A10). Imagens e montagem: Heliana Comin Vargas.

Figura 10.7 – Consumo no espaço público. A apropriação do espaço público pelo comércio. A rua, a calçada, a praça e a praia (ver p.A11). Imagens e montagem: Heliana Comin Vargas.

Figura 10.8 – O espaço da loja e da marca. As vitrinas e suas formas de sedução (ver p.A11). Imagens e montagem: Heliana Comin Vargas.

Figura 10.9 – O espaço para as lembrancinhas. A profusão de lojas e produtos para compras de lembrancinhas (ver p.A12). Imagens e montagem: Heliana Comin Vargas.

Figura 10.10 – O lugar do consumo no século XX. A ditadura dos shopping centers (ver p.A12). Imagens e montagem: Heliana Comin Vargas.

Referências bibliográficas

BABIN, B.J.; DARDEN, W.R.; GRIFFIN, M. Work and/or fun: Measuring hedonic and utilitarian shopping value. *Journal of Consumer research*. v.20, n.4, p.644-56, 1994.

BAKER, A. Serius Shopping: psychotherapy and Consumerism. Londres: Free Association books, 2000.

BECK, R. Forget the beach, travelers opt for the mall on vacations. *Sentinet Tribune* (Boeling Green), 30 jul. 1998.

BOOTH, J. *Shopping Tourism no longer means picking up a souvenir or two at the airport*. Disponível em: http://www.travelweekly.co.uk/Articles/2013/07/18/44723/shopping-tourism-make-shopping-pay.html. Acessado em: 15 mar. 2015.

BRAUDILLARD, J. *A sociedade de consumo*. Tradução de Artur Morão. Lisboa: Edições 70/ LDA, 2007.

BERRY, C.J. *The idea of luxury: a conceptual and historical investigation*. Cambridge: Cambridge University Press, 1994.

BUNN, S. Stealing souls for souvenirs: or why tourists want the real thing". In: HITCHCOCK, M., TEAGUE, K. (eds.). *Souvenirs: The material Culture of Tourism*. Aldershot: Ashgate, 2000.

BUTLER, M.W. West Edmonton Mall as a tourist attraction. *Canadian Geographer*. v.35, n.3, p.287-95, 1991.

CAMPBELL, C. Capitalism, consumption and the problem of motives. In: FRIEDMAN, J. (ed.) *Consumption and identity* (p.23-46). Coira: Hardwood, 1994.

CASSADY Jr, R. *Exchangesby Private Treaty*. Texas: University of Texas, 1974.

CHIAVENATO, D. *Recursos Humanos*. São Paulo: Atlas, 1988.

COHEN, E. Tourist Arts. *Progress in tourism, recreation and hospitality management*. v.4, p.3-32, 1992.

COLES, T. Tourism, shopping and retailing: An axiomatic relationship? In: LEW, A.; HALL, C.M.; WILLIAMS, A.M. (eds.). *A companion to Tourism*. Oxford: Blackweel, 2004. p.360-373.

DAVIDSON, W.R.; SWEENEY, D.J.; STAMPFL, W.R. *1988 - Retailing Management*. 6.ed. Nova York: John Wiley & Sons, 1988.

DE VAULT, M. *Feeding the Family*. Chicago: University of Chicago Press, 1991.

DOUGOUD, R.C. Souvenir from Kambot (Papua New Guinea): The sacred search for authenticity. In: HITCHCOCK, M.; TEAGUE, K. (eds.). *Souvenirs: The material Culture of Tourism*. Aldershot: Ashgate, 2000.

EDWARDS, T. *Contradictions of Consumption: concepts, practices and politics in Consumer Society*. Buckingham: Opens University Press, 2000.

FAGERLANDE, S.M.R. *Casa de Papai Noel de Penedo/Pequena Finlândia: turismo e cenarização*. In: III Colóquio Internacional de Comércio e Cidade. 2010, São Paulo.

FINN, A.; RIGBY, J. West Edmonton Mall.Consumer-combined-purpose trips and the birth of the mega-multi-mall. *Canadian Journal of Administrative Sciences*. v.9, n.2, p.134-145, 1992.

FURBINO, Z. *Brasileiros passam Natal fazendo Turismo de compras nos EUA*. Disponível em: http://www.em.com.br/app/noticia/economia/2013/12/26/internas_economia,482459/brasileiros-passam-natal-fazendo-turismo-de-compras-nos-eua.shtml. Acessado em: 16 abr. 2014.

GARREFA, F. *Shopping center: de centro de abastecimento a produto de consumo*. São Paulo: Senac, 2008.

GRABURN, N.H.H. Foreword. In: HITCHCOCK, M.; TEAGUE, K. (eds.). *Souvenirs: The material Culture of Tourism*. Aldershot: Ashgate, 2000.

GRAHAM, D.F.; GRAHAM, I.; NACLEAN, M.J. Going to the mall: a leisure activity of urban elderly people. *Vanadian Journal on Aging*. v.10, n.4, p.345-358.

GOSS, J. Once-upon-a-time in the commodity world: An unofficial guide to mall of America. *Annals of the Association of American Geographers*. v.89, n.1, p.45-75, 1999.

HARVEY, D. *The Urban Experience*. Baltimore: Johns Hopkins University Press, 1989.

______. A arte de lucrar: globalização, monopólio e exploração da cultura. In: MORAES, D. (org.). *Por uma outra comunicação. Mídia mundialização cultural e poder*. São Paulo: Record, 2004.

HOBSON, J.S.P.; CHRISTENSEN, M. Cultural and structural issues affecting Japonese tourist shopping behavior. *Asia Pacific Journal of Tourism Research*. v.6, n.1, p.37-45, 2001.

JACKSON, E.L. Shopping and Leisure: Implications of West Edmonton Mall for leisure and leisure research. *Canadian Geographer*. v.35, n.30, p.280-287, 1991.

KO, T.G. The issue and implications of escorted shopping tours in a tourist destination region. The case study of Korean package tourists in Australia. *Journal of Travel and Tourism Marketing*. v.8, n.3, p.71-90, 1999.

LE ROBERT MÉTHODIQUE. *Dictionaire Méthodique du Français actuel*. Paris: Dictionaire Le Robert, 1994.

LITTRELL, M.A.; ANDERSON, L.F.; BROWN, P.J. What makes a craft souvernir authentic? *Annals of tourism research*. v.20, n.1, p.197-215, 1993.

MARSH, R. Selling Heritage. *Leisure Management*. v.11, n.10, p.38-40, 1991.

MARX, K. O fetichismo da mercadoria e seu segredo. In: *O capital. Crítica da Economia Política*. Livro Primeiro, v. I. Parte Primeira. Tradução de Reginaldo Sant'Anna. São Paulo: Civilização Brasileira, 1980.

MASKULKA, J.M.; THODE, S.F. "Place-Based" Marketing Strategies: A Sustainable Competitive Advantage in Developing a Product's Brand Equity. In: 3rd International Conference in Recent Advances in Retailing and Services Science. 1996, Telfs-Buchen.

MAUSS, M. Sociologia e Antropologia. v. II. Tradução de Mauro W.B. Almeida e Lamberto Puccibelli. São Paulo: EPU/Edusp, 1974.

MASLOW, A.H. *Motivation, Personalidad*. Barcelona: Sagitário, 1954.

MILLER, D. *A theory of shopping*. Ithaca, Nova York: Cornell University Press, 1998.

MICHALKÓ, G.; TIMOTHY, D.J. Cross-border shopping in Hungary: causes and effects. *Visions in Leisure and Business*. v.20, n.1, p.4-22, 2001.

NELSON, R. *The selection of retail locations*. Nova York: F.W. Dodge, 1958.

______. *Mall of America: Refletions of Virtual Community*. Lakeville: Galde Press, 1998.

OLIVIERI, M.F.A.; ODLOAK, E. T*urismo de compras. Revitalização do Bairro do Brás na cidade de São Paulo*. Disponível em: http://www.administradores.com.br/producao-academica/turismo-de-compras-revitalizacao-do-bairro-do-bras-na-cidade-de-sao-paulo/2880/. Acessado em: 01 set. 2013.

REISINGER, Y.; PARK, K.S. Luxury Shopping in tourism: Challenges and opportunities. In: 26th EuroCHRIE Conference. 2008, Dubai.

ROB, T. et al. *How to do business with the japonese visitor market: a guide for small tourist businesses*. 5.ed. Coolum Beach: Gull Publishing, 1995.

ROWLANDS, M. Prefácio. *Memory, sacrifice and nation*. New formation. Sd.

SANTA CATARINA. Brasil. *Guia para profissionais de Turismo*. Disponível em: www.santacatarinaturismo.com.br/segmentos.php?id=43. Acessado em: 16 abr. 2014.

SHANKMAN, S. *Trend alert: shopping tourism to drive growth as east invades west's shopping malls*. Disponível em: http://www.skift.com/2012/11/05/trend-alert-shopping-drives-tourism-in-the-middle-east-europe-and-asia/. Acessado em: 01 set. 2013.

SOUSA, A.A. *El ocio turístico enlas sociedades industriales avanzadas*. Barcelona: Bosch/Casa editorial, 1994.

SOUTHALL, C. *Shopping as a driver for tourism*. Disponível em: http://www.insights.org.UK/articleitem.aspx?title=shopping+as=a=driver+for=tourism. 2009. Acessado em: 17 abr. 2014.

[SPTURIS] SÃO PAULO TURISMO. *São Paulo é referência no Turismo de Compras*. Disponível em: http://www.imprensa.spturis.com.br/press-kits/são-paulo-e-referencia-no-turismo-de-compras. Acessado em: 29 set. 2013.

SWISSINFOCH. *One in four consumers regularly buys abroad. 2013*. Disponível em: http://www.swissinfo.ch/eng/swiss_news?one_in_four_consumers_regularly_buys_abroad.html?cid=35406912. Acessado em: 01 set. 2013.

TIMOTHY, D.J. Shopping Tourism, retailing and leisure. *Aspects of tourism*, n.23. Cleveland, Toronto, Buffalo: Channel View Publications, 2005.

[TIA] TRAVEL INDUSTRY ASSOCIATION OF AMERICA. *The Shopping Traveler*. Washington: Travel Industry Association of America, 2001.

TRAVEL WEEKLY. Plan features Paris shopping. v.59, n.74, p.20, 2000a.

______. Select Italy offers Florence Shopping. v.59, n.95, p.E9, 2000b

UNDERHILL, P. *Why We Buy? The Science of Shopping*. Nova York, Londres, Toronto, Sidney: Simon & Schuster Paperbacks, 1999.

[USTA] UNITED STATE TRAVEL ASSOCIATION. U.S. *Travel Answer Sheet*. Disponível em: http://www.tourismworksforus.com/docs/UStravelanswersheet.pdf. Acessado em: 11 abr. 2014.

VARGAS, H.C. *A importância das atividades terciárias no desenvolvimento regional*. São Paulo, 1985. Dissertação de mestrado. FAU/USP.

______. *Comércio: Localização estratégica ou estratégia na localização*. São Paulo, 1992. Tese de doutorado. FAU/USP.

______. Ambiente natural enquanto produto de consumo turístico. In: *Encontro nacional de gestão empresarial do meio ambiente*. 1997, São Paulo.

______. Turismo e valorização do lugar. *Turismo em análise*. São Paulo, v.9, n.1, p.7-19, 1998.

______. *Espaço Terciário. O lugar, a arquitetura e a imagem do comércio*. São Paulo: Senac, 2001.

______. O lugar do comércio e serviços na arquitetura e urbanismo. São Carlos, n.9, 2013. Disponível em: http://www.nomads.usp.br/virus/virus09/?sec=4&item=3&lang=pt. Acessado em: 20 abr. 2014.

VARGAS, H.C.; RIBEIRO, H. *Novos instrumentos de Gestão Ambiental Urbana*. São Paulo: Edusp, 2001, 2005, 2014.

VARGAS, H.C.; ARAÚJO, C.P. *Arquitetura e Mercado Imobiliário*. São Paulo: Manole, 2013.

WARNABY, G. The Shopping Destination Offer: An Exploratory Conceptual Framework. In: *The marketing education group conference*. Strathclydde, 1996.

Capítulo 11

Turismo com gosto paulistano

Isabella Raduan Masano

> Experiências podem definir uma pessoa mais do que seus bens. A ida a um restaurante interessante pode conferir mais *status* do que comprar uma TV grande. "Você é aquilo que faz" pode vir a substituir "Você é aquilo que possui". Mídias sociais são melhores em documentar experiências do que posses, e melhores em mostrar criatividade do que mostrar riqueza.
> (Sutherland, 2013, p.64, tradução nossa)

Turismo e alimentação se ligam de modo intrínseco, uma vez que, independentemente da motivação que exista para realizar uma viagem, é necessário se alimentar, suprir a necessidade básica vital.

Mas, enquanto para alguns comer pode representar apenas o combustível necessário para a viagem, para outros, corresponde ao próprio incentivo de viajar. E, entre esses dois extremos, estão todos aqueles que veem no alimentar-se o diferencial da viagem[1].

A relevância do setor de alimentação na atividade turística e a ampla correlação entre eles evidenciam-se nos diversos estudos voltados para a economia do turismo[2].

---

1 É possível estabelecer gradações de interesse por comida como parte da atividade turística e segmentar o mercado com base nessa perspectiva. Na literatura brasileira, contudo, o mais comum é simplesmente designar como "turismo gastronômico" toda e qualquer atividade turística cujo interesse primário esteja relacionado à comida ou à bebida, razão pela qual é comum que se amplie o uso do termo "gastronomia" (e seus derivados), empregando-o como sinônimo de "culinária" e "alimentação", por exemplo.

2 De acordo com o Ministério do Turismo (Brasil, 2013), a alimentação fora do lar corresponde a 20% dos gastos dos turistas no Brasil. Já segundo o IBGE (2012, p.22), quando avaliadas as

Não apenas a alimentação é essencial à realização do turismo e tem um valor expressivo, como também os aspectos relativos a essa atividade são elementos determinantes da experiência turística, já que interferem diretamente na satisfação daqueles que visitam a localidade.

Em certos casos, uma experiência gastronômica negativa pode ser relegada a segundo plano, considerados os objetivos principais da viagem. No entanto, certamente, será um elemento de diferenciação na escolha de destinos turísticos substitutos.

O tema se torna especialmente relevante quando se leva em conta que as pessoas viajam não somente para cumprir compromissos profissionais, desfrutar de cenários paradisíacos, observar a fauna e a flora de determinada região, conhecer uma praia ou visitar edificações históricas, mas também, e em grande parte, para comer.

É o que indicam, por exemplo, a pesquisa da Organização Mundial do Turismo (WTO, 2012), que atesta que "comer em restaurantes" se tornou a atividade de lazer preferida dos americanos quando visitam outros países, e a do Observatório do Turismo da Cidade de São Paulo, que destaca que as atividades gastronômicas são aquelas realizadas com mais frequência tanto por brasileiros quanto por estrangeiros hospedados na cidade (Prefeitura de São Paulo, 2013). Ainda, segundo o Ministério do Turismo (Brasil, 2010), o número de turistas que aponta a "gastronomia" como o principal motivo da escolha do destino supera o interesse declarado por atrativos como "história, artes e museus" ou "observação de fauna e flora".

De maneira mais ampla, o que se pode perceber é uma mudança na forma de as pessoas se relacionarem com a comida e no tratamento dado ao tema. Em meio ao crescente interesse por gastronomia, ganham destaque, entre outros elementos, seu caráter lúdico e de sociabilidade, as possibilidades de experiência e o prazer que representa, a riqueza cultural e os conhecimentos aos quais ela está atrelada.

Com a expansão da indústria de alimentos e o aumento do hábito de se alimentar fora de casa, as pessoas dedicam menos tempo ao preparo das refeições e muitas não sabem sequer cozinhar[3]. Apesar disso, vendem-se cada

---

atividades características do turismo, o valor da produção do setor de alimentação corresponde a mais de 40%, e seu valor agregado – ou seja, a contribuição ao PIB – supera os 37%. O número é ainda mais expressivo quando se observam os postos de trabalho, sendo o setor de alimentação apontado como o responsável por mais de 50% das ocupações (IBGE, 2012, p.24).

[3] O tempo de preparo das refeições no Brasil caiu de 2 horas em 1971 para 15 minutos, desde o final dos anos 1990, conforme dados da Fife (apud Alimentação, 2006).

vez mais livros de gastronomia (em 2013, inclusive, o tema foi destaque na Feira do Livro de Frankfurt, a mais importante do setor). Da mesma forma, os espaços *gourmets* e projetos arquitetônicos que integram cozinha e as áreas sociais vêm se tornando atrativos nos lançamentos imobiliários. O assunto também se sobressai nas diversas mídias sociais, sendo um dos mais recorrentes nas publicações do Instagram, por exemplo.

Paralelamente, as tantas mudanças que vêm ocorrendo na sociedade, com o desenvolvimento de novas tecnologias, incrementos nos sistemas de transporte e frequentes melhorias no setor de telecomunicações, transformaram também a forma de viajar, o que as pessoas buscam nas viagens ou as suas motivações e, até mesmo, a maneira como exibem o gosto e o *status*.

Quando o acesso aos diferentes lugares se torna mais fácil e desvendar um lugar ou apreciar uma paisagem é propiciado por meio de *tours* virtuais, filmes em 3D ou até em 4D, o próprio entendimento do que é a experiência se transforma, e o vivenciar adquire uma nova acepção, um novo significado.

São as vivências, com seus aromas, sabores, sensações e interações que vão delinear essa nova forma de viajar, oferecendo outros possíveis contornos aos próprios conceitos de luxo e exclusividade. A busca de experiências turísticas únicas inclui, em especial, a apreciação gastronômica.

Como defende Sutherland (2013, p.64), o uso crescente de redes sociais ajuda a reforçar essa busca, tendo em vista que elas transformam o valor atribuído àquilo que se possui e ampliam o das experiências compartilhadas ou compartilháveis.

É nesse contexto que a gastronomia se consolida como um poderoso atrativo, de modo que entender a complexidade do produto que representa a oferta gastronômica e sua lógica de diferenciação se torna cada vez mais relevante no âmbito do planejamento turístico.

A oferta gastronômica é ampla e extremamente diversificada. Pode ser classificada em diferentes níveis: de simples oferta técnica, passando por oferta técnica diferenciada, ocasionalmente tratada como atrativo complementar, até atingir a categoria de atrativo principal, motivador da viagem (Beni, 1997).

Muitos restaurantes enquadram-se no primeiro caso. Outros são capazes de atrair pessoas que estão à procura de algo mais do que uma simples refeição – seja por sua localização privilegiada, por representarem um mergulho na cultura e nas tradições locais, pela qualidade excepcional das matérias-primas ofertadas, em razão do trabalho autoral apresentado pelo *chef*, por terem ficado marcados por algum acontecimento relevante, por causa do público que os frequenta, entre outras possibilidades.

Mas a oferta gastronômica não se limita a restaurantes, nem mesmo à oferta formal. Está espalhada pelas ruas, em meio à produção, nas feiras livres, dentro das casas, em festas e eventos, podendo congregar mais de um atrativo e até dominar regiões inteiras, compondo rotas gastronômicas[4], sua mais complexa forma de expressão.

A complexidade dessa oferta não se restringe, contudo, à diversidade e à extensão do mercado. A cozinha de um local reflete sua sociedade, é resultado do somatório de cultura e território – natural e construído – e, como tal, está em contínua transformação.

As expressões socioespaciais da comida

Repleta de significados, a comida espelha a sociedade e tem um papel determinante na história da humanidade, reunindo elementos de sociabilidade e expressiva carga cultural (Flandrin e Montanari, 1998; Montanari, 2008; Santos e Silveira, 2003; Laudan, 2000; Poulain, 2004; Leonard, 2002; Carneiro, 2006; Meneses, 1997; Dória, 2009b; Lévi-Strauss, 2004; Certeau, 2005).

O próprio gosto, por vezes entendido como absolutamente individual e subjetivo, é também, em parte, uma construção coletiva, um saber. A avaliação feita por cada indivíduo sobre determinada comida não se restringe exclusivamente ao conjunto de sensações que ela provoca, mas corresponde à maneira como elas são interpretadas pelo cérebro e associadas a experiências individuais e coletivas, tais como aprendizagens e lembranças. Desse modo, uma comida é entendida como boa ou ruim em decorrência da forma como se aprendeu a reconhecê-la (Bourdieu, 2007; Montanari, 2008; This, 2005).

A comida define aquele que come, retém as tradições e identidades do grupo e é o reflexo de sua época (Da Matta, 1996; Brillat-Savarin, 1999; Chagas, 1977). Não é à toa que os diferentes povos, no curso da história, elegeram e trabalharam ingredientes de modo diverso. O cultivo de determinados itens reflete o *terroir* e demarca os meios de produção locais; os meios de cocção indicam a disponibilidade de técnicas e materiais; a maneira de preparar e a forma de servir e de repartir o alimento dão indícios da organização social e da divisão do trabalho; a rejeição de alimentos pode derivar de dogmas religiosos, enquanto o tratamento dado a outros, por vezes, expõe questões referentes à medicina.

---

[4] Rotas gastronômicas são itinerários formalmente organizados que oferecem uma temática preestabelecida, o que permite reconhecer e desfrutar, de forma organizada, o processo produtivo e a gastronomia de determinada localidade (Fagliari e Masano, 2003).

A cozinha, tal qual a linguagem, pode ser caracterizada como um meio de comunicação e de autorrepresentação[5], como explica Schwarcz:

> Da mesma maneira como não existe sociedade sem linguagem, também não é possível pensar em um agrupamento humano que não cozinhe, ou melhor, que não elabore os seus próprios alimentos. Por isso mesmo, nenhum alimento é simplesmente cru e pronto, ou simplesmente cozido. Cada sociedade, também, se expressa e fala de si na maneira como arranja a comida e nas formas como faz do alimento um discurso, ou até mesmo uma representação. [...] Assim, se em um nível mais concreto simplesmente comemos – temos fome e nos saciamos –, de maneira mais abstrata produzimos valores e sentidos quando pensamos estar apenas lidando com a nossa satisfação e mera sobrevivência. Tudo isso porque o homem não sobrevive apenas, mas antes inventa significados para tudo que faz (2010, p.9-10).

No contexto turístico, comer é, muitas vezes, entendido como uma forma de participar do cotidiano de um outro grupo, adentrar a sua intimidade, adquirindo um papel muito mais experimental do que funcional.

Degustar alimentos em um local diferente do seu entorno habitual costuma ser percebido como uma experiência turística real e genuína, um modo de desvendar o local pelos próprios sentidos, pois, diferentemente da recriação de certos rituais, que acabam descaracterizados por se distanciarem de seu contexto real, oferecer uma comida da região àqueles que ali chegam não está dissociado de sua função social.

Considerando que provar um alimento é mais fácil do que decodificar uma língua, Montanari (2009a) destaca a comida como um elemento primordial de contato entre culturas distintas. É o que se observa na carta de Caminha (Caminha, s.d.), quando este descreve as primeiras interações entre portugueses e índios, ao chegarem ao que hoje corresponde à costa brasileira.

Misturando os mais diversos aspectos da vida, a cozinha acompanha o homem através dos tempos e com ele vai se modificando, em um processo constante, que se retroalimenta. Para Maciel,

> a cozinha de um povo é criada de um processo histórico que articula um conjunto de elementos referenciados na tradição, no sentido de criar algo único – particular, singular e reconhecível. Entendendo a identidade social como um

---

[5] Na escrita hieroglífica, no Egito Antigo, um mesmo signo – um homem levando a mão à boca – designa tanto "falar" quanto "comer" (Bresciani, 1998, p.68).

> processo relacionado a um projeto coletivo que inclui uma constante reconstrução, e não como algo dado e imutável, essas cozinhas estão sujeitas a constantes transformações, a uma contínua recriação (2004, p.27).

Nesse sentido, Laudan (2000) afirma que, embora acreditemos conhecer nossos hábitos alimentares por terem sido os mesmos durante séculos, podemos perceber que aquilo que nos é familiar foi recriado em um passado recente.

Por isso, quando se pretende conhecer como a dieta de um povo se delineou ou se transformou, é preciso ir além dos aspectos culturais que a permeiam. A despeito de qualquer tradição cultural, elementos territoriais que conformam seus insumos básicos, como a possibilidade de acesso a ingredientes e produtos, definem, moldam e transformam a culinária e a oferta gastronômica de determinada sociedade.

Ao se pensar na cozinha de um lugar, a primeira referência é aquilo que a natureza oferta, o que cresce e se oferece por ali. Porém, no decorrer da história da humanidade, vários gêneros vegetais e animais foram sendo introduzidos em outros locais, e a adaptação dessas diferentes espécies acabou por redefinir suas culinárias, explicitando o importante papel do alimento ou do comércio de alimentos na estruturação (e reestruturação) do espaço ao longo do tempo, como destacado por Vargas (1992).

A cozinha da atualidade está fundamentada em uma biodiversidade que congrega espécies endêmicas e exógenas (Doria, 2009a), as quais se misturam na composição da paisagem local e na própria construção da identidade gastronômica dos habitantes daquela região. De tal sorte que, nos dias de hoje, tão difícil quanto dissociar a cultura mexicana do milho é imaginar a costa do Nordeste brasileiro sem a presença de coqueiros e a mesa do nordestino sem coco.

O que se faz notar é a diversidade de fatores que interferem na oferta e no consumo de alimentos. Entre aqueles que têm impacto direto, estão as transformações no processo produtivo, o aumento da capacidade e as melhorias nas condições de armazenagem e distribuição de alimentos, a industrialização, as alterações sociodemográficas, as legislações e as políticas públicas voltadas para o setor, citando apenas alguns.

A ampliação da capacidade logística, com a diminuição do tempo de transporte e a capilarização da rede, facilita o acesso a uma variedade cada vez maior de itens, oriundos de todas as partes do globo. Em contrapartida, a busca pela produção em maior escala e a expansão das áreas de comercialização levam à seleção de variedades mais produtivas e com maior durabilidade (o que chega a colocar em risco algumas variedades mais sensíveis ou menos apreciadas).

A industrialização, por sua vez, tem provocado consideráveis mudanças naquilo que é ingerido, mas seu impacto na alimentação não se restringe aos produtos processados, à variedade de produtos prontos e semiprontos que passaram a ser disponibilizados ao consumidor. Ela se estende também à transformação propiciada pelos meios de conservação, com o advento de geladeiras e *freezers*, e à incorporação ao cotidiano de inúmeros equipamentos de cozinha, como o liquidificador, os fornos e as grelhas elétricas, as máquinas de café, entre muitos outros.

Já o crescimento da população corresponde a um aumento quantitativo da demanda, ao passo que o processo de urbanização transforma a relação entre produção e consumo, elevando também a procura por produtos processados, em virtude das transformações no modo de vida.

Outras mudanças qualitativas decorrem de alterações na estrutura etária e familiar e de variações nos níveis de renda, por exemplo, visto que os alimentos consumidos por crianças, adultos e idosos são, muitas vezes, distintos, e que o aumento ou diminuição do poder de compra dos indivíduos vão determinar o acesso que se tem a determinados produtos.

Questões como o aumento do emprego feminino pressupõem um menor tempo para cozinhar, o que, somado ao aumento do tempo gasto com deslocamento, implica menor tempo livre para preparar alimentos e maior dificuldade em voltar para comer em casa no meio do expediente de trabalho, contribuindo, assim, para o crescimento da alimentação fora do lar.

Ainda, as melhorias nos níveis de educação e o maior acesso à informação impulsionam a formação de um mercado consumidor mais exigente, que demanda e busca mais conhecimento sobre os alimentos que está consumindo.

A amplitude do tema, sua complexidade e dinamismo se reforçam na medida em que a diversidade de variáveis envolvidas na temática vai sendo explicitada, e se evidenciam as diversas escalas de interdependência entre elas e como as mudanças se desdobram e, muitas vezes, se retroalimentam.

Fica claro que a dinâmica em torno da produção e comercialização de alimentos interfere nas escolhas e transformações socioespaciais, e que as alterações nas estruturas sociais vão redefinir a oferta, o consumo e a relação estabelecida com os alimentos.

Dessa forma, especialmente no contexto de uma "sociedade globalizada", quando se fala em comida como parte da experiência turística, além de se compreender a constituição do produto gastronômico, torna-se igualmente – ou ainda mais – relevante entender como se dá o processo de diferenciação dessa oferta.

A busca da diferenciação

Com o desenvolvimento de novas tecnologias de transporte e comunicação, a escala, e até mesmo a forma como a concorrência se processa, transformaram-se substancialmente (Harvey, 2004).

Para Vargas (1998), a partir do último quartel do século XX, começou a se delinear uma forte tendência homogeneizadora de hábitos, gostos, valores e crenças, que se estende ao ambiente construído, evoluindo para a necessidade de diferenciação pelo específico, pelo único, exótico, impossível de ser reproduzido.

Tal processo de uniformização e diversificação, também relatado por outros autores (Harvey, 2004; Carvalho, 2010; Hannerz, 1997; Comegna e Ziglio, 2005; Giddens, 1999), atinge o consumo e a oferta de alimentos.

A dialética se explicita até mesmo nas análises em torno do fenômeno de McDonaldização, pois, ao mesmo tempo que se criticam a racionalização (Ritzer, 2000) ou a padronização do mundo contemporâneo (Schlosser, 2001), as tentativas de adaptação aos gostos e costumes locais, embora não passem de táticas utilizadas para conquistar o mercado, podem ser entendidas como uma espécie de globalização (Robertson, 1992; Khondker, 2004).

Adicionando outro ponto e debatendo os aspectos da miscigenação alimentar que se processa no globo, Pieterse (2007) ressalta que os *fast foods* americanos servem comida alemã (hambúrgueres e salsichas) com elementos franceses (batatas fritas e molhos) e italianos (pizzas), em um estilo americano de gestão. Então, para ele, faz mais sentido afirmar que "o McDonald's localiza globalmente uma variedade de formas" (tradução nossa).

O que se verifica é que, ao mesmo tempo que se cristaliza uma certa estandartização do gosto (Nossiter, 2009), com produtos que se assemelham em busca de um gosto universal, na tentativa de agradar a um maior número de consumidores, também os aspectos singulares são mais valorizados[6].

---

[6] Para Lucki (2010), é isso que tem acontecido no mundo do vinho, especialmente com a popularização de um determinado tipo de *chardonnay* e de *cabernet sauvignon*. Se, por um lado, defronta-se com o risco de uma bebida padronizada, monótona e sem charme, por outro, abre espaço e cria outro espectro de valor para os vinhos com maior personalidade, seja por

Igualmente, embora as comidas rápidas e prontas sejam consumidas com maior frequência, elas também passam a ser contrapostas a outras experiências gastronômicas, de tal sorte que estas acabam por adquirir, de acordo com o discurso que carregam, uma roupagem mais lúdica e maior valor agregado.

Para Ferreira,

> consciente ou inconscientemente, o ser humano não busca a absoluta individualidade, mas a individualidade que resulta da pertença a grupos bem definidos e identificáveis. Seria uma espécie de "igualdade na diferença", ou vice-versa; de modo que os limites da uniformização ou homogeneização são definidos pela nossa vontade de "sermos quase únicos" (2001, s.p.).

Segundo Harvey (2004), a singularidade de um produto reflete não somente suas qualidades, mas é também resultado dos esforços feitos no sentido de diferenciá-lo. Quando explorados seus atributos culturais, elementos de autenticidade e garantias de origem, as comidas podem se aproximar da acepção de marca e serem reconhecidas como algo distinto e não duplicável.

É diante da uniformização que sobressai a valorização daquilo que é ou pode ser entendido como local ou particular. De acordo com Montanari, "em um mundo efetivamente fracionado como o antigo e o medieval, a aspiração era constituir um modelo de consumo universal [...]. Na aldeia global da nossa época, pelo contrário, afirmam-se os valores do específico local" (2008, p.145). Para ele, a cozinha de território é, essencialmente, uma invenção moderna, que, em virtude de uma trajetória de globalização alimentar, alcançou um estatuto cultural forte.

Diante dessa nova realidade, merece atenção cada vez maior o tratamento dado a ingredientes e produtos como ícones de diferenciação. Ainda pouco difundidas no país, as indicações geográficas[7] representam uma alternativa interessante nesse sentido, ao permitirem a identificação de um produto ou serviço como algo único, originário daquele local.

Além dessa busca por diferenciação, ou até mesmo como parte dela, pode-se acrescentar que, mais recentemente, alguns atributos passam a ser

---

refletirem seu *terroir*, serem vinificados a partir de castas menos conhecidas ou em função das particularidades do trabalho empreendido por seus enólogos.

[7] A Indicação de Procedência "refere-se ao nome do local que se tornou conhecido por produzir, extrair ou fabricar determinado produto ou prestar determinado serviço" e a Denominação de Origem "refere-se ao nome do local que passou a designar produtos ou serviços cujas qualidades ou características podem ser atribuídas ao seu local de origem" (Inpi, 2013, online).

valorizados mundialmente no que tange à alimentação, e cinco grandes tendências tomaram forma (Barbosa et al., 2010; Fiesp, 2010), a saber:

- Sensorialidade e prazer: reflete a crescente valorização da gastronomia e a busca por produtos de maior valor agregado.
- Conveniência e praticidade: está diretamente atrelada à falta de tempo do consumidor contemporâneo, que busca produtos que facilitem seu cotidiano.
- Qualidade e confiabilidade: relaciona-se com a busca por mais informações e garantias sobre aquilo que se está consumindo, realçando a importância da marca como elemento distintivo na hora da escolha.
- Saudabilidade e bem-estar: destaca o interesse por produtos mais saudáveis e que propiciem maior bem-estar.
- Sustentabilidade e ética: denota preferência e simpatia dos consumidores por produtos relacionados a projetos sociais e/ou de proteção ao meio ambiente.

Diante desse contexto internacional, a análise do que acontece no Brasil, pelo viés da cidade de São Paulo, reveste-se de fundamental interesse.

Mesa paulistana: o local e o global no mesmo prato

A mesa paulistana reflete o próprio processo de composição demográfica extremamente dinâmico e peculiar da cidade de São Paulo.

Sua população, que em 1880 era de menos de 65 mil pessoas, ultrapassou os 10 milhões antes dos anos 2000 (IBGE, 2010a; Prefeitura de São Paulo, 2010b). O crescimento acelerado que se observa, decorre, sobretudo, dos intensos fluxos imigratórios e migratórios que se destinaram à cidade (IBGE, 2000; Memorial do Imigrante, 2010; Bassanezi, 2008; Perillo, 1996; Hogan e Berlinck, 1974), o que implica a formação de uma população com caráter fortemente mestiçado.

Imigrantes e migrantes chegaram à cidade trazendo na bagagem seus hábitos alimentares, usos e costumes, que seriam, paulatinamente, disseminados entre os habitantes locais, transformados e ressignificados. Ao mesmo tempo que os receituários familiares foram se moldando à disponibilidade de ingredientes e combinando outros elementos, novos produtos, técnicas culinárias e receitas também passaram a fazer parte da realidade da cidade (Heck e Belluzzo, 1999).

Nesse sentido, não se pode ignorar o fato de que as contribuições de migrantes e imigrantes à gastronomia paulistana se processaram de maneiras distintas, sobretudo porque os imigrantes, em especial os europeus, foram favorecidos pelas condições de mercado e até mesmo por teorias raciais, como aquela que valorizava os indivíduos de pele branca (Nóbrega e Daflon, 2009).

A ascensão social de muitos imigrantes, aliada à herança colonial – que fez com que a própria elite nacional tivesse vergonha de sua origem e preferisse propagar elementos da identidade europeia como mecanismo de diferenciação interna, mantendo, por vezes, disfarçados, dentro das casas, hábitos e receitas que remetessem à vida rural (Doria, 2009a) – privilegiou a reprodução de seus hábitos e propiciou maior destaque dessas cozinhas nas gastronomias paulistana e nacional.

Já os hábitos dos migrantes, uma vez que estes nem sempre tiveram as mesmas condições de ascender socialmente, tenderam a se manter mais restritos a esses próprios grupos, ocupando, principalmente, as periferias da cidade e se reproduzindo à margem da alta sociedade.

Assim, em São Paulo, foi se consolidando uma oferta multicultural, que ajudou a compor a imagem cosmopolita que se tornaria marca da cidade. Trata-se, no entanto, de uma oferta com características próprias, que, por certo tempo, se desenvolveu de maneira quase independente de suas matrizes.

Tal cenário será revertido apenas na década de 1990, quando às facilidades de comunicação e transporte somou-se a abertura das importações no Brasil. Os produtos importados foram rapidamente incorporados aos cardápios dos restaurantes da cidade e invadiram as gôndolas dos supermercados (cuja instalação, a partir da segunda metade do século XX, transformou completamente a realidade de distribuição de alimentos), disseminando-se também pelas mesas residenciais e exercendo pressão sobre o mercado nacional na direção de uma busca por melhorias na qualidade dos produtos (Masano, 2011).

Pode-se ainda notar um amadurecimento do mercado gastronômico, com mais destaque para o tema, e um público cada vez mais exigente (na medida em que passa a ter acesso a outras referências de qualidade e a uma maior variedade de produtos), como também uma expressiva mudança nos hábitos de consumo.

Itens como arroz e feijão (cujos consumos caíram, respectivamente, 58 e 73%, entre 1975 e 2009) estão sendo substituídos por outros gêneros dentro do domicílio, enquanto se amplia o hábito de comer fora de casa, conforme apontam as pesquisas realizadas pelo IBGE[8]. No Estudo Nacional de Despesa Familiar - Endef 1974/1975 (IBGE, 1978), quando os gastos com alimentação representavam aproximadamente 26% do total de gastos das famílias na RMSP, a alimentação fora do lar correspondia a apenas 2,5% desse valor; já a Pesquisa de Orçamento Familiar - POF 2008/2009 (IBGE, 2010b) revela que, embora os gastos totais com alimentação tenham se reduzido para apenas cerca de 16% dos gastos totais das famílias paulistanas, a participação dos gastos com alimentação fora de casa subiu para 5%, o que corresponde a 42,8% dos gastos com alimentação ante os 16,8% apurados na Endef[9].

Tais mudanças também estão atreladas à nova realidade mundial, de mercados transnacionais, diante da qual São Paulo reafirma sua importância como centro econômico-financeiro do país e como o maior mercado de alimentação e principal polo gastronômico do Brasil.

A cidade congrega sozinha aproximadamente 3,4 mil autosserviços, 4,5 mil padarias (Geografia de Mercado, 2010), 850 feiras livres – que correspondem a 43.750 bancas montadas em uma semana (Prefeitura de São Paulo, 2010a) – e 12,5 mil restaurantes (Abrasel, 2009). Ainda, entre as outras opções, estão ganhando espaço e notoriedade as comidas de rua, que passam por um processo de formalização, com a disseminação de feirinhas gastronômicas e *food trucks* comandados por *chefs* famosos[10].

No mercado brasileiro, seguindo uma tendência internacional, nota-se um número crescente de *chefs* que busca incluir em seus cardápios ingredientes que possam ser destacados como "brasileiros", utilizando-os como marcas distintivas de seu trabalho, abrindo espaço para a promoção de alimentos locais e a diversidade de biomas, valorizando produções de pequena escala, modos e técnicas de produção que, muitas vezes, estão caindo em desuso.

Sob essa ótica, Dória (2009a, p.10) destaca que, especialmente nas grandes cidades como São Paulo, em que há muita influência de outras culinárias, evidencia-se uma nova fase de celebração da culinária brasileira.

---

[8] Com duração de um ano, tais pesquisas se propõem a mensurar as estruturas de consumo, dos gastos, dos rendimentos e parte da variação patrimonial das famílias.

[9] Os dados da Endef 1974/1975 consideram a região metropolitana de São Paulo, enquanto os da POF 2008/2009 referem-se ao município de São Paulo.

[10] A Lei municipal n. 15.947 foi sancionada pelo prefeito Fernando Haddad em dezembro de 2013. Diversos aspectos continuam incertos no que diz respeito à formalização das comidas de rua e vêm suscitando discussões no que concerne ao público que será beneficiado com a lei, contrapondo-se a tradicional oferta de rua aos projetos que estão sendo desenvolvidos por empresários do setor.

Analisando-se a evolução do *Guia 4 Rodas*, ao mesmo tempo que se enfatiza o peso das cozinhas étnicas, especialmente de imigrantes, na composição da oferta gastronômica paulistana (desde a primeira edição do guia, em 1966, até a última), percebe-se o crescente destaque que vem sendo dado à gastronomia brasileira nas últimas décadas, quando passou a apresentar subdivisões referentes às cozinhas regionais (Masano, 2011).

O mesmo fenômeno é observado na lista "*Latin America's 50 best restaurants 2013*", da revista *Restaurant* que, em sua primeira edição, distinguiu nove estabelecimentos brasileiros[11], sendo seis deles restaurantes paulistanos – entre os quais apenas um, o Fasano, tem sua cozinha inteiramente dedicada a outro país, a Itália.

Como já dito, a globalização, que leva à homogeneização, vai também enaltecer o singular, exaltando-se aquilo que é local. Em São Paulo, contudo, essa noção do que é local se alarga, na medida em que se apropria de tudo aquilo que pode ser consagrado como brasileiro. Assim, simultaneamente, a cidade oferece fragmentos de cozinhas de várias partes do mundo para os brasileiros, e se consolida como uma espécie de vitrine do Brasil, atraindo, inclusive, holofotes internacionais para a gastronomia brasileira. Sobre a mesa paulistana, reúnem-se, pois, "o local e o global no mesmo prato" (Masano, 2011).

Mas, diante dessa imbricação entre o local e o global, parece configurar-se uma espécie de crise de identidade, ancorada na dificuldade que se tem de definir aquilo que é paulistano, distinguindo-o daquilo que já estaria consagrado ou poderia ser interpretado como exógeno. Defronta-se com a

> necessidade de se repensar aquilo que é paulistano dentro do atual contexto dessa sociedade, de se buscar um novo entendimento do que é a sua cozinha em função do que está sobre a mesa das pessoas – que engloba, cada vez mais, o que é servido nos restaurantes, bares, cafés e padarias (entre outros estabelecimentos), quando considerado o hábito crescente de se alimentar fora de casa. (Masano, 2011, p.199)

---

[11] Fazem parte da lista: DOM, Mani, Roberta Sudbrack, Mocotó, Fasano, Attimo, Olympe, Remanso do Bosque e Epice. Deles, DOM e Mani integram também a lista "50 melhores do mundo 2013", e o Roberta Sudbrack foi destacado entre os 100 melhores. A lista completa, versões atualizadas e respectivas colocações dos restaurantes estão disponíveis em: http://www.theworlds50best.com.

Esse processo passa necessariamente pelo entendimento de que não existe culinária atemporal, de que ela está em constante transformação, articulando tradição e inovação em um processo que se retroalimenta.

> Nas diversas regiões do mundo, os hábitos alimentares foram mudando no decorrer do tempo. Qualquer tradição alimentar que se tenha, em algum momento anterior, correspondeu a algo novo, mas, que uma vez aceito por aquele grupo de pessoas, passou a fazer parte de suas referências pessoais e coletivas, e a servir de base para novas transformações (Masano, 2011, p.199).

Nesse sentido, Montanari afirma que

> quanto mais fundo se vai na busca pela raiz da nossa identidade, que por sua vez corresponde àquilo que somos hoje, mais os outros que vivem em nós se multiplicam, mais clara fica a miscigenação cultural que nos acompanha desde os primórdios (2009b, p.42).

Trata-se de uma busca praticamente sem fim, que remontaria aos ancestrais humanos.

Sublinha-se que o entendimento da cozinha brasileira apoiada no tripé índios-africanos-portugueses (com suas contribuições muitas vezes colocadas como equivalentes, ignorando a história de opressão que caracterizou o colonialismo, e comumente apontadas como a genuína culinária brasileira), que ganhou força somente no século XIX como decorrência do desejo que se tinha de transmitir uma ideia de igualdade racial, é também um recorte, uma marcação temporal (Vainfas, 2000; Ortiz, 2006; Doria, 2009a; Masano, 2011). Trata-se de "uma culinária que já absorvera espécies vindas de outros continentes, como o coco, a manga, a banana e o arroz, e que apresentava profundas diferenças nas diversas regiões do país, inclusive pelas influências exercidas por outros povos" (Masano, 2011, p.199).

Para Dória, atualmente, a forma de atrair o mundo com a culinária brasileira pressupõe

> levar à mesa ingredientes reconhecidos como brasileiros (do ponto de vista tradicional, da genética, da aclimatação, pouco importa) de modo a encantar o paladar num 'aqui e agora' de feição reconhecidamente nova (2009a, p.84).

Assim, em meio a essa busca pelo que é único e exclusivo, brotam, no meio gastronômico, especialmente em São Paulo, novas discussões acerca do que define e identifica a cozinha brasileira nos dias de hoje, sobre qual seria o seu amálgama[12]. Isso porque a definição de uma cozinha corresponde sempre a um recorte, vinculado às necessidades de seu espaço e tempo, sendo o discurso que se articula em torno dele tão relevante quanto os hábitos.

Referências bibliográficas

ALIMENTAÇÃO FORA DO LAR. A evolução da alimentação fora do lar no Brasil. 2006. Disponível em: http://www.alimentacaoforadolar.com.br/conteúdo_edicoes.asp?act=conteúdo&idconteudo=129&pag=104&edição=3. Acessado em: out. 2010.

[ABRASEL] ASSOCIAÇÃO BRASILEIRA DE BARES E RESTAURANTES. *Guia Abrasel de bares e restaurantes.* São Paulo, 2009.

BARBOSA, L. et al. As tendências da alimentação. In: [FIESP] FEDERAÇÃO DAS INDÚSTRIAS DO ESTADO DE SÃO PAULO; INSTITUTO DE TECNOLOGIA DE ALIMENTOS. *Brasil Food Trends 2020.* São Paulo, 2010. p.39-47.

BASSANEZI, M.; SCOTT, A.; BACELLAR, C.; TRUZZI, O. *Atlas da imigração internacional em São Paulo 1850-1850.* São Paulo: Unesp, 2008.

BENI, M.C. *Análise estrutural do turismo.* São Paulo: Senac, 1997.

BOURDIEU, P. *A distinção: crítica social do julgamento.* Porto Alegre: Zouk, 2007.

BRASIL. MINISTÉRIO DO TURISMO. *Notícias.* Disponível em: http://www.Turismo.gov.br/turismo/noticias/todas_noticias?20130814-1.html. Acessado em: nov. 2013.

______. *Pesquisa de hábitos de consumo dos turistas brasileiros.* Disponível em: http://200.143.12.93/export/sites/default/dadosefatos/demanda_turistica/pesquisa_habitos/Download_pesquisa_habitos/13.11.09_Pesquisa_Hxbitos_2009.pdf. Acessado em: fev. 2010.

BRESCIANI, E. Alimentos e bebidas do Antigo Egito. In: FLANDRIN, J.L.; MONTANARI, M. (org.). *História da alimentação.* 4.ed. São Paulo: Estação Liberdade, 1998, p.68-79.

BRILLAT-SAVARIN, J.A. *A fisiologia do gosto.* São Paulo: Companhia das Letras, 1999.

CAMINHA, P.V. *Carta de Pero Vaz de Caminha a El-Rei D. Manuel sobre o achamento do Brasil.* Portugal: Publicações Europa-América, s.d.

CARNEIRO, H. Comida e sociedade: significados sociais na história da alimentação. In: ARAÚJO; W. M. C.; TENSER; C. M. R. *Gastronomia: cortes e recortes.* Brasília: Senac, 2006. p.137-161.

CARVALHO, N.V. *Cultura urbana e globalização.* Disponível em: http://www.bocc.ubi.pt. Acessado em: abr. 2010.

CASCUDO, L.C. *História da alimentação no Brasil.* 3.ed. São Paulo: Global, 2004.

---

[12] Outras perspectivas são colocadas em pauta, como a possibilidade de contar essa história por meio de uma gradação de alimentos secos e molhados (debruçando-se sobre ingredientes e modos de fazer), articulando, a partir deles, por exemplo, litoral e sertão. A primeira reunião formal nesse sentido foi promovida pelo Centro de Culinária Brasileira C5, no final de 2013.

CERTEAU, M.; GIARD, L.; MAYOL, P. *A invenção do cotidiano 2: morar, cozinhar*. 6.ed. Petrópolis:Vozes, 2005, p.235-367.

CHAGAS, J.Viagem ao redor de um almoço. In: CASCUDO, L.C. (org.). *Antologia da alimentação no Brasil*. Rio de Janeiro: Livros Científicos Técnicos, 1977, p.125-129.

COMEGNA, M.A.; ZIGLIO, L. A cultura e o processo de globalização. *Estudos Geográficos*. p.91-102, 2005. Rio Claro: Unesp.

DA MATTA, R. Notas sobre o racismo à brasileira. In: SOUZA, J. (org.). *Multiculturalismo e racismo: o papel da ação afirmativa nos Estados democráticos contemporâneos*. Brasília: Ministério da Justiça, 1996.

DÓRIA, C.A. *A formação da culinária brasileira*. São Paulo: Publifolha, 2009a.

______. *A culinária materialista*. São Paulo: Senac, 2009b.

FAGLIARI, G.; MASANO, I. Rutas Gastronómicas. In: LACANAU, G.; NORRILD, J. (org.). *Gastronomia y turismo: cultura al plato*. Buenos Aires: Ciet, 2003.

FERREIRA, M.P. Globalização cultural ou individualidade esclarecida. *Região de Leiria*. Leiria, Portugal. 23 ago. 2001.

[FIESP] FEDERAÇÃO DAS INDÚSTRIAS DO ESTADO DE SÃO PAULO; [ITAL] INSTITUTO DE TECNOLOGIA DE ALIMENTOS. *Brasil food trends 2020*. São Paulo, 2010.

FLANDRIN, J.L.; MONTANARI, M. *História da alimentação*. 4.ed. São Paulo: Estação Liberdade, 1998.

GEOGRAFIA DE MERCADO. Disponível em: <http://www.geografiademercado.com.br/MapScapeV3/TacticianOnline/>. Acessado em: dez. 2010.

GIDDENS, A. *Runaway world: how globalization is reshaping our lives*. Londres: Profile Books, 1999.

HANNERZ, U. Fluxos, fronteiras, híbridos: palavras-chave da antropologia transnacional. *Mana*. v.3, n.1, p.7-39, 1997. Disponível em: http://www.scielo.br/pdf/mana/v3n1/2454.pdf. Acessado em: maio 2010.

HARVEY, D. A arte de lucrar: globalização, monopólio e exploração da cultura. In: MORAES, D. *Por uma outra comunicação: mídia, mundialização, cultural e poder*. Rio de Janeiro: Record, 2004.

HECK, M.; BELUZZO, R. *Cozinha dos imigrantes: memórias e receitas*. São Paulo: DBA Melhoramentos, 1999.

HOGAN, D.J.; BERLINCK, M.T. *O desenvolvimento econômico do Brasil e as imigrações internas para São Paulo: uma análise histórica*. Campinas: Unicamp, 1974.

[IBGE] INSTITUTO BRASILEIRO DE GEOGRAFIA E ESTATÍSTICA. *Economia do turismo: uma perspectiva macroeconômica 2003-2009*. Rio de Janeiro: IBGE, 2012. Disponível em: http://www.dadosefatos.turismo.gov.br/export/sites/default/dadosefatos/outros-estudos/estudos_ibge/downloads_estudos_pesquisas_IBGE/Estudo_Economia_do_Turismo_x_Uma_Pespectiva_Macroeconxmica_-_2003-2009.pdf. Acessado em: set. 2013.

______. *Censo 2010*. 2010a. Disponível em: <http://www.ibge.gov.br/censo2010/primeiros_dados_divulgados/index.php>. Acessado em: dez. 2010.

______. *Pesquisa de orçamentos familiares (POF) – 2008/2009*. Rio de Janeiro: IBGE, 2010b.

______. *Brasil: 500 anos de povoamento*. Rio de Janeiro: IBGE, 2000.

______. *Estudo nacional da despesa familiar (Endef) - 1974/1975*. Rio de Janeiro: IBGE, 1978.

[INPI] INSTITUTO NACIONAL DA PROPRIEDADE INDUSTRIAL. *O que é indicação geográfica?* 2010. Disponível em: http://www.inpi.gov.br/menu-esquerdo/indicacao/o-que-e-indicacao-geografica. Acessado em: abr. 2010.

KHONDKER, H.H. Glocalization as Globalization: an evolution of a sociologial concept. *Bangladesh e-journal of sociology*. v.1, n.2, 2004. Disponível em: http://www.cpi.hr/download/links/hr/4298.pdf. Acessado em: abr. 2010.

LAUDAN, R. Birth of the modern diet. *Scientific American*, p.76-81, 2000.

LEONARD, W.R. Food for thought: dietary change was a driving force in human evolution. *Scientific American*. n.6, p.106-115, 2002.

LÉVI-STRAUSS, C. *O cru e o cozido*. v.1. São Paulo: Cosac & Naif, 2004.

LUCKI, J. *A experiência do gosto*. São Paulo: Companhia das Letras, 2010.

MASANO, I.R. *Gastronomia Paulistana. O Local e o global no mesmo prato*. São Paulo, 2011. Dissertação de mestrado. FAU/USP.

MACIEL, M.E. Uma cozinha à brasileira. *Estudos Históricos*. Rio de Janeiro, n.33, p.25-34, 2004.

MEMORIAL DO IMIGRANTE. Disponível em: http://www.memorialdoimigrante.org.br. Acessado em: jun. 2010.

MENESES, U.T.B.; CARNEIRO, H. A história da alimentação: balizas historiográficas. História e cultura material. *Anais do Museu Paulista*. v.5. São Paulo: USP, 1997, p.9-91 (nova série).

MONTANARI, M. *O mundo na cozinha*. São Paulo: Senac, 2009a.

______. *Radici e Tecnologie: l'insegnamento della storia*. São Paulo: Senac, 2009b.

______. *Comida como cultura*. São Paulo: Senac, 2008.

MONTEIRO, J.M. Alforrias, litígios e a desagregação da escravidão indígena em São Paulo. *Revista de História*. n.120, p.45-57, 1989. São Paulo.

NÓBREGA, R.; DAFLON, V.T. Da escravidão às migrações: raça e etnicidade nas relações de trabalho no Brasil. In: Latin America Studies Association, 2009. Disponível em: http://lasa.international.pitt.edu/members/congress-papers/lasa2009/files/NobregaRicardo.pdf. Acessado em: out. 2010.

NOSSITER, J. *Gosto e poder: vinho, cinema e a busca dos prazeres*. São Paulo: Companhia das Letras, 2009.

ORTIZ, R. *Cultura brasileira & identidade nacional*. São Paulo: Brasiliense, 2006.

PERILLO, S. Novos caminhos da migração no Estado de São Paulo. *São Paulo em Perspectiva*. São Paulo, v.10, n.2, 1996. Disponível em: http://www.seade.gov.br/produtos/spp/v10n02/v10n02.pdf. Acessado em: jan. 2011.

PIETERSE, J.N. *Globalization and culture: global mélange*. 2.ed. (versão digital), 2007.

POULAIN, J.P. *Sociologias da alimentação*. Florianópolis: UFSC, 2004.

PREFEITURA DE SÃO PAULO. *Observatório do Turismo. Pesquisas 2013*. Disponível em: http://www.observatoriodoturismo.com.br/pdf/PESQUISA_HOTEIS_2013_1_baixa_23_08.pdf. Acessado em: set. 2013.

______. *Feiras livres: onde encontrar*. Disponível em: http://www.prefeitura.sp.gov.br/cidade/secretarias/subprefeituras/abastecimento/feiras_livres/onde_encontrar/index.php?p=16601. Acessado em: out. 2010a.

______. *Histórico demográfico do município de São Paulo*. Disponível em: http://smdu.prefeitura.sp.gov.br/historico_demografico/1900.php. Acessado em: ago. 2010b.

RITZER, G. *McDonaldization of the society*. Newbury Park: Pine Forge Press, 2000.

ROBERTSON, R. *Globalization: social theory and global culture*. Londres: Sage, 1992.

SANTOS, M.; SILVEIRA, M.L. *O Brasil: território e sociedade no início do século XXI*. 5.ed. Rio de Janeiro: Record, 2003.

SCHLOSSER, E. *País fast food: o lado nocivo da comida norte-americana*. São Paulo: Ática, 2001.

SCHWARCZ, L.M. Prefácio. In: SILVA, P.P. *Farinha, feijão e carne-seca: um tripé culinário no Brasil colonial*. 2.ed. São Paulo: Senac, 2010.

SUTHERLAND, R. "Doing" stuff will overtake "owning" stuff. In: *The Wired – World in 2014*. Londres: Conde Nast Publications, 2013, p.62-64.

THIS, H. Réflexion sur Le gôut. *Repère pour la formation – CAP Cuisine*. p.8, 2005.

[WTO] WORLD TOURISM ORGANIZATION. *Global report on food tourism*. 2012. Disponível em: http://www.e-unwto.org/content/w72047/fulltext?p=ffce535c5a7c48

Bfad3d9c21ae00ebd2&pi=0#section=1143604&page=8&locus=73. Acessado em: nov. 2013.

VAINFAS, R. História indígena: 500 anos de despovoamento. In: *Brasil: 500 anos de povoamento*. Rio de Janeiro: IBGE, 2000. p.35-59.

VARGAS, H.C. *Comércio. Localização estratégica ou estratégia na localização*. São Paulo, 1992. Tese de doutorado. FAU/USP.

______. Turismo e valorização do lugar. *Turismo em Análise*. v.9, n.1, p.7-19, 1998. ECA/USP.

Capítulo 12

Atributos espaciais de hospitalidade urbana

Valéria Ferraz Severini

> As sociedades progrediram na medida em que elas mesmas, seus subgrupos e seus indivíduos, souberam estabilizar suas relações, dar, receber e, enfim, retribuir.
> (Mauss, 2003, p.313)

Atividade milenar, motivada por diversas razões – sociais, religiosas, culturais e econômicas –, a hospitalidade é o ato de receber, alojar, alimentar e entreter pessoas fora de seu habitat natural (Camargo, 2004).

Embora frequentemente associada ao turismo, a ciência da hospitalidade abrange um leque maior de possibilidades, pois estuda tanto as necessidades do turista como as relações sociais que se estabelecem entre o ser que recebe (anfitrião) e o ser que é recebido (hóspede) em um determinado espaço.

Receber e hospedar pessoas são ações que fazem parte da conduta do ser humano na sociedade. São vários os motivos que levam o homem a receber seus hóspedes, sendo os interesses econômicos aqueles em que a hospitalidade mais se aproxima do turismo, fazendo do acolher e do hospedar atividades rentáveis.

Mas a hospitalidade pode ser oferecida pura e simplesmente por prazer, e é isso que a torna tão especial. Por esse motivo, estudos de hospitalidade ganham uma dimensão muito mais ampla quando associados ao conceito de dádiva. Tida como um fenômeno social que ocorre entre amigos, vizinhos, parentes ou estranhos, sob a forma de presente, hospitalidade ou serviço, a *dádiva* é o que circula em nome do laço social e que ocorre sem obrigação ou garantia de retribuição (Caillé, 2002).

Em seus estudos sobre as sociedades primitivas[1], o etnólogo francês Marcel Mauss (2003) chegou à conclusão de que o contato humano não se estabelece como uma troca, ele começa com uma dádiva que parte de alguém. A fim de estabelecer o vínculo social (ou o laço social), busca-se "dar" algo. E é essa "doação" que caracteriza todo o processo, pois quem recebe irá retribuir um dia, criando um ciclo sem fim.

A tríplice obrigação dar-receber-retribuir de Mauss (2003) abre caminhos para a compreensão das práticas da hospitalidade. O ato de hospedar diz respeito às qualidades intrínsecas do comportamento humano responsáveis pelo estabelecimento de relações sociais pela constante necessidade de manter o vínculo social. E, nesse sentido, a hospitalidade extrapola o interesse essencialmente econômico presente no desenvolvimento da atividade turística.

Utilizando a classificação de Camargo (2003)[2], pode-se afirmar que a hospitalidade é dividida em 3 esferas: a doméstica, a comercial e a pública (ou urbana). Ou seja, trata-se do espaço doméstico (a casa), do espaço comercial (o hotel) ou do espaço da cidade (o espaço público). A hospitalidade está diretamente ligada às características desse espaço e, consequentemente, às ações implantadas pelos agentes e sujeitos envolvidos.

A hospitalidade *doméstica* é considerada a esfera mais tradicional, pois, além de gratuita, ela utiliza o "espaço da casa", ou seja, o espaço privado que pertence ao anfitrião, expondo-o por completo e aproximando-o do hóspede. Além disso, é na hospitalidade doméstica que os pequenos gestos do dia a dia se processam e a intimidade ocorre com mais frequência entre o dono da casa (o anfitrião) e a pessoa que é recebida (o hóspede).

---

1 Os estudos de Marcel Mauss concentraram-se na Escandinávia, Polinésia, Melanésia e no noroeste americano e canadense.

2 Para Camargo (2003), ao se pensar em hospitalidade, se é levado a criar um *eixo cultural* e um *eixo social* para a delimitação do campo de estudo. O primeiro leva em consideração as ações de hospitalidade que vão além do alimentar e do hospedar, envolvendo também ações de recepção e de entretenimento. O segundo trata dos domínios ou dos espaços em que a hospitalidade é exercida: doméstico, comercial e público. Divergindo um pouco de Camargo, Lashley e Morrison (2004) faz a separação das esferas (ou domínios) da hospitalidade em social, privada e comercial. Para o autor britânico, de modo simultâneo, cada domínio representa um aspecto da oferta de hospitalidade, que é tanto independente quanto sobreposto. O *domínio social* diz respeito aos cenários em que a hospitalidade atua e aos impactos das forças sociais sobre a produção e o consumo de alimentos, bebidas e acomodação. Já o *domínio privado* considera as questões associadas ao lar, assim como o relacionamento entre anfitrião e hóspede. E o *domínio comercial* leva em consideração a oferta de hospitalidade enquanto atividade econômica.

Essa intimidade instaurada na hospitalidade doméstica demanda ações para não constranger o hóspede nem o anfitrião (Camargo, 2004). Além das famosas frases ditas pelo anfitrião – "Seja bem-vindo", "Sinta-se em casa", "A casa é sua", etc. –, há todo um ritual e um certo esforço para que o hóspede se sinta à vontade. Já com relação ao hóspede, cabe a ele permanecer nas áreas da casa que lhe são designadas e não invadir o resto do espaço. Quebrar essas regras pode ser um problema para a manutenção da relação entre ambos.

Segundo Grinover, a hospitalidade é "uma qualidade social antes de ser uma qualidade individual: é um fenômeno que implica uma organização, um ordenamento de lugares coletivos e, portanto, a observação das regras de uso desses lugares" (2007, p.125). Para Camargo (2008), a hospitalidade trabalha com um sistema complexo de leis escritas e não escritas. As leis escritas seriam as obrigações de uma sociedade, tais como os vistos de entradas nos países, as vacinas, os acordos diplomáticos, etc. Já as não escritas, marcada pelos hábitos e costumes, estão no nosso dia a dia, mas sem nenhum tipo de contrato:

> O dono da casa *deve* colocar os visitantes que ele aceitou (seus hóspedes, portanto) com urbanidade, o que significa cumprir um sem-número de rituais que regulam o acolher ("Faça de conta que está em sua casa"), o alimentar (nem que seja a oferta de um copo de água), o entreter, o tornar a cena lúdica para o hóspede (nem que seja a execução de uma música, o contar uma piada). O hóspede por sua vez *deve* retribuir o acolhimento com presentes, respeitando o primado dos donos da casa, em relação ao direito de estabelecer regras para a convivência e aceitando o espaço e as dádivas que lhe são feitas (Camargo, 2008, p.29).

Como o espaço da estadia é um espaço privado, cabe ao dono da casa providenciar as ações necessárias para uma boa acolhida. Entre essas ações estão: preparar o quarto trocando as roupas de cama, reservar o melhor vinho para o jantar, colocar flores nos vasos da casa, etc. O hóspede, por sua vez, retribuiu com presentes ou ainda com uma futura oferta de hospitalidade em sua própria casa.

Já a esfera *comercial* foge à regra de tantas formalidades e rituais. Associada à hotelaria e, consequentemente, ao surgimento de modernas estruturas comerciais criadas em função do turismo, o dono do hotel, muitas vezes representado na figura do gerente, faz as vezes do "dono da casa", assim como o turista representa o hóspede. O espaço da hospitalidade comercial é o "espaço do hotel". Espaço este que, muitas vezes, vai além do espaço do quarto e se estende ao *lobby* do hotel, à área reservada para café da manhã ou ainda às áreas de lazer, como a da piscina, do restaurante e da academia.

Isso significa que o espaço da hospitalidade comercial proporciona não só o encontro entre anfitrião e hóspede, mas também entre hóspedes e moradores, afinal, os moradores também frequentam restaurantes e cafés situados em hotéis. Trata-se, portanto, no caso da hospitalidade comercial, de um espaço de uso coletivo, mas com uma administração privada, que é cuidado por um anfitrião representado por um empresário.

Em sua essência, os espaços privados de uso público possuem livre acesso ou acesso controlado durante o período em que estão em funcionamento. Para a recepção de turistas urbanos, quanto mais espaços como esses as cidades oferecerem, melhor será, pois o que importa, na realidade, é a dinâmica que esses espaços proporcionam, como a rua, as praças e outros elementos do espaço público. Para Kloss (1993), a vida urbana moderna é incompleta sem esses espaços, uma vez que a complexidade da cidade envolve nuances entre a rua e o edifício, entre o exterior e o interior, entre o público e o privado. O morador da cidade tem, naturalmente, uma necessidade grande e crescente de espaços como esses para encontros.

Como não se conhece pessoalmente o anfitrião, as regras da hospitalidade comercial são regidas fundamentalmente por convenções sociais, presumindo-se que o visitante deva conhecê-las e a elas se submeter para ser bem-vindo. Como é o caso das regras estabelecidas por certos restaurantes que exigem que seus clientes estejam muito bem vestidos, com traje social fino. Quem não cumprir essa regra, não será bem recebido.

Mas é na esfera *pública* que os estudos de hospitalidade podem estar associados às questões das cidades e, consequentemente, ao espaço público. Pode-se estudar, na esfera da hospitalidade pública, desde as questões relacionadas aos domínios do Estado, como os assuntos ligados aos contratos comerciais, a legislação sobre estrangeiros e outros assuntos diplomáticos, até as questões relacionadas ao espaço físico da cidade e as relações que se estabelecem nas ruas, objeto de estudo da hospitalidade urbana.

Diferentemente do que ocorre nas 2 esferas de hospitalidade mencionadas anteriormente (doméstica e comercial), a definição dos agentes/sujeitos no âmbito da hospitalidade urbana apresenta-se de forma mais complexa.

O hóspede urbano tem suas particularidades: ele pode ser tanto o turista como o morador. Isso porque essa categoria engloba todos os que consomem ou vivenciam a cidade, incluindo os visitantes que não pernoitam nela. O morador, quando visita um novo museu, um centro cultural recém-inaugurado, um centro de exposições, uma praça, uma avenida reformada, torna-se um turista na própria cidade. Não se trata de afirmar que morador seja turista ou vice-versa, mas parece razoável "tratar turistas e moradores como sujeitos da mesma atividade, convivendo em suas experiências urbanas e compartilhando espaços e serviços urbanos" (Allis, 2012, p.235).

Já a discussão sobre quem é o anfitrião urbano exige um raciocínio de mais complexidade. Antes é preciso entender as características desse espaço e a quem ele pertence. Teoricamente, o espaço da hospitalidade urbana é o "espaço público". Do ponto de vista jurídico, espaço público é o espaço tradicional de uso comum das cidades, como as ruas, as praças, os largos, as avenidas, etc., que está sob a jurisdição do poder público e pode sofrer alterações físicas a qualquer instante em prol do bem comum.

Mas a quem ele pertence? E quem deve cuidar dele? Nas situações já mencionadas (hospitalidade doméstica e comercial), está claro que as ações necessárias para garantir uma boa acolhida dependem diretamente do anfitrião, seja ele o dono da casa ou o dono do hotel. No caso da hospitalidade urbana, a responsabilidade maior é do gestor público, representado, muitas vezes, na figura do prefeito, do vereador ou do secretário de obras. O anfitrião urbano é, na realidade, o representante legal do povo. É ele quem deve cuidar das ruas, das calçadas, da iluminação pública, dos equipamentos de educação e saúde, etc. Contudo, no caso da hospitalidade urbana, raramente o hóspede urbano encontra o anfitrião propriamente dito.

Mas a hospitalidade urbana não se encerra na oferta de "instalações adequadas" por parte do poder público. Ela delega papéis aos demais atores da cidade, incluindo os próprios moradores, que partilham do papel de anfitrião, responsabilizando-se pelo cuidado com o espaço público e pela gentileza no trato com as pessoas. Isso significa que cidades hospitaleiras são cidades que estabelecem uma relação, um vínculo mais que social, quase que institucional, uma vez que o vínculo (ou o laço) não se dá apenas entre um indivíduo com o outro, mas também com o espaço urbano, com a cidade. E, a partir daí, estabelece-se a chamada cidadania, despertando a consciência dos deveres e direitos do cidadão (Ferraz, 2013).

Espaço público: espaço da recepção e do encontro

O conceito de hospitalidade urbana parece estar, a princípio, mais ligado às pequenas cidades. Isso porque, nessas cidades, as relações sociais se mostram mais íntimas e elas ainda guardam o senso de pertencimento e de vizinhança. Tudo indica que, em cidades menores, as pessoas ainda conseguem manter um nível mais estreito de relacionamento (Ferraz, 2013).

Além disso, o espaço da hospitalidade urbana em cidades menores se confunde, muitas vezes, com o espaço da hospitalidade doméstica. Como as pessoas se conhecem, oferecer o espaço de sua casa para um encontro pessoal, profissional ou até para passar a noite parece ser uma coisa comum. Isso faz com que, muitas vezes, os encontros deixem de acontecer na rua ou no espaço público, para acontecer dentro das casas. Apesar disso, o espaço público em cidades pequenas ainda é muito utilizado: é comum ver as pessoas se reunindo em torno da praça central da cidade, que muitas vezes está perto da igreja e dos edifícios-sedes do poder, assim como ainda é possível ver as pessoas colocando suas cadeiras na calçada para "ver a vida passar" (Ferraz, 2013).

À medida que as sociedades urbanas se desenvolvem e se complexificam, vão perdendo o sentido da vida em comunidade (Baptista apud Dias, 2002). O crescimento populacional das grandes cidades, desacompanhado de um desenvolvimento social e de um aumento da infraestrutura urbana, acabou por fazer perder seu significado de local de acolhimento e de fortalecimento do vínculo social, dando a impressão de que as relações sociais nas grandes cidades são fragmentadas e efêmeras (Casella, 2006).

O aumento da população nas grandes cidades exige uma reorganização do espaço urbano que nem sempre é atendida, ocasionando o sucateamento e o abandono dos espaços públicos e a privatização de algumas áreas, contribuindo para a segregação espacial (Casella, 2006). O inchaço das cidades demanda ações sociais urbanas cada vez maiores nos setores de saúde, transporte, educação, habitação e segurança. Como consequência dessa carência

> [...] criou-se um cenário urbano, com espaços desordenados: esgotos e lixões a céu aberto, poluição das águas e do solo, ocupação de encostas e áreas de mananciais, favelização, enchentes, aterros clandestinos, verticalização, concentração e irregularidade das construções, descaso com os espaços públicos e sua privatização, etc. (Casella, 2006, p.3).

Mas, apesar de todos os problemas, é para as grandes cidades que as pessoas são atraídas. Tidas como locais onde se podem encontrar ótimas oportunidades de trabalho e de negócios, excelentes universidades e centros médicos e uma programação cultural rica, as grandes cidades estão entre os destinos mais procurados por migrantes e turistas em todo o mundo[3]. Isso porque, em um

---

[3] Além disso, é nas grandes cidades que se encontram as condições materiais mais avançadas em relação ao transporte e comunicações, duas das condições essenciais para o desenvolvimento do turismo. Para mais informações, ver Vargas (2008).

mesmo espaço físico, as grandes cidades conseguem reunir diferentes atividades urbanas para variados grupos sociais com diversos propósitos (Vargas, 2000).

"Atrair" é sinônimo de aproximar e é, atualmente, o que as grandes cidades fazem com a população de todo o mundo. Gente atrai gente. Na opinião de Glaeser (2011), as cidades são a maior invenção de nossa espécie e têm sido os motores de inovação desde a época de Platão e Sócrates. Para o autor, a grande prosperidade de cidades como Londres, Bangalore, Tóquio e Nova York surge da capacidade de produzir novos pensadores. Segundo o autor, cidades significam "proximidade, densidade, intimidade" e nos permitem trabalhar, passear, estudar juntos. Dessa forma, elas concentram talentos, fazendo com que a proximidade com outras pessoas permita que o conhecimento se espalhe e se aprimore.

Compartilhando da mesma opinião, Rolnick (1995) define a cidade como um ímã, antes mesmo de se tornar um local permanente de trabalho e moradia. Defendendo que as cidades não são estruturas, mas pessoas, Glaeser (2011) acredita que o capital humano é, hoje, a grande locomotiva do futuro. As grandes cidades de hoje e de ontem sempre foram e continuam sendo produtoras de ideias, de conhecimento. Elas são inovadoras.

> Atenas floresceu por causa de eventos aleatórios que depois se multiplicaram através das interações urbanas. Uma pessoa inteligente encontrou outra e produziu uma nova ideia. Essa ideia inspirou outra pessoa e, de repente, algo realmente importante havia ocorrido. A causa fundamental do sucesso ateniense pode parecer misteriosa, mas o processo é claro. As ideias se movem de pessoa para pessoa, dentro dos densos espaços urbanos, e essa troca eventualmente gera milagres da criatividade humana (Glaeser, 2011, p.19).

Essa concentração de pessoas exige espaços de encontros e de trocas, e, nas grandes cidades, torna-se mais difícil contar com o apoio do espaço da hospitalidade doméstica para o estabelecimento das relações sociais. Nesse sentido, o espaço público das grandes cidades tem um papel fundamental para a recepção e para o acolhimento de hóspedes. As praças, os parques, as calçadas, as ruas são elementos fundamentais para a geração de encontros.

O espaço público constitui todo espaço da cidade de uso coletivo e de acesso livre. Sua função e seu uso são variados. Além de atuar como um espaço tradicional de encontro, o espaço público também é o espaço da palavra e da ação, entendido enquanto lugar de lutas e de formas políticas de expressão permanente (Chauí, 1998). O espaço público designa o lugar de formação de opiniões, que garante a legitimidade do poder. É o lugar do debate e do uso público da razão argumentativa, onde são discutidas as questões práticas e políticas. O espaço público é, para Habermas (1984), um espaço de discussão.

O público é, antes de mais nada, o que é comum; portanto, o oposto do privado. Para Sennet (1998), o público deveria estar relacionado ao visível, onde os atores representam o seu papel de homens públicos. Fazendo uma crítica à sociedade contemporânea, o sociólogo associa o esvaziamento da esfera pública à valorização da intimidade, da privacidade, do retraimento e do silêncio.

Para Jordi Borja (apud Abrahão, 2008), o espaço público deveria ser chamado de "espaço cidadão", ou seja, um espaço urbanístico (capaz de organizar o território e dar suporte a diversos usos e funções dos encontros cotidianos), um espaço cultural (símbolo de identidade coletiva, da história e do poder de uma nação) e um espaço político (capaz de representar a expressão coletiva da vida comunitária, da visibilidade dos diferentes grupos sociais, das manifestações cidadãs e sociais).

Historicamente, as manifestações populares ocorrem nos espaços públicos de grandes cidades. Na cidade de São Paulo, por exemplo, o Vale do Anhangabaú (Figura 12.1), a Avenida Paulista (Figura 12.2), a praça Charles Miller e a praça Campos de Bagatelle, são exemplos de espaços públicos que recebem frequentemente pessoas para diversos tipos de manifestações, tais como: culturais, esportivas, políticas e sociais.

Mas o espaço público também serve como local de lazer e entretenimento. Basta lembrar as várias orlas litorâneas espalhadas pelo Brasil e pelo mundo, como o calçadão em Bondi Beach e o Manly Corso, na Austrália (Figuras 12.3 e 12.4).

O espaço público é, portanto, um instrumento substantivo para revelar os problemas e apontar as soluções nos âmbitos social, cultural e urbanístico de uma grande cidade. Sem esses espaços, os encontros, nas grandes cidades, seriam prejudicados. Nesse sentido, a qualidade desse espaço público passa a ser um elemento fundamental para a garantia da hospitalidade urbana, merecendo a devida atenção por parte de seu anfitrião, o gestor urbano. Lembrando ainda que, além da condição de qualidade de vida urbana ao morador da cidade, as receitas extras advindas de hóspedes urbanos (turistas) rebatem-se favoravelmente na economia da cidade.

Figura 12.1 – Vista do Vale do Anhangabaú – São Paulo (ver p.A13). Foto: Valéria Ferraz, 2013.

Figura 12.2 – Avenida Paulista – São Paulo (ver p.A13). Foto: Valéria Ferraz, 2013.

Figura 12.3 – Vista do calçadão de Bondi Beach, Austrália (ver p.A13). Foto: Heliana C. Vargas, 2014.

Figura 12.4 – Vista do Manly Corso, na Austrália (ver p.A13). Foto: Heliana C. Vargas, 2014.

Atributos espaciais de hospitalidade urbana: identificação e implementação

Parte-se do princípio de que a sensação de acolhimento e bem-estar nas grandes cidades está diretamente ligada à qualidade de seu espaço público, que, por sua vez, está atrelada a uma série de características vinculadas ao desenho urbano.

Entendidos aqui como atributos tangíveis e mensuráveis, boa parte dessas características do espaço ou do desenho urbano são físicas. Elas se manifestam no espaço urbano e podem ser perfeitamente identificadas e implantadas pelo gestor público[4].

[4] Para aprofundar-se nessa questão, ver Ferraz (2013).

A cidade é composta de uma série de camadas sobrepostas que se formaram ao longo do tempo. A hospitalidade urbana envolve todas elas.

> Todas as cidades são determinadas pelas características naturais dos *topos* onde se inserem; geologia, relevo, clima, hidrologia combinam-se com as tonalidades e variações do contexto cultural que enquadra a cidade. E ambos (as condições naturais e o contexto cultural) fundam e desenham o lócus onde a experiência vital da comunidade acontece. A cidade nasce assim de uma relação simbiótica que se estabelece entre a morfologia matricial, que a contém, a função de lugar de habitar que tem e os diferentes significados, que lhe atribuímos. A partir desta relação, a cidade desenha-se num jogo entre cheios e vazios que lhe definem a sua tessitura (Carapinha, 2007, p.180).

Boa parte dessas camadas decorre de intervenções físicas feitas pelo homem representadas, por exemplo, no traçado urbano (estrutura fundiária, lotes, espaços públicos e privados), nas edificações (diferentes tipologias, materiais e técnicas construtivas, usos, elementos estéticos), no desenho ou morfologia dos espaços públicos (praças, largos, vias, calcadas, etc.). Essas são características físicas do meio urbano que fazem a diferença na sensação de bem-estar e acolhimento de hóspedes e moradores, e são elas o objeto de estudo desse trabalho.

Faz parte ainda dessa trama urbana atributos de ordem natural, que também influenciam significativamente na hospitalidade urbana, como o clima, a geologia, o relevo, a hidrografia e a vegetação. Esses aspectos, por sua vez, podem ser considerados, incorporados e amenizados, quando necessários, pelas intervenções urbanas. Isto é, as características naturais do espaço podem ser evidenciadas e absorvidas por meio do desenho urbano. O clima e a topografia, por exemplo, podem interferir muito na hospitalidade urbana de um trecho urbano. Cabe ao anfitrião urbano garantir que sua cidade ofereça uma gama de sensações de bem-estar e acolhimento a moradores e turistas, e isso pode ser obtido, por exemplo, com a implantação de arborização viária ou de marquises nas fachadas dos edifícios.

Há também outra natureza de atributos capaz de proporcionar sensações agradáveis, de natureza psicológica ou subjetiva, ao hóspede. Esses outros atributos estão associados à história de vida de cada pessoa e ao conhecimento de mundo (lembranças, identidade e preferências) que cada um tem ao visitar uma nova cidade, percepções particulares. Entendem-se esses atributos como intangíveis, de difícil mensuração e implantação, e que não serão objetos de discussão no presente capítulo.

Segundo Ferraz (2013), as qualidades urbanísticas do espaço público estão relacionadas à diversidade, à permeabilidade, à legibilidade e ao conforto, entendidas como *atributos espaciais de hospitalidade urbana*. A observação desses atributos pode evidenciar a condição de cidade hospitaleira, e eles são perfeitamente passíveis de implantação pelos anfitriões urbanos, no papel de gestores públicos.

Como a bibliografia sobre o tema "hospitalidade urbana" é bastante escassa, para definir os 4 atributos espaciais de hospitalidade urbana, Ferraz (2013) utilizou estudos de caráter multidisciplinar[5] e testou os atributos em 3 ruas da cidade de São Paulo, que possuem 3 formas distintas de apropriação do espaço público, são elas: rua São Bento, avenida Paulista e avenida Engenheiro Luiz Carlos Berrini.

Parte-se do princípio de que cada atributo é capaz de avaliar (e medir) uma série de características espaciais referentes à sua categoria. De posse dessa análise, o anfitrião é capaz de intervir no espaço da cidade de modo a torná-la mais hospitaleira.

Por meio do atributo *diversidade*, é possível identificar a variedade de usos e de atividades de um trecho urbano, assim como a variedade de espaços urbanos (espaços públicos e espaços privados de uso público) capazes de contribuir na geração de encontros entre pessoas, sejam elas moradores ou turistas.

Já por meio do atributo *permeabilidade*, é possível identificar a capacidade de um lugar em se deixar permear tanto no sentido físico, por meio de quadras curtas ou espaços internos de edifícios, como no sentido visual, por meio de elementos de transparência e de visibilidade.

Com o atributo *legibilidade*, é possível identificar objetivamente elementos visuais referenciais de caráter espacial, como edifícios, monumentos e marcos, assim como identificar a heterogeneidade ou monotonia tipológica arquitetônica.

Por fim, a partir do atributo *conforto*, é possível identificar espaços confortáveis tanto no sentido físico e ambiental, por meio de elementos arquitetônicos e paisagísticos, quanto no sentido sensorial, pela relação entre largura das ruas e altura dos edifícios.

---

[5] O trabalho tomou como ponto de partida a pesquisa do professor Lúcio Grinover (2007), que, por meio de um estudo pioneiro, estipulou 3 indicadores de hospitalidade urbana: acessibilidade, legibilidade e identidade. Além da pesquisa de Grinover, tomou-se ainda como referência estudos relacionados ao desenho urbano, entre eles aqueles de Jane Jacobs (2000); Kevin Lynch (1997); Jan Gehl (2009 e 2011); Camilo Sitte (1992), Bill Hillier (1996), Gordon Cullen (2009), Madden e Schwartz (2002) e Allan Jacobs (1999).

Dessa forma, a Tabela 12.1 apresenta o resumo dos itens que podem ser identificados e medidos pelos atributos espaciais de hospitalidade.

Tabela 12.1 – Atributos espaciais de hospitalidade urbana.

Diversidade	Diversidade de usos	Diversidade de espaços
Permeabilidade	Permeabilidade física	Permeabilidade visual
Legibilidade	Referências visuais	Tipologias arquitetônicas
Conforto	Conforto físico/ambiental	Conforto sensorial

Entende-se que uma cidade é hospitaleira em função da coexistência dos atributos já mencionados, intimamente relacionados pela "escala". A escala local é aquela que corresponde ao lugar, que torna possível a utilização do espaço, de maneira intensa e discreta, na vida cotidiana. Afinal, como nos diz Grinover, é na "escala local que as relações entre hóspede e anfitrião, no sentido clássico da hospitalidade, podem acontecer de forma mais concreta e real" (2007, p.133).

Ou seja, os atributos espaciais de hospitalidade urbana aqui apresentados só podem ser produzidos e percebidos no âmbito local, pois é na escala do pedestre que a apropriação do espaço urbano ocorre com mais facilidade. Trata-se de uma escala que é a da rua, do quarteirão ou do bairro. Dessa forma, a compreensão e a percepção da cidade só podem acontecer por trechos urbanos, o que confirma a teoria de Rossi (1982) de que a compreensão da estrutura e da complexidade dos fatos urbanos ocorre a partir da análise do bairro. O autor italiano propõe o

> estudo da cidade através de suas partes, seus fragmentos, afirmando que estas podem ser individualizadas como bairros ou partes do conjunto que emergiram em diferentes momentos de crescimento e diferenciação, adquirindo caráter próprio (Tourinho, 2004, p.150-151).

Isso significa que apreendemos a cidade não como um todo, mas por meio de uma sucessão de percursos, de trechos urbanos.

Diversidade

"A diversidade é natural às grandes cidades." Essa frase, oriunda de uma análise de Jacobs (2000, p.157) sobre a riqueza das listas telefônicas das grandes cidades, revela a imensa gama de oportunidades de encontros, de compras, de negócios desses locais. Nas ruas com diversidade de usos e atividades, as pessoas devem aparecer em horários diversificados, o que faz com que haja maior possibilidade de encontros. Segundo Jacobs (2000), a diversidade de usos e de pessoas ajuda a aumentar o movimento nas ruas nos mais variados horários do dia e da noite e também nos finais de semana. Isso, além de contribuir para a otimização da infraestrutura urbana, pode minimizar os movimentos pendulares decorrentes das cidades espraiadas.

Colocando-se como um "observador de cidades", Jan Gehl (2009) vem pesquisando, desde a década de 1970, como as cidades podem ser mais "humanizadas". Preocupado com a escala humana, o arquiteto defende que a "cidade para pessoas" deve ser, entre outros aspectos[6], "viva". Defendendo a "*activity as attraction*" (a atividade como atração) e que pessoas são atraídas por outras pessoas, Gehl (2009, p.25) mostra que a concentração de pessoas, seja nos edifícios, nos centros cívicos ou áreas de lazer, é sempre positiva. Para o autor, uma cidade "viva" (*lively*) já é em si um atrativo que torna a cidade convidativa e é o ponto de partida para que essa cidade seja segura.

A sensação de segurança é um item essencial na compreensão do espaço urbano. Um visitante, ao percorrer pela primeira vez as ruas de uma cidade, precisa se sentir seguro. As propostas de desenho urbano podem incorporar itens de projeto que assegurem essa sensação, como a implantação de edifícios multifuncionais e bairros de zonas de uso misto.

Para Madden e Schwartz (2002), a diversidade das atividades (ou usos urbanos) é a base para um lugar de sucesso. Elas são a razão pela qual as pessoas visitam o lugar pela primeira vez e o motivo pelo qual elas retornam. Belgiojoso (1988) também concorda com a necessidade da diversidade de usos em uma cidade. Para o autor, a qualidade urbana depende de atividades diversificadas que garantam a presença de vários personagens (pessoas). Ou seja, a diversidade e a miscigenação de usos é fundamental não só para atrair as pessoas ao longo do dia e da noite, mas também para gerar miscigenação de pessoas.

Quanto maior é a diversidade de pessoas, maior é sua receptividade. Isto é, lugares com diversidade de usos têm mais chances de atrair um público variado do que lugares monofuncionais. Os visitantes se sentem mais à vontade e as chances de encontrar alguém com características semelhantes às deles aumentam. E uma coisa atrai a outra:

---

[6] Para Gehl (2009) uma cidade deve ser viva, segura, confortável e saudável (*lively*; *safe*; *sustainable*; *healthy*).

> Quanto mais complexa for a mistura de grupos de usuários – e daí sua eficiência –, maior será o número de serviços e lojas necessário para pinçar sua clientela dentre todos os tipos de grupos de pessoas, e consequentemente maior será o número de pessoas atraídas (Jacobs, 2000, p.178).

Contudo, essa diversidade de usos é percebida com mais facilidade quando implementada em edificações construídas no alinhamento do lote (Figura 12.5), estabelecendo uma relação mais direta entre espaço público e espaço privado e garantindo uma sensação agradável ao pedestre.

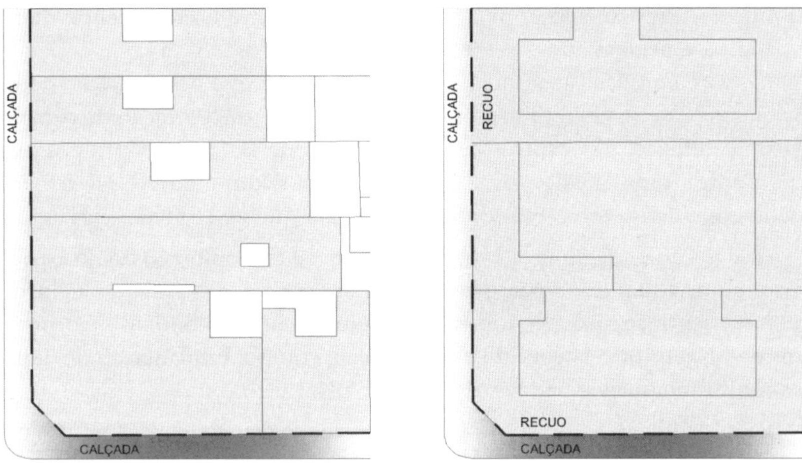

Figura 12.5 – Exemplos de construções implantadas no alinhamento do lote (esquerda) e isoladas no lote (direita).

Entre as ações possíveis de implantação pelos anfitriões (gestores públicos) no tocante à diversidade de usos, destaca-se o incentivo à inserção de zonas de uso misto de alta densidade nos Planos Diretores Estratégicos e Leis de Parcelamento, de Uso e Ocupação do Solo (Lei de Zoneamento) de grandes cidades. Com o objetivo de estabelecer um equilíbrio na dinâmica da cidade, as zonas de uso misto de alta densidade são destinadas a diferentes funções urbanas, permitindo a coexistência entre a habitação e os usos não residenciais, como de serviços, comercial, industrial e institucional. Além disso, a diversidade de usos contribui para o aumento de pessoas nas ruas nos mais variados horários do dia e da noite e também aos finais de semana, contribuindo para otimização da infraestrutura urbana e evitando os movimentos pendulares decorrentes das cidades espraiadas.

Edifícios de uso misto podem ser incentivados pelos gestores públicos a fim de garantir a diversidade. Implantado na década de 1960, o Conjunto Nacional (Figuras 12.6 e 12.7), situado na esquina da avenida Paulista com a rua Augusta, é um exemplo de diversidade (Ferraz, 2013).

Figuras 12.6 e 12.7 – Diversidade de usos no Conjunto Nacional: restaurantes e lojas no pavimento térreo, implantados no alinhamento do lote. Fotos: Valéria Ferraz.

O projeto se dispõe entre usos mistos coletivos (comércio e lazer) e usos privados e semipúblicos (serviços e residências) e se compõe entre duas lâminas:

- Horizontal, que ocupa toda a quadra em que se implanta o edifício e possui, no térreo, uma galeria comercial; no primeiro mezanino, escritórios e empresas; e no segundo mezanino, mais escritórios e um espaço de convivência.
- Vertical, que ocupa apenas uma parte da projeção do terreno e possui uma única torre dividida internamente em 2 edifícios comerciais (Horsa 1 e Horsa 2) e um edifício residencial (Guayupiá).

O interesse por edifícios multifuncionais, também conhecidos como "edifícios com o comércio no pé", já foi percebido pelo mercado imobiliário, que passou, novamente, a criar empreendimentos semelhantes aos edifícios modernistas da avenida Paulista. Algumas construtoras paulistanas, por exemplo, têm alimentado o desejo do morador de ter tudo perto de casa, oferecendo edifícios em condomínios com lojas no pavimento térreo. Com isso, a região da avenida Paulista e alguns bairros tradicionais, como Higienópolis e Santa Cecília, não serão os únicos a ter um tipo de urbanização que poderá agregar valor à hospitalidade urbana da cidade, desde que a oferta não se coloque adiante da demanda.

Além da diversidade de usos e atividades, a urbana também está ligada à diversidade de espaços. Afinal, é preciso que haja um mix de formas espaciais nas cidades capaz de acolher as pessoas. E isso pode ser obtido pela variedade tanto de tipos de espaços públicos que a cidade oferece, por exemplo, parques, praças e largos, quanto de espaços privados de uso público, como cafés, livrarias, galerias, centros de exposição, bibliotecas, restaurantes e cinemas.

Permeabilidade

Para muitos autores, o desenho das ruas e a estrutura da malha urbana influenciam a vida das pessoas. Hillier (1996) acredita que a configuração espacial de uma cidade está estreitamente relacionada com suas funções urbanas. Para o autor, a malha viária é o mais poderoso fato determinante do movimento nas cidades (fluxo de pedestres e de veículos), influenciando nos padrões de ocupação do solo, na densidade edilícia, na diversidade de usos e no relacionamento todo-parte da estrutura urbana (Hillier, 1996).

A opinião é compartilhada por Jacobs (2000), que acreditava que a maioria das quadras deve ser curta, garantindo oportunidades de negócios e de encontros ao virar as esquinas. Para a autora, a morfologia da cidade limita ou expande as opções de trajeto da origem ao destino, reduzindo ou aumentando a criação de lugares estratégicos.

Contrariamente, as quadras longas neutralizam as vantagens potenciais que as cidades propiciam à incubação, à experimentação e a numerosos empreendimentos pequenos ou específicos, na medida em que estes precisam de cruzamentos muito maiores de pedestres para atrair pessoas ou atividades.

Os tamanhos e os formatos das quadras variam muito de cidade para cidade. Brasília, por exemplo, possui quadras longas, de cerca de 300 m em cada um dos lados, enquanto Barcelona tem quadras curtas, de aproximadamente 100 m em cada lado. As quadras do primeiro exemplo, apesar de grandes, possuem edifícios com permeabilidade física no térreo, pelos chamados "pilotis". Esse tipo de morfologia permite que os pedestres permeiem por entre as quadras, uma vez que o térreo é vazado. Mas o uso predominantemente residencial das quadras não contribui para a geração do outro atributo de hospitalidade urbana: a diversidade de usos. No segundo caso, de Barcelona, as quadras menores são mais adequadas para a escala do pedestre não só por causa de seus tamanhos reduzidos, mas pelo ponto de vista da diversidade de usos e da implantação dos edifícios no alinhamento do lote, criando uma fachada viva[7]. Isso significa que a permeabilidade física pode ser percebida tanto pelas quadras quanto pelos edifícios.

As galerias comerciais construídas na segunda metade do século XX na cidade de São Paulo são exemplos de permeabilidade física por entre edifícios. Com seus térreos permeáveis, as pessoas podem passar por entre seus corredores internos para acessar as ruas do entorno (Figuras 12.8 e 12.9).

Figura 12.8 – Exemplo de permeabilidade física: ruas internas do Conjunto Nacional. Foto: Valéria Ferraz, 2012.

Figura 12.9 – Exemplo de permeabilidade física: ruas internas da Galeria do Rock. Foto: Heliana C. Vargas, 2013.

A Galeria do Rock, no centro de São Paulo, é um desses exemplos. Sua implantação permite acesso pela avenida São João e pela rua Vinte e Quatro de Maio. Vale a pena citar outra vez o Conjunto Nacional, com quatro aberturas, uma para cada rua que o cerca: avenida Paulista, rua Augusta, alameda Santos e rua Padre João Manuel, ele garante sua permeabilidade física e faz com que seu interior funcione como "ruas internas", possibilitando a livre travessia por entre seus espaços.

O outro tipo de permeabilidade, a visual, é, na realidade, uma forma de circular ou permear com o "olhar". Para Lynch (1997, p.119), o alcance visual é uma qualidade que aumenta o âmbito e a presença da visão, tanto concreta quanto simbolicamente. Jacobs (2000, p.35-36) defende que as ruas devem facilitar a vida das pessoas no sentido da interação, e as edificações devem promover a visibilidade e o contato. Para tanto, é preciso ver e ser visto, é preciso existir "olhos para a rua", olhos daqueles que podemos cha-

[7] O termo "fachada viva" (ou fachada ativa) vem sendo utilizado recentemente em planos e projetos urbanos a fim de garantir que o pavimento térreo dos edifícios tenha permeabilidade visual e diversidade de usos. Exemplos de fachadas ativas podem ser vistos no Projeto Urbanístico da Operação Urbana Consorciada Nova Luz (lei não regulamentada) e na revisão do Plano Diretor Estratégico de São Paulo (lei ainda não aprovada na Câmara dos Deputados).

mar de proprietários naturais da rua. Os edifícios de uma rua apta a receber visitantes e garantir a segurança tanto deles quanto dos moradores devem estar voltados para a rua, sem fachada cega (Lynch, 1997).

As aberturas nas fachadas (as janelas, os gradis, os muros baixos, os vidros) permitem um contato visual com o lado interno da edificação, desde que elas estejam implantadas no alinhamento do lote (como já foi mencionado no item anterior – diversidade de usos). Além disso, a permeabilidade visual pode contribuir para a segurança, pela sensação de copresença, isto é, "a presença de pessoas nos espaços públicos em movimento ou paradas que pressuponha a presença de outros indivíduos que não engajados em atividade compartilhada" (Braga, 2003, p.23). Ou seja, não é preciso que se estabeleça o contato em um primeiro momento, mas que haja, ao menos, o contato visual e a certeza de que há pessoas no estabelecimento ou na construção ao lado.

A implantação de fachadas permeáveis que possibilitem visibilidade e uma grande variedade de acessos ao nível da rua é uma ação factível que pode estar embutida nos projetos de arquitetura, o que delega ao arquiteto a responsabilidade de intervir no espaço privado de tal forma que ele tenha uma ligação com a cidade. Entre as intervenções sugeridas, destacam-se: posicionar as janelas viradas para a calçada e usar cercas e muros com a menor limitação visual possível.

Os exemplos a seguir representam 2 tipos de fachada: uma fachada transparente, com vitrines na interface com o espaço público, e uma fachada cega, sem abertura para o espaço público. A diferença é nítida. O exemplo da Figura 12.10 mostra que a interface público/privado é hostil à permanência de pedestres no local, enquanto o exemplo da Figura 12.11 garante uma constante sensação de acolhimento a partir de interfaces que funcionam como atrativo, convidando o estranho a entrar nos estabelecimentos.

A permeabilidade visual também pode ser implantada por gestores públicos por meio de leis ou de incentivos urbanísticos. Vale lembrar que a cidade de Nova York regulamenta o uso do pavimento térreo e exige transparência nas fachadas das edificações da região noroeste de Manhattan. A ideia é que pedestres consigam ver o interior das lojas, assim como lojistas possam ver o que acontece nas ruas. Para tanto, há uma regra urbanística que controla a permeabilidade visual, exigindo 50% de transparência nas fachadas e restringindo a largura de fachadas cegas (muros) para 3 m no máximo[8]. O

---

[8] Esse instrumento urbanístico é aplicado na região denominada "Upper West Side" na

Figura 12.10 – Exemplo de fachada cega no centro de São Paulo (ver p.A13). Foto: Valéria Ferraz, 2012.

Figura 12.11 – Exemplo de fachada transparente em Puerto Madero, Buenos Aires – Argentina (ver p.A13). Foto: Valéria Ferraz, 2011.

comércio varejista deveria estar atento ao fato de que uma vitrine iluminada à noite, e também exposta nos finais de semana, permanece mais tempo como propaganda de seu negócio.

O outro tipo de permeabilidade, a permeabilidade física, possivelmente só poderá ser implementada nas grandes cidades por meio dos chamados "espaços de fruição", uma vez que boa parte dessas cidades já possui sua malha urbana consolidada. Tais espaços podem ser representados tanto pelos calçadões quanto pelas ruas internas de edifícios comerciais e estão associados a espaços semipúblicos. Aqui, novamente, o papel do arquiteto ganha destaque com um bom projeto.

Legibilidade

Legibilidade é a facilidade com a qual as partes da cidade podem ser visualmente apreendidas, reconhecidas e organizadas, de acordo com um esquema coerente (Lynch, 1997). O habitante constrói por si mesmo uma imagem

---

cidade de Nova York, mais especificamente nas avenidas Broadway, Amsterdam e Columbus. Disponível em: http://www.nyc.gov/html/dcp/html/uws/uws3.shtml.

física de um lugar com a ajuda de sua experiência e de sua memória. Essa imagem é produto não só da sensação imediata como também da lembrança de experiências passadas. E seu uso se presta a interpretar as informações e a orientar as ações.

A cidade hospitaleira apresenta certos atributos intangíveis, como sua história e sua identidade, que, muitas vezes, podem ser percebidos nos elementos físicos da cidade. Cullen (2009) defendia que as emoções e sensações diferenciadas que afloram durante determinado percurso linear resultam de contrastes visuais expostos ao observador. Para o autor, o meio ambiente construído suscita "reações emocionais" dependentes ou não de nossa vontade.

Entende-se aqui que a legibilidade, embora esteja atrelada a questões de interpretação pessoal e subjetiva, pode estar relacionada também a critérios objetivos de avaliação, quando se trata uma categoria espacial. Isso porque um visitante (seja ele turista ou morador) das grandes cidades dificilmente vai conseguir interpretá-la de uma só vez, como um todo. Ele irá, provavelmente, apoiar-se na leitura de pequenos trechos urbanos para facilitar sua interpretação sobre ela.

A apreensão da paisagem urbana toma por base uma série de códigos ou mensagens representados espacialmente, que servem para facilitar a leitura do todo. Entre eles, destacam-se os edifícios excepcionais, a arte urbana (esculturas, grafite, pinturas e murais), a comunicação visual urbana, os marcos (obeliscos, colunas e monumentos honoríficos) e as diferentes tipologias arquitetônicas.

Lynch (1997) foi um dos primeiros autores a tentar classificar esses códigos. Ao estudar 3 cidades americanas, o autor investigou a forma com que as pessoas percebem e organizam informações casuais quando andam pelo espaço urbano. Para Lynch, existem 5 elementos urbanos que ajudam na legibilidade de um lugar: as vias, os pontos nodais, os limites, os bairros e os marcos. Com uma visão mais artística, Sitte (1992) depositava toda sua crença na cidade antiga e na maneira como a arte dialogava com a forma urbana. Para o autor, a construção urbana não se reduzia a sua dimensão técnica, mas também artística. Estabelecendo princípios básicos de design urbano, o autor enaltece as cidades antigas, com base em sua harmonia e no efeito sedutor sobre os sentidos, e critica a cidade moderna do século XIX, com sua confusão e monotonia.

Algumas ruas de cidades europeias e norte americanas, por exemplo, são conhecidas por apresentar uma homogeneidade (monotonia) em sua arquitetura por meio de construções de igual tipologia e de mesmo gabarito (Figura 12.12). Do ponto de vista da hospitalidade urbana, essa padronização na arquitetura pode confundir o visitante, deixando-o perdido. Na escala local, portanto, a monotonia na arquitetura não ajuda na legibilidade do lugar.

Por outro lado, a heterogeneidade em excesso também pode atrapalhar o visitante. Basta pensar nas mais variadas construções arquitetônicas de uma cidade grande (Figura 12.13). Isso significa que a legibilidade é percebida de diferentes maneiras, de acordo com a escala de observação. A percepção de um turista que visita uma cidade de carro é completamente diferente da percepção do visitante que a conhece a pé.

A homogeneidade nas tipologias arquitetônicas de alguns bairros pode ajudar na leitura da cidade e orientar o visitante em uma escala global. Já essa mesma homogeneidade na escala local pode prejudicar a percepção do visitante, que se baseia em elementos identificadores da cidade, de fácil leitura, que ajudam, por exemplo, o turista a saber onde está. Para Lynch, "[...] se o ambiente for visivelmente organizado e nitidamente identificado, o cidadão poderá impregná-lo de seus próprios significados e relações. Então se tornará um verdadeiro lugar notável e inconfundível (1997, p.101)."

Pode-se dizer, portanto, que a presença de referências visuais e a variedade na tipologia e na forma arquitetônica podem contribuir na legibilidade do lugar, desde que se leve em consideração a escala em que se está trabalhando. Nesse sentido, cabe ao gestor público analisar a paisagem urbana da cidade de forma a garantir que as novas construções potencializem seus elementos referenciais, sejam eles naturais (como a topografia e as relações mantidas entre várzea e colina) ou artificiais (como edifícios, esculturas, obeliscos e monumentos).

Figuras 12.12 – Homogeneidade das fachadas do bairro do Brooklyn, em NY (ver p.A14). Foto: Valéria Ferraz, 2014.

Figura 12.13 – Heterogeneidade em Manhattan, NY (ver p.A14). Foto: Valéria Ferraz, 2014.

Como foi visto, boa parte desses elementos foi construída ao longo do tempo e, portanto, confere identidade ao lugar. É preciso tomar cuidado ao se construir novas edificações e/ou demolir antigas. Por essa razão, é importante que grandes cidades tenham conselhos ou órgãos de preservação e conservação do patrimônio edificado construído e comissões de proteção à paisagem urbana. Em São Paulo, existe, desde 1985, o Conselho Municipal de Preservação do Patrimônio Histórico, Cultural e Ambiental da Cidade de São Paulo (Conpresp)[9] vinculado à Secretaria Municipal de Cultura. O órgão tem como atribuições formular diretrizes e estratégias necessárias para garantir a preservação de bens culturais e naturais. Ele também pode delimitar a área de entorno de um bem tombado para que este possa ser controlado de forma adequada.

Além disso, o anfitrião urbano, no papel de secretário de desenvolvimento urbano, pode delimitar as áreas de verticalização da cidade de forma a garantir a legibilidade também na escala global.

Conforto

Madden e Schwartz (2002), responsáveis por uma pesquisa em mais de 1.000 espaços públicos americanos, destacaram o conforto como um das qualidades fundamentais para os espaços públicos de sucesso[10]. A fim de ajudar a compreender melhor questões sociais e espaciais que interferem na vida em comunidade, um grupo formado na cidade de Nova York criou, em 1975, o Project for Public Spaces (PPS)[11], da qual Madden faz parte.

Já Gehl (2009) percebeu que o conforto (físico) é que garante um aumento da permanência nos espaços públicos. Ao separar as atividades cotidianas em 3 categorias (necessárias, opcionais e sociais), o autor demonstrou que, quanto maior o conforto, mais tempo as pessoas permanecem no espaço público (Figura 12.14).

As pessoas, quando saem para fazer as *atividades necessárias* (aquelas do dia a dia), dificilmente contam com os aspectos físicos do espaço público para

---

[9] O Conpresp é apoiado pelo Departamento do Patrimônio Histórico (DPH) e foi criado em 1975 e idealizado e dirigido por Mário de Andrade com outros intelectuais na década de 1930.

[10] As 4 qualidades são: (1) acessibilidade, (2) atividades, (3) conforto e (4) sociabilidade.

[11] O PPS é uma organização não governamental que oferece assistência técnica, pesquisa, educação, planejamento e projeto. Sua missão é projetar espaços públicos que ajudem as comunidades. O projeto é baseado em programas de transporte, parques, praças e centros cívicos, mercados públicos, comunidades e edifícios públicos.

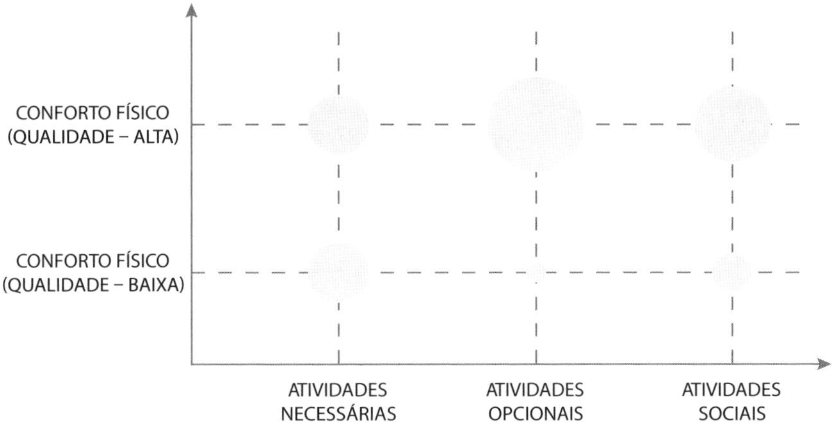

Figura 12.14 – Gráfico representativo da conexão entre qualidades físicas e qualidades funcionais, inspirado em Gehl (2011).

o aumento da permanência nas ruas. Quando saem para fazer as *atividades opcionais* (aquelas realizadas quando as pessoas estão com tempo livre), porém, as condições do ambiente contribuem – e muito – para o aumento de sua permanência no espaço público, assim como influenciam nas *atividades sociais* (aquelas que exigem a presença de outras pessoas).

O conforto está relacionado, portanto, com as demandas básicas de hospitalidade (doméstica), tais como a oferta de um lugar para sentar, a disponibilidade do banheiro ou um lugar seguro para se proteger das intempéries. Trata-se do conforto físico. Quando se rebate isso para o espaço público, fala-se de: mobiliário urbano (bancos, lixeiras, postes de iluminação, telefones públicos, pontos de ônibus, bancas de jornal), banheiros públicos, materiais construtivos de qualidade (calçadas com pisos de material adequado à quantidade de pessoas que por ali circulam e seguras), arborização e refúgios de descanso (Figuras 12.15, 12.16 e 12.17).

O clima interfere diretamente no desejo de ficar ao "ar livre" e de fazer as atividades no espaço público. Dessa forma, a sensação de conforto no espaço público também deve acontecer no sentido ambiental, tornando-o um lugar agradável tanto no verão quanto no inverno. É de responsabilidade do poder público a implantação e a manutenção de uma arborização viária adequadamente selecionada e localizada. Ela deve garantir conforto ao visitante e contribuir para a diminuição das chamadas "ilhas de calor".

O uso da vegetação ao longo da malha urbana constitui-se em uma forma de auxiliar na preservação do equilíbrio ambiental. A arborização

Figura 12.15 – Exemplos de conforto físico e ambiental: um ponto de ônibus com transparência em São Paulo. Foto: Valéria Ferraz, 2013.

Figura 12.16 – Exemplos de conforto físico e ambiental: uma calçada com pisos adequados para pedestres e ciclistas em Sydney, na Austrália. Foto: Heliana C. Vargas, 2014.

Figura 12.17 – Exemplos de conforto físico e ambiental: um edifício que possui no pavimento térreo uma "rua interna" para os pedestres se protegerem das intempéries em Madri, Espanha. Foto: Valéria Ferraz, 2013.

viária, que forma os chamados "corredores verdes", é uma das formas de integrar e conectar os remanescentes de áreas verdes e de espaços livres, de modo a colaborar com as diversidades da flora e da fauna, além de promover benefícios ambientais à população urbana. As árvores melhoram a qualidade do ar pela fotossíntese, reduzem a poluição atmosférica por meio das folhas, oferecem sombra, amenizam a temperatura e aumentam a umidade do ar (Figura 12.18 e 12.19).

Figuras 12.18 e 12.19 – Exemplos de ruas com arborização viária: avenida Engenheiro Luiz Carlos Berrini e avenida Juana Manso em Buenos Aires, Argentina (ver p.A14). Fotos: Valéria Ferraz, 2013.

Projetar edifícios com marquises no pavimento térreo, beirais largos ou toldos removíveis capazes de proteger os pedestres das intempéries, como se observa em vários edifícios da avenida Paulista e dos bairros de Higienópolis e Santa Cecília, em São Paulo, também deveriam ser exigências da legislação urbanística.

Há outro tipo de conforto proveniente do espaço urbano construído: o conforto sensorial gerado pela relação entre a altura dos edifícios e a largura das ruas. Essa relação reflete diretamente na sensação de acolhimento, pois trabalha com a escala humana (Figura 12.22). Para Greenbie (1981), essa relação entre a largura da rua e a altura dos edifícios não deve ultrapassar o 2:1, ou seja, as edificações devem ter no máximo 2 vezes a largura das ruas. Isso quer dizer que, se uma rua tiver, por exemplo, 12 m, os edifícios devem ter, aproximadamente, 8 pavimentos.

Figuras 12.20 e 12.21 – Exemplos de conforto ambiental: marquise do Conjunto Nacional na avenida Paulista e toldos e beirais largos nas edificações de Puerto Madero em Buenos Aires (Argentina). Fotos: Valéria Ferraz, 2013.

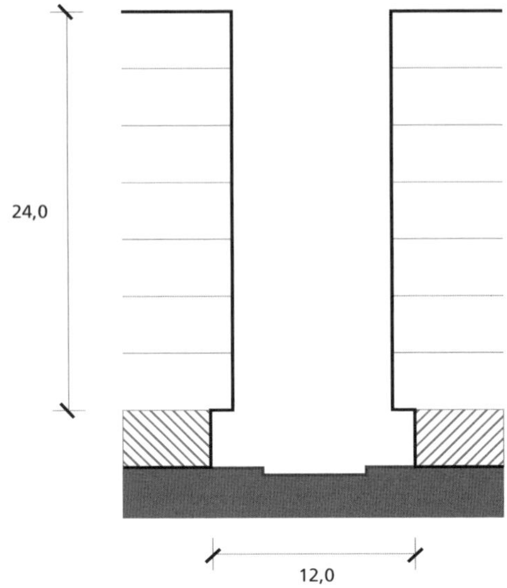

Figura 12.22 – Croqui da relação 2:1 entre altura dos edifícios e a largura da via. Fonte: Ferraz, 2013.

Essa relação de 2:1 é, para Greenbie, muito importante para a qualidade da vida urbana, pois, quanto mais as atividades acontecerem no nível da rua, mais vitalidade esse espaço terá. Para Gehl (2009, p.42), a comunicação entre as pessoas dos pavimentos dos edifícios e as pessoas que estão nas ruas é excelente até o 5º andar. De lá ainda é possível acompanhar a vida da cidade, ver as pessoas falando, gritando, andando, correndo, etc. É como se estivéssemos participando da vida da cidade.

Boa parte das ações que garantem conforto ao visitante ou morador é de responsabilidade pública, como a implantação de mobiliário urbano e sinalização. Já a construção, a conservação, a reforma e a manutenção das calçadas é responsabilidade do proprietário ou usuário (locatário) do imóvel, seja ele comercial ou residencial.

Já o conforto sensorial, produto da percepção entre a altura dos edifícios e a largura das ruas, é bem difícil de ser alterado em áreas já consolidadas, como nas grandes cidades. Contudo, em trechos renovados da cidade, como aqueles inseridos nos perímetros das Operações Urbanas Consorciadas (OUC)[12], instrumentos urbanísticos podem ser utilizados para reverter essa situação.

A ampliação de algumas calçadas, por exemplo, poderia aliviar a sensação de confinamento. Esse artifício, presente nas OUCs, é utilizado para obter maior potencial construtivo. O empreendedor, ao construir um novo edifício, "doa" alguns metros do recuo frontal, ampliando a calçada. Em contrapartida, ele pode construir mais pavimentos. Mesmo com o aumento do número de pavimentos, o edifício estará recuado, e a calçada ampliada, amenizando a sensação de "opressão" do pedestre.

A discussão sobre a importância dos *atributos espaciais de hospitalidade urbana* na geração de cidades mais acolhedoras é ampla e abrange aspectos de caráter multidisciplinar. O tema é atual e promissor. Afinal, a disputa por hóspedes é cada vez maior dentro da atividade turística, assim como a busca pela qualidade de vida nas grandes cidades. Qualificar o espaço público é o primeiro passo para transformar o espaço da estadia ou da moradia em um "lugar". Conforme expresso por Tuan (1983), no momento em que o espaço é ocupado pelo homem, de forma física ou simbólica, e passa a servir como palco para as suas atividades, ele se torna um lugar.

Quanto mais agradável for o espaço da hospitalidade, mais satisfeito ficará o hóspede e mais tempo ele poderá ficar. Ou seja, quanto maior o tempo de permanência, maiores são as chances de permanecer em seu imaginário a imagem de um local hospitaleiro ("um lugar"), reforçando a intenção do retorno.

Uma coisa é visitar uma cidade grande pela primeira vez, onde os atrativos é que fazem a diferença. Outra coisa é visitar pela segunda vez. Entre escolher dois destinos semelhantes, o visitante naturalmente escolhe aquele em que ele se sente mais acolhido. Mas esse pensamento só funciona quando o visitante já conhece a cidade e sabe que se sentirá "em casa". Ou seja, as grandes cidades hospitaleiras passam a oferecer um novo tipo de atratividade, como um novo produto, além da riqueza das atividades ofertadas.

Ao oferecer espaços qualificados, o anfitrião urbano pode garantir não só um aumento na qualidade de vida dos moradores, mas também, como

---

[12] Prevista no Estatuto da Cidade, Lei n. 10.257/2001, a Operação Urbana Consorciada é definida como "o conjunto de intervenções e medidas coordenadas pelo Poder Público municipal, com a participação dos proprietários, moradores, usuários permanentes e investidores privados, com o objetivo de alcançar em uma área transformações urbanísticas estruturais, melhorias sociais e a valorização ambiental".

consequência, ampliar sua base econômica, pelo turismo, atraindo visitantes de primeira viagem e os transformando em hóspedes constantes.

É prazeroso verificar que conceitos apresentados em Ferraz (2013) fizeram parte das ações do novo Plano Diretor Estratégico do Município de São Paulo – PDE (Lei n.16.050/2014) no tocante à qualificação do espaço público. Os atributos espaciais de hospitalidade urbana podem ser reconhecidos no item "Parâmetros qualificadores da ocupação", inseridos no "Capítulo I do PDE – Dos parâmetros de ocupação do solo", como: fruição pública (identificada como permeabilidade física), fachada ativa (uma mistura do atributo diversidade de usos com permeabilidade visual), limite de vedação do lote (identificado como permeabilidade visual), destinação de área para alargamento do passeio público (parte integrante do atributo conforto físico/ambiental).

Referências bibliográficas

ABRAHÃO, S.L. *Espaço público: do urbano ao político*. São Paulo: Annablume, 2008.

ALLIS, T. *Projetos urbanos e turismo em grandes cidades: o caso de São Paulo*. São Paulo, 2012. Tese de doutorado. FAU/USP.

BAPTISTA, I. Lugares de Hospitalidade. In: DIAS, C.M. (org.). *Hospitalidade Reflexões e Perspectivas*. São Paulo: Manole, 2002.

BRAGA, A.C. *Morfologia, transformação e co-presença em centros urbanos: o caso do centro do Rio de Janeiro/RJ*. 2003. Dissertação de mestrado. UFRS.

BELGIOJOSO, A.B. *Milano: Qualitá Della Cittá e Progettazione Urbana*. Milão: Edizioni Gabriele Mazzotta, 1988.

BORJA, J.; MUXI, Z. *El espacio público: ciudad y ciudadanía*. Barcelona: Electa, 2003.

CAILLÉ, A. *Antropologia do Dom. O terceiro paradigma*. Petrópolis: Vozes, 2002.

CAMARGO, L.O. Os domínios da hospitalidade. In: DENCKER, A.; BUENO, M. (orgs.). *Hospitalidade: Cenários e Oportunidades*. São Paulo: Pioneira Thompson Learning, 2003.

______. *Hospitalidade*. São Paulo: Aleph, 2004.

______. A pesquisa em hospitalidade. *Revista Hospitalidade*. n.2, São Paulo, 2008.

CARAPINHA, A. Da leveza da cidade. Monumentos. *Revista Semestral de Edifícios e Monumentos*. Abril, 2007.

CASELLA, L.L.C. Hospitalidade dos Espaços Públicos: possibilidades e dificuldades em torná-lo acolhedor. *Hospitalidade*. v.3, 2006.

CHAUÍ, M. *O espaço público e a democracia*. In: Seminário internacional "O espaço público e a exclusão social". São Paulo, 1998.

CULLEN, G. *Paisagem Urbana*. São Paulo: Edições 70, 2009.

DENCKER, A.; BUENO, M. (orgs.). *Hospitalidade: Cenários e Oportunidades*. São Paulo: Pioneira Thompson Learning, 2003.

DIAS, C.M. (org.). *Hospitalidade Reflexões e Perspectivas.* São Paulo: Manole, 2002.

FERRAZ, V.S. *Hospitalidade urbana em grandes cidades. São Paulo em foco.* São Paulo, 2013. Tese de doutorado. FAU/USP.

FERRAZ, V. Medindo a hospitalidade urbana do Conjunto Nacional, em São Paulo. In: IV Colóquio (inter)nacional sobre o comércio e a cidade. Uberlândia, 2013.

GEHL, J. *Cities for People*. Washington: Island Press, 2009.

______. *Life Between Buildings*. Washington: Island Press, 2011.

GLAESER, E. *Os centros urbanos: a maior invenção da humanidade: como as cidades nos tornaram mais ricos, inteligentes, saudáveis e felizes.* Rio de Janeiro: Elsevier, 2011.

GREENBIE, B.B. *Spaces: dimensions of the human landscape*. Massachusetts, 1981.

GODBOUT, J. *O espírito da dádiva*. Rio de Janeiro: FGV, 1999.

GRINOVER, L. *A hospitalidade, a cidade e o turismo*. São Paulo: Aleph, 2007.

HABERMAS, J. *Mudança estrutural da esfera pública*. Rio de Janeiro: Tempo Brasileiro, 1984.

HILLIER, B. *Space is the machine*. Londres: Cambridge University Press, 1996.

JACOBS, A.B. *Great Streets*. Cambridge: Massachusetts Institute of Technology, 1999.

JACOBS, J. *Morte e vida de grandes cidades*. São Paulo: Martins Fontes, 2000.

KLOSS, M. Public *Interiors. Arcam Pockets.* Architectura & Natura Press, 1993.

LASHLEY, C.; MORRISON, A. (orgs.). *Em busca da hospitalidade: perspectivas para um mundo globalizado*. Barueri: Manole, 2004.

LYNCH, K. *A imagem da cidade.* São Paulo: Martins Fontes, 1997.

MADDEN, K.; SCHWARTZ, A. How to turn a place around: a handbook for creating successful Public Spaces. *Project for Public Spaces, Inc.* NY, 2002.

MAUSS, M. *Sociologia e antropologia*. v. II. São Paulo: Cosac Naify, 2003.

ROLNIK, R. *O que é cidade*. São Paulo: Brasiliense, 1995.

ROSSI, A. *La arquitectura de la ciudad*. Barcelona: Editorial Gustavo Gili, 1982.

SENNET, R. *O declínio do homem público*. São Paulo: Companhia das Letras, 1998.

SITTE, C. *A construção das cidades segundo seus princípios artísticos*. São Paulo: Ática, 1992.

TOURINHO, A.O. *Do centro aos centros: bases teórico-conceituais para o estudo da centralidade em São Paulo.* São Paulo, 2004. Tese de doutorado. FAU/USP.

TUAN, Y.F. *Espaço e lugar: a perspectiva da experiência*. São Paulo: Difel, 1983.

VARGAS, H.C. Turismo nos grandes centros urbanos. In: *IV Encontro Nacional de Turismo*. Joinville, 2000.

______. (I)mobilidade urbana nas grandes cidades. *Revista URBS*. São Paulo, n.47, ano XII, p.7-11, 2008.

Parte 3

Turismo e arquitetura

Capítulo 13
Os ícones urbanos e arquitetônicos[1]

Ricardo Alexandre Paiva

> Um fantasma está assombrando a cidade global – o fantasma do edifício icônico. [...] Conduzido por forças sociais, demanda por fama espontânea e crescimento econômico, o expressivo marco urbano desafiou a antiga tradição do monumento arquitetônico. (Jencks, 2005, p.7)

As intervenções urbanas e os edifícios emblemáticos cumprem um papel fundamental na criação de atrativos turísticos. Aliás, o turismo não só estimula a criação de novas configurações urbanas e arquitetônicas, como se vale das existentes, inclusive as concebidas e erguidas dentro de contextos histórico-sociais absolutamente distintos no tempo e no espaço. A motivação da construção desses artefatos não guardava nenhuma relação com o turismo, pois eles tinham sua função relacionada à afirmação do poder político ou religioso, ao poder econômico ou, mais recentemente, à lógica da produção industrial e aos avanços tecnológicos da modernidade.

Na contemporaneidade, a lógica do consumo reforça a relação entre o turismo, os ícones urbanos e arquitetônicos e a imagem turística, condicionada pelas práticas sociais (econômicas, políticas e cultural-ideológicas) da globalização, que têm direcionado sobremaneira o planejamento, a gestão e as intervenções urbanas em consonância com o processo de espetacularização

---

[1] Este capítulo é uma adaptação e revisão do artigo denominado "O Turismo e os ícones urbanos e arquitetônicos", publicado na *Revista Brasileira de Estudos Urbanos e Regionais* (Anpur), v.16, n.1, 2014.

da arquitetura e valorização da sua carga simbólica. Assim, o artigo apresenta uma análise crítica da relação entre o turismo e os ícones, discutindo, sobretudo, as suas articulações e contradições com a produção da arquitetura e dos grandes projetos urbanos na atualidade.

O ícone urbano e arquitetônico: breves reflexões conceituais

Na contemporaneidade, a palavra "ícone" conserva muito de seu significado original grego *(eikón)* associado à "imagem". Assim, ícone, do ponto de vista semântico, significa, de modo geral, uma representação (imagem, figura, retrato ou ilustração). O conceito de ícone está atrelado historicamente a imagens religiosas produzidas na Idade Média, sobretudo relacionadas às representações pictóricas sacras do evangelho cristão, umas das principais manifestações artísticas da arte bizantina.

A relação de origem entre o conceito de ícone e a religião confere um caráter sagrado a esses "entes icônicos" (eventos, pessoas e objetos) e suas representações, atribuindo-lhes uma espécie de aura, nos termos discutidos por Walter Benjamin no ensaio *A obra de arte na era da sua reprodutibilidade técnica*: "Em suma, o que é a aura? É uma figura singular, composta de elementos especiais e temporais: a aparição única de uma coisa distante, por mais perto que ela esteja" (Benjamin, 1985, p.170).

Para Chauí (2002), a qualidade de aura de uma obra de arte tem sua gênese na intricada relação entre a arte e a religião, que possuía a finalidade de sacralização e divinização do mundo, mantendo uma forte afinidade com o sentido de ícone. A aura também se identifica com a absoluta singularidade de um ser – natural ou artístico – e seu caráter único e de simultaneidade da eternidade e fugacidade, inserido na contemporaneidade de seu tempo e carregado da tradição que lhe dá sentido (Chauí, 2002).

Esse atributo aurático, no sentido de sagrado, ainda que a atividade artística tenha se tornado autônoma em relação à religião, comparece, em grande medida, nas organizações espaciais qualificadas como ícones urbanos e arquitetônicos, objetos únicos e excepcionais, quase divinos, como os palácios, templos, igrejas e monumentos honoríficos ou funerários.

Entretanto, é importante esclarecer que o conceito de ícone é ambíguo, uma vez que pode se referir à coisa propriamente dita (o ente icônico) ou à sua representação (a imagem), ambas constituindo linguagens não verbais. Aliás, esta distinção entre o objeto e sua representação encontra fundamento teórico no campo disciplinar da semiótica, que define um ícone como um signo[2] visual que representa o objeto por semelhança ou similaridade, podendo substituir e manter o significado da coisa representada mesmo na sua ausência.

Esse argumento teórico permite compreender a importância não somente dos ícones urbanos e arquitetônicos como artefatos materiais essenciais na produção e consumo do espaço turístico, mas também das suas representações, relacionadas às imagens dos lugares turísticos na contemporaneidade.

É importante ainda estabelecer os limites entre o ícone como uma representação e a sua reprodução, que o aproxima mais do conceito de "modelo" e/ou "tipo"[3]. A premissa de repetição imbuída na ideia de modelo e/ou tipo se contrapõe ao atributo de originalidade e unicidade intrínseco às características do ícone urbano e arquitetônico. Portanto, um edifício pode ser icônico e, simultaneamente, servir como modelo para um conjunto de edifícios da mesma tipologia ou mesmo se tornar canônico, ao impor regras à produção de outros edifícios no contexto de um movimento arquitetônico mais ou menos homogêneo.

Enfim, de algum modo, a definição histórica de ícone em arquitetura pode ser contraditória, pois existe a possibilidade de um edifício exemplar funcionar como uma representação matriz para a produção de outros exemplares, repercutindo na sua imitação e tornando os edifícios derivados, assim, ordinários.

Para Sklair (2010), os ícones se referem genericamente a eventos, pessoas e objetos, que são famosos dentro do campo em questão e para o público em geral e que possuem, sobretudo e em primazia, um significado simbólico e estético associado. Ainda para o autor, o ícone arquitetônico pode ser conceituado como "os edifícios e espaços que (1) são famosos por aqueles envolvidos diretamente com a arquitetura e/ou o público em geral e (2) têm um significado estético/simbólico especial" (Sklair, 2010, p.136).

---

[2] "O signo é uma coisa que representa uma outra coisa: seu objeto. Ele só pode funcionar como signo se carregar esse poder de representar, substituir uma outra coisa diferente dele. Ora, o signo não é o objeto. Ele apenas está no lugar do objeto." (Santaella, 1983, p.12). Esse conceito baseia-se na semiótica pierciana.

[3] A distinção entre tipo e modelo encontra-se bastante sistematizada por Giulio Carlo Argan (2006), no ensaio *Sobre a tipologia em arquitetura*, que, com base no conceito histórico de *Quatre mère*, de Quincy, esclarece que o tipo é uma abstração, ao passo que o modelo se identifica com um único exemplo, com conceitos preestabelecidos ou bem definidos; o modelo se presta a *mimese* (imitação); o tipo, não.

O aspecto estético associado aos ícones se manifesta na sua forma e linguagem arquitetônica ou urbanística. A notoriedade e relevância dos ícones urbanos e arquitetônicos se evidenciam na sua materialidade intrínseca, explicitada, na maioria das vezes, por sua escala, monumentalidade, proporção, tratamento das superfícies, inserção espacial, distinção formal, relação com o ambiente natural, entre outros aspectos.

Entretanto, essa definição dos ícones arquitetônicos pode ser estendida aos conjuntos e complexos urbanos, onde os próprios edifícios singulares concorrem para qualificar determinadas organizações espaciais construídas como icônicas, por exemplo, praças, parques, logradouros, esplanadas, etc.

É importante destacar que as configurações espaciais naturais com características notáveis e espetaculares (acidentes geográficos e paisagens naturais), isoladamente ou em conjunto com ambientes construídos, possuem uma forte carga icônica (enquanto objeto e imagem) e são amplamente utilizadas como recursos e atrativos turísticos.

É possível inferir que os ícones urbanos e arquitetônicos possuem uma permanência não só no espaço mas no tempo, passando ao longo da história por transformações no processo de produção, representação e interpretação.

Ícones urbanos e arquitetônicos: uma perspectiva histórica

Em vários lugares do mundo e em diversos períodos históricos, a transformação da natureza pela cultura produziu inúmeros artefatos construídos pelos homens (cidades, complexos urbanos, infraestruturas, edifícios das mais variadas tipologias, obras de arte, etc.), que, pela materialidade e permanência na paisagem, converteram-se em autênticos ícones, seja porque foram criados para tal fim ou porque tal predicado lhe foi concedido ao longo do tempo. É remoto o papel da intervenção urbana e da arquitetura na criação de ícones que sintetizaram, no ambiente construído e em suas representações simbólicas, aspirações culturais e ideológicas das mais diversas (religiosas, políticas, étnicas, econômicas, etc.).

Essas pretensões sociais (econômicas, políticas e cultural-ideológicas) e os significados históricos agregados aos ícones urbanos e arquitetônicos os aproximam da condição de monumentos, pois se relacionam com a manutenção e a preservação de uma identidade e/ou memória coletiva, religiosa, nacional ou familiar. A condição de monumento (histórico), entendido como "tudo o que for edificado por uma comunidade de indivíduos para rememorar ou fazer que outras gerações de pessoas rememorem acontecimentos, sacrifícios, ritos ou crenças" (Choay, 2001, p.18), imbuída nos ícones, prolonga a sua existência como autênticos testemunhos históricos, protagonistas da memória e, como tal, constitui importantes recursos para a reprodução da atividade turística.

Além da sua carga simbólica, atribuída enquanto valor cultural pela sociedade à época de sua construção, a condição de monumento pode ser reforçada por um processo contínuo no espaço e no tempo de ressignificação, transformando-o em ícone.

A princípio, esses ícones urbanos e arquitetônicos não guardavam nenhuma relação com a atividade turística, nem possuíam um alcance em escala global, como se verifica na atualidade. Gradativamente, com a emergência da modernidade e a rápida transformação da paisagem, da cidade e da cultura ensejada por ela, muitos desses artefatos históricos passaram a ser objeto de interesse de estudo, preservação e visitação, concomitantemente com o início das viagens organizadas da aristocracia em fins do século XVIII e início do XIX, os *"Grand Tours"*. No século XX, com o turismo de massa, esses ícones históricos foram transformados em atrativos turísticos, aumentado, assim, o fluxo de visitação, consoante o desenvolvimento dos meios de transporte e comunicação.

Assim, os edifícios icônicos da Antiguidade[4], como as Pirâmides do Egito, o Parthenon em Atenas e o Coliseu em Roma; as monumentais catedrais medievais e as grandes realizações do Renascimento; as obras persuasivas do Barroco secular (como o Palácio de Versalhes) e religioso (a Praça e a Basílica de São Pedro) – só para citar alguns poucos exemplos – são incorporados no século XIX ao imaginário das viagens e da valorização das paisagens construídas no Ocidente e, posteriormente, no século XX, juntamente com uma série de outros edifícios e complexos urbanos do século XIX (neoclássicos e ecléticos), são capturados como recursos importantíssimos para o desenvolvimento da atividade turística.

A virada do século XIX para o XX testemunha a construção de edifícios que passam a celebrar, predominantemente, os avanços tecnológicos (materiais e técnicas) da construção civil, decorrentes da emergente industrialização. As grandes feiras e exposições internacionais foram importantes eventos mundiais, que ocasionaram muitas viagens e visitações. Some-se

---

[4] Pelos cânones da história da arte, o termo "clássico" é mais utilizado para Grécia e Roma.

a isso a construção de espaços e pavilhões para fins de exposição, em sua maioria efêmeros e temporários, que representavam os avanços da modernidade, presentes tanto nos edifícios em si quanto nos artefatos que abrigavam (máquinas, invenções, etc.).

A Torre Eiffel (Figura 13.1), erguida no contexto da Exposição Universal de 1889 em Paris, constitui um dos exemplos mais alegóricos da consagração dos progressos da modernidade e, embora tenha sido concebida como estrutura provisória, acabou se tornando uma construção permanente, que, por sua forma, arrojo, verticalidade e inserção urbana, converteu-se em um dos ícones urbanos e arquitetônicos mais significativos da história, continuamente ressemantizado como atrativo turístico, muito embora não constitua um edifício em si, posto que foi projetada ela mesma como um ícone.

Figura 13.1 – Torre Eiffel. Foto: Ricardo Paiva.

Note-se que, à época de sua realização, a construção da Torre Eiffel enfatizava sobremaneira a lógica da produção industrial, explicitando as possibilidades técnicas do aço na construção, inovando nos processos de pré-fabricação, no cálculo estrutural, no transporte e na montagem e desmontagem, evidenciando as propriedades do ferro (sobretudo em vencer grandes vãos). O destaque dos aspectos da lógica industrial e funcionalista que a Torre representava, como símbolo da modernidade, confirma-se na análise de Argan:

> É uma construção tecnicamente funcional, cuja única finalidade, porém, é dar visualidade e magnitude aos elementos de sua estrutura; sua inegável função representativa (é o ponto alto da exposição, mas torna-se imediatamente o símbolo da Paris moderna, assim como o Coliseu é o símbolo da Roma antiga e a cúpula de São Pedro o da Roma católica) se cumpre na representação de sua funcionalidade técnica (Argan, 1992, p.85).

Historicamente, esses ícones urbanos e arquitetônicos, como a própria Torre Eiffel, funcionam como marcos na paisagem urbana, transformando e delineando o *skyline* das cidades, superando os anteriores, glorificando o futuro e sinalizando, por meio do ambiente construído, transformações socioespaciais importantes (Argan, 1992).

Kevin Lynch, em seu trabalho sobre a imagem da cidade, já destacava a importância dos elementos distintos na cidade, denominados de marcos, pois "a principal característica física dessa classe é a singularidade, algum aspecto que seja único ou memorável no contexto" (Lynch, 1997, p.88), que, além de se prestarem à legibilidade urbana, transformam-se, na maioria das vezes, em atrativos turísticos.

O uso do aço na construção civil e a invenção do elevador foram importantes avanços materiais da industrialização, que possibilitaram a verticalização urbana em conformidade com a valorização da terra e da renda fundiária no contexto de urbanização dos principais centros urbanos mundiais. Após o surgimento dos arranha-céus no final do século XIX, em Chicago, esses tipos arquitetônicos disseminaram-se, sobretudo nas cidades americanas, e passaram a ser importantes marcos na paisagem urbana. Os arranha-céus como o Empire State Building, o Rockefeller Center e o Chrysler Building, construídos ainda na primeira metade do século XX, isoladamente ou compondo o *skyline* de Nova York (Figura 13.2), converteram-se em atrativos turísticos e representavam o poder econômico corporativo do capitalismo industrial e da potência dos Estados Unidos. No segundo pós-guerra, a construção dos arranha-céus se ampliou não só nas cidades americanas, mas também em várias metrópoles em todo o mundo. Atualmente, esses *skyscrapers* continuam exercendo um papel importante como ícones, contribuindo para a imagem turística dos lugares, embora motivados por outras condicionantes.

O conteúdo programático e social do Movimento Moderno internacional na arquitetura, desde as origens na vanguarda da década de 1920 até a década de 1960, comprometeu-se com a modernização do ambiente construído, inspirado na lógica funcionalista da estética industrial e na busca

Figura 13.2 – *Skyline* de Nova York (Estados Unidos) com o Empire State Building ao centro (ver p.A14). Foto: Arq. Geraldo Duarte.

por processos de produção em massa, redundando, de modo geral, em uma linguagem arquitetônica abstrata, austera e desprovida de ornamentos e apelos simbólicos. A crítica ao Movimento Moderno recaiu sobremaneira na perda de sua capacidade associativa e comunicativa e em um certo reducionismo da linguagem, independentemente da tipologia arquitetônica (Montaner, 2001, p.12). Moreira (2008) acusa que os edifícios modernos não se prestavam à criação dos atrativos turísticos e de uma arquitetura singular e única (icônica), afirmando que:

> [...] a reprodução em massa, com pouca criatividade/qualidade, oriunda do estilo moderno, provocou a standardização e a banalização da arquitetura, formada por conjuntos arquitetônicos que imprimem o pavimento-tipo e os mesmos elementos de fachada como oferta imobiliária, fruto do processo de industrialização (Moreira, 2008).

Não resta dúvida de que o ideário moderno focou suas proposições na solução de programas de necessidades e equipamentos urbanos como escolas, hospitais, habitação e infraestruturas em geral, ou seja, tipologias arquitetônicas que não se identificam com os edifícios icônicos e não constituem necessariamente pontos turísticos, muito embora sejam essenciais para a composição da infraestrutura urbana. Por outro lado, a arquitetura moderna, dependendo da tipologia, deixou um legado de edifícios extremamente significativos que foram convertidos em atrativos turísticos, como é o caso do museu Solomon R. Guggenheim, de Frank Lloyd Wright, e do Seagram Building, de Mies Van der Rohe, ambos em Nova York; da Sydney Opera House, em Sydney, do arquiteto Jørn Utzon; além de muitos outros edifícios projetados por grandes mestres como Le Corbusier, Walter Gropius e tantos outros de alcance mais regional.

O exemplo de Brasília (Figura 13.3) é expressivo para desconstruir a ideia generalizada de que o urbanismo e a arquitetura modernos não possuem um caráter simbólico associado. O eixo monumental de Brasília constitui um espaço altamente qualificado, que valoriza alguns edifícios singulares como focos perspectivos, por exemplo, a Catedral, a praça dos Três Poderes e os palácios da Alvorada e da Justiça. Independentes ou agrupados, funcionam como importantes ícones urbanos e arquitetônicos, que, por sua forma e disposição urbanas, remetem ao ideário modernizante e desenvolvimentista impregnados no discurso econômico, político e ideológico do Estado.

Os ícones urbanos e arquitetônicos modernistas representavam, em grande medida, o capital industrial, o Estado interventor e desenvolvimentista e a burguesia moderna, mas não havia uma intenção propriamente conscien-

Figura 13.3 – Congresso Nacional em Brasília, do arquiteto Oscar Niemeyer. Foto: Ricardo Paiva.

te de produzir atrativos turísticos nos moldes da produção da arquitetura e intervenção urbana contemporâneas.

Ainda em uma perspectiva histórica, outro aspecto que cabe ressaltar é a evolução dos ícones (enquanto imagem) em relação às limitações de representação gráfica desses objetos. A literatura, seguramente, cumpriu um papel fundamental na descrição desses artefatos urbanos e arquitetônicos ao longo da história, divulgando sua excepcionalidade e sua mensagem simbólica, mas devendo muito em termos de representação, por não constituir a linguagem mais apropriada para representar ou funcionar como um signo gráfico. O surgimento das primeiras representações dos ícones urbanos e arquitetônicos foi possível por intermédio da pintura (mural ou quadro), sobretudo a partir do Renascimento, que promoveu uma sistematização histórica dos monumentos da antiguidade e fez circular, principalmente nos meios eruditos, a importância não somente dos edifícios clássicos antigos mas dos edifícios modernos que passaram a projetar e construir. Cabe destacar também o papel da perspectiva científica, a partir do século XIV, como importante meio de concepção e representação do espaço para a sociedade moderna que emergia no contexto do capitalismo mercantil, além da imprensa gráfica, que, de alguma forma, colaboraram como meios de representação dos ícones urbanos e arquitetônicos.

Com o advento da fotografia na segunda metade do século XIX e a democratização do uso da imagem, uma vez que as imagens pictóricas (lugares e retratos) estavam restritas a um público seleto, a representação dos entes icônicos (eventos, pessoas e objetos) facilitou sobremaneira a circulação de informações, criando, assim, uma relação de oferta e demanda por conhecimento real e imaginário desses artefatos, conferindo-lhes importância ainda maior e suscitando uma espécie de culto às suas imagens.

Os cartões-postais dos lugares foram um meio de representação importante de divulgação dos ícones urbanos e arquitetônicos, auxiliando na mitificação de muitas paisagens naturais e culturais. A princípio eram impressos com gravuras e, a partir de 1891, com imagens fotográficas. A sua circulação despertava o interesse das pessoas em viajar, o que aumentou a demanda de turistas, estimulando, promovendo e projetando as imagens dos lugares enquanto destinos turísticos.

> Podemos dizer que o cartão-postal vem a ser elemento de referência em todas as etapas desse ciclo [*de viagens*]: antes do evento como fator de estímulo que desperta o desejo ou que insere o lugar a ser visitado no repertório do consu-

> midor do produto turístico; durante a viagem como produto de consumo, de afirmação social, e de apropriação e registro do lugar e da experiência gerada por ele; no retorno, o cartão-postal é elemento de prolongamento da experiência turística, da confirmação da realização da viagem, de afirmação social e de *status* perante os grupos de relacionamento, de compartilhamento da experiência e de organização da memória em relação à série de eventos ocorridos (Franco, 2006, p.42, grifo do autor).

A disseminação dos ícones arquitetônicos como imagens que antecedem e prolongam as experiências que envolvem as viagens e o turismo é representada pela reprodução em miniatura de lugares e monumentos, compondo uma das categorias dos variados tipos de *souvenirs* (maquetes, chaveiros, entre outros) que remetem ao ícone e que são itens fundamentais de compras nas viagens, pelos valores de signo que lhes são inerentes, conforme apresentado no Capítulo 10 (Figura 13.4).

A representação, interpretação e circulação dos ícones na atualidade estão condicionadas pelos avanços tecnológicos na produção e divulgação de imagens, associadas à lógica do consumo dos lugares e imagens que caracterizam o turismo contemporâneo.

Figura 13.4 – Miniaturas de ícones urbanos e arquitetônicos (ver p.A15). Foto: Ricardo Paiva.

Turismo e globalização

Sklair (2010) argumenta que a produção e a representação dos ícones arquitetônicos (e urbanos) na era pré-globalização eram dirigidas por quem controlava o Estado e a religião e que, na atualidade, na "era do capitalismo global", a força dominante que dirige a produção dos ícones é a "classe capitalista transnacional".

A emergência da classe capitalista transnacional é um sintoma do processo de globalização (Sklair, 2010), que pode ser sumariamente compreendido como um processo em que as práticas sociais (econômicas, políticas e cultural-ideológicas) transbordam os limites e fronteiras do Estado e redimensionam e diluem as barreiras espaciais e temporais entre o global e o local, "graças ao desenvolvimento das comunicações contemporâneas e às novas tecnologias computadorizadas que potencializam a reprodução do modo de produção capitalista" (Paiva, 2011, p.20).

Essa classe capitalista transnacional[5] (Sklair, 2006) insere-se nas práticas sociais (econômica, política e cultural-ideológica) transnacionais e coexiste com as práticas sociais locais. Assim, é possível admitir que a produção dos ícones urbanos e arquitetônicos se insere nos fluxos globais, pois "se, em outros momentos, eles possuíam um significado e uma aparência condizentes com a sociedade local, eles agora pertencem à sociedade global" (Hazan, 2003).

Para fundamentar esses pressupostos, é importante analisar as dimensões econômica, política e cultural-ideológica da globalização, articulando-as às práticas sociais do turismo.

A dimensão econômica se caracteriza por práticas sociais de produção, distribuição e consumo, em que há a precedência da lógica do consumo em detrimento da lógica da produção fordista, superada, por seu turno, por uma maior flexibilidade e mobilidade do setor industrial, caracterizando a "produção flexível". Nesse sentido, emerge um processo de descentralização e internacionalização do capital, sobretudo financeiro, que reforça a hegemonia do terciário avançado, sendo a atividade turística protagonista. Soma-se a isso a criação de um mercado global em um cenário de primazia de práticas de consumo cada vez mais complexas relacionadas à celebração da

---

[5] "Estas são pessoas de muitas partes do mundo que operam a nível transnacional como parte normal de sua vida profissional, mas que na maioria das vezes, têm mais de um lugar que eles podem chamar de casa" (tradução nossa)(Sklair, 2006, p.24).

diferença, e o consumo de bens intangíveis em contrapartida ao consumo de bens coletivos e de massa e de bens duráveis característicos da lógica da produção. O turismo enquadra-se como importante atividade econômica na lógica do consumo, no conjunto de transformações gerais ocorridas nas práticas econômicas contemporâneas mencionadas anteriormente, com o aumento e a especialização do comércio e dos serviços no setor terciário, tornando-se uma nova "indústria motriz" (Vargas, 1996), muito embora seja uma atividade suscitada pelo ócio e pelo lazer e não pelo trabalho. Articula a produção e o consumo de bens, mercadorias, serviços e lugares e caracteriza-se por ser um turismo flexível, devido à "flexibilidade e a segmentação das demandas e das ofertas turísticas, a busca de uma série de sensações que envolvem o consumo de bens imateriais, experiências intangíveis e serviços diferenciados" (Paiva, 2012, p.1016).

A dimensão política se identifica com a superação do estado de bem-estar social (*welfare state*) pelo Neoliberalismo, em que prevalece o Estado empreendedor e regulador em detrimento do provedor e interventor. Nesse processo, predominam a privatização de bens e necessidades coletivas, o desmantelamento das relações de poder identificadas com os interesses de classe e a emergência de relações de poder mais complexas e transnacionais. O ponto de interseção da relação entre o turismo e as práticas políticas correspondem à incidência das novas atribuições do Estado no processo de acumulação, marcado, principalmente, pelo planejamento estratégico. Essa nova forma de planejar e gerir a cidade incrementa políticas públicas que favorecem a atuação do mercado, estimula a produtividade e competitividade urbanas, valorizando a imagem turística dos lugares e sua promoção por estratégias de *place marketing,* como apresentado no Capítulo 3. Há o favorecimento do poder político das elites globais e locais e assimetrias de poder econômico e político entre turistas e residentes.

A dimensão cultural-ideológica se refere às práticas sociais que possuem um alcance simbólico. Na contemporaneidade, é possível perceber a importância de valores culturais fragmentados e plurais em consonância com as práticas diferenciadas e individuais de consumo, sinalizando uma tendência crescente de mercantilização da cultura no contexto da sociedade do espetáculo. O turismo é uma prática social por excelência de emissão, transmissão e recepção de mensagens dos valores culturais e ideológicos, "permitindo a troca constante de conteúdos simbólicos da cultura, da arte, da religião, do folclore, dos modos de vida, da culinária, da indumentária, da moda, etc." (Paiva, 2012, p.1020). O espaço, contudo, torna-se um dos principais meios de expressão dessas práticas cultural-ideológicas, e as características particulares do ambiente construído e natural são insumos importantes para as práticas de consumo de experiências e de bens intangíveis suscitadas pelo "turismo flexível".

É importante destacar que esses aspectos de ordem cultural-ideológica sintetizam os aspectos simbólicos das demais práticas sociais (econômicas e políticas). Jameson (1996) confirma essa relação ao associar a lógica cultural do capitalismo tardio ao pós-modernismo.

A concepção dos ícones urbanos e arquitetônicos no atual processo de globalização constitui uma das estratégias centrais empregadas para a construção e o reforço da imagem turística dos lugares, assim como serve para atrair investimentos públicos e privados para as cidades e regiões. Trata-se de um processo crescente de mercantilização da cultura, transformada em insumo para obtenção de vantagens econômicas.

A fim de qualificar essa imagem para o consumo, pois o ícone sintetiza e se confunde com a própria imagem urbana[6], o turismo, inserido nas políticas públicas das diversas instâncias do poder, vale-se das estratégias do *place marketing*, que preconiza, entre outros aspectos, a divulgação dos lugares em escala mundial, contribuindo para tal objetivo as redes de informação e comunicação contemporâneas.

Segundo Sánchez, "a construção de imagens e do marketing de cidade é tratada como parte dos processos políticos e culturais dinâmicos que devem ser apreendidos na compreensão das formas de produção do espaço contemporâneo" (2003, p.40). A promoção da imagem da cidade na contemporaneidade, em escalas global e local, situa-se entre as principais práticas preconizadas pelo receituário proposto pelo planejamento estratégico.

Vainer (2002), ao criticar o planejamento estratégico, identifica as diferenças com relação ao planejamento tradicional ao afirmar que a preocupação, agora contrária aos temas como crescimento desordenado, reprodução da força de trabalho, equipamentos de consumo coletivo e movimentos sociais urbanos, direciona-se para a produtividade e a competitividade urbanas, sendo o turismo uma das principais atividades nesse processo.

---

[6] Nesse sentido, imagem urbana "[...] corresponde à informação solidamente relacionada com um significado que se constrói numa síntese de contornos claros que a faz única e intransferível. [...] É um código urbano e impõe uma leitura e fruição que estão claramente inscritos na cidade como espaço construído" (Ferrara, 2000, p.118).

Os ícones urbanos e arquitetônicos contemporâneos

A concepção dos ícones urbanos e arquitetônicos contemporâneos relaciona-se, em muitos aspectos, à valorização dos lugares como cenários do consumo e, por isso mesmo, funcionam como catalisadores do desenvolvimento urbano, profundamente intricados à lógica do turismo.

A despeito da diversidade das premissas da produção da arquitetura e da intervenção urbana contemporâneas, muitas de suas tendências e posturas alinham-se simbolicamente às práticas cultural-ideológicas da sociedade do consumo, pois:

> Assim como a arquitetura e o urbanismo modernos refletiam a lógica capitalista da produção, buscando associações estéticas, técnicas e funcionais com a racionalidade industrial, ao que tudo indica, a arquitetura contemporânea se sustenta na lógica do consumo, reproduzindo e criando uma diversidade e variedade estética, técnica e funcional condizente com o processo contemporâneo de acumulação (Paiva, 2011, p.248).

Harvey (2005) argumenta que os artefatos e as práticas culturais, assim como as características ambientais particulares dos lugares, são o melhor campo para se obter a "renda monopolista".

> Toda a renda se baseia no poder monopolista dos proprietários privados de determinadas porções do planeta. A renda monopolista surge porque os atores sociais podem aumentar seu fluxo de renda por muito tempo, em virtude do controle exclusivo sobre algum item, direta ou indiretamente, comercializável, que é, em alguns aspectos, crucial, único e irreplicável (Harvey, 2005, p.28).

Nesse sentido, a "renda monopolista" dos ícones urbanos e arquitetônicos na contemporaneidade está voltada à criação de uma forma urbana e arquitetônica singular e notável.

Essa forma distinta se identifica com a acepção de "capital simbólico" proposta por Bordieuer e interpretada por Harvey como "capital simbólico coletivo", e tem relação direta com a atividade turística, na medida em que o turismo se ampara nas singularidades dos recursos turísticos a fim de transformá-los em atrativos.

O conceito de "renda da forma" (Arantes, 2012), que descende do conceito de "renda monopolista" de Harvey (2005), constitui uma reflexão recente importante para a compreensão das tendências da arquitetura contemporânea identificadas com a produção dos ícones urbanos e arquitetônicos, já que a "renda da forma" confere prioridade ao ineditismo da forma única e espetacular e valoriza a arquitetura como imagem[7].

> Por isso, essa arquitetura obtém mais dividendos na circulação do que com sua produção; ou melhor, sua produção é comandada pelos ganhos advindos da sua divulgação midiática e da capacidade de atrair riquezas (por meio de investidores, turistas, capacitação de fundos públicos, etc.) (Arantes, 2012, p.18).

Malgrado as diferenças conceituais, éticas e estéticas da diversidade e heterogeneidade de "posturas arquitetônicas"[8] na atualidade, prevalece, na arquitetura contemporânea, um gosto formalista, superestimando sua capacidade comunicativa de expressar conteúdos simbólicos, que vem reduzindo a arquitetura à pura visualidade, à imagem que pode ser veiculada e convertida em espetáculo para alimentar o consumo dos lugares.

> A diferença é que, agora, essa força espetacular da arquitetura não é mais requisito único de regimes absolutistas, autocráticos ou fascistas, mas de grandes estratégias de negócio associado ao turismo, a eventos culturais e esportivos, ao marketing urbano e à promoção das identidades empresariais (Arantes, 2012, p.55).

A produção dos ícones se alinha ao universo das práticas de consumo e da afirmação do capital financeiro e corporativo, da indústria do entretenimento, das marcas, das estratégias de marketing e dos aspectos intangíveis que envolvem os bens materiais, as experiências e as sensações imateriais.

A lógica do consumo transcende a fabricação dos objetos, posto que o "capital simbólico coletivo" a eles associado é o que verdadeiramente cria uma valorização financeira e permite a obtenção do lucro, ou seja, a reprodução do capital com uma base não produtiva (cultura, lazer, megaeventos e turismo), gerando uma economia simbólica, em que o capital virtualiza-se. Assim, a intervenção urbana, a arquitetura e a cultura em geral adquirem a condição de mercadoria altamente valorizada.

---

7 Trata-se, segundo Arantes (2012), de uma arquitetura de exceção, seja porque constitui uma porcentagem muito pequena da produção arquitetônica global, seja porque é "fato primário" da cidade.

8 Baseiam-se "[...] na consideração de que certos arquitetos oferecem opções de tipo de espaços, materiais, linguagem, tecnologias e relações com a cidade. Essas opções mantêm uma certa coerência e permitem delimitar certas posturas determinantes" (Montaner, 2001, p.178).

Em conformidade com a visão de Baudrillard (2008), o consumo de objetos determinados pela necessidade tem uma ligação com o valor de uso, ao passo que o consumo associado à lógica do desejo tem ligação com o valor de troca, mas também com o valor de signo, ou seja, pelo seu valor enquanto expressão da distinção social e individual, expresso e reproduzido nas imagens e nas marcas atreladas aos objetos, justificando a proliferação dos ícones urbanos e arquitetônicos no contexto da competitividade e produtividade dos lugares turísticos.

De modo geral, a arquitetura contemporânea valoriza excessivamente a superficialidade da forma. Tal premissa remonta as críticas de Venturi, Brown e Izenour (2003) à arquitetura moderna na década de 1960, ao advogar a ideia do *"duck"* e do *"decorated shed"* (que pode ser traduzido como "pato" e "galpão decorado", respectivamente), que consiste na valorização da forma em detrimento da função. O edifício se converte em imagem, substitui-se a espacialidade pelo simbolismo, pois o "[...] elemento que caracteriza cada edifício é o vestuário, a ornamentação, o tratamento epidérmico, a estrutura e o interior constituem um mero fato construtivo, de engenharia, funcional" (Montaner, 2001, p.162). Esses recursos superficiais e cosméticos empregados na fachada são utilizados para qualificá-los como "edifícios propaganda". Essa arquitetura "à flor da pele" enquadra-se nas características dos ícones propostos por Mateo (2009, p.5), ao afirmar que eles são pura pele, uma epiderme espetacular. Assim, os ícones arquitetônicos não possuem espaço, não têm interior; se existe um espaço interior, ele não interessa.

Para reforçar imagens sintéticas e de fácil reconhecimento das marcas (cidades, lugares, empresas, entre outros), às quais estão associados os edifícios contemporâneos, os ícones são arquitetados como se fossem obras de arte ou objetos do design, procurando sustentar a aura artística desses artefatos. Isso ocorre consoante os próprios métodos de projeto dos arquitetos-artistas, pois "se renuncia, por princípio, à produção em série e à industrialização radical; cada obra, em compensação, será singular e manterá uma relação única e instrumental com: o contexto, o usuário ou com as arquiteturas preexistentes" (Montaner, 2001, p.217).

A aproximação entre arquitetura e arte contemporâneas revela-se também no interesse em despertar a surpresa, a interação com o objeto proposto, apostando na experiência sensorial e na percepção e interpretação individuais do fruidor.

Neste contexto de produção de uma arquitetura da diferença ou de exceção, quase como objeto de arte ou do design, recorre-se comumente às formas escultóricas, sejam as puras e minimalistas, formas sintéticas e de fácil reconhecimento, sejam as formas complexas, às vezes com referências figurativas ou desconstruídas, essas últimas com o intuito de transgredir a geometria euclidiana.

No caso em que há associações figurativas, os ícones potencializam seu alcance e visibilidade, pois se referem a figuras e objetos do conhecimento do público leigo. Mesmo nas situações em que comparece uma maior abstração formal ou excessiva extravagância, acaba se estabelecendo uma associação com figuras, sobretudo pelos "não iniciados".

O consumo associado aos ícones urbanos e arquitetônicos insere-se nas práticas de lazer e do turismo, pois, em ambos, percebe-se uma forma de distinção social monopolizada pela criação e consumo de bens diferenciados. Em certa medida, as intervenções urbanas e as arquiteturas icônicas expressam-se como espaços de uso público, mas, na maioria dos casos, o uso e a visitação por turistas desses espaços são restritivos, pois são espaços coletivos de acesso público, mas com controle privado. Na verdade, trata-se da construção de espaços idealizados e homogêneos que, como os parques temáticos, buscam minimizar as assimetrias sociais tão recorrentes nos espaços não simulados (Zukin, 2003), restringindo-se aos que possuem os meios materiais para consumir os bens tangíveis e intangíveis vinculados aos ícones urbanos e arquitetônicos.

A condição para que um edifício ou intervenção urbana se torne icônica antecede a sua materialização enquanto obra. O projeto já anuncia a sua condição de ícone, pois é formatado como um produto, uma mercadoria. O projeto já é uma representação, um esboço da imagem que o ícone sintetiza, concorrendo para a sua mitificação ao alcançar tal *status*, antes mesmo de ser construído.

Concorrem para isso as novas tecnologias digitais e da informação no campo não exclusivo da arquitetura e da engenharia, mas no processo produtivo em geral. Percebe-se que os meios de representação contemporâneos e as tecnologias digitais estão a serviço da criação de uma hiper-realidade, simulando o espaço real com uma fidelidade e resolução inimagináveis. Trata-se de uma "hiper-representação" que, por vezes, oculta aspectos da realidade e do contexto urbano do edifício, dissimulando inclusive atributos específicos da arquitetura e da intervenção urbana.

As novas tecnologias digitais e informacionais repercutem na mitificação do ícone ao proporcionar a veiculação das suas representações de forma instantânea pelos meios de comunicação, sobretudo a internet, e ao possibilitar a edição das imagens, valorizando ângulos diferenciados e inusitados, corrigindo possíveis defeitos, excluindo do contexto da fotografia elementos da paisagem desfavoráveis para a sua difusão. Estas correções possibilitadas pela tecnologia digital geram um descompasso entre o ente icônico (objeto) e sua representação (imagem), provocando, por vezes, certa frustração por parte dos turistas e visitantes, muito embora a experiência do registro da imagem e o seu compartilhamento, facilitados por *smartphones*, câmeras digitais e redes sociais, tendam a ter primazia sobre a experiência concreta da percepção e interpretação do espaço construído. Estas imagens digitais, agora banalizadas pela facilidade de sua aquisição, substituem o papel, representado pelos cartões-postais na modernidade.

Os edifícios icônicos identificam-se com algumas tipologias arquitetônicas específicas, sobretudo com os centros culturais e os museus. Ao contrário da postura dos arquitetos modernos, que os concebiam como ambientes neutros e como pano de fundo para as obras de arte, os edifícios, para fins culturais na atualidade, sobretudo os museus (ver Capítulo 16), são concebidos eles mesmos como objetos de arte, shoppings centers da cultura, desejo de realização dos *starchitects*[9].

O programa de necessidades dos edifícios culturais também se diversifica e ratifica sua relação com o consumo, visíveis nas lojinhas de *souvenirs*, nos cafés, na animação cultural promovida pela gestão dos equipamentos culturais.

No âmbito das práticas arquitetônicas e da construção contemporânea, a fração corporativa da "classe capitalista transnacional" corresponde ao grupo que controla as principais empresas de arquitetura do mundo e suas filiais locais, em sua maioria lideradas pelos celebrados *starchitects*, que atuam em escala global (Sklair, 2006).

A contratação de arquitetos famosos, que podem ser considerados também "entes icônicos", agrega valor aos ícones urbanos e arquitetônicos, pois o seu reconhecimento profissional ou sua fama ajudam a mitificar esses ícones desde a sua criação. Os prêmios e concursos internacionais de arquitetura; a articulação dos arquitetos com as marcas, campanhas publicitárias e debates culturais; e a publicação em revistas impressas e digitais de seus projetos

---

[9] De acordo com Arantes: "A crítica do funcionalismo, o elogio a torto e a direito do ornamento, a total liberdade de escolha dos estilos ou soluções construtivas, tornam o museu um lugar mais propício a um exercício projetual sem compromissos, onde o artista pode mais livremente dar asas à imaginação [...]. Portanto hoje todos os arquitetos querem assinar o seu museu" (2000, p.244).

emblemáticos sustentam a criação de ícones urbanos e arquitetônicos como uma prática recorrente da arquitetura contemporânea, com impactos incontestáveis na reprodução da atividade turística[10].

Os *starchitects* possuem o desafio constante de se reinventarem, para que suas obras não tendam à repetição ou ao esgotamento de soluções originais já adotadas e, desse modo, não acompanhem a contento as demandas do mercado e as transformações impostas pela moda e pelos avanços tecnológicos. Assim, o compromisso dos arquitetos parece se voltar sobremaneira para o efêmero e para o apelo suscitado pela economia simbólica.

> Os arquitetos da era financeira, ao contrário dos modernos, não procuram soluções universalistas, para serem reproduzidas em grande escala – o que reduziria o potencial de renda monopolista da mercadoria. O objetivo é a produção da exclusividade, da obra única, associada às grifes dos seus projetistas e de seus patronos. E a corrida pelo ineditismo é item contratual, pois os clientes solicitam dos arquitetos obras exclusivas em todos os seus detalhes – soluções de fachada, revestimentos e estruturas não podem ser repetidas (Arantes, 2012, p.57-58).

O Centro Georges Pompidou (1977) (Figura 13.5), em Paris, foi um dos primeiros edifícios contemporâneos a se afirmar como ícone urbano e arquitetônico, pelo papel que cumpriu na reabilitação de um distrito urbano da cidade e na propagação em escala mundial da capacidade de Paris de afirmar a sua contemporaneidade cultural e econômica no mundo globalizado.

Várias cidades do mundo apostaram no poder desses ícones urbanos e arquitetônicos, como foi o caso de Bilbao, com a construção do Museu Guggenheim (Figura 13.6). "O museu se converteu imediatamente em sinônimo de toda uma cidade e um símbolo de regeneração de uma zona problemática da Espanha." (Ockman, 2006, p.261). O chamado "efeito Bilbao" transformou-se no exemplo mais emblemático da capacidade de impulsionar o desenvolvimento turístico a partir da construção de um ícone, uma vez que a cidade de Bilbao capturou subitamente a atenção mundial como sendo "a surpresa arquitetônica mais glamorosa deste fim de século" (Ockman, 2006, p.261), inserindo-se, assim, nos roteiros turísticos da Europa. A estratégia utilizada em Bilbao, que teve seu protagonismo econômico ligado anteriormente à atividade industrial, condição essa que foi subtraída diante da economia pós-industrial, demonstra o poder do turismo enquanto propulsor do desenvolvimento econômico. Jencks (2005) cunha o termo

---

[10] Para aprofundar essa discussão, ver Vargas, H.C. (2013), "O arquiteto e seus clientes".

Figura 13.5 – Centro Georges Pompidou em Paris, França, obra dos arquitetos Richard Rogers e Renzo Piano (ver p.A15). Foto: Ricardo Paiva.

Figura 13.6 – Museu Guggenheim em Bilbao, Espanha, do arquiteto Frank Gehry. Foto: Arq. Marcelo Leitão.

"iconic bulding" para caracterizar o cenário contemporâneo da arquitetura de grife, que tem como exemplo emblemático o caso de Bilbao.

O concurso e a construção do novo complexo do World Trade Center em Nova York (Figura 13.7), após o atentado de 11 de setembro de 2001, que destruiu as Torres Gêmeas (importante signo da cultura arquitetônica america-

Figura 13.7 – *Skyline* de Nova York (Estados Unidos) com o novo World Trade Center (mais alto) em construção. Foto: Arq. Geraldo Duarte.

na e internacional), revelam que até mesmo as tragédias (ou a sua superação) funcionam como insumo para a atividade turística e a reinvenção dos ícones urbanos e arquitetônicos na atualidade. O novo complexo, que inclui a construção de novos arranha-céus, o memorial e o museu dedicados à lembrança do evento e das vítimas, elucida o poder da complicada relação entre o apelo simbólico e estético dos ícones urbanos e arquitetônicos e a atividade turística.

Outro exemplo digno de ser mencionado são as mutações urbanas e arquitetônicas em Dubai, que se transformaram em um grande canteiro de experiências inéditas suscitadas pelas iniciativas pública e privada no campo do *place marketing* e do desenvolvimento do turismo, articulando mercado imobiliário, rede hoteleira e novas relações entre os ambientes natural e construído.

No Brasil, o exemplo mais conhecido da promoção da imagem turística dos lugares, pela construção de ícones urbanos e arquitetônicos, foi em Niterói, com a construção do Museu de Arte Contemporânea (conforme detalhado no Capítulo 16) e em Curitiba, com o Museu Oscar Niemeyer (Figura 13.8), ambos projetados pelo arquiteto Oscar Niemeyer, confirmando a importância da autoria para a mitificação do ícone. No Rio de Janeiro, vale ressaltar o projeto da Cidade da Música, do arquiteto Christian de Portzamparc, e o Museu do Amanhã, do arquiteto Santiago Calatrava, que ratifica a internacionalização da arquitetura de grife.

No caso das intervenções urbanas, destacam-se os processos de reabilitação de áreas degradadas, como as frentes marítimas ou fluviais, complexos industriais e portuários, edifícios de interesse patrimonial, áreas históricas como centros e bairros antigos, que testemunham um processo crescente de gentrificação e turistificação, suscitando diversos conflitos entre o público e o privado, como mencionado no Capítulo 14.

Figura 13.8 – Museu Oscar Niemeyer em Curitiba, obra do arquiteto Oscar Niemeyer (ver p.A16). Foto: Ricardo Paiva.

As infraestruturas urbanas e de transporte (pontes estaiadas, passarelas, terminais de várias modalidades) também têm sido influenciadas pela renda da forma: "As infraestruturas de circulação, sobretudo as associadas ao fluxo de turistas, passaram a ser desenhadas como requisitos de ineditismo e exuberância formal similares aos edifícios culturais e esportivos que atraem os visitantes" (Arantes, 2012, p.313).

Alguns hotéis, lojas de marcas internacionais e shoppings também foram projetados com apelos formais típicos dos ícones, e atraem uma quantidade significativa de turistas, misturando a experiência de consumo de mercadorias ao consumo dos lugares, como apresentam os Capítulos 17 e 18.

Os programas associados aos megaeventos esportivos (Copa do Mundo de Futebol e Olimpíadas) têm sido também um campo por excelência de produção de ícones urbanos e arquitetônicos, transformando a arquitetura em si em um espetáculo, como mostrado no Capítulo 9.

Vale ressaltar ainda os espaços simulados, como os parques e cidades temáticas, que consolidaram imagens turísticas extremamente marcantes e foram entronizadas como ícones do turismo e do entretenimento pelo imaginário coletivo, produzindo uma arquitetura "*fake*" com fortes recursos e efeitos simbólicos, como discutido no Capítulo 15.

Por uma nova iconoclastia?

Verifica-se que os ícones se referem imensamente à imagem que, assim como as representações e marcas veiculadas nos anúncios de propaganda, estimula o consumo e a venda dos lugares e, como tal, serve para persuadir as pessoas a comprar. Assim, a experiência do turismo, com base no lazer e no consumo, torna-se uma prática alienada e de distinção social, repercutindo sobremaneira no processo de acumulação do capitalismo contemporâneo.

O papel histórico de edifícios emblemáticos para o desenvolvimento da atividade turística não é uma novidade, o que é recente é a sua precedência como meio para obtenção da renda monopolista na arquitetura e na intervenção urbana como parte das práticas sociais (econômicas, políticas e cultural-ideológicas) da globalização, marcadas pela "desavergonhada mercantilização de tudo" (Harvey, 2005, p.39), que escandaliza as desigualdades socioespaciais e fragiliza os lugares.

A atratividade turística está fortemente arrolada às transformações espaciais, não somente representada pela provisão de infraestruturas, mas também pelas intervenções urbanas, pela valorização do patrimônio histórico e cultural; pela recorrência à iconicidade da arquitetura, como no caso dos museus contemporâneos, das *flagships stores* e dos edifícios hoteleiros; e/ou pela criação de ambientes *fakes* e simulados. Esses temas serão objeto de estudo dos capítulos seguintes.

Assim, é preciso atentar a como se vêm efetuando essas transformações, guiadas por interesses de grupos privados específicos, das organizações transnacionais e do próprio Estado na manutenção das suas hegemonias econômicas e políticas, cujas ações devem ser revistas e analisadas, ao se discutirem as formas urbanas resultantes e os impactos no processo de fragmentação e segregação socioespacial.

Não seria, portanto, tempo de anunciar uma nova iconoclastia, um movimento contra a idolatria aos ícones urbanos e arquitetônicos, denunciando a veneração da produção de uma arquitetura superficial, espetacular e efêmera, combatendo a adoração e o culto às práticas de turismo alienadas e predatórias suscitadas pela veiculação das imagens turísticas e dos ícones? Provavelmente não se teria êxito. Cabe à arquitetura e ao urbanismo, como objeto do conhecimento e de intervenção socioespacial, colocar-se a serviço da valorização dos lugares em sentido amplo.

É importante reivindicar, assim, o papel do planejamento urbano, do urbanismo e da arquitetura como instrumentos de gestão, intervenção espacial e implantação de serviços urbanos básicos, infraestrutura adequada, equipamentos culturais, entre outros, no sentido de criar as bases para intervenções com finalidade turística e fundamentalmente social. A concatenação de intervenções voltadas para a população e para os turistas é a base para garantir uma cidade mais democrática, atraente e hospitaleira, além da imagem que se pretende fazer crer.

Referências bibliográficas

ARANTES, O.B.F. *O lugar da Arquitetura depois dos modernos*. 3.ed. São Paulo: Edusp, 2000.

ARANTES, P.F. *Arquitetura na era digital-financeira: desenho, canteiro e renda da forma*. São Paulo: Editora 34, 2012.

ARGAN, G.C. *Arte Moderna*. São Paulo: Companhia das Letras, 1992.

______. Sobre a tipologia em Arquitetura. In: NESBITT, K. (org.). *Uma nova agenda para a arquitetura*. São Paulo: Cosac Naify, 2006. p.267-273.

BAUDRILLARD, J. *A sociedade do consumo*. Lisboa: Edições 70, 2008.

BENJAMIN, W. A obra de arte na era de sua reprodutibilidade técnica. In: ______. *Magia e Técnica, Arte e Política*. São Paulo: Brasiliense, 1985. p.165-196. (Obras Escolhidas, v.1).

CHAUÍ, M.S. *Convite à Filosofia*. São Paulo: Ática, 2002.

CHOAY, F. *A alegoria do patrimônio*. São Paulo: Editora da Unesp/Estação Liberdade, 2001.

FRANCO, P.S. Cartões-postais: fragmentos de lugares, pessoas e percepções. *Métis: história & cultura*. Caxias do Sul, v.5, n.9, p.25-62, 2006.

FERRARA, L.D. *Os significados urbanos*. São Paulo: Edusp/Fapesp, 2000.

HARVEY, D. A arte como renda: globalização e transformação da cultura em commodities. *Desígnio: Revista de História da Arquitetura e do Urbanismo*. São Paulo: Annablume, n.4, p.27-40, 2005.

HAZAN, V.M. O papel dos ícones da contemporaneidade na revitalização dos grandes centros urbanos. *Arquitextos*. São Paulo, v.4, n.041.02, 2003. Disponível em: http://www.vitruvius.com.br/revistas/read/arquitextos/04.041/645. Acessado em: 04 jan. 2014.

JAMESON, F. *Pós-Modernismo: a lógica cultural do capitalismo tardio*. São Paulo: Ática, 1996.

JENCKS, C. *The iconic building: the power of enigma*. Londres: Francis Lincoln, 2005.

LYNCH, K. *A imagem da cidade*. São Paulo: Martins Fontes, 1997.

MATEO, J.L. (org.). *Iconoclastia: news from a post-iconic world*. Barcelona: ETH - Actar, 2009. (Architectural Papers, v.4).

MONTANER, J.M. *Depois do movimento moderno: arquitetura da segunda metade do século XX*. Barcelona: Gustavo Gili, 2001.

MOREIRA, A. Turismo e arquitetura: A produção do atrativo via singularidade/notoriedade do lugar. *Arquitextos*. São Paulo, v.8, n.093.05, Vitruvius, fev. 2008. Disponível em: http://www.vitruvius.com.br/revistas/read/arquitextos/08.093/169. Acessado em: 17 jan. 2014.

OCKMAN, J. La nueva política del espetaculo: Bilbao y la imaginación global. In: LASANSKY, D. M.; MCLAREN, B. (org.). *Arquitectura y turismo. Percepción, representación y lugar*. Barcelona: Gustavo Gili, 2006. p.261-273.

PAIVA, R.A. *A metrópole híbrida: o papel do turismo no processo de urbanização da Região Metropolitana de Fortaleza*. São Paulo, 2011. Tese de doutorado em Planejamento Urbano e Regional. Faculdade de Arquitetura e Urbanismo, Universidade de São Paulo.

______. O turismo e as práticas socioespaciais. *Revista Turismo & Desenvolvimento (online)*. v.2, p.1013-1024, 2012.

SÁNCHEZ, F. *A reinvenção das cidades para um mercado mundial*. Chapecó: Argos, 2003.

SANTAELLA, L. *O que é Semiótica*. São Paulo: Brasiliense, 1983. (Coleção Primeiros Passos, v.103).

SKLAIR, L. Iconic architecture and capitalist globalization. *City*. v.10, n.1, p.21-47, 2006.

______. Iconic Architecture and the Culture-ideology of Consumerism Theory. *Culture & Society*. n.27, p.135-159, 2010.

VAINER, C. Pátria, empresa e mercadoria. Notas sobre a estratégia discursiva do Planejamento Estratégico Urbano. In: ARANTES, O.; MARICATO, E.; VAINER, C. *A cidade do pensamento único. Desmanchando Consensos*. Petrópolis: Vozes, 2002. p.75-103.

VARGAS, H.C. Turismo Urbano: uma nova indústria motriz. *Boletim de Turismo e Administração Hoteleira*. São Paulo, v.5, n.2, p.38-46, 1996.

______. O arquiteto e seus clientes. In: VARGAS, H.C.; ARAÚJO, C.P. (orgs.). *Arquitetura e Mercado Imobiliário*. 1.ed. Barueri: Manole, 2013. p.1-14.

VENTURI, R.; BROWN, D.S.; IZENOUR, S. *Aprendendo com Las Vegas*. São Paulo: Cosac Naify, 2003. (Coleção Face Norte, v.3).

ZUKIN, S. Aprendendo com Disney World. *Espaço & Debates*. São Paulo, v.23, n.43-44, p.11-27, 2003.

Capítulo 14

O patrimônio edificado como mercadoria

Regina Prado Lima de Souza

> Subproduto da circulação das mercadorias, o turismo, circulação humana considerada como consumo, resume-se fundamentalmente no lazer de ir ver o que se tornou banal. O planejamento econômico da frequência de lugares diferentes já é em si a garantia de sua equivalência. A mesma modernização que retirou da viagem o tempo, retirou-lhe também a realidade do espaço.
> (Debord, 1997)

Este capítulo apresenta como discussão central a produção e o consumo do patrimônio como mercadoria ou, mais precisamente, o fenômeno de reificação do patrimônio desenvolvido na tese de doutorado de Regina Prado Lima de Souza (Guelman, 2009). Tal discussão tem por base a ideia de que a modernidade instaura uma nova relação econômica com o espaço: este se torna um produto altamente cambiável, e a arquitetura adquire um caráter efêmero. Sob essa ótica, a cidade passa a ser produzida pela lógica do mercado. Além de lugar de circulação de produtos, a cidade e sua arquitetura tornam-se mercadorias passíveis de serem ininterruptamente trocadas.

A partir da análise inaugural de Karl Marx (1998), posteriormente aprofundada por Georg Lukács (2003), sobre o conceito de reificação, formula-se teoricamente o fenômeno de reificação do espaço, ou seja, a sua transformação em mercadoria, objeto de trocas econômicas e de fetichismo.

Para os dois pensadores, o fenômeno de reificação é central no capitalismo e apresenta um duplo aspecto – o objetivo, que se refere ao objeto que se personifica, no sentido de adquirir caracteres sociais e uma autonomia em relação aos seres humanos, e o subjetivo, que diz respeito ao sujeito que se coisifica, isto é, perde a sua subjetividade e passa a se submeter às coisas.

Marx e Lukács debruçam-se sobre a análise do processo de divisão social do trabalho como fundamento da reificação. Na visão de Marx (1998), no capitalismo, as relações sociais não se manifestam mais diretamente, mas passam a ser mediadas pelos produtos, que, por sua vez, se personificam e se tornam independentes em relação aos seres humanos. Segundo Lukács (2003), se, por um lado, em razão do processo de especialização do trabalho, a unidade do objeto é rompida e a produção torna-se a reunião de sistemas parciais, por outro lado, o homem deixa de ser o sujeito desse processo e passa a ser incorporado como uma peça de um sistema, a cujas leis ele precisa se submeter. Considera, ainda, que a mecanização racional do trabalho só se tornou possível com o advento do trabalhador livre, cuja força de trabalho é trocada como mercadoria. Entretanto, ressalta que a reificação do ser humano não se limita à sua força de trabalho, mas se estende à sua consciência.

Se o processo de divisão social do trabalho constitui o fundamento da reificação, a figura central desse fenômeno não poderia deixar de ser a mercadoria. É sobre ela que Marx vislumbra uma aura de mistério, a qual não se refere ao seu aspecto material, mas ao fato de que as relações sociais assumem uma "forma fantasmagórica de uma relação entre coisas" (1998, p.94), enquanto estas adquirem uma autonomia e uma ascensão sobre os seres humanos. É esse fenômeno que Marx designa de reificação ou fetichismo, o qual não se restringe às relações produtivas, no sentido estrito do termo, mas se estende a todos os campos da vida material e imaterial da sociedade capitalista. Tal percepção foi captada e aprofundada por Lukács (2003), que considera que é na estrutura da relação mercantil que se encontra o modelo de todas as formas de objetividade e de subjetividade da sociedade capitalista. Ademais, atenta para o fato de que a desagregação social, à qual Marx se refere (1867 apud Lukács, 2003), ocorre somente quando a mercadoria penetra no conjunto das manifestações vitais da sociedade e as modela segundo a sua imagem. É nesse momento que a reificação, surgida da relação mercantil, influencia, de forma decisiva, o desenvolvimento objetivo e subjetivo da sociedade.

Marx e Lukács detêm-se sobre a análise do processo de divisão social do trabalho e da mercadoria como elementos essenciais da reificação. De tal fenômeno, entende-se que decorrem dois problemas. O primeiro diz respeito ao sujeito que, no plano coletivo, deixa de se relacionar diretamente com outros homens e, no plano individual, reifica-se, não só enquanto força de trabalho, mas também em sua própria consciência. O segundo problema refere-se ao objeto que adquire uma autonomia e uma independência em relação aos seres humanos.

Na presente abordagem sobre a produção do espaço, ambos os problemas interessam. De um lado, os seres humanos passam a ter sua consciência unificada a ponto de produzirem e consumirem espaços-mercadoria, e, de outro, estes se autonomizam e exercem um poder sobre os homens, pela aura de fetichismo que os envolve.

Assim como em Marx e Lukács busca-se a conceituação do fenômeno de reificação, em Georg Simmel (1896 apud Souza e Öelze, 2005) encontram-se as bases para sua extensão ao domínio da cidade. Para esse pensador, o dinheiro e a divisão social do trabalho provocaram a separação entre as culturas subjetiva e objetiva, que possibilitou tanto uma maior liberdade pessoal e um aumento da cultura objetiva, quanto uma objetivação dos conteúdos da vida, que teve como consequência o domínio das coisas sobre os homens. É nesse ponto de sua abordagem que se identifica o fenômeno de reificação, uma vez que aponta para uma separação e uma autonomização entre as esferas subjetiva e objetiva, bem como para a preponderância desta sobre aquela.

A partir de Simmel observa-se que a economia capitalista veio reificar tanto o espaço que se torna mercadoria quanto o sujeito que tem sua subjetividade objetificada. Como o autor indica, o homem moderno tem a ideia de que a felicidade e a satisfação encontram-se ligadas à posse do dinheiro, mas nenhuma das duas são alcançadas, uma vez que o dinheiro é um meio e não um fim.

Ao abordar essa incessante busca do homem por felicidade e satisfação, que sempre redunda em frustração, em Simmel, percebe-se uma antevisão da sociedade contemporânea e sua correspondente produção do espaço.

Tal discussão acerca do comportamento humano no contexto da economia monetária capitalista vem confluir com a discussão ora desenvolvida sobre a produção do espaço na contemporaneidade. O homem contemporâneo busca, nos novos espaços ou na apropriação dos antigos, não só fontes de produção de riqueza como também formas de entretenimento.

É nessa última tendência, aqui denominada de reapropriação de sítios históricos reconhecidos como patrimônio, que se identifica o fenômeno de *reificação* do patrimônio, ou seja, quando este passa a ser produzido e consumido enquanto mercadoria.

Contudo, antes de avançar no exame desse fenômeno, faz-se necessária uma intervenção no sentido de perscrutar a própria transformação da noção de patrimônio e suas formas de apropriação em âmbito nacional e mundial.

O patrimônio como símbolo

Para uma primeira compreensão do sentido de patrimônio, destaca-se como referência a obra *Alegoria do patrimônio*, de Françoise Choay (2006)[1], que constitui uma pesquisa arqueológica dessa noção no contexto europeu e, mais especificamente, na França. Inicialmente, a autora examina duas noções anteriores, mas que lhe estão relacionadas: monumento e monumento histórico.

O termo "monumento" provém do latim *monumentum*, que deriva de *monere* (lembrar), ou seja, aquilo que traz a lembrança de alguma coisa. Não se trata, porém, de uma informação neutra, mas de algo que provoca a emoção. Desse modo, "monumento" significa tudo aquilo que foi edificado por uma comunidade para rememorar ou fazer com que outras gerações relembrem acontecimentos, sacrifícios, ritos ou crenças. O monumento é, em sua essência, um dispositivo de segurança contra a angústia da morte e do aniquilamento. É também universal: sob diversas formas (obelisco, coluna, arco do triunfo, etc.), encontra-se presente em diferentes contextos histórico-culturais.

Há, no entanto, segundo Choay (2006), uma progressiva extinção da função memorial do monumento, devido a duas causas. A primeira se refere à crescente importância atribuída ao conceito de arte desde o Renascimento, tendo sido o ideal de memória gradativamente substituído pelo ideal de beleza. A segunda causa consiste no desenvolvimento das memórias artificiais, como a imprensa, as técnicas de gravação da imagem e do som e a fotografia.

Em sua visão, à medida que as sociedades desenvolvidas foram dispondo de técnicas mnemônicas eficientes, deixaram de edificar monumentos e transferiram o entusiasmo para os monumentos históricos.

Quanto à origem do monumento histórico, Choay (2006) nos diz que esta deve ser procurada bem antes da aparição do termo que o nomeia. É no *Quattrocento* italiano que reside a gênese do monumento histórico, mas sob a designação de antiguidades, por causa do interesse exclusivo pelos edifícios e obras da Antiguidade. É nesse contexto que surge o projeto de estudar um edifício pelo fato de ser, simultaneamente, um testemunho da história e uma obra de arte. Entretanto, a autora destaca que esse olhar distanciado e esteta, despojado das paixões medievais, começou a ser construído desde a segunda metade do *Trecento* a partir das posturas dos humanistas e dos artistas.

---

[1] Cabe destacar que foi consultada a 3ª edição, em português, da referida obra de Choay, que data de 2006, e cuja 1ª edição, em francês, data de 1992.

Esse interesse pelas antiguidades se estendeu pelos séculos XVII e XVIII, quando os eruditos europeus, chamados antiquários, passaram a buscar outros lugares com o intuito de encontrar vestígios das civilizações-mães da Grécia, do Egito e da Ásia Menor. Eles fizeram também o levantamento de ruínas romanas e gregas que ficaram no solo de seus respectivos países, bem como passaram a se interessar pelas próprias antiguidades nacionais.

Choay (2006) também aponta para o surgimento da figura do museu nesse contexto. Este recebeu seu nome na mesma época em que o monumento histórico institucionalizou a conservação material das pinturas, esculturas e objetos de arte antigos e preparou o caminho para a conservação dos monumentos arquitetônicos.

Acrescenta ainda que, assim como na Inglaterra houve um movimento de reação contra os vandalismos empreendidos aos monumentos religiosos durante a Reforma, na Revolução Francesa se manifestou uma reação contra as destruições dos bens do Clero e da Coroa. É nesse momento que foram consolidados o conceito de monumento histórico e os instrumentos de preservação (museus, inventários, tombamentos, etc.) a ele relacionados, bem como se manifesta a gênese da noção de patrimônio que passou a denominar o conjunto dos bens então expropriados.

Nesse contexto, foram adotados dois tipos de medidas de proteção ao patrimônio, que correspondem a duas concepções distintas. As primeiras medidas derivam de uma conservação primária ou preventiva, que refletem uma concepção econômica do patrimônio, a fim de evitar prejuízos financeiros. As segundas medidas provêm de uma conservação secundária ou reacional, cujos procedimentos são mais metódicos e finos e foram elaborados para enfrentar um vandalismo ideológico. Tais medidas estão relacionadas a uma visão educativa de patrimônio, que considerava os valores histórico e artístico.

Choay ainda se refere a uma hierarquia de valores atribuídos ao patrimônio no contexto da França revolucionária. Primeiramente, encontrava-se o valor nacional que legitimava todos os outros. Apesar dos monumentos terem pertencido aos poderes despóticos da Coroa e do Clero, havia, por parte de mentes esclarecidas, o reconhecimento de que eles representavam a história e a arte daquela Nação. Em prosseguimento, estava o valor educativo, e, depois, o valor econômico, que remetia tanto à função modelar desses bens em relação às manufaturas quanto ao fato de atraírem visitantes. E, por último, achava-se o valor artístico, na medida em que o conceito de arte ainda era impreciso e a noção de estética acabara de surgir.

De acordo com a autora, o conceito de patrimônio, nesse contexto, transcendia as barreiras do tempo e do espaço. Na categoria de bens imóveis, englobava as antiguidades nacionais, as greco-romanas e as obras contemporâneas.

Diferentemente da Inglaterra, onde a proteção era promovida pelas associações de antiquários, na França, a preservação do patrimônio ficou a cargo do Estado, modelo este que influenciou outros países da Europa e de outros continentes.

Choay (2006) acrescenta que, no século XIX, surge a noção de patrimônio urbano, que transpõe os limites dos monumentos isolados, abarcando os conjuntos de arquitetura modesta e a malha urbana. Todavia, considera que, após a Revolução Francesa, a noção de patrimônio caiu em desuso e passou a prevalecer a noção de monumento histórico por todo o século XIX até a década de 1960 ou, mais precisamente, até 1964, data da redação da Carta de Veneza.

Outra referência importante sobre o conceito de *patrimônio* e outras noções correlatas é a obra de Maria Cecília Londres Fonseca (2005). Em sua análise, a autora afirma que foi preciso que a noção de monumento em seu sentido moderno fosse formulada, enquanto testemunho histórico e artístico, para que a noção de patrimônio se convertesse em categoria socialmente definida. Fundamentada na obra de Choay (2006), Fonseca considera que a noção de patrimônio surgiu no âmbito de um projeto de construção de uma identidade nacional no contexto da Revolução Francesa. Nessa perspectiva, a preservação como atividade sistemática só se tornou possível porque ao enfoque cultural se somaram um interesse político e uma justificativa ideológica.

No âmbito do século XIX, Fonseca ressalta os dois modelos dominantes de política de preservação: o modelo anglo-saxônico de valoração ética-estética dos monumentos históricos e o modelo francês que se desenvolveu em torno da noção de patrimônio, visando aos interesses políticos do Estado. Este último predominou entre os países europeus e foi exportado na primeira metade do século XX para a América Latina.

Entre as abordagens sobre o monumento histórico, Fonseca destaca a de Alois Riegl[2] em *O culto moderno dos monumentos*, que contribui para o

---

[2] Alois Riegl (1858-1905), historiador da arte vienense que estabeleceu os princípios da história e da teoria da arte, tais como foram seguidos por H. Wöfflin, H. Sedlmayr, P. Frankl, E. Panofsky, etc. Em 1903, escreveu *O culto moderno dos monumentos*, no âmbito dos trabalhos de reorganização da legislação de conservação dos monumentos austríacos. Nessa obra, estabelece princípios para a preservação histórica com base nos valores dos monumentos.

pensamento sobre a preservação no contexto atual, não como algo controlado pelo Estado, mas a partir do reconhecimento dos bens culturais pelos diversos estratos sociais. Ao apontar para a mobilização social como um fator fundamental para a preservação, Riegl não considerava o valor nacional nem utilizava o termo "patrimônio". Para ele, essa mobilização não passava pela persuasão ideológica, mas pela via do saber.

Na visão de Fonseca, tanto a abordagem de Riegl quanto a de Giulio Carlo Argan[3] identificam-se com a visão de John Ruskin[4] sobre uma demanda social fundada em valores éticos e estéticos para justificar a preservação. Transcendendo a ideia de nacionalidade, essa demanda tem sido traduzida na atualidade pela noção de direitos culturais.

Sob essa ótica, a autora aborda a ampliação da noção de patrimônio no século XX e a sua legitimação via direitos culturais. No bojo do patrimônio, são introduzidos bens referentes a segmentos sociais excluídos, "mas que passaram a ser objeto principal da história das mentalidades: os operários, os camponeses, os imigrantes, as minorias étnicas, etc." (Fonseca, 2005, p.70). Destaca também o papel da antropologia no sentido de incluir esses novos bens no universo patrimonial.

Segundo Fonseca (2005), a concepção de preservação como guarda de bens de valor excepcional para serem objetos de contemplação e de conhecimento é uma postura museológica, anacrônica e elitista, que vem sendo substituída pela noção de direitos culturais.

Acrescenta ainda que, se a noção de patrimônio histórico e artístico emergiu no âmbito da formação dos Estados-Nações e da ideologia do nacionalismo, sua versão atual enquanto patrimônio cultural exige sua inserção não só em um contexto mundializado como também nos âmbitos locais.

Como terceira referência aqui adotada no exame das noções-chaves do campo disciplinar do patrimônio, encontram-se os documentos internacionais de proteção do patrimônio cultural (Instituto do Patrimônio Histórico e Artístico Nacional, 2004), dos quais destacam-se três representativos.

Primeiramente, a Carta de Atenas de 1931, que constitui o primeiro documento internacional sobre a temática da preservação. Nessa carta, pre-

---

[3] Giulio Carlo Argan (1909-1992), historiador da arte italiano, cuja abordagem crítica relaciona a arte e a cidade. Em sua visão, uma política de preservação do patrimônio deve estar integrada a uma política urbana que considere globalmente os problemas da cidade.

[4] John Ruskin (1819-1900), crítico e filósofo da arte. Entre inúmeras obras, autor de *As sete lâmpadas da arquitetura* (1849) e *As pedras de Veneza* (1853).

valece a noção de monumento histórico, enquanto testemunho da história e obra de arte. Há também uma preocupação inicial com a vizinhança dos monumentos e uma indicação de preservação de algumas perspectivas *pitorescas* de certos conjuntos.

Em segundo lugar, a Carta de Veneza de 1964, que utiliza a noção de monumento histórico, mas em um sentido ampliado com relação à Carta de Atenas, compreendendo não só as edificações isoladas de valor excepcional, mas também os sítios urbanos e rurais, e as obras modestas. Há também nessa carta uma breve referência ao conceito de patrimônio, que suscita o sentido de totalidade dos monumentos.

E, finalmente, a Convenção sobre a salvaguarda do patrimônio mundial, cultural e natural da Conferência Geral da Unesco de 1972, que constitui o primeiro documento internacional a mencionar a noção de patrimônio cultural entendido como os monumentos, os conjuntos e os sítios urbanos, naturais e arqueológicos de valor universal excepcional do ponto de vista histórico, etnológico ou antropológico.

Ao analisar esses documentos, percebe-se uma transformação dos conceitos relativos ao campo disciplinar da preservação: do uso da noção de monumento histórico na Carta de Atenas de 1931, para uma primeira referência à noção de patrimônio, enquanto totalidade dos monumentos, na Carta de Veneza de 1964, até a sua ampliação pela noção de patrimônio mundial, cultural e natural na Convenção de 1972.

Diante do quadro fornecido pelas obras e documentos examinados, observa-se uma evolução tanto na noção de patrimônio quanto nas vias de sua legitimação. Contudo, não obstante tais mudanças, nota-se, nesses diferentes contextos, uma unidade nos modos de concepção e de apropriação do patrimônio. Seja como valor nacional, por uma via ideológica do Estado no contexto da França revolucionária, que também influenciou períodos históricos subsequentes, seja em tempos mais recentes, a partir de uma visão crítica e democrática de grupos e entidades que defendem os direitos culturais, prevaleciam o sentido e a apropriação do patrimônio enquanto símbolo, ou seja, aquilo que revela uma maneira de conceber e de expressar o mundo a cada época.

É justamente esse um dos pontos centrais da presente discussão: na contemporaneidade, houve uma ruptura no sentido e na forma de apropriação dominantes do patrimônio. De símbolo da história e da cultura de uma determinada sociedade, o patrimônio passa a ser percebido e apropriado enquanto signo, no âmbito de uma concepção historicista de tempo e de espaço, e de uma visão sobre a cultura como um produto.

O patrimônio como signo

Com base em uma observação da realidade concreta e na visão de Jean Baudrillard sobre a sociedade contemporânea (1995, 2004), a ideia que aqui se procura desenvolver é a de que ocorreu um processo de enfraquecimento da concepção de patrimônio enquanto símbolo em detrimento de sua visão como signo[5], sendo essa condição inscrita no que se designa de reificação do patrimônio.

Tal fenômeno foi captado no bojo da tendência mundial que ora se denomina reapropriação de sítios históricos reconhecidos como patrimônio, que é examinada sob as interpretações de Jean Baudrillard (2004), Françoise Choay (2006) e Henri-Pierre Jeudy (2005).

Sob o viés da reificação, Jean Baudrillard (1995, 2004) aborda a sociedade contemporânea e aponta para o processo de autonomização dos objetos, que constituem um sistema de signos distintivos. Ao aproximar sua abordagem da presente discussão, percebe-se que tanto a produção de novos objetos arquitetônicos quanto a apropriação de objetos do passado traduzem os valores da atual sociedade.

Uma vez que o foco aqui reside nos objetos históricos, indaga-se sobre o motivo pelo qual a sociedade contemporânea procura esses objetos.

Em sua obra *O sistema dos objetos*, Baudrillard (2004) indica que há duas motivações que levam à procura pelo objeto antigo: o retorno às origens, que significa a regressão para a mãe, e a busca de autenticidade, que corresponde à marca do pai.

Ainda ressalta que, enquanto as camadas sociais menos favorecidas economicamente buscam o objeto técnico que remete à modernidade, as classes mais abastadas procuram o objeto antigo, a ancestralidade.

Contudo, distintamente da contraposição que estabelece na referida obra entre a busca do objeto técnico pelas camadas sociais pobres e do objeto antigo pelas camadas abastadas, na obra *Para uma crítica da economia política do signo*, Baudrillard (1995) afirma que, por diversos motivos, diferentes grupos sociais procuram o objeto antigo, ressaltando que o relevante é compreender essa busca como forma de posicionamento social.

---

[5] Cabe dizer que foram adotadas as concepções de símbolo e signo de Jean Baudrillard (1995). Entretanto, o mais relevante não é a nomenclatura dessas noções (que pode variar no campo da semiologia, como explicita o autor), e sim perceber uma mudança que se opera no regime simbólico e no plano concreto, no que se refere ao patrimônio.

> Será, pois, um fenômeno de classes privilegiadas interessadas em transfigurar o seu estatuto econômico em graça hereditária. Mas é também um fenômeno de camadas assalariadas médias que, através da compra de móveis rústicos (pouco importa se industriais) querem igualmente consagrar o seu estatuto relativo como promoção absoluta (em relação às classes inferiores). E será também um fenômeno de setores marginais – intelectuais e artistas – onde o gosto do antigo traduzirá mais a recusa (ou a filiação envergonhada) do estatuto econômico e da dimensão social, uma vontade de se situar fora das classes, alimentando-se, tal intento, na reserva dos signos emblemáticos do passado anterior à produção industrial [...] (Baudrillard, 1995, p.27).

Além da procura do objeto antigo pelos diferentes grupos sociais, Baudrillard se refere à busca do objeto natural pelas camadas endinheiradas. Diferentemente das camadas menos favorecidas economicamente que almejam os objetos envernizados e polidos, representantes da limpeza e da proteção, as camadas mais ricas identificam-se com os objetos naturais – as paredes com revestimento irregular, os couros envelhecidos e as madeiras de demolição – que remetem aos valores de autenticidade e de despojamento.

Finalmente, a abordagem de Baudrillard aproxima-se da presente discussão sobre o fenômeno de reificação do patrimônio na medida em que considera que, na contemporaneidade, o objeto antigo perdeu sua sacralidade e sua historicidade, e o passado é visto enquanto um repertório de formas.

Outra referência sobre a atual tendência de reapropriação de sítios históricos é a abordagem de Françoise Choay (2006), que considera a inserção do patrimônio no âmbito da indústria cultural. Nessa perspectiva, examina o processo de transformação do patrimônio de objeto de culto (termo introduzido por Alois Riegl) a objeto da indústria cultural e afirma que, a partir da década de 1960, a palavra "cultura" se difunde e "perde seu caráter de realização pessoal, torna-se empresa e logo indústria". Nesse contexto, o patrimônio adquire uma dupla função: "obras que propiciam saber e prazer, postas à disposição de todos; mas também produtos culturais, fabricados, empacotados e distribuídos para serem consumidos" (Choay, 2006, p.211).

Em seu olhar crítico sobre o processo de museificação de sítios históricos, indica que as intervenções contemporâneas seguem a perspectiva da indústria patrimonial que cria, de um lado, bairros e cidades históricas como objetos de consumo e, de outro, um mercado internacional para esses produtos.

Como efeitos perversos da indústria patrimonial, a autora destaca ainda a expropriação dos habitantes locais e de seus modos de vida, e o fenômeno de banalização:

> [...] em vez de contribuir para preservar as diferenças locais e conter a banalização primária do meio onde se vive, como esperavam os redatores da Recomendação de Nairóbi, a valorização dos centros antigos tende paradoxalmente a tornar-se instrumento de banalização secundária. Algumas cidades, assim como alguns bairros, resistem a isso, ajudados por sua dimensão, sua morfologia, suas atividades, pela força de suas tradições, pela simples riqueza que possuem ou pela sabedoria de suas autoridades. Outras começam a se assemelhar tanto entre si que os turistas multinacionais nelas se sentem em casa (Choay, 2006, p.226-227).

Contudo, a questão central de Choay é o que designa de inflação patrimonial, ou seja, uma ânsia de preservação de objetos do passado que se deu a partir da década de 1960. Ao considerar, nesse processo de acumulação de bens patrimoniais, que a sociedade procura construir uma imagem da identidade humana, utiliza a metáfora do espelho:

> E aí se encontra o nó da questão: o patrimônio histórico parece fazer hoje o papel de um vasto espelho no qual nós, membros das sociedades humanas do fim do século XX, contemplaríamos a nossa própria imagem. (Choay, 2006, p.240)

Sob essa ótica, procura investigar o que teria levado a sociedade atual a esse culto patrimonial e considera que a inflação patrimonial resulta da necessidade de construção de uma imagem como modo de proteção em um momento de uma crise profunda de identidade em escala global. Contudo, ressalta que esse olhar para o espelho deve ser temporário, tempo suficiente para se reassumir a nossa trajetória histórica, pois a insistência nesse processo pode significar uma recusa da realidade.

Enfim, como possível solução para esse impasse, Choay aponta para uma abordagem crítica sobre a questão patrimonial, que requer uma mudança mais profunda na própria visão de mundo.

Outro aporte sobre esse processo de reapropriação de sítios históricos é o de Henri-Pierre Jeudy (2005), em *Espelho das cidades*. Assim como Choay, Jeudy utiliza a metáfora do espelho para enfocar o culto ao patrimônio e aponta para o processo de reflexividade como princípio das estratégias patrimoniais:

> A significação contemporânea do conceito de patrimônio cultural vem de uma reduplicação museográfica do mundo. Para que exista patrimônio reconhecível, é preciso que ele possa ser gerado, que uma sociedade se veja no espelho de si mesma, que considere seus locais, seus objetos, seus monumentos reflexos inteligíveis de sua história, de sua cultura. É preciso que uma sociedade opere uma

> reduplicação espetacular que lhe permita fazer de seus objetos e de seus territórios um meio permanente de especulação sobre o futuro (Jeudy, 2005, p.19).

O autor considera que a crise da gestão patrimonial no contexto atual reside no fato de que o patrimônio perde seu valor simbólico e se torna valor de troca. Nesse ponto de seu enfoque, verifica-se uma aproximação com a abordagem aqui expressa sobre uma reificação do patrimônio.

Em seu entendimento, o culto do patrimônio surge como um mecanismo de proteção contra a ordem simbólica que se encontra ameaçada no contexto da globalização, mas, em contrapartida, se produz uma ordem simbólica artificial. Assim, lugares memoráveis são produzidos e expostos para que sejam reconhecidas as suas singularidades.

Na visão de Jeudy, a resistência ao esquecimento impôs uma objetivação da memória que se estendeu à própria vida social. Em proximidade com a presente abordagem, o autor se refere à imposição de um cenário patrimonial.

> [...] Enquanto o patrimônio dizia respeito à história tradicional das igrejas e dos castelos, ele deixava a memória totalmente livre de seus recortes e de seus retornos. A partir do momento em que incluiu a vida social em seu conjunto, passou a impor um arcabouço semântico prévio às manifestações da memória individual. E, sobretudo, parece ter realmente liquidado a conivência implícita que animava e fundava a memória coletiva. Esse arranjo era necessário? Dentro da perspectiva do dever de não esquecer, uma tal necessidade obteve força de lei. É preciso de fato admitir que a organização patrimonial coincide com "uma regulação ética" do tratamento reflexivo das memórias coletivas (Jeudy, 2005, p.31).

Sob essa ótica, acrescenta que as atuais estratégias de preservação não se restringem ao patrimônio urbano, mas se estendem às etnias e ao ambiente natural[6], levando a uma museificação do vivo:

---

[6] A esse respeito, no contexto brasileiro, destacam-se os casos de duas reservas ambientais que se encontram ameaçadas pelos próprios mecanismos institucionalizados de proteção. O primeiro caso refere-se ao Parque Nacional da Serra da Canastra, Minas Gerais, cuja delimitação e decorrente desapropriação de terras desconsideraram a população local e seus modos de vida. Nesse sentido, o parque, que pretende preservar a natureza, acaba por criar um ambiente artificial que configura um objeto de consumo de um turismo ecológico. O segundo caso é o da Pratinha – lago de beleza rara com águas transparentes localizado na Chapada Diamantina, Bahia –, que foi banalizado pelo chamado ecoturismo.

> A exaltação da identidade étnica funda-se em uma consagração patrimonial. Tal qual um monumento histórico, a raça, o povo, a nação tornaram-se objetos patrimoniais. E a arma da gestão dessa transmissão é a museografia do vivo [...] Do parque natural à reserva de índios, o princípio permanece idêntico: as etnias, assim como as espécies em vias de extinção, devem ser protegidas, a fim de que a humanidade conserve o espelho de sua própria história. A demarcação da reserva e o museu respondem a essa mesma vontade de controle, em nome da preservação dos traços identitários [...] A ordem patrimonial consuma a pacificação dos conflitos étnicos no tempo presente, prosseguindo em sua lógica de reservas e de limitação dos territórios. Qualquer diferença cultural se tornará aceitável somente na medida em que for musealizada. Como um valor flutuante que responde às necessidades da moda, a etnicidade permanece uma referência estável, uma vez que é a condição básica da museificação das culturas (Jeudy, 2005, p.40).

Em conclusão, Jeudy considera que, no atual contexto da globalização, o processo de museificação estende-se a todos os campos da vida e compreende três etapas, a saber: primeiramente, a extinção das culturas vivas; em segundo lugar, sua museificação; e, finalmente, a reabilitação da heterogeneidade cultural.

Um olhar sobre o patrimônio no Brasil

A análise da evolução do conceito de patrimônio no Brasil suscita a identificação de dois períodos. O primeiro, de 1930 a 1990, quando se percebe uma predominância de concepção e de apropriação do patrimônio enquanto símbolo, no qual o recorte se justifica, por um lado, pelo fato de, no final da década de 1920 e nos anos de 1930, terem se manifestado as primeiras ações de preservação do patrimônio brasileiro e, por outro lado, porque a década de 1990 representa um marco temporal em termos de mudança nos modos de ver e de se apoderar do patrimônio; o segundo período, de 1990 aos nossos dias, momento cunhado pelo fenômeno da globalização, quando se observa a referida ruptura no que tange ao patrimônio.

O patrimônio no Brasil de 1930 a 1990

Como verificado no contexto europeu, desde o século XIX, consolidaram-se duas principais correntes de concepção do patrimônio: a inglesa, por parte de intelectuais e artistas, que buscavam a perpetuação dos valores éticos e estéticos da cidade antiga, e a francesa, de iniciativa do Estado, que defendia a preservação do patrimônio enquanto símbolo da identidade nacional, em uma perspectiva museográfica. Essa segunda tendência, como mencionado, predominou na Europa nos séculos XIX e XX e influenciou diversos países, entre eles o Brasil.

Desse modo, neste país, o interesse pela salvaguarda do patrimônio surgiu e prevaleceu por muito tempo, por meio de uma ação do Estado, no sentido de formação de uma identidade nacional.

Desde o final da década de 1920, alguns Estados expressaram seu interesse em preservar o patrimônio[7]. No entanto, a formulação de uma legislação federal específica só ocorreu por iniciativa do então Ministro da Educação e da Saúde, Gustavo Capanema (1934-1945), com a colaboração inicial do historiador Luís Camilo de Oliveira Neto e a contribuição decisiva de Mário de Andrade.

A partir da proposta de Mario de Andrade, em 1937, foi criado o Serviço de Patrimônio Histórico e Artístico Nacional (Sphan) e promulgada a legislação específica por meio do Decreto-lei n. 25.

Nesse momento, por iniciativa do Estado e com base no modelo francês, observa-se, no Brasil, a institucionalização do patrimônio, com traços de uma vanguarda-nacionalista expressos por seus principais expoentes, o ministro Capanema e seus colaboradores, como Mario de Andrade, Lúcio Costa e Carlos Drummond de Andrade.

Ao longo desse período em análise – 1930 a 1990 –, percebem-se, na atuação do antigo Sphan, atual Instituto do Patrimônio Histórico e Artístico Nacional (Iphan), distintas fases; no entanto, é possível observar um fio que as perpassa, bem como as une às instituições estaduais e municipais criadas em um contexto mais recente, no que se refere ao sentido e à ação sobre o patrimônio.

No que tange à atuação do Iphan, com base na fonte examinada (Ministério da Educação e Cultura, 1980), verificam-se três diferentes fases, a saber:

- A primeira fase, de 1937 a 1967, sob a direção de Rodrigo Melo Franco de Andrade, caracterizou-se pela ênfase na salvaguarda de bens culturais móveis e imóveis isolados. Como nos indica Luís Saia, um dos diretores regionais do Sphan (1977 apud Ministério da Educação e Cultura, 1980, p.29-30), nesse período, a preservação de conjuntos urbanos permaneceu em segundo plano e ocorreu de modo espontâneo, devido à estagnação econômica desses sítios.

---

[7] A esse respeito, ver Ministério da Educação e Cultura, 1980.

- A segunda fase, de 1967 a 1979, distinguiu-se por uma ampliação no que se refere ao conceito e à atuação sobre o patrimônio, incluindo não só os sítios urbanos, mas também os modos de fazer e de pensar. Cabe ainda ressaltar a abordagem crítica da instituição sobre a industrialização e a urbanização que se desenvolviam no país naquele momento e que, se, por um lado, traziam benefícios econômicos, por outro, colocavam em risco o patrimônio. Nessa perspectiva, o Iphan solicitou apoio técnico a Unesco, principalmente no que se refere ao turismo cultural.
- A terceira fase, de 1979 a 1990, também se constituiu de uma visão crítica sobre o patrimônio, mesmo que, na prática, em algumas situações, não tenha logrado efetivamente se opor às forças da globalização que começavam a despontar. Nesse sentido, no início dessa fase, sob a direção de Aloísio Sérgio de Magalhães, há uma preocupação em tratar os sítios históricos, não sob uma perspectiva museográfica, mas considerando a dinâmica e o cotidiano da vida nesses lugares.

Além da trajetória de atuação do Iphan sobre o patrimônio de valor nacional, é preciso também examinar o surgimento das instituições estaduais e dos órgãos municipais, respectivamente, a partir das décadas de 1960 e 1980. As instituições estaduais tiveram como foco os bens representativos dos Estados e ampliaram o bojo do patrimônio, incluindo bens naturais e de outros períodos históricos, enquanto os órgãos municipais procuraram preservar a arquitetura e as ambiências urbanas de valor local[8].

Diante desse quadro sintético da trajetória das instituições de preservação do patrimônio no Brasil, não obstante as distintas fases de atuação do Iphan e os enfoques diferenciados das instituições estaduais e municipais, notam-se alguns aspectos que unificam esse amplo período (1930-1990) e que o contrapõe a um período mais recente, pós-década de 1990, a saber:

- Primeiramente, influenciada pelo modelo francês (jurídico, teórico e prático), a preservação do patrimônio no Brasil foi uma iniciativa do

---

[8] Nesse movimento, destacam-se as iniciativas pioneiras e modelares de criação, em 1964, do órgão estadual de proteção do patrimônio do Estado do Rio de Janeiro, a então Divisão do Patrimônio Histórico e Artístico (DPHA), atual Instituto Estadual do Patrimônio Cultural (Inepac), e, na década de 1980, do órgão municipal de proteção da cidade do Rio de Janeiro, o Departamento Geral do Patrimônio Cultural (DGPC), responsável pelos tombamentos municipais e pelas Áreas de Proteção do Ambiente Cultural (Apac), e do Escritório Técnico do Corredor Cultural, encarregado da preservação de áreas urbanas que integram o chamado "Corredor Cultural" (Lapa, Cinelândia, Praça XV, Largo São Francisco e imediações e Saara).

Estado, aqui entendido enquanto autoridade público-administrativa, em quaisquer das instâncias de governo.

- Depois, assim como no caso francês, no Brasil, foi o valor nacional que, por muito tempo, legitimou a preservação, ou seja, por meio dele se buscava a consolidação de uma identidade nacional. Também nas instâncias estaduais e municipais é possível perceber a ideia de construção de uma identidade, mesmo que em âmbito regional ou local.
- Finalmente, o terceiro traço característico (e é aqui que se torna nítida uma ruptura que ocorre a partir de 1990) consiste em que, apesar de em alguns momentos o valor econômico se manifestar na visão sobre o patrimônio, ele não era predominante e, por isso mesmo, foi possível efetivar a preservação. Nesse sentido, nas três esferas de governo, tanto os tombamentos de bens imóveis quanto a proteção de sítios históricos só foram empreendidos porque não havia, por parte do mercado, significativo interesse econômico por esses imóveis e sítios, pois, de outro modo, teriam sido destruídos. Assim, nesse momento, o patrimônio constitui-se em um valor *a-econômico*, o que lhe permitiu ser preservado.

O patrimônio no Brasil a partir de 1990

A partir da década de 1990, quando o fenômeno planetário da globalização ganha extensão e se intensificam os processos de homogeneização cultural, é que desponta o interesse econômico por imóveis e sítios (lugares, bairros, distritos e cidades) de valor histórico-cultural e se manifestam as primeiras intervenções arquitetônico-urbanísticas na lógica da indústria e do consumo culturais.

De símbolo de uma sociedade ou de um grupo social, o patrimônio passa a ser apropriado, predominantemente, enquanto signo da moda, de *status* social ou ainda de entretenimento.

Contudo, cabe ressaltar que não se refere a uma forma unânime de se conceber e de se apoderar do patrimônio, pois é possível reconhecer um olhar crítico das instituições de preservação no que tange à globalização e seus efeitos perversos sobre os sítios históricos. Também não diz respeito a algo que ocorra em todos os sítios[9], e sim a uma tendência recorrente, no bojo da qual

[9] Como exemplo de um sítio histórico brasileiro que resiste aos processos globais de homogeneização cultural, destaca-se o caso de Ouro Preto, em Mina Gerais. Apesar de se de-

a dimensão simbólica do patrimônio se enfraquece, passando a ser produzido e consumido como mercadoria. No contexto brasileiro, destacam-se como exemplos a Cidade Baixa de Porto Seguro (Figura. 14.1) e o Pelourinho, em Salvador, na Bahia; Paraty, no Rio de Janeiro; e Tiradentes, em Minas Gerais.

Figura 14.1 – Patrimônio apropriado pelas massas enquanto espaço de entretenimento. Cidade Baixa de Porto Seguro, Bahia (ver p.A17). Foto: Regina Prado Lima de Souza, 2008.

Em muitas dessas situações, o Estado não se encontra isento ou apartado desse modo de se apropriar do patrimônio. Ao contrário, une-se ao mercado na condição de parceiro, com o intuito de empreender e incentivar as ações necessárias para a revitalização dos centros históricos, visando, prioritariamente, aos fins econômicos. Como caso emblemático, destaca-se o Pelourinho (Figura 14.2), onde o Governo do Estado, em conjunto com o setor empresarial, constituiu-se em agente da transformação urbana ali empreendida, o que gerou não só danos físicos ao patrimônio, no sentido de sua descaracterização, mas também prejuízos irreparáveis de ordem sociocultural, com a substituição da população local por atividades elitizadas.

senvolver uma forte vertente turística nesse sítio, este apresenta uma dinâmica própria e suas características físicas e vivenciais preservadas.

Figura 14.2 – Caso emblemático de intervenção em sítio histórico na lógica da indústria cultural. Pelourinho, Salvador, Bahia (ver p.A17). Foto: Regina Prado Lima de Souza, 2003.

É nessa perspectiva que se identificam duas modalidades recorrentes de concepção e de apropriação do patrimônio no atual contexto brasileiro – a cenarização e o espaço-simulacro. Elas constituem duas tendências de um mesmo processo de empobrecimento simbólico ou, conforme aqui desenvolvido, de reificação do patrimônio.

A reificação do patrimônio no quadro contemporâneo brasileiro: a cenarização e o espaço-simulacro

Distintamente do caso europeu, onde ocorre uma obsessão pela preservação face a uma crise identitária ou uma resistência ao esquecimento, segundo as análises de Françoise Choay (2006) e Henri-Pierre Jeudy (2005), no contexto brasileiro, o que se manifesta é algo mais superficial, imediatista e, até mesmo, frívolo, próprio da sociedade de consumo.

Sob essa ótica, a reapropriação de objetos e de espaços do passado é mais uma moda, entre muitas outras que ainda estão por vir, como a dos objetos étnicos, naturais, pitorescos e populares[10]. Portanto, não se trata de uma

[10] Aqui, ressalta-se o caso da favela da Rocinha, na cidade do Rio de Janeiro, que tem sido

motivação profunda (busca de identidade ou resgate da memória), que leva à busca por esses objetos e lugares, mas, sim, de algo superficial (consumo).

Nessa perspectiva, entende-se que a tendência de reapropriação de sítios históricos no Brasil não se manifesta pela figura da museificação (ou seja, da concepção da cidade enquanto obra de arte e testemunho histórico, que deve ser conservada como um museu), conforme apontado por Choay e Jeudy para o caso europeu, mais especificamente, o francês. Diferente disso, o processo que ocorre em sítios históricos brasileiros (como em Salvador, Paraty e Tiradentes) e em suas imediações consiste na criação de espaços, nos quais se procura produzir um passado imaginado. Assim, insere-se muito mais em uma lógica do consumo e de seu produto correlato emblemático – o shopping center (sob a versão *cult* ou popular) – do que em uma compulsão pela memória e por seu espaço correspondente – o museu.

Figura 14.3 – Sítio histórico apropriado pelas massas enquanto shopping. Cidade Baixa de Porto Seguro, Bahia (ver p.A18). Foto: Regina Prado Lima de Souza, 2008.

Ademais, a concepção de uma cidade enquanto museu pressupõe um conhecimento específico que propicie as finalidades de fruição e de educação. Ao contrário, o que se opera no caso brasileiro tem muito mais relação com o que Fredric Jameson fala sobre o pós-modernismo: "é apenas divertido: uma prodigiosa alegria diante da nova ordem, uma corrida às

objeto de consumo de intelectuais, artistas e turistas, que não só frequentam, mas também compram ou alugam imóveis nesse lugar.

compras [...] (1997, p.14)", isto é, refere-se à produção e ao consumo de espaços antigos. Desse modo, compreende-se que, para as tendências que se manifestam recorrentemente no caso brasileiro, não é apropriado o termo "museificação" usado por Choay e Jeudy, e sim as figuras de cenarização e de espaço-simulacro.

A cenarização constitui em uma apropriação de um sítio histórico e/ou natural concreto (bairro, distrito ou cidade) que rompe com a dinâmica própria do lugar e, em contrapartida, cria um ambiente cenográfico e artificial[11], voltado predominantemente ao consumo e ao turismo. Nessa modalidade, não só os espaços se tornam cenários, mas as pessoas que os frequentam tendem a encenar um espetáculo cultural e/ou pitoresco. Ao modo como esses espaços são produzidos e consumidos, somam-se ainda os eventos (culturais) de alcance nacional e internacional, que procuram potencializar ainda mais a atratividade desses locais (Figura 14.4).

Figura 14.4 – Exemplo de cidade histórica *cenarizada*. Paraty, Rio de Janeiro. Foto: Regina Prado Lima de Souza, 2014.

Como situações no contexto brasileiro que possibilitaram construir teoricamente a modalidade de cenarização, destacam-se os casos das cidades de Paraty, no Rio de Janeiro, e de Tiradentes, em Minas Gerais, que configuram exemplos emblemáticos da cidade histórica reificada no âmbito de

---

[11] Aqui, o termo "artificial" é utilizado no sentido de "dissimulado", "disfarçado" e "fingido".

uma lógica do consumo, bem como o centro histórico de Trancoso – o denominado Quadrado –, município de Porto Seguro, na Bahia, que constitui um exemplo paradigmático de apropriação de um sítio histórico típico de uma classe popular por grupos sociais de elite (Figura 14.5).

Figura 14.5 – O fetiche do pitoresco. Quadrado de Trancoso, Porto Seguro, Bahia (ver p.A18). Foto: Regina Prado Lima de Souza, 2008.

A outra modalidade é o espaço-simulacro, que consiste na reprodução de um sítio histórico e/ou natural. Além dos lucros obtidos na cenarização dos sítios históricos existentes, o mercado empreende duplicações desses lugares, tanto em condomínios fechados quanto em shoppings centers e pousadas, traduzindo a tendência atual de privatização do espaço e da tentativa de recortar a realidade ou de substituí-la por imagens. Assim, os sítios históricos já fetichizados são reproduzidos para um público mais restrito e elitizado, que, em geral, prefere a cópia ao original e se enaltece do privilégio de usufruir de um sítio histórico e/ou natural particular.

Como situação estruturante para construir essa modalidade em um plano teórico, destaca-se o caso da Vila do Outeiro, no condomínio Outeiro das Brisas, localizado na Praia do Espelho, distrito de Trancoso, que reproduz a configuração espacial e a tipologia das edificações do Quadrado (Figuras 14.6 e 14.7).

No plano de concretude, a cenarização de um sítio histórico e/ou natural engendra, em um plano simbólico, um signo, que passa a constituir

Figura 14.6 – Exemplo de espaço-simulacro que reproduz a arquitetura de um centro histórico. Cidade Baixa de Porto Seguro, Bahia (ver p.A19). Foto: Regina Prado Lima de Souza, 2008.

Figura 14.7 – Exemplo de espaço-simulacro que reproduz o Quadrado de Trancoso. Condomínio Outeiro das Brisas, Trancoso, Porto Seguro, Bahia (ver p.A19). Foto: Regina Prado Lima de Souza, 2008.

um modelo, que tende a ser reproduzido pela figura do espaço-simulacro. Diferentemente da cenarização, que constitui uma fetichização em primeiro grau, ou seja, o próprio lugar reconhecido como patrimônio é fetichizado, o espaço-simulacro configura uma fetichização em segundo grau, pois é o fetiche de um lugar já fetichizado (Figuras 14.8 e 14.9).

Figura 14.8 – O fetiche do patrimônio na cenarização. Quadrado de Trancoso, Porto Seguro, Bahia. Foto: Regina Prado Lima de Souza, 2008.

Figura 14.9 – O fetiche do patrimônio no espaço-simulacro. Condomínio Outeiro das Brisas, Trancoso, Porto Seguro, Bahia. Foto: Regina Prado Lima de Souza, 2008.

Tanto a cenarização quanto o espaço-simulacro constituem formas de reificação do espaço no bojo do capitalismo tardio, no qual a mercadoria abarca todos os campos da vida material e imaterial, sendo o próprio espaço produzido e fetichizado com esse caráter.

Diante do quadro mais amplo da globalização, o desafio é, pois, atentar para as singularidades do caso brasileiro e, a partir da observação de cada realidade, perceber tanto sua complexidade quanto a quase inevitabilidade de sua inserção, em maior ou menor grau, na problemática global.

Referências bibliográficas

BAUDRIALLARD, J. *A sociedade de consumo.* Lisboa: Edições 70, 2007.

______. *O sistema de objetos.* São Paulo: Perspectiva, 2004.

______. *Para uma crítica da economia política do signo.* Lisboa: Edições 70, 1995.

BERMAN, M. *Tudo que é sólido desmancha no ar: a aventura da modernidade.* São Paulo: Companhia das Letras, 1986.

BO, J.B.L. *Proteção do patrimônio na Unesco: ações e significados.* Brasília: Unesco, 2003.

BOITO, C. *Os Restauradores: conferência feita na exposição de Turim em 7 de junho de 1884.* São Paulo: Ateliê Editorial, 2003.

BRANDI, C. *Teoria da restauração.* São Paulo: Ateliê Editorial, 2004.

CASTELLS, M. *A sociedade em rede.* São Paulo: Paz e Terra, 1999.

CHOAY, F. *A alegoria do patrimônio.* São Paulo: Estação Liberdade, 2006.

DEBORD, G. *A sociedade do espetáculo.* Rio de Janeiro: Contraponto, 1997.

FONSECA, M.C.L. *O Patrimônio em processo: trajetória da política federal de preservação no Brasil.* Rio de Janeiro: UFRJ, 2005.

GUELMAN, R.P.L.S. *A Reificação do Patrimônio: a reapropriação de sítios históricos reconhecidos como patrimônio na lógica da indústria cultural.* Rio de Janeiro, 2009. Tese de doutorado em Planejamento Urbano e Regional. Universidade Federal do Rio de Janeiro – UFRJ.

HABERMAS, J. *O discurso filosófico da modernidade.* Lisboa: Dom Quixote, 1990.

______. Modernidade: um projeto inacabado. In: ARANTES, O.B.F.; ARANTES, P.E. *Um ponto cego no projeto moderno de Jürgen Habermas: arquitetura e dimensão estética depois das vanguardas e duas conferências de Jürgen Habermas.* São Paulo: Brasiliense, 1992.

HARDT, M.; NEGRI, A. *Império.* Rio de Janeiro: Record, 2001.

HARVEY, D. *A condição pós-moderna: uma pesquisa sobre as origens da mudança cultural.* São Paulo: Loyola, 2000.

HORKHEIMER, M.; ADORNO, T.W. *Dialética do esclarecimento: fragmentos filosóficos.* Rio de Janeiro: J. Zahar, 1985.

[IBPC] INSTITUTO BRASILEIRO DO PATRIMÔNIO CULTURAL. Departamento de Promoção, Paço Imperial. *Memória e Educação.* Rio de Janeiro: IBPC, 1992.

[IPHAN] INSTITUTO DO PATRIMÔNIO HISTÓRICO E ARTÍSTICO NACIONAL. *Cartas Patrimoniais.* Rio de Janeiro: Iphan, 2004.

JAMESON, F. Pós-modernismo: a lógica cultural do capitalismo tardio. São Paulo: Ática, 1997.

______. *A cultura do dinheiro: ensaios sobre a globalização.* Petrópolis: Vozes, 2001.

______. *Espaço e imagem: teorias do pós-moderno e outros ensaios.* Rio de Janeiro: UFRJ, 2006.

JENCKS, C. *What is post-modernism?* Chichester: Academy Editions, 1996.

JEUDY, H.P. *Espelho das cidades.* Rio de Janeiro: Casa da Palavra, 2005.

LEFEBVRE, H. *Lógica formal, lógica dialética.* Rio de Janeiro: Civilização Brasileira, 1975.

LIPOVETSKY, G. *O império do efêmero: a moda e seu destino nas sociedades modernas.* São Paulo: Companhia das Letras, 1989.

LUKÁCS, G. *História e consciência de classe: estudos sobre a dialética marxista.* São Paulo: Martins Fontes, 2003.

LYOTARD, J.F. *A condição pós-moderna.* Rio de Janeiro: J. Olympio, 2004.

MARX, K. *O capital: crítica da economia política.* Livro I, v.1. Rio de Janeiro: Civilização Brasileira, 1998.

MINISTÉRIO DA EDUCAÇÃO E CULTURA. Secretaria do Patrimônio Histórico e Artístico Nacional. *Proteção e revitalização do patrimônio cultural no Brasil: uma trajetória.* Brasília: Fundação Nacional Pró-Memória, 1980.

MUMFORD, L. *A cidade na história: suas origens, transformações e perspectivas.* São Paulo: Martins Fontes, 1991.

PATRIMÔNIO MUNDIAL NO BRASIL. Brasília: Unesco, 2002.

ROUANET, S.P. *A razão nômade.* Rio de Janeiro: UFRJ, 1993.

SARTRE, J.P. *Questão de método.* São Paulo: Difusão Européia do Livro, 1972.

SASSEN, S. *As cidades na economia mundial.* São Paulo: Studio Nobel, 1998.

SIMMEL, G. A metrópole e a vida mental. In: VELHO, G. (org.). *O fenômeno urbano.* Rio de Janeiro: J. Zahar, 1976.

SOUZA, J.; ÖELZE, B. (orgs.). *Simmel e a modernidade.* Brasília: UnB, 2005.

NESBITT, K. (org.). *Uma nova agenda para a arquitetura: antologia teórica 1965-1995.* São Paulo: Cosacnaify, 1995.

VENTURI, R.; SCOTT, D.B.; IZENOUR, S. *Aprendendo com Las Vegas.* São Paulo: Cosac Naify, 2003.

VIOLLET-LE-DUC, E.E. *Restauração.* São Paulo: Ateliê, 2000.

Capítulo 15

Arquitetura do entretenimento: o lugar e seus significados

Lineu Castello
Leandro Forgiarini

> As cidades são vendidas como qualquer outro produto de consumo. Adotam inclusive o uso de imagens para fazer sua publicidade [...] O marketing do lugar aumenta a sedução do turismo. Lugares constituem a essência da experiência turística e são, portanto, os produtos básicos da indústria.
> (Fainstein e Judd, 1999, tradução nossa)

Lugar é um conceito clássico das áreas de conhecimento da Arquitetura e do Urbanismo, que o definem como "[...] uma forma ambiental criada, imbuída de significado simbólico para seus usuários"[1] (Castello, 2005, p.350, tradução nossa). O *entretenimento*, por sua vez, tem por função a obtenção de gratificação pessoal ou coletiva, como sugere a Psicologia. Já em termos mais populares, como os descritos na enciclopédia livre Wikipédia, "entretenimento é qualquer ação, evento ou atividade com a finalidade de entreter e suscitar o interesse de uma audiência".

Disso tudo decorre que a arquitetura do entretenimento pode ser entendida como o volume de produções arquitetônico-urbanísticas que, quando voltadas às atividades do turismo, se tornam responsáveis pela criação de lugares turísticos – como parques temáticos, museus, centros culturais, casas de espetáculos, áreas portuárias recicladas, entre outros.

---

1 No original: "*[...] place, in urban-architectural theory, is a created environmental form, imbued with symbolic significance for its users*".

O entretenimento, contemplado aqui como elemento de lazer e de atração turística, ao focar nos diversos espaços e tipos de edifícios construídos em função desse desígnio, trará à discussão alguns dos mais correntes tipos de lugares turísticos existentes na atualidade. Antes de qualquer iniciativa, entretanto, é prudente estabelecer uma pequena segmentação de modo a selecionar possíveis prioridades na escolha de tipos sobre os quais trabalhar com mais atenção. Explica-se isso pela volumosa quantidade de elementos incluídos na categoria de lugares turísticos, o que vem a forçar a realização de uma triagem. Para isso, levar-se-á em conta a possibilidade de se reconhecer duas tendências no estudo da arquitetura do entretimento: a de uma arquitetura que se volta preferencialmente *para* o entretenimento, em que o frequentador encontra elementos construídos que favorecem o exercício do lazer; e de uma arquitetura *como* entretenimento, em que a própria arquitetura se manifesta enquanto objeto de atração.

Equivale a dizer que esses dois domínios da arquitetura do entretenimento inserem-se em um plano de atratividade, pois ambos reúnem elementos a serem explorados pela atividade turística. O primeiro resulta da intencionalidade que enaltece os potenciais atrativos da obra, oferecendo ao turista um instrumental para o exercício do lazer. Refere-se a uma arquitetura pensada para tal prática, do projeto à execução, que encerra na oferta do entretenimento sua função protagonista. O segundo domínio corresponde à essência atrativa do produto arquitetônico, que, por assim dizer, imprime à obra um *status* de interesse público. Essa arquitetura que se torna objeto de atração sem que tenha sido necessariamente projetada para tal finalidade – a do entretenimento – adapta-se a um arranjo de expectativas geradas pela diversidade dos usos, pela relevância, pela imagem simbólica e seus efeitos no imaginário social.

Muito já foi dito sobre a arquitetura do entretenimento. Com a providência de se realizar uma triagem, torna-se viável executar uma desejável limitação do amplo universo de informações existente sobre o tema, reduzindo-o aos seguintes itens de abordagem que, embora sejam de inovadora contemporaneidade, encontram-se relativamente pouco explorados nos estudos da área: a diversidade das formas de entretenimento; as intenções e os desejos do turista ao visitar um lugar de entretenimento; a seleção de atividades espontâneas e a seleção de lugares simulados.

As diversas formas de entretenimento e o atrativo turístico

Os fatores aqui explorados estão ligados à geração de lugares turísticos, às diversas formas de entretenimento associadas à atração de turistas, bem como aos respectivos lugares que a elas correspondem, enfocados sob os pontos de vista de lugares turísticos de atração espontânea (como cafés, restaurantes, teatros, casas noturnas, casas de espetáculos, cineplexes) e lugares turísticos de atração estimulada, ou seja, a arquitetura temática em geral, representada por parques temáticos (como os consagrados parques produzidos pela Disney Corporation) ou até mesmo por bairros ou cidades inteiras tematizadas. Os lugares de entretenimento ligados a atividades turísticas serão ilustrados preferencialmente por meio de exemplares extraídos da realidade empírica local e mundial, que já adquiriram expressão emblemática universal.

Em resumo, as duas formas de entretenimento – ativa e passiva –, acrescidas do prazer de desfrutar a aura que circunda os objetos turísticos, acabam por se tornar essenciais como fatores constitutivos da atração do turismo.

Entre as inúmeras classificações possíveis das formas de entretenimento existentes na atualidade, uma das que permite um amplo registro de distinções é a que considera o entretenimento sob a opção de realização *dinâmica*, como por exemplo, as possíveis atividades realizadas em uma pracinha de bairro (Figura 15.1); e de realização *estática*, como a audiência a uma peça teatral (Figura 15.2).

Figura 15.1 – As correrias da gurizada praticando skate representam um adicional às funções da praça Frederico Arnaldo Ballvé, Porto Alegre, Brasil. Foto: Andrea Feldmann.

Figura 15.2 – Atrair turistas para acompanhar a *season* teatral é fato corriqueiro em muitas capitais internacionais. Londres, Reino Unido. Foto: Lineu Castello.

Há de se ressaltar que o entretenimento enquanto prática de lazer é uma atividade que não se destina exclusivamente aos turistas, sendo igualmente adequado às demandas de determinada comunidade ou população. Lazer é uma atividade que se inscreve tanto nas ações rotineiras do cotidiano como nas práticas extraordinárias das pessoas em suas viagens de férias. Faz-se oportuno destacar, então, as possíveis dimensões do campo do lazer, que variam desde as atividades banais praticadas pelo indivíduo em seu tempo livre, o que se pode chamar de lazer doméstico, até a mais usual das tipologias cooptadas pela indústria do turismo – o turismo de lazer.

De todo modo, o lazer está diretamente associado às atividades realizadas no âmbito do tempo livre, fora das condições impostas pelo trabalho. Se, na Grécia antiga, o germe do que se entende atualmente por lazer era um privilégio dos filósofos em seus momentos de ócio contemplativo, hoje não é mais do que uma prática comum a todos aqueles que buscam experiências fundadas por períodos de descanso e prazer, por atividades recreativas ou aquelas que simplesmente permitam fugir às obrigações impostas pela carga horária de labor.

De acordo com Dumazedier atualmente "o lazer é definido por ocasião ao conjunto das necessidades e obrigações da vida cotidiana" (1973, p.34). Ao menos, essa tem sido a conceituação moderna de lazer desde a Revolução Industrial, quando as ordens de trabalho e ocupação do tempo foram estabelecidas. Com a conquista do direito ao tempo livre, a noção de lazer se desenvolveu como a atividade que, em tese, deveria estar garantida a todos os trabalhadores. Para estes, o lazer é absorvido de uma maneira natural, sobretudo por estar fortemente integrado à vida diária, sem ressaltar condutas atípicas ou extraordinárias. Uma ida ao cinema, um passeio no parque ou uma volta no shopping são atividades plenamente incorporadas ao dia a dia e que se enquadram na definição de lazer.

O entretenimento, por sua vez, é uma das ferramentas à disposição das práticas de lazer. Sinaliza um *status* de ligação com o consumo, mas, acima de tudo, corresponde a uma das formas de fruição do lazer. Na verdade, torna exequível a prática do lazer por meio de equipamentos específicos; aqui, mais uma vez, poder-se-ia falar em cinema, parque ou shopping. É claro que, para uma sociedade de consumo, o entretenimento acaba se tornando o modo de mercantilização do lazer, o que, fora do âmbito do cotidiano, a indústria do turismo tem se empenhado em fazer desde a sua gênese.

De fato, a prática turística se inter-relaciona tanto com o lazer quanto com o entretenimento, mas conceitua-se por linhas de base ainda mais específicas. O turismo é uma atividade essencialmente econômica, assegurada pelo fator de delimitação espaço-temporal, já que é uma atividade que exige do praticante, o turista, vivências alheias ao ambiente de sua vida cotidiana, delimitadas por um período de tempo predeterminado.

Convém salientar que a atividade turística comporta diversas tipologias, do turismo de negócios ao de saúde, passando pelo turismo de interesse científico e religioso, mas o turismo de lazer continua sendo o grande motivador das pessoas em suas jornadas de férias. As investidas em períodos mais extensos de descanso, lazer e recreação é o que melhor configura uma viagem de férias. Assim, o lazer é uma das tipologias da prática turística que tem, nas opções de entretenimento, o ingrediente principal da atratividade dos lugares.

As atividades de entretenimento conquistam pessoas que se deslocam em função da atração representada pelo objeto turístico, exigindo a presença *in loco* do recreacionista; mesmo assim, podem exigir deslocamento turístico para fins de realização pessoal de atividades recreativas, como assistir a um musical da Broadway.

Nada impede, entretanto, que se encontrem elementos arquitetônico-urbanísticos atendendo às duas funções, como ocorre, por exemplo, na famosa Casa da Música – projeto de Rem Koolhaas, na cidade do Porto, em Portugal –, que tanto acomoda audiências para concertos e espetáculos quanto, agora, atrai as inesperadas atividades de animados esqueitistas.

A arquitetura do entretenimento é fartamente representada por auditórios, teatros, salas de espetáculos, casas de shows, cinemas e, mais recentemente, pelos cineplexes, os grandes complexos de salas cinematográficas que rapidamente adquirem *status* de concorridos lugares de encontro, além de sua função mais precípua de exibição cinematográfica (Figura 15.3). Também

Figura 15.3 – Uma das primeiras capitais sul-americanas a introduzir os complexos de cinemas, cineplexes, em seu elenco de lugares urbanos. Buenos Aires, Argentina (ver p.A20). Foto: Lineu Castello.

podem ser incluídas aí as construções calculadamente desenhadas de modo a oferecer atrações lúdicas para recrear seus usuários, efetivando-as pelo *uso* de equipamentos complementares acrescidos às edificações ou pelas próprias particularidades das instalações, como no caso de academias, parques esportivos, spas, piscinas públicas e demais elementos do gênero.

De forma análoga, a arquitetura do entretenimento inclui entre seus exemplares mais usuais locações ricas em estímulos visuais, marcadas por distinções estéticas em sua morfologia. Nos tempos correntes, das chamadas práticas arquitetônicas pós-modernas, é bastante comum que essas edificações se somem àquelas que constituem exemplares de iconicidade arquitetônica, destacadas por seu desenho mais elaborado e chamativo e por suas formas complexas e sofisticadas. Nesse caso, o entretenimento recai predominantemente sobre a aura das construções, fortemente caracterizada pela imagem diferenciada de sua arquitetura e pelo imaginário criado a partir dela (Figuras 15.4 e 15.5).

Figura 15.4 – O histórico Chinese Theatre em West Hollywood trouxe o toque do mundo fantástico do cinema ao universo das salas exibidoras. Los Angeles, Estados Unidos (ver p.A20). Foto: Lineu Castello.

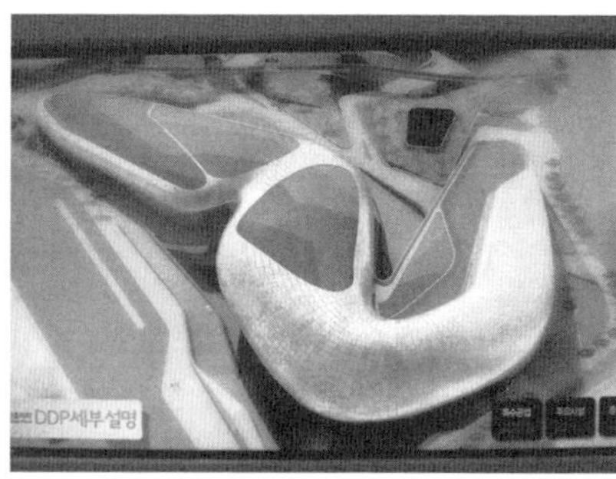

Figura 15.5 – As formas atraentes comumente empregadas na arquitetura de Zaha Hadid consagram a forte aura imagética de seu Dongdaemun Design Plaza & Park, em Seul, Coreia do Sul (ver p.A20). Foto: Lineu Castello.

O que o turista busca ao visitar um lugar de entretenimento?

Parece ser esta, no entanto, a questão mais importante a considerar na definição dos passos metodológicos a empregar no estudo de uma arquitetura de lugares turísticos, tal como se propõe aqui. Nesse sentido, será aplicada uma providência bastante simples para orientar o caminho metodológico capaz de trazer contribuições operacionais mais práticas. Partindo de uma breve consulta a uma tese doutoral de recente extração, recolheu-se um grupo de categorizações que facilitam a organização, de maneira sistematizada, das informações que interessam mais diretamente às pesquisas sobre uma arquitetura do entretenimento.

Voltada ao estudo de uma arquitetura de lugares (Castello, 2007), a tese inclui a proposição de uma tipologia de lugares considerada capaz de promover um quadro referencial de boa aplicabilidade ao estudo dos lugares turísticos ligados ao entretenimento. Embora claramente interconectados, os três tipos de categorização taxonômica discutidos na tese – agrupados sob as denominações de lugares da pluralidade, lugares da aura e lugares da memória – oferecem boas condições de aplicação no embasamento metodológico do presente trabalho. Seu emprego pode trazer ganhos em termos de organização das informações, tornando mais claro o entendimento do que sejam os significados dos lugares turísticos para seus usuários, dentro do universo de uma arquitetura dedicada mais acentuadamente ao entretimento.

Isso porque os lugares turísticos de entretenimento são procurados muito em função dos estímulos potencialmente expressos por seus conteúdos ou, mais precisamente, pelos significados que tais estímulos se tornam capazes de passar aos turistas. É bom lembrar que, quando se relaciona as áreas de estudo de turismo e de arquitetura, transparece com boa nitidez a inerente intermediação efetuada pelas áreas da psicologia, já que os significados passados aos turistas são de interesse tanto da psicologia da percepção quanto da psicologia social. Dessa maneira, os subsídios trazidos pela psicologia acabam se refletindo não apenas na instância teórica, mas também contribuem na conferência de bons aportes práticos à pesquisa sobre a arquitetura do entretenimento. Identificar o que é buscado pelo turista ao visitar um lugar de entretenimento passa a ser fundamental – além de altamente operacional – o que permite organizar, expandir e superar algumas das limitações que ainda hoje cercam pesquisas e estudos que envolvem turismo, arquitetura e cidade.

Como assinalado antes, as diversas formas de recreação e a respectiva atração que a arquitetura do entretenimento exerce sobre turistas são muito extensas e extremamente diversificadas. Essa característica desestimula a execução de uma abordagem global ao tópico. Por isso, qualquer esforço de abordagem irá requerer uma tentativa apriorística de sistematizar seus elementos. Daí o questionamento deste tópico: "O que o turista busca ao visitar um lugar?". A indagação traz em seu bojo alguns indicativos que poderão ajudar a organizar o registro de informações, indicativos estes cuja definição decorre de uma cadeia sucessiva de argumentações, que, como será apresentado a seguir, está baseada em indagações claras e diretas, voltadas, fundamentalmente, a analisar a atração que o lugar exerce em função de duas de suas especificidades: seu uso ou sua imagem.

Com a seleção, despontam fatores relativos ao campo de motivações de viagem, diretamente associados à natureza intrínseca dos lugares – às formas e aos tempos de estruturação dos componentes daquele lugar, às particulares configurações que compõem a arquitetura do lugar –, que se tornam responsáveis por estabelecer uma relação de atração pelo lugar, estimulando sua visitação. São fatores que, em conjunto – e em uma ação frequentemente simultânea e interativa –, permitem organizar uma bem ordenada visita ao mundo dos lugares turísticos de entretenimento, classificando-os previamente sob três grupos bem determinados: aura, memória e pluralidade. Três referenciais apresentados na sequência do texto.

A busca da aura dos lugares turísticos

É comum, na situação de escolha de uma destinação de viagem que o turista já tenha ouvido falar sobre os conteúdos do que constitui a essência do lugar que cogita visitar. Da mesma forma, o turista poderá ter antecipadamente escutado narrativas exaltando a fama daquele lugar, acompanhadas por comentários que estimulam a concretização de sua visita.

O cinema, a literatura e a música também contribuem imensamente para a construção imagética do lugar. Bem mais do que isso, essas representações despertam o interesse das pessoas, servindo de motivação para a realização do sonho que se tem de conhecer determinado lugar. Aliás, qualquer viagem que envolva grandes expectativas inicia-se pelo sonho. Sonhar em conhecer um lugar é o passo inaugural para a realização da viagem, e o acúmulo de informações prévias sobre o destino a ser visitado representa uma ferramenta legítima de aproximação da pessoa com o lugar.

De fato, alguém pode facilmente cultivar a sensação de que "conhece" um lugar sem nem ao menos tê-lo visitado pessoalmente. Isso tende a acontecer com destinos turísticos já consagrados, cidades icônicas, como Paris e Nova York. Essa intimidade aparentemente inexplicável com o lugar, que se torna conhecido por meio de filmes, livros, músicas, fotos, mapas, narrações de viagens, internet, guias turísticos, é uma sensação que se conecta à aura do lugar. Contudo, a concretização da viagem sonhada está mesmo em conhecer o lugar fisicamente. No instante em que o turista se vê envolvido pelo ambiente, tomado pelo lugar, todas as informações previamente acumuladas permanecem suspensas diante da possibilidade da experiência física *in loco*.

Na prática, tudo se revela muito mais intenso e prometedor do que um conhecimento restrito ao plano das expectativas e lucubrações. Mesmo assim, deve-se levar em conta que não há como apagar ou deixar de lado, pelo menos de uma hora para a outra, o sonho e a imagem há muito tempo cultivados. É praticamente impossível suprimir do pensamento a Nova York memorável do cinema e da televisão. Suas imagens, trilhas sonoras e outras tantas referências foram assimiladas de tal forma que nenhum clichê a que ela se destine será ignorado pelo turista que a visitar.

De certo modo, a reprise contínua das referências transforma o lugar turístico em lugar-comum. Onfray chega a afirmar que "ir a qualquer lugar é, na maioria das vezes, dirigir-se a lugares-comuns associados desde sempre à destinação eleita" (2009, p.55). A tentativa de dissolver do pensamento a luz de neon que encobre tudo o que se viu e se ouviu falar sobre Paris e Nova York, sem nunca antes haver estado lá, é um exercício intricado. Logo, é de se esperar que a bagagem imaginária dos turistas que visitam essas cidades esteja abarrotada de pensamentos, ideias e sensações pré-concebidas.

Mas, em última análise, o que significariam esses contatos preambulares entre turista e lugar? Significariam que, em sua definição de destino, o turista já deverá estar previamente atraído por um lugar, atração que provavelmente está ligada à aura de que está imbuído o lugar ou, mais apropriadamente, da percepção dessa aura. Daí as contribuições que podem ser obtidas a partir de conhecimentos da psicologia da percepção para a arquitetura do entretenimento.

Os lugares turísticos se valem, então, da construção de uma arquitetura de entretenimento que materializa uma aura que o próprio "imaginário", armado subjetivamente sobre o lugar, encarregou-se de estabelecer *a priori*. Uma primeira indagação surge rapidamente a partir desse raciocínio: "Quais são os elementos que compõem essa arquitetura?".

Além das "maravilhas" de que o turista ouviu falar sobre o lugar, a arquitetura que o recebe deve incluir elementos que ajudem a afirmar a confiança do turista no que o espera no lugar de destino. Isso será obtido pela garantia de que, no destino, além da aura da atração, o turista poderá contar com a presença de toda uma estrutura (e infraestrutura) completa, que lhe dê amparo e suporte. Ele precisa saber de antemão que pode contar com a segurança de que continuará a exercer, pelo menos minimamente, a prática de seus costumes cotidianos (ou de grande parte deles). Enfim, demandará toda uma estrutura de estereótipos que remetam a referências bem familiares e claramente identificáveis, a ponto de lhe garantir uma *reassuring structure* em termos psicológicos (Castello 1974, p.132). Não será demais lembrar que isso também faz parte da aura que permeia o lugar turístico.

Além disso, a aura poderá se manifestar por meio de variadas conformações que abrangem desde componentes naturais (praias naturais, praias artificiais, *promenades* costeiras, embarcadouros, bares, restaurantes temáticos) até grandes transformações culturais produzidas pela ação humana (cívica, laboral, religiosa, artística, artesanal). A pergunta que sobressai é, então: "Qual é a arquitetura que atende a esses desígnios?".

De modo geral, a aura de entretenimento que sobrepaira um lugar oferece aos turistas uma gama de diversos significados de igualmente diversas conotações, como ilustra, com mais nitidez, a variedade de figuras disponibilizadas a seguir (Figuras 15.6 a 15.11).

Figura 15.6 – Aura natural espontânea. As formas naturais conformam a arquitetura do entretenimento. Bombinhas, SC, Brasil. Foto: Lineu Castello.

Figura 15.7 – Aura "natural" inventada. Os elementos naturais, como a neve, configuram a arquitetura do entretenimento. Dubai, Emirados Árabes Unidos (ver p.A21). Foto: Lineu Castello.

Figura 15.8 – Aura cultural artística. A apurada pesquisa de Theo Crosby inspirou a arquitetura do entretimento provável à época do lançamento das peças de Shakespeare, moldando o Globe Theatre, em Londres, Reino Unido. Foto: Lineu Castello.

Figura 15.9 – Aura cultural religiosa. A Cathedral of Our Lady of the Angels, projeto de Rafael Moneo, está incluída nos tours que se destinam a visitar o centro da cidade. Los Angeles, Estados Unidos. Foto: Lineu Castello.

Figura 15.10 – Aura cultural industrial. Os produtos áureos da era industrial são as atrações de entretenimento turístico que compõem o evento The Art of Being British, realizado na Jermyn Street, no antigo distrito central de St. James. Londres, Reino Unido. Foto: Lineu Castello.

Figura 15.11 – Aura cultural artesanal. No evento da Jermyn Street até a elaboração artesanal que precede a industrialização de marcas famosas de sapatos torna-se parte destacada das atrações turísticas. Londres, Reino Unido. Foto: Lineu Castello.

Os significados dos lugares turísticos para a memória coletiva

Em outras situações, é comum o turista querer compartilhar sensações históricas que lhe são evocadas pela memória e que impregnam o lugar de visita. É também possível imaginar que o turista deseje aferir antigas tradições fortemente vinculadas ao lugar em função de suas estórias e ainda que queira experienciar essas peculiares tradições na realidade do cotidiano em que elas se apresentam ou até, quem sabe, vivê-las com suas próprias experiências corporais. Geralmente, nessas situações, os significados buscados atraem pela vida cultural envolvente e pelas marcas da história.

Mas, novamente, que arquitetura atende a essas intenções?

É uma arquitetura de restauração da funcionalidade, de revitalização, que tem sido uma constante nos novos tempos da arquitetura do entretenimento. Na verdade, talvez seja mais condizente falar de uma rearquitetura do entretenimento, tendo em vista a copiosa sucessão de revitalizações de áreas históricas que se encontram hoje em pauta em inúmeras cidades do mundo inteiro.

Os exemplares arquitetônicos são refuncionalizados com o objetivo claro de constituírem atrações turísticas calcadas em fatos da memória, tornando-se, rapidamente, fortes ímãs para o turismo.

Os exemplos são incontáveis e basta citar alguns dos mais conhecidos, como:

- Tate Modern, Londres, implantada em uma antiga usina de geração de energia, a Bankside Power Station, edificação original de Sir Giles Gilbert Scott (criador das famosas cabines telefônicas vermelhas britânicas), que, embora concluída em 1963, tem uma imagem que remete à arquitetura industrial Vitoriana, sobre a qual a intervenção minimalista de Jacques Herzog e Pierre de Meuron ajudou a reaproximar a margem sul do rio Tâmisa (Southbank) à cidade.
- High Line Park (Figura 15.12), a nova queridinha dos nova-iorquinos, um novo lugar que passou a encantar os americanos e o mundo (projeto de Diller Scofidio e Renfro), que envolveu a reconversão da antiga New York City High Line[2], linha férrea de transporte industrial do West Side de 1930. O inusitado no novo mundo da arquitetura do entretenimento é que as ações do projeto remetem a uma atuante participação comunitária, a um decidido engajamento voluntário da população, à criação de uma organização não governamental (ONG), cuja finalidade é coordenar a concertação de variados agentes, e, até mesmo, a preocupações com um desenvolvimento urbano sustentável.

Xin-Tian-Di (Figura 15.13), em Xangai, China, é um conjunto arquitetônico urbano revitalizado situado em uma área de volumosa e rápida urbanização, que reacende, no dia a dia do turista em viagem à China, algumas das práticas mais rememoradas de antigas tradições de visitantes estrangeiros ao país.

Uma última consideração sobre o fator memória e sua relação com o turismo exige lembrar que também aqui o passar do tempo aumenta, promove, substitui, altera, lança, corta, enfim, movimenta muitos dos elementos componentes da arquitetura do entretenimento. Assim, atividades que marca-

---

[2] A exemplo do projeto que os parisienses já haviam feito alguns anos antes na linha *Promenade Plantée*, projeto de Jacques Vergely e Philippe Mathieux, inaugurado em 1993.

Figura 15.12 – O antigo *brownfield* foi reurbanizado, tornando-se o hoje concorrido parque da High Line, rapidamente assumido como paradigma de novos lugares urbanos. Nova York, Estados Unidos (ver p.A21). Foto: Lineu Castello.

Figura 15.13 – O antigo *quartier* francês foi rearquiteturizado como um dinâmico lugar de atração turística. Xangai, China (ver p.A22). Foto: Lineu Castello.

ram fortemente o século XX, como o florescimento dos cinemas, sofreram pesadas mudanças tanto tecnológicas quanto comportamentais. Os grandes palácios do cinema do século passado (Figura 15.14) foram substituídos por conjuntos atomizados de pequenas salas em grandes multiplexes – como são chamadas as gigantescas edificações contemporâneas que materializam o entretenimento cinematográfico em uma só construção (Figura 15.15).

Figura 15.14 – A cidade incorporou históricos palácios do cinema a seu acervo arquitetônico, hoje transformados em ícones turísticos. Chicago, Estados Unidos (ver p.A22). Foto: Iára Regina Castello.

Figura 15.15 – O dinamismo da produção cinematográfica coreana alimentou a demanda por novos cineplexes, como o Megabox. Seul, Coreia do Sul (ver p.A23). Foto: Lineu Castello.

Recorde-se também, em paralelo, que o que o turista busca em um lugar de entretenimento mudou substancialmente. Assim, aquilo que, em um passado remoto, seria uma atração, hoje constituiria uma aberração, como os selvagens espetáculos a que acorriam os antigos romanos para deleitar-se com o esquartejamento dos cristãos jogados a leões famintos ou o estraçalhamento dos gladiadores nas arenas. Ironicamente, o cinema contemporâneo vem se valendo de distrações equivalentes, com alguns dos mais sensacionais *blockbusters* da atualidade, como a franquia da série "Jogos Vorazes", mostrando precisamente seres humanos caçando e despedaçando outros seres humanos.

O significado da pluralidade vivenciada nos lugares turísticos

Por fim, em ainda outras circunstâncias, o turista poderá simplesmente querer celebrar a festa do encontro com outras pessoas, desfrutar o convívio com seus pares ou meramente fruir a sensação das trocas sociais que o lugar oferece, conhecer pessoas novas ou, pura e simplesmente, sociabilizar a atmosfera de pluralidade que emana do lugar.

Existe um consenso de que, antes de tudo, o lugar deve ser bom para seu residente. Sabe-se, entretanto, que nem todos os lugares levam em conta a igualdade das necessidades demandadas por turistas e residentes. O destino turístico que não resulta em um lugar aprazível para se viver certamente naufragou no projeto de ser um bom lugar. Não há dúvida de que o bom lugar para se viver resguarda um distintivo que potencializa a atratividade para o turismo: o apreço que o sujeito tem pelo lugar em que vive.

O contato interpessoal também é uma marca da dinâmica do entretenimento, já que este pressupõe participações nas quais o ápice é justamente a possibilidade de se compartilhar a experiência do lazer. Não há pluralidade ou vitalidade sem mediação social; ruas e parques são exemplos factuais de que os lugares se matizam pelas práticas de sociabilidade. Nesse sentido, o entretenimento também se legitima pela condição da urbanidade: teatros, cinemas, museus, casas de espetáculo e estádios de futebol, exemplos recorrentes de lugares voltados ao entretenimento, configuram-se como ambientes em que se pode fazer valer o plano da interação social.

Assim, uma decorrente indagação não tarda a brotar: qual é a estrutura arquitetônico-urbanística a acolher essa animação?

Será certamente uma arquitetura de estimulação convivial, uma arquitetura que se preocupa com a típica criação de lugar, o objeto de interesse dos *placemakers* do entretenimento, experimentados inventores de lugares simulados.

Uma seleção de atividades espontâneas[3]

Aqui predominam as atrações do turismo pela arquitetura *para* o entretenimento, isto é, aquelas que priorizam seu uso, e as construções que a compõem se voltam para a prática do entretenimento, incluindo espaços e equipamentos para atividades de recreação ativa, como equipamentos esportivos. Incluem, igualmente, espaços para a acomodação de espectadores em atividades que envolvem contemplação passiva, como auditórios e plateias, para acompanhamento de recitais, peças teatrais e espetáculos musicais (Figura 15.16).

Figura 15.16 – Em tempos de entretenimento, os auditórios acolhem as mais diversas variedades de atrações turísticas, como o show do cantor Seal. Istambul, Turquia. Foto: Lineu Castello.

As atividades turísticas ligadas ao mundo dos espetáculos são abundantes, o que torna frequente a associação da motivação de viagem à presença de artes cênicas (Figura 15.17).

Na verdade, desde tempos imemoriais, existem setores inteiros das cidades dedicados às atividades cênicas, como se conhece pelas relíquias deixadas por antigas civilizações, desde os espaços processionais egípcios às arenas gregas e aos circos romanos, já que, ao longo da evolução das civilizações, foi sempre corrente encontrar elementos da arquitetura do entretenimento responsáveis por conferir altas doses de atratividade aos lugares (Figuras 15.18 e 15.19).

---

[3] Por exemplo: restaurantes, teatros, casas noturnas, casas de show.

Figura 15.17 – O histórico teatro Old Vic, templo da moderna pesquisa teatral dos palcos ingleses. Londres, Reino Unido. Foto: Lineu Castello.

Figura 15.18 – Templo no Vale das Rainhas, sede de respeitosas procissões para homenagens à rainha Hatsepshut. Luxor, Egito. Foto: Iára Regina Castello.

Figura 15.19 – No coração da Roma antiga, arquiteturas históricas se voltam a atender ao setor do entretenimento turístico. Roma, Itália. Foto: Lineu Castello.

Exemplos disso são fáceis de enumerar, entre os quais a Opera House em Sydney, Austrália (Figura 15.20); a Casa da Música, no Porto (Figura 15.21); o Walt Disney Concert Hall, de Los Angeles (Figura 15.22); ou o histórico Theatro Municipal do Rio de Janeiro (Figura 15.23), todos eles alegadas causas de viagem para muitos turistas.

Figura 15.20 – A icônica Opera House Sydney, paradigmática arquitetura de Jorn Utzen. Sydney, Austrália. Foto: Lineu Castello

Figura 15.21 – A arquitetura do entretenimento também se vale de formas mais bem-comportadas, como as que Rem Koolhaas desenhou para sua Casa da Música. Porto, Portugal. Foto: Lineu Castello.

Figura 15.22 – Já Frank Gehry mergulha de cabeça em suas formas excêntricas, conferindo forte revitalização turística ao antigo centro da cidade por meio do Walt Disney Concert Hall. Los Angeles, Estados Unidos. Foto: Lineu Castello.

Figura 15.23 – Imbatível marco da arquitetura do entretenimento, o Theatro Municipal (fusão dos projetos do engenheiro Francisco de Oliveira Passos e do arquiteto Albert Guilbert) continua grande ímã de fluxos turísticos ao velho centro da cidade. Rio de Janeiro, Brasil. Foto: Lineu Castello.

Cumpre destacar que uma das marcas mais sensíveis da arquitetura do entretenimento na virada do século XX para o XXI foi incrementada por um grande avanço ocasionado por viagens com motivações relacionadas diretamente a esportes – tanto à prática como à assistência. A arquitetura responde com alentadas construções megaesportivas, constituídas basicamente por estádios que sediam a realização de grandes eventos mundiais, como Copas de Futebol e Olimpíadas. Além da iconicidade da arquitetura, as construções voltadas a esse tipo de entretenimento comprometem vastas extensões territoriais urbanas com a função recreacional.

A Wikipédia traz um interessante comentário a respeito dos novos e gigantescos estádios globais, cada vez mais frequentes no repertório de elementos da arquitetura do entretenimento. Observa-se, ali, que os arquitetos necessitam criar novas táticas em seus projetos já que esses novos estádios devem oferecer, além de sua função específica de sediar jogos e acolher torcedores, também a função de emitir a difusão desses jogos por meio de canais de comunicação, para isso, necessitam cada vez mais de espaços projetados para viabilizar a retransmissão de tudo o que está se passando na arena a qualquer momento, ao vivo, e a uma audiência remota.

Há muitas dessas atrações que poderiam ser elencadas aqui, e uma concisa seleção não poderia deixar de incluir, por exemplo, a grande arquitetura do Sambódromo do Rio de Janeiro, criada em 1984, por Oscar Niemeyer, para o espetáculo do Carnaval carioca[4]. De forma análoga, as grandes estruturas criadas para alojar megaeventos, como as Olimpíadas de Londres, ou os festivais internacionais de cinema, sejam os de proporções globais, como os de Cannes, Veneza e Berlim, sejam os de natureza regional, como os de Gramado e Brasília.

Por fim, como é possível depreender dos exemplares ilustrados aqui, os lugares que enriquecem as listagens de elementos da arquitetura do entretenimento são diversificados e numerosos, mas, entre eles, não poderiam ficar de fora os singulares locais destinados aos jogos de azar, liberados em vários lugares do mundo, que originam fluxos volumosos de visitas turísticas. Os mais exuberantes são os espaços criados no deserto de Las Vegas, Estados Unidos, por sua franca associação ao mundo do imaginário, amplamente analisado por famosos arquitetos-autores, como Robert Venturi, Denise Scott-Brown, Rem Koolhaas, que, exaustivamente, tentam interpretar os simbolismos emitidos a partir do ambiente vegasiano (Figuras 15.24 e 15.25).

Figura 15.24 – A segunda metade do século XX teve a arquitetura do entretenimento fortemente marcada pelas lições ensinadas pelo *strip* de Las Vegas. Las Vegas, Estados Unidos. Foto: Lineu Castello.

Figura 15.25 – A evolução do *strip* no século XXI consagra a linguagem lúdica das arquiteturas, que remetem a desconcertantes referências temporais-espaciais. Las Vegas, Estados Unidos. Foto: Iára Regina Castello.

[4] Uma cobertura com amplas informações sobre essa peça de arquitetura do entretenimento pode ser encontrada no endereço: http://www.riodejaneiroaqui.com/carnaval/sambodromo-rio.html.

Uma seleção de lugares inventados[5]

Esta seção aborda a atração do turismo pela arquitetura vista *como* entretenimento, isto é, aqui a atração prioriza a imagem. De modo geral, as construções aqui examinadas ou tendem a "exceder" o que se esperaria delas em termos de exercício de funções específicas ou tendem a se tornar excessivamente marcadas por inquietações estéticas. Assim, é comum, nesse ramo da arquitetura do entretenimento, encontrar, por exemplo, museus que, além de dedicados à prática da museologia, constituem renomadas atrações turísticas nacionais e internacionais pela espetacularização de suas edificações.

Nesse grupo, é ainda comum a indústria turística se dedicar cuidadosamente à recriação de construções, configurando cenários artificiais que simulam ambientações atrativas de locações distantes, inacessíveis ou até metarreais. Alguns autores atribuem a essas cenografias o princípio de todo um variado mundo de arquiteturas do entretenimento, que, no decurso do século XX, acabaram fornecendo um alentado acervo de fantasias e hiper-realidades (p. ex.: Eco, 1986). Rem Koolhaas, por exemplo, localiza na criação de Coney Island, em Nova York, um dos protótipos mais fertilizadores dessas metarrealidades da arquitetura do entretenimento (Koolhaas, 1994), enquanto o espanhol Luis Fernández-Galiano (1999) oferece uma cobertura completa da década de 1990, quando apresenta em sua revista *Arquitectura Viva* um verdadeiro desfile da sucessão de "*happenings* arquitetônicos" desta que talvez tenha sido a década mais opulenta na produção de uma arquitetura do entretenimento, sempre fortemente aliada passo a passo com o avanço do turismo. As fusões entre empreendimentos arquitetônicos avantajados e os vultosos produtos do empresariamento turístico aceleram o desenvolvimento da arquitetura do entretenimento do período, a ponto de Fernández-Galiano exclamar:

> O setor de lazer e espetáculos é hoje o de mais rápido crescimento do mundo, e dentro dele a corporação Disney ocupa posição central. [...] Boa parte do atual crescimento se deve à estratégia do presidente [...] que deslocou a ênfase nos filmes para os parques, conseguindo quintuplicar o faturamento com as novas promoções integrando parques temáticos, centros turísticos e hotéis de convenções. Para estes desenvolvimentos imobiliários contou com a ajuda de

---

[5] Por exemplo: centros culturais e de eventos, baladas temporárias e temáticas, museus, patrimônio, áreas portuárias, centros de entretenimento, dentre outros (isto é, exemplares de arquitetura temática, parques temáticos e cidades temáticas).

inúmeros arquitetos da elite cultural (Graves, Stern, Gehry, Predock ou Isozaki), o que converteu a Disney numa importantíssima promotora de arquitetura (Fernández-Galiano, 1999, p.30).

Ao que, com efeito, não seria demais acrescentar "promotora de arquitetura do entretenimento"[6].

Como se sabe, ao longo do século XX, os projetos Disney vieram a se tornar paradigmas do que se entende como uma arquitetura do entretenimento, suscitando resenhas e publicações especializadas (p. ex.: Dunlop, 1996). Na verdade, os mais consagrados exemplares dessas iniciativas arquitetônicas são fornecidos pela poderosa Disney Corporation, empresa que assume um papel de completa supremacia no setor, responsável por uma formidável transformação na tipologia arquitetural do século XX. Muito dessa arquitetura deve-se ao trabalho altamente criativo de um grupo denominado "*Imagineering*", de origem marcadamente localizada no mundo do cinema holywoodiano, do qual foram recrutados desenhistas, diretores de arte e arquitetos, incumbidos das tarefas de desenvolver os planos do parque temático original da Disneylândia, em 1953. As criações da equipe trouxeram mudanças fundamentais à arquitetura do entretenimento, ao propor associações com as configurações cinematográficas incorporadas à ela, "[...] plasmando a ilimitada maleabilidade pictórica que o espaço demonstra ter para tornar-se capaz de receber e tornar real – como se fosse de verdade – tudo aquilo que faz parte do mundo da imaginação" (Castello, 2007, p.208). Assim, saboreia-se a arquitetura do parque como se acompanhasse a uma sequência de *frames*, mesmo que exigindo muitas liberdades em termos de escala e de estilo para alcançar esse desígnio.

Ainda dentro dessas peculiares criações arquitetônicas, é preciso lembrar a esperta estratégia criativa da "*main street*", bastante comum no urbanismo de Disney, uma réplica do que seriam os padrões típicos da rua principal de uma pequena cidade qualquer, que passaria a marcar a sequência de todos os trabalhos dos "mundos" arquitetônicos Disney[7].

Não é menor a atração que a arquitetura do entretenimento exerce sobre turistas que se deslocam especificamente para visitar edificações diferenciadas, motivados precisamente pela excentricidade e originalidade das

---

6 Ver mais em: http://www.arquitecturaviva.com/es/Shop/Issue/Details/69.

7 Sites como http://www.youtube.com/watch?v=a7za3Syfh9c trazem informações mais completas.

construções. Ou seja, visitas motivadas pela existência de um tipo de arquitetura conhecida como *arquitetura icônica* (Jencks, 2005). Algumas vezes, essa iconicidade nos exemplares arquitetônicos é incentivada e promovida pela própria indústria do turismo.

Novamente, a virada do século XX para o XXI é responsável por alentadas alterações no mundo da arquitetura do entretenimento: a troca de milênio coincide com a profusa introdução de novos lugares nos meios urbanos. Também conhecidos como "lugares inventados" (Carmona et al., 2003), assumem variadas configurações, como shopping centers, malls temáticos, megalivrarias, complexos multifuncionais, complexos cinematográficos, áreas históricas recicladas, centros de entretenimento e até cafés, bancas de revistas e outras "facilidades"[8] do gênero.

Uma das mais recentes e destacadas inserções ao mundo da arquitetura do entretenimento é representada pelos museus de arte, tematizados e icônicos, suscitando frequentemente questões do tipo: o que é mais importante hoje em dia, o conteúdo artístico reunido no interior do museu ou o prédio do museu como receptáculo da produção artística? Por mais desconcertante que seja, cada vez mais essa questão é invocada na análise da atual arquitetura do entretenimento.

O famoso Museu Guggenheim em Bilbao, Espanha, obra de Frank Gehry para a franquia norte-americana, conferiu a uma anônima e cinzenta cidade industrial o seu seleto lugar entre as mais famosas cidades do mundo, particularmente por força da imagem icônica que sua arquitetura determinou. É um estereótipo exemplar da arquitetura do entretenimento, triunfalmente representada por um museu desenhado por um *starchitect*[9], transformação sintomática de toda uma família de exemplares arquitetônicos visivelmente influenciados pela extravagância icônica de sua imagem.

Aliás, como observado por Deyan Sudjic, crítico de arquitetura do periódico *The Observer*, "[...] a forma não mais segue a função, ela segue a imagem"[10] (Sudjic, 2005, p.319). Na verdade, talvez isso explique o fato de os arquitetos e planejadores urbanos olharem com tanta paixão para os ícones hoje em dia. Em seu entendimento, museus icônicos podem se transformar em marcas (*brands*, no jargão específico) que ajudam a promover a grandeza

---

[8] As *facilities*, como são conhecidas na literatura anglo-saxônica.

[9] Na expressão empregada por Nicolai Ouroussoff, colunista de arquitetura do *The New York Times*, para denominar os maiores talentos da arquitetura contemporânea.

[10] No original: "[...] *form no longer follows function – it follows image*".

das cidades que os hospedam, atraindo mais e mais turistas e incrementando a hierarquia da cidade hospedeira no *ranking* global, tornando-a mais competitiva.

Obviamente, isso é apenas uma faceta da presente arquitetura do entretenimento. Enquanto alguns edifícios encantam por sua extravagância, boa parte deles permanece adequada a qualificações arquitetônicas menos exageradas. Esse seria o caso, por exemplo, do museu da Fundação Iberê Camargo, notável obra do arquiteto português Álvaro Siza, em Porto Alegre, Brasil (Figura 15.26).

Figura 15.26 – A sede da Fundação Iberê Camargo catalisa muitos dos atributos engolfados na arquitetura do entretenimento. Porto Alegre, Brasil. Foto: Lineu Castello.

O museu não é só uma bela peça de arquitetura – servindo também como entretenimento turístico – mas, hoje, já ocupa posição destacada no repertório de lugares simbólicos de Porto Alegre. No momento em que a cidade nervosamente acolheu o fluxo turístico motivado pela Copa do Mundo da Fifa 2014, o museu executou com extraordinário vigor seu papel de *city marketing*, estampado com destaque entre os principais símbolos representativos da imagem da cidade na publicidade oficial.

Por outro lado, é crescente a tendência encontrada na arquitetura do entretenimento em relação à produção de exemplares inesperados – senão enigmáticos –, principalmente em países da Ásia de crescimento urbano acelerado, como a China. Lá, uma peculiar faceta do entretimento construído vem absorvendo intensamente os padrões urbanísticos. É cada vez mais comum encontrar prédios que clonam outros exemplares – especialmente de extração ocidental – no que vem sendo chamado de *arquitetura mimética*, com claros interesses do setor turístico por trás da bizarrice das inovações.[11] Também insólita é a paisagem predominante na cidade de Suzhou, China, que traz reproduções de pontes famosas, inclusive da Tower Bridge de Londres, da Harbour Bridge de Sydney e da Pont Alexandre III de Paris[12].

Suzhou não está sozinha nesse processo de "duplitetura". Uma réplica do 13º *arrondissement* de Paris pode ser visitado em Hangzhou, com direito à clonagem da Torre Eiffel. Uma cópia do Hallstat austríaco está em Huizhou e há também Thames Town em Xangai. "Nos subúrbios de Beijing, [...] uma réplica da Maison Laffitte de Paris [...] abriga o Hotel Khang Laffitte Chateau. Está cercado por quadras de golfe, tênis e vilas privadas de luxo" (Revista Planeta, 2013, p.59), ou seja, não deixa nada a dever para um completo regozijo da arquitetura do entretenimento.

Sob o ponto de vista das práticas de lazer, o entretenimento configura-se como um fator de relevância tanto para a vida cotidiana quanto para o turismo. Mas é para este que o entretenimento resulta como atividade de importância fundamental no que diz respeito à atratividade dos lugares. Nesse sentido, a arquitetura amplia a diversidade das atrações ao possibilitar a invenção dos mais variados tipos de lugares; trata-se de uma característica intrínseca à natureza arquitetônica a função de transformar os espaços, criar ambientes e atribuir um sentido de lugar a eles.

É bem verdade, no entanto, que não cabe exclusivamente à arquitetura a função de imprimir no local um distintivo de atração, porque, não raramente, a constituição dos lugares (ao menos no que se refere aos aspectos que escapam ao âmbito da materialidade) depende de envolvimentos inscritos no campo das percepções pessoais, ao sabor das apropriações simbólicas e afetivas. De todo modo, é indissociável a relação da arquitetura com os lu-

---

[11] O tópico já ocupa bom número de reportagens e artigos, como os que se pode visualizar em http://www.theguardian.com/cities/gallery/2014/jun/03/clone-wars-city-replicas-in-pictures, ou, ainda, em periódicos, como a revista *Planeta*, acessível online em http://revistaplaneta.terra.com.br/secao/viagem/made-china.

[12] Para visualizações inusitadas, consultar: http://www.theguardian.com/cities/2014/jun/03/from-tower-bridge-to-sydney-harbour-welcome-to-chinas-city-of-clones.

gares cujo principal elemento de atração é o entretenimento, pois o uso e a apropriação destes são resultados de uma infraestrutura pensada para tal finalidade. Logo, arquitetura e entretenimento marcam uma relação contígua na escala do lazer, e o turismo é a atividade que mais se beneficia com as potencialidades atrativas geradas por essa aproximação.

Não seria exagero afirmar que a arquitetura materializa o desejo de felicidade perseguido por todos aqueles que buscam o entretenimento com esse propósito. Ora, isso significa dizer que o produto arquitetônico dá suporte a uma prática que tem como finalidade o desfrute de momentos felizes. Tal característica que tanto aproxima o turismo de lazer do entretenimento também é o ingrediente qualitativo da arquitetura que tem como objetivo o despertar do deslumbramento, da alegria e do bem-estar nas pessoas; enfim, uma arquitetura do entretenimento que está predestinada a tornar realizável o sonho do lugar feliz.

Referências bibliográficas

CARMONA, M.; HEATH, T.; OC, T.; TIESDELL, S. *Public Places – Urban Spaces*. Oxford: Architectural Press, 2003.

CASTELLO, L. *Towards a Theoretical Background to Planning for Tourism*. M. Phil Dissertation. Edimburgo: University of Edinburgh, 1974.

______. Place. In: CAVES, R.W. (eds.). *Encyclopedia of the City*. Londres/Nova York: Routledge, 2005. p.350-351.

______. *A Percepção de Lugar. Repensando o Conceito de Lugar em Arquitetura-Urbanismo*. Porto Alegre: Propar/UFRGS, 2007.

DUMAZEDIER, J. *Lazer e cultura popular*. São Paulo: Perspectiva, 1973.

DUNLOP, B. *Building a Dream. The Art of Disney Architecture*. Nova York: Harry Abrams Inc., 1996.

ECO, U. *Travels in Hyper Reality*. Tradução de William Weaver. San Diego/Nova York/ Londres: Harcourt Brace & Company, 1986.

FAINSTEIN, S.; JUDD D. *Global Forces, Local Strategies, and Urban Tourism*. New Haven: Yale University, 1999.

FERNÁNDEZ-GALIANO, L. La Década Digital, una crónica de los noventa. *Arquitectura Viva*. n.69, p.17-112, 1999.

JENCKS, C. *The Iconic Building*. Nova York: Rizzoli International, 2005.

KOOLHAAS, R. *Delirious New York. A retroactive manifesto for Manhattan*. Nova York: The Monacelli Press, 1994.

ONFRAY, M. *Teoria da viagem: poética da geografia*. Tradução de Paulo Neves. Porto Alegre: L&PM Editores, 2009.

REVISTA PLANETA. *Made in China.* Ano 41, Edição 492, Out. 2013, p.56-61.

SUDJIC, D. *The Edifice Complex. How the Rich and Powerful Shape the World.* Londres: The Penguin Press, 2005.

Capítulo 16

Arquitetura de museus e turismo: um diálogo contemporâneo

Paulo Bruna

> Em seu interior, o museu transformou-se em um lugar destinado à afluência maciça de um público ativo, aos estímulos, à interação e também ao consumo em seu sentido mais amplo (cafeterias, restaurantes, lojas, livrarias, etc.). Em sua relação com o exterior, o museu reforçou sua dimensão coletiva e converteu-se em um dos lugares públicos mais característicos da cidade contemporânea.
> (Montaner, 2003, p.148)

Abrindo um número monográfico sobre museus, Catherine Slessor, editora da revista inglesa *The Architectural Review*, descreve uma visita ao Museu de Arte Contemporânea, de Niterói, projeto do arquiteto Oscar Niemeyer (1990-1996), da seguinte maneira:

> A visita obrigou a tomar um ferry lotado e mal conservado, para o desinteressante subúrbio de Niterói, já que o edifício de Niemeyer era o ponto de partida de um grande plano para reativar uma das áreas mais abandonadas do Rio. Oscilando sobre uma ravina e visível desde muitas milhas, uma forma exuberante e chamativa, de sinuoso concreto branco, reproduzida espetacularmente em dúzias de capas de revistas, era a única razão para alguém tomar aquele ferry. Entretanto, como um eficiente museu de arte era um desastre, pois suas paredes curvas eram inadequadas para a exposição de arte, que estava, sem remorsos, organizada sobre partições, móveis, como em uma apresentação de estudantes sem recursos. Mas ninguém veio para ver a arte; ao contrário, todos vieram para ver a arquitetura e da ponte de acesso ao disco voador de Niemeyer as fantásticas vistas da topografia cósmica do Rio de Janeiro (Slessor, 2013, p.9).

Figura 16.1 – Museu de Arte Contemporânea, Niterói – Oscar Niemeyer (ver p.A23). Foto: Paulo Chagas Muniz.

Esses comentários são interessantes porque indicam, de forma clara, o novo e complexo relacionamento entre arte e arquitetura, museus e cidades, turismo e renovação urbana[1]. O Museu de Arte Contemporânea é ainda o mais eficiente chamariz para o público que viaja e busca experiências culturais, mas, nos últimos anos, foram criados museus especializados em praticamente todas as áreas do conhecimento, de tecnologia a história militar, de brinquedos a música. Está claro que museus de história natural, botânica e antropologia, que acumularam grande quantidade de espécimes provenientes das viagens dos exploradores dos séculos XVII e XVIII, ou de máquinas e tecnologia, cujas coleções datam das Exposições Universais do século XIX[2], já estavam plenamente organizados no começo do século XX.

---

1 As expressões "Renovação Urbana" e "Revitalização Urbana" são processos de transformação necessários para a sobrevivência e crescimento das cidades. Enquanto "renovação urbana" acentua a noção de mudança, de reconstrução para melhor, "revitalização urbana" enfatiza a reutilização das estruturas existentes para um melhor uso.

2 São exemplos muito conhecidos os museus de Londres: Victoria and Albert Museum (V&A), fundado em 1852 com as máquinas e objetos da grande Exposição Universal de 1851; e o Natural History Museum, inaugurado em 1881, em um magnífico edifício de ferro fundido e vidro, projeto do arquiteto Alfred Waterhouse.

O interesse pelos museus contemporâneos, com ou sem coleções próprias, dedicados a mostrar as mais variadas formas do conhecimento e do "entretenimento", segundo muitos críticos, é um fenômeno recente, dos últimos vinte ou trinta anos, em todo o mundo. Há exemplos notáveis, analisados não somente por curadores, artistas e críticos, mas por arquitetos, planejadores urbanos e políticos desejosos de inserir suas cidades no itinerário do turismo de massa e na revitalização urbana daí decorrentes.

Há algum consenso entre os críticos de arte e os historiadores da arquitetura de que a construção do Centro Pompidou em Paris, projeto dos arquitetos Renzo Piano e Richard Rogers (1972-1977), marca um momento significativo da evolução do museu, ao transformar a caixa fechada e organizada em percursos predefinidos, em um espaço aberto, contínuo, multifuncional e popular, idealizado pelo museólogo Pontus Hulten. A infraestrutura técnica do museu, como escadas rolantes, elevadores, máquinas de ar-condicionado, caixas d'água, foi levada para fora, deixando o interior vazio, amplo e totalmente flexível, como, aliás, era a planta livre do Museu de Arte de São Paulo (Masp), de Lina Bo Bardi (1957-1968). Anos mais tarde, a arquiteta italiana Gae Aulenti reorganizou os espaços destinados às exposições em salas convencionais enfileiradas, mas o ímpeto renovador estava lançado. Os visitantes não apenas apreciavam as exposições, mas divertiam-se dentro e fora do museu, subindo e descendo pelas escadas rolantes externas, gozando das magníficas vistas sobre os telhados de Paris e da praça frontal, sempre animada com artistas de circo e músicos. O velho e decadente bairro do Marais renovou-se em poucos anos e hoje é um endereço elegante e muito procurado por galerias de arte, escritórios de marchands, arquitetos e turistas amantes das artes (Montaner, 2003, p.40).

Quando Thomas Krens assumiu a direção da Fundação Guggenheim, em 1988, tinha em mente não apenas ampliar os espaços expositivos da excepcional coleção, mas, sobretudo, criar uma rede de museus na sociedade global. Depois de alguns projetos não realizados em Salzburgo, Veneza e Seul e do fracasso da expansão da sede no Soho de Nova York, projetada por Arata Isozaki, a criação do Guggenheim Bilbao foi um acontecimento.

Para compreender o extraordinário sucesso do Museu Guggenheim em Bilbao é importante lembrar que a região, no norte da Espanha, cresceu e desenvolveu-se durante a primeira fase da Revolução Industrial, criando uma poderosa indústria centrada nas máquinas a vapor, calderaria pesada, locomotivas e estaleiros. Com o fim da Segunda Guerra Mundial, houve uma mudança nos padrões energéticos, acarretando um lento declínio econômico.

Figura 16.2 – Centro Pompidou, Paris – projeto de Renzo Piano e Richard Rogers. Foto: Heliana Comin Vargas, 2003.

Uma administração pública empreendedora, buscando reverter esse processo, incentivou a criação de um ambicioso plano diretor, com obras notáveis, como duas linhas de metrô, com estações projetadas por Norman Foster, um centro de convenções, um teatro de ópera e um museu, em associação com a Fundação Guggenheim, que emprestaria as obras.

O arquiteto Frank Gehry (1991-1997) projetou uma obra de gigantescas formas orgânicas revestidas em placas de titânio, contendo um espaço interior complexo, onírico, mas surpreendentemente adequado para a exposição de arte moderna. Frank Gehry vinha há anos experimentando formas não regulares, seja no Museu Vitra, em Weil am Rheim, Alemanha (1987-1989); no Museu de Arte Frederick R. Weisman, na Universidade de Minnesota, Estados Unidos (1990-1993); e na Sala de Concertos Disney, em Los Angeles, na ocasião considerada problemática pelo custo e pela tecnologia construtiva.

Em Bilbao, com a existência de uma indústria naval com máquinas operatrizes disponíveis e mão de obra muito competente, foi possível executar as formas não regradas propostas por Gehry. O museu revela a habilidade de

Gehry em organizar, sob a cascata de formas externas, um conjunto de espaços que é uma síntese dos diversos tipos de concepção museográfica do final do século XX: salas convencionais enfileiradas com iluminação zenital para expor os formatos tradicionais dos quadros; uma gigantesca sala térrea para expor obras como as de Richard Serra, de grande formato; espaços de dupla altura para instalações; e recantos menores para coleções de fotografias ou obras de pequeno formato, como gravuras (AV Monografias, 1998, p.34).

Nos primeiros três anos após a inauguração do museu, visitantes gastaram em impostos cerca de 100 milhões de euros, algo mais que o custo das obras. Em 2012, o museu foi visitado por mais de um milhão de pessoas, metade, pelo menos, vinda do exterior. O museu continua a atrair visitantes, menos pela coleção e mais pela experiência. Bilbao, hoje, é um modelo para inúmeras cidades desprovidas de centros culturais históricos, que buscam atrair visitantes.

A revista *The Economist* (2013, n.5) calcula que, na próxima década, mais de 25 centros culturais, cujo foco está centrado em museus, serão construídos em todo o mundo com um custo estimado de 250 milhões de dólares.

Figuras 16.3. e 16.4 – Museu Guggenheim, Bilbao – Frank Ghery. Fotos: Paulo Bruna.

Com uma diferença de poucos anos e arquitetura igualmente polêmica, o projeto para a expansão da Staatsgalerie, de Stuttgart, do arquiteto James Stirling (1977-1984), transformou o tranquilo museu local no terceiro mais visitado da Alemanha. Tão logo o júri indicou o projeto vencedor, a imprensa alemã foi invadida por uma controvérsia, que, em essência, correspondeu à transformação do museu tradicional, baluarte da alta cultura, em um edifício da cultura de massas, "hedonista e popular, divertido e comunicativo"

(Montaner, 2003, p.94). Além de ampliar a galeria existente, o projeto devia manter a circulação de pedestres da Konrad Adenauer Strasse, parte baixa do vale, até as áreas habitacionais, na parte superior. Havia, portanto, aspectos urbanísticos difíceis de resolver, mas o que mais chocou os arquitetos e a crítica foi o conjunto de citações e colagens. A citação mais controversa foi a inversão em relação ao Altes Museum, de Schinkel, em que a cúpula transforma-se em um pátio redondo aberto, pelo qual podem circular os transeuntes, que, da estação, na parte baixa do vale, buscam suas casas colina acima. As colagens deformadas da arquitetura clássica, as cores fortes e os detalhes extravagantes acabaram por dar ao novo museu uma excepcional repercussão, muito superior à qualidade das obras expostas (Stirling et al., 1985, p.252).

Figuras 16.5 e 16.6 – Staatsgalerie, Stuttgart – James Stirling. Fotos: Paulo Bruna.

A cerca de 60 km de Belo Horizonte, há uma extraordinária coleção de galerias de arte, esculturas e jardins, conhecida como Instituto Inhotim, nas proximidades da área urbana de Brumadinho. Nos anos 1980, o empresário mineiro Bernardo Paz adquiriu uma pequena gleba, que foi sendo ampliada com a compra dos terrenos vizinhos e hoje tem mais de 20 milhões de metros quadrados, cobertos por bosques, lagos e jardins. Atualmente, o lugar "é o mais importante centro de arte contemporânea do país e, dizem os especialistas, um dos mais significativos do mundo" (Serapião, 2011, p.16). Com mais de 20 galerias especialmente projetadas e mais de 500 obras de arte contemporânea, muitas das quais especialmente realizadas para esses espaços, como *Galeria Adriana Varejão*, projeto do arquiteto Rodrigo Cerviño Lopes (2004-2008), o projeto de Inhotim renova-se e cresce continuamente. A cada dois anos, concomitantemente à semana de abertura da Bienal de

São Paulo, quando críticos do mundo inteiro vêm ao Brasil, são inauguradas obras e galerias. Em setembro de 2014, dois novos pavilhões foram abertos ao público: o primeiro, uma grande galeria inteiramente dedicada à obra que Claudia Andujar fez na Amazônia, projeto da firma Arquitetos Associados de Belo Horizonte, que já havia realizado a Galeria Dóris Salcedo (2006), o Centro Administrativo e a Reserva Técnica (2007), a Galeria Cosmococas e a Galeria Miguel Rio Branco (ambas de 2008); o segundo, um pavilhão circular para o trabalho do artista dinamarquês Olafur Eliasson, que já tem outras obras no museu (Folha de São Paulo, 2014).

O interesse dos visitantes levou o Instituto Inhotim a construir uma pousada com uma sede e 42 chalés isolados no meio de um bosque, projeto da arquiteta Freusa Zeichmaster (2008-2014). Inhotim é hoje um endereço internacional surpreendente e fascinante para os amantes das artes, que conta com mais de 250 mil visitantes por ano.

Figura 16.7 – Instituto Inhotim – Galeria Adriana Varejão – Arquiteto Rodrigo Cervino Lopes (ver p.A24). Foto: Eduardo Eckenfels.

Figura 16.8 – Instituto Inhotim – Galeria Adriana Varejão – Arquiteto Rodrigo Cervino Lopes (ver p.A24). Foto: Eduardo Eckenfels.

Figura 16.9 – Instituto Inhotim – Galeria Claudia Andujar – Arquitetos Associados (ver p.A25). Foto: Carlos Alberto Batista Maciel.

Figura 16.10 – Instituto Inhotim – Galeria Claudia Andujar – Arquitetos Associados (ver p.A25). Foto: Carlos Alberto Batista Maciel.

O número de museus em todo o mundo tem crescido de forma exponencial: há duas décadas, havia cerca de 23 mil museus; hoje, há, pelo menos, 55 mil. Em 2012, os museus norte-americanos receberam 850 milhões de visitantes, mais do que todos os eventos esportivos e parques temáticos juntos. Na Inglaterra, mais da metade da população adulta visitou um museu ou galeria de arte no ano passado. Em Paris, o Louvre, que é o museu mais visitado do mundo, recebeu, em 2012, 10 milhões de visitantes, 1 milhão a mais que no ano anterior. A China deverá ter 4 mil museus nos próximos anos, mas pretende continuar a construí-los em grande velocidade[3]. Esses números são estudados atentamente por um amplo espectro de interessados: políticos e administradores públicos, que almejam atrair não apenas turistas, mas moradores mais jovens e qualificados, atraídos por cidades com padrões de vida mais elevados social e intelectualmente; urbanistas, que acreditam no poder regenerador dos museus para deter a decadência de áreas urbanas; mídia, que busca o espetáculo das grandes exposições; e ricos, que encontram nas Diretorias e Conselhos dos museus um ambiente seleto e conveniente para contatos exclusivos.

Mas, os visitantes, por que escolhem museus como destinação turística?

Calligaris (2014) aponta que há, no mínimo, três razões para essa escolha: aumento no nível educacional, especialmente quando se trata de visitantes que detêm um diploma universitário ou uma pós-graduação, associado a um incremento na disponibilidade de férias e tempo de lazer; aumento da população e da renda, somado a indivíduos que não viajam apenas para fazer compras, mas aproveitam-se da facilidade, comodidade e rapidez das viagens; outras motivações ligadas à necessidade dos indivíduos de se posicionarem na busca pelo *status* sociocultural em seu grupo de referência ou de pertença.

Ainda que os museus de arte moderna sejam os mais populares, museus consagrados a um único artista também acabam recebendo um grande número de visitantes, como o Museu Picasso, em Barcelona, aberto em 1963, que, em 2013, recebeu pouco mais de 1 milhão de visitantes, o que reforça o argumento de que o interesse não está centrado no conteúdo dos museus, na cultura e no conhecimento, e sim no fato de visitá-lo.

Em Porto Alegre, o Museu da Fundação Iberê Camargo tem o mesmo objetivo: conservar e difundir a obra do pintor. "A obra, com o tempo, terá uma relevância que ultrapassará as fronteiras brasileiras", escreveu Roberto Segreno no livro sobre a obra do pintor (Fundação Iberê Camargo, 2008, p.107). Projeto do arquiteto Álvaro Siza (1998-2008), destaca-se por contraste com suas obras anteriores, o Centro Galego de Arte Contemporânea (1993), em Santiago de Compostela, e o Museu de Arte Contemporânea da Fundação Serralves (1991-1999), na cidade do Porto. Enquanto as duas últimas são obras horizontais, implantadas em parques extensos com os quais mantêm um diálogo visual, o Museu da Fundação Iberê Camargo é vertical

[3] A revista *The Economist* (2013), em seu número duplo de dezembro, publica os dados citados e um mapa-múndi com a distribuição dos museus no mundo, o número anual de visitantes e a localização das principais concentrações de investimentos culturais.

em sua essência, igualmente voltado sobre si mesmo, mas configurado por um volume branco.

Em esplêndido contraste com o terreno pequeno e muito íngreme, formado por rochas e floresta, tem à frente a linha plana do Guaíba. Kenneth Frampton, impressionado pela complexidade das circulações em rampa, ora externas, ora internas, que vencem apenas um piso com andares com pé-direito duplo e que vão de leste a oeste e, em seguida, de oeste a leste, descreveu-o como "um bloco prismático erodido, num forte contraste com a parede em curva do átrio, que se encontra por detrás das rampas tortuosas" (Fundação Iberê Camargo, 2008, p.99). A difícil execução em concreto aparente branco, impecavelmente coordenada pelo engenheiro José Luiz Canal, desde o início das obras atraiu mais de 7 mil interessados a ver de perto o sistema construtivo. Com as obras terminadas, pode-se comprovar a tensão, dedicação e a constante paixão da pintura e das gravuras de Iberê Camargo, que têm propiciado um fluxo constante de visitantes.

Figura 16.11 – Museu Iberê Camargo, Porto Alegre – Arquiteto Álvaro Siza. Foto: Paulo Bruna.

Figuras 16.12 e 16.13 – Museu Iberê Camargo, Porto Alegre – Arquiteto Álvaro Siza. Foto: Paulo Bruna.

Figuras 16.14 e 16.15 – Centro Galego de Arte Contemporânea, Santiago de Compostela – Arquiteto Álvaro Siza. Foto: Paulo Bruna.

Com o mesmo objetivo, apresentar a obra de um único artista, os arquitetos Francisco Fanucci e Marcelo Ferraz projetaram o Museu Rodin em Salvador, Bahia (2002-2005). Criar uma filial do Museu Rodin fora da França representou um desafio considerável. A sede do museu foi instalada em um palacete construído em 1912 com o dinheiro do cacau, em estilo eclético, localizado em um amplo terreno arborizado no bairro da Graça.

Figura 16.16 – Museu Rodin, Salvador – Arquitetos Francisco Fanucci e Marcelo Ferraz (ver p.A26). Foto: Nelson Kon.

O palacete do Comendador Catharino era listado como patrimônio histórico e as árvores, intocáveis. No palacete restaurado ficaram a recepção e salas de aula no térreo, áreas de exposição nos dois pisos superiores e a administração no sótão. Um anexo, definitivamente contemporâneo, abriga a reserva técnica, espaços para exposições temporárias e um café com restaurante no nível do jardim. Uma passarela de concreto protendido interliga os dois volumes, que se relacionam em uma "situação de confronto e entendimento", como escreveram os arquitetos ao apresentar a obra (Fanucci e Ferraz, 2005).

A incidência crescente de espaços para cafés e restaurantes cada vez mais sofisticados nessas obras também é verdade, transformando-se em mais uma motivação para as visitas aos museus ou, melhor dizendo, aos espaços dos museus, pois os visitantes, nesse contexto, nem sempre têm a intenção de conhecer o acervo. A importância da alimentação, seja para o cotidiano das pessoas, seja para os visitantes/turistas, funciona como um elemento que agrega interesse aos diversos atrativos das cidades, dos quais os museus são fortes representantes.

Outro aspecto que segue nessa mesma direção é a presença de lojas em museus, que, além de ofertar objetos e artesanatos que carregam explicitamente a "marca" do museu, passaram a vender trabalhos de designers "ditos"

Figura 16.17 – Museu Rodin, Salvador – Arquitetos Francisco Fanucci e Marcelo Ferraz. Foto: Nelson Kon.

Figura 16.18 – Museu Rodin, Salvador – Arquitetos Francisco Fanucci e Marcelo Ferraz (ver p.A26). Foto: Nelson Kon.

famosos, por meio de objetos, utensílios, peças de vestuário e artigos de diversas naturezas que fazem a alegria dos turistas, unindo, no mesmo local, duas atividades principais: a visita ao museu e as compras dos tão necessários regalos para marcar a viagem realizada.

O empréstimo de obras de arte para galerias no exterior tornou-se também outra fonte de recursos importantes para muitos museus da Europa, que, dessa forma, complementam a redução de recursos públicos dos últimos anos. A Gemäldegalerie de Berlim recebeu 1 milhão de euros emprestando seus dois Vermeers a museus no Japão, que, tradicionalmente, não têm coleções próprias; o Museu Picasso de Paris arrecadou 30 milhões de euros, a serem empregados na reforma de sua sede, emprestando obras para museus no exterior; esses são exemplos recentes da globalização a que se referia Thomas Krens (The Economist, 2013). Essa tem se tornado uma estratégia das administrações dos museus para ampliar seu público-alvo para além daqueles que conseguem viajar, fazendo com que os acervos aumentem a sua mobilidade e visibilidade e alimentem a produção de espaços expositivos mundo afora. Os mesmos arquitetos, Fanucci e Ferraz (2005), estão empenhados em restaurar o que eles denominaram "Caminho dos moinhos do vale do Taquari" no Rio Grande do Sul. Desses moinhos, o primeiro foi restaurado e transformado no Museu do Pão, situado no centro da pequena cidade de Ilópolis.

Originalmente construído em 1910, o Moinho Colognese é o coração do caminho, composto por três volumes. O moinho, propriamente dito, que é o primeiro dos volumes, voltou a funcionar e a produzir farinha, sobretudo de milho. Seu antigo depósito de grãos foi transformado em uma acolhedora bodega, que oferece produtos da oficina de panificação e produtos da região.

O segundo volume, inteiramente novo, mas integrado aos demais, é o Museu do Pão, que apresenta uma pequena coleção de objetos de panificação utilizados pelos imigrantes italianos do vale do Taquari e mostra, em uma linha do tempo, a presença do pão na história da humanidade. Um pequeno auditório complementa esse pavilhão, apresentando filmes e palestras com temas ligados ao pão e à imigração italiana, entre outros.

O terceiro volume é uma oficina de panificação, que não apenas resgata a culinária tradicional da região como dá formação e capacitação profissional aos jovens interessados (Museu do Pão, 2008). Aqui, novamente, percebe-se a gastronomia, agora não como atividade complementar, mas como parte do conteúdo museográfico, que também adota o conceito de "experienciação" como parte fundamental da atividade turística contemporânea.

Quando todos os moinhos estiverem restaurados, alguns com pousadas e restaurantes, a visitação pode se tornar um passeio inesquecível. Hoje, sair de Porto Alegre, visitar o Museu do Pão e voltar pela Serra Gaúcha, apreciando suas vinícolas, já é uma atividade muito enriquecedora. Poder-se-ia até perguntar: Por que não se projetar um museu do vinho em Garibaldi ou do queijo de Minas Gerais?

Figura 16.19 – Museu do Pão, Ilópolis – Arquitetos Francisco Fanucci e Marcelo Ferraz. Foto: Nelson Kon.

Figura 16.20 – Museu do Pão, Ilópolis – Arquitetos Francisco Fanucci e Marcelo Ferraz (ver p.A27). Foto: Nelson Kon.

Figura 16.21 – Museu do Pão, Ilópolis – Arquitetos Francisco Fanucci e Marcelo Ferraz (ver p.A27). Foto: Nelson Kon.

Figura 16.22 – Museu do Pão, Ilópolis – Arquitetos Francisco Fanucci e Marcelo Ferraz. Foto: Nelson Kon.

Diante do fenômeno de crescimento acelerado do número de museus, faz-se necessário avaliar a expressão que o museu, o seu tema e o seu acervo têm no mercado turístico. Muitas vezes, essa expressão pode ser apenas local, o que, embora não retire o mérito de sua construção, freia as expectativas de seus idealizadores, seja em termos do retorno esperado pelo investimento, seja pela fraca capacidade de alavancar o desenvolvimento local, o que nos remete à citação que abre o capítulo e nos faz pensar, por exemplo: quanto o museu de Niterói tem agregado valor para a cidade que o abriga?

Referências bibliográficas

AV. MONOGRAFIAS, Madrid n.69-70, 1998, p.34

CALLIGARIS, C. Vigilia para o ano novo. In. *Folha de S. Paulo*. 2014.

FANUCCI, F.; FERRAZ, M. *Brasil Arquitetura*. São Paulo: Cosac Naify, 2005, p.98.

FOLHA DE SÃO PAULO, 11 de fevereiro de 2014 – Ilustrada.

FUNDAÇÃO IBERÊ CAMARGO/ALVARO SIZA, F. K. (org), São Paulo, Cosac Naify, 2008, p.107

MONTANER, J.M. *Museus para o século XXI*. Barcelona: Gustavo Gili, 2003, p.40.

MUSEU DO PÃO. Caminhos dos Moinhos – Associação dos Amigos dos Moinhos do Vale do Taquari. Rio Grande do Sul, 2008.

SERAPIÃO, F. *Monolito*. São Paulo, n.4, p.16, 2011.

SLESSOR, C. *The Architectural Review*. Londres, v.233, n.1391, p.9, 2013.

STIRLING, J.; WILFORD, M. et al. Obras y Proyectos, Introduccion por ColinRowe. Barcelona: Editorial Gustavo Gili, 1985, p.252.

THE ECONOMIST – *Special Report Museums*, Londres, 21 dez. 2013, p.5

Capítulo 17

Arquitetura hoteleira: meio, fim ou imagem?

Cristina Pereira de Araujo

> A psicosfera, reino das ideias, crenças, paixões e lugar da produção de um sentido, também faz parte desse meio ambiente, desse entorno da vida, fornecendo regras à racionalidade ou estimulando o imaginário. [...] Sua inspiração e suas leis têm dimensões mais amplas e mais complexas (Santos, 2006, p.256).

Trabalhar, relaxar, ver e ser visto. A hotelaria, com o passar do tempo, transcendeu seu valor de uso, hospedagem pura e simples, como os pousos e estalagens do início do século passado no Brasil, para assumir valor de troca e valor de signo[1].

Hospedar-se, no século XXI, assume vários significados. Do ponto de vista da demanda, significa desde a escolha de um hotel bem localizado – e com suítes funcionais –, em que se possa ter a base para deslocamento a trabalho e/ou lazer, o *hotel meio*, até a opção de hotéis em que sua estrutura em si já justifique a viagem, *o hotel fim*. Para ambos os casos, o ato de hospedar-se toma um significado tal, valor de signo[2], que exacerba o sentido da simples hospedagem, transformando-a em sinônimo de *status* e poder, o *hotel imagem*.

---

[1] Há uma farta literatura acerca das definições de valor de uso, valor de troca e, mais recentemente, valor de signo, todas elas no âmbito do sistema de produção capitalista. Para os fins deste capítulo, basta a compreensão de que um determinado objeto assume valor de troca, deixando de ter somente valor de uso, a partir do momento em que ele se transforma em mercadoria, objeto de desejo. Já o valor de signo pode ser relacionado a valores culturais e de construção da imagem (Baudrillard, 2008).

[2] Para Vargas, a cultura e o *status* contribuem para a construção de uma marca, da grife. "A

Sob a ótica da oferta, é a arquitetura que acompanha o desenvolvimento do produto hoteleiro nas suas diferentes facetas, na transição entre o hotel como valor de uso (negócio de um proprietário) para valor de troca (associação às redes hoteleiras e mercado financeiro) e valor de signo. Nesse sentido, ela assume papel preponderante, aliando anseios tanto do lado da oferta (a maximização do valor da diária) quanto da demanda (o desejo pelo *status*). Estabelecer relações entre a produção arquitetônica brasileira atual e o que se propõe denominar hotel meio, hotel fim e hotel imagem é objetivo deste capítulo, mas não sem antes contextualizar o desenvolvimento da hotelaria ao longo do tempo.

Antedecentes do desenvolvimento do setor hoteleiro

As viagens motivadas pela peregrinação, como uma das práticas que originaram o turismo, já aparecem durante os séculos XV e XVI, organizadas por religiosos que mantinham uma rede de hospedarias para viajantes. Já nos séculos XVII e XVIII, uma forma de turismo mais próxima da atualidade servia às elites, pelos *Grand Tours* europeus (Urry, 2001). A essa fase corresponde a hospedagem palaciana, patrocinada pelo próprio Estado, seja nos palácios da nobreza, seja nas instalações militares e administrativas (Andrade et al., 2001).

O século XVIII, por sua vez, presenciaria o desenvolvimento de uma infraestrutura turística em torno dos balneários europeus, cujo objetivo era medicinal: os banhos eram de imersão e destinavam-se à cura e não ao prazer, como ocorre com os banhos de mar na atualidade. No século XIX, pode-se afirmar que a viagem ganharia "marca de *status*". As pessoas não mais viajariam somente por motivo de negócios: viajar e sair de férias seriam elementos essenciais para a sociedade moderna (Araujo, 2004; Urry, 2001).

Data de 1870 o conceito de quarto com banheiro privativo como meio de hospedagem, introduzido pelo suíço César Ritz no primeiro hotel planejado em Paris, conceito este que se expandiria para os Estados Unidos em 1908 (Andrade et al., 2001). Contudo, seria somente a partir da década de 1920 e, sobretudo, nos anos 1950, em decorrência da nova divisão internacional do trabalho e como resultado da consolidação do modo de produção fordista, que ocorreria a instalação de um grande número de hotéis nos Estados Unidos e na Europa.

---

diferenciação por valores muitas vezes imaginários que reforçam a segregação por classes sociais." (2014b, p.47).

Para o geógrafo alemão Walter Christaller (1955 apud Mello e Silva, 2001), entre os anos 1900 e 1930, o turismo já passaria a ser encarado como fenômeno de massa, agregando aos grandes centros turísticos europeus que começaram a surgir no período anterior (1870-1900) – Montreux, Nice, Interlaken, etc. – a segmentação esportiva, muito bem expressa pelo turismo nos Alpes. De 1930 em diante, a operacionalização da atividade turística por agências de turismo, associada à disponibilidade do transporte aéreo, marcaria a expansão de suas fronteiras para além dos continentes europeu e norte-americano, atingindo também a América Latina.

Vale ressaltar que a expansão do modelo fordista para o continente europeu e para o Japão também traria consigo a necessidade de novos serviços atrelados às empresas multinacionais: os bancos, as agências de seguros e os hotéis (Harvey, 2003; Araujo, 2004). Ou seja, além do turismo de lazer, também surgia, de forma intensa, a segmentação direcionada aos negócios, o chamado turismo de negócios, decorrente, portanto, da internacionalização do fordismo no mundo moderno.

Em paralelo, no Brasil, os primeiros hotéis iriam surgir somente no início do século XIX, impulsionados pela chegada da Corte Portuguesa ao Rio de Janeiro, que trouxe consigo demandas diplomáticas e, consequentemente, a demanda por alojamentos, que até então eram realizados em estalagens e tabernas. No século XVIII, seriam os pousos, vendas e hospedarias à beira das estradas, além das casas-grandes dos senhores de engenho, fazendas e conventos, que serviriam de meios de hospedagem (Araujo, 2014; Andrade et al., 2001).

O hotel Avenida, inaugurado em 1908, foi o primeiro grande hotel do Brasil à época. Teria sido beneficiado pelo Decreto n. 1.160, de 23 de dezembro de 1907, que isentava, por sete anos, de todos os emolumentos e impostos municipais os primeiros cinco grandes hotéis que se instalassem no Rio de Janeiro (Andrade et al., 2001). O hotel Avenida possuía 220 quartos, luz elétrica, telefone em todos os quartos e elevador: amenidades consideradas avançadas para a época. Era propriedade da Companhia Ferro-Carril do Jardim Botânico e foi construído por Francisco de Azevedo Monteiro Caminhoá[3]. Tratava-se do segundo edifício do país, construído especialmente para abrigar um empreendimento hoteleiro (Proserpio, 2007).

Sua fachada eclética (Figura 17.1) conferia ares parisienses ao prédio que ocupava uma quadra delimitada pela recém-inaugurada avenida Central

---

[3] Disponível em: http://www.light.com.br/Repositorio/CCL/Hotel%20Avenida.pdf. Acessado em: 04 mar. 2014.

(atual avenida Rio Branco) e pelo Largo da Carioca. No térreo funcionava uma estação circular dos bondes da Companhia Ferro-Carril do Jardim Botânico (proprietária do imóvel), conhecida por Galeria Cruzeiro, que também dispunha de bares e restaurantes. Ambos, o hotel e a galeria, foram marcos importantes da cena carioca e assim se mantiveram até 1957, quando foram demolidos e deram lugar à construção do edifício Avenida Central, inaugurado em 1961. Sua demolição inspirou o poema "A um hotel em demolição" de Carlos Drummond de Andrade, do livro *A vida passada a limpo*[4].

Figura 17.1 – Hotel Avenida e Galeria Cruzeiro: um dos cartões-postais do Rio de Janeiro do início do século XX. Disponível em: http://www.riodejaneiroaqui.com/portugues/rio-antigo-hoteis.html. Acessado em: 04 mar. 2014.

Mas, sem dúvida, o empreendimento que permanece como ícone e marco da hotelaria nacional é o Copacabana Palace[5] (Figura 17.2). Projeto do francês Joseph Guire inaugurado em 1922, foi inspirado no Hotel Carlton, de Cannes (França). Idealizado pelo empresário Otávio Guinle, foi o primeiro hotel de luxo do país que, com seus 223 apartamentos, almejava receber seus hóspedes à maneira europeia.

[4] Idem.

[5] Atualmente, o Copacabana Palace faz parte da rede de hotéis de luxo Orient Express e segue mantendo seu glamour a despeito de seus mais de 90 anos de idade.

Figura 17.2 – Hotel Copacabana Palace, Praia de Copacabana, Rio de Janeiro. Endereço imponente há mais de nove décadas e marco da hotelaria nacional. Foto: Cristina Araujo, 2012.

Não só sua fachada, mas também a ambientação e decoração dos apartamentos são alinhadas ao estilo *art déco*, com nítida inspiração na Belle Époque francesa (Araujo, 2014; Luccas, 2005). Contudo, a precariedade dos serviços de transporte à época deixou o hotel isolado até os anos 1950, quando se inicia um processo mais intenso de urbanização no Brasil e, com ela, a abertura de eixos rodoviários. Naturalmente, esse processo estava alinhado à expansão internacional do fordismo, conforme já mencionado.

Também de Joseph Guire é o hotel Glória[6], construído em 1922 por ocasião da comemoração do centenário da Independência do Brasil com a finalidade de abrigar as delegações estrangeiras na cidade do Rio de Janeiro. Trata-se do primeiro prédio em concreto armado da América do Sul.

As décadas que se seguiram assistiram à proliferação de hotéis de pequeno e médio porte destinados a atender a demanda doméstica, rela-

---

6 De propriedade da família Tapajós desde 1949, em 2008 foi adquirido pelo grupo EBX, do empresário Eike Batista, e, atualmente, encontra-se nas mãos do fundo de investimento suíço Acron, que adquiriu o hotel pelo valor de R$ 200 milhões. A expectativa de sua reinauguração é para as Olimpíadas de 2016 sob a gestão de uma operadora hoteleira internacional (Pinheiro et al., 2014).

cionada aos negócios, sobretudo nas cidades com economia do setor primário mais pujante à época: algodão, café, cacau, borracha. Na maioria deles, a fachada eclética segue a linha dos grandes hotéis recém-construídos na capital Rio de Janeiro, porém, em proporções menores, como se pode observar, por exemplo, no hotel Globo (Figura 17.3), em João Pessoa.

Figura 17.3 – Hotel Globo, em João Pessoa. Construído em 1928 por seu proprietário Henrique Siqueira, em uma mistura de estilo neoclássico, *art déco* e *art nouveau*. Os seus salões abrigavam os banquetes governamentais e as grandes festas promovidas pela sociedade durante seu apogeu, nos anos de 1930 a 1950, quando a cultura algodoeira prosperava na Paraíba. Atualmente, o hotel é aberto à visitação como bem tombado pelo patrimônio histórico estadual. Foto: Cristina Araujo, 2013.

O surgimento dos hotéis-cassino nos anos 1940 traria uma nova função aos meios de hospedagem: o lazer, onde o hotel seria a própria atração. Dinamizaram cidades como Petrópolis (RJ), Santos (SP), Araxá e Poços de Caldas (MG). O hotel-cassino Quitandinha, em Petrópolis, é um exemplar dessa época (Figura 17.4).

Inaugurado em 1944, o hotel-cassino Quitandinha foi concebido para ser o maior cassino da América Latina. Idealizado por Joaquim Rolla, dono de outros cassinos no Rio de Janeiro e em Minas Gerais, e projetado pelos arquitetos Luis Fossati e Alfredo Baeta Neves, o Quitandinha faz referência

Figura 17.4 – Hotel Quitandinha, Petrópolis, Rio de Janeiro. Em 2007, o hotel-cassino Quitandinha foi adquirido pelo Sesc Rio – com exceção dos apartamentos que pertencem a proprietários particulares – e atualmente funciona como um polo de cultura e diversão, integrado à rede Sesc. Foto: Renata Guarany, 2014.

à linguagem normanda, seguindo a tendência dos cassinos europeus. Toda a ambientação interna ficou a cargo da decoradora e cenógrafa norte-americana Dorothy Draper, que trouxe a inspiração dos cenários de Hollywood para compor sua atmosfera. Era composto por 100 apartamentos, inovações e extravagâncias para a época, com uma central elétrica com capacidade para servir uma cidade de 20 mil habitantes, pista de patinação no gelo, piscina térmica e até mesmo uma praia artificial junto a um lago. A cúpula do Salão Mauá é a segunda maior cúpula do mundo – perde apenas para a cúpula da Catedral de São Pedro –, com seus 30 m de altura e 50 m de diâmetro[7].

Com a proibição dos jogos de azar em 1946 por meio de Decreto Federal, o Quitandinha e demais hotéis-cassino tiveram de se reposicionar. Muitos acabaram fechando suas portas, e as cidades que não possuíam outros atrativos turísticos acabaram sofrendo mais com a evasão ocorrida (Dias, 1990).

A mudança da capital para Brasília, associada à instalação da indústria automobilística nos anos 1950 e à ampliação da aviação comercial, conduziria a um surto de desenvolvimento da hotelaria brasileira. Dias (1990)

---

[7] Disponível em: http://www.sescrio.org.br/noticia/20/06/11/conheca-a-historia-da-mais-recente-unidade-sesc-rio e, http://g1.globo.com/rj/regiao-serrana/noticia/2014/02/palacio-quitandinha-em-petropolis-rj-completa-70-anos-de-historia.html. Acessado em: 06 mar. 2014.

sinaliza que a fundação de Brasília, em 1960, provocaria uma corrida nas construções de hotéis que se iniciou com o Hotel Nacional, seguido do Brasília Palace, Brasília Imperial, Planalto, Itamaraty e Alvorada.

O Brasília Palace Hotel (Figura 17.5) foi inaugurado em 1958 pelo então presidente Juscelino Kubistchek antes mesmo da fundação de Brasília, que ocorreu em 1961. Projeto de Oscar Niemeyer, possui ícones da concepção de arquitetura moderna, com o prédio sobre pilotis, os brises e a estrutura em concreto armado. Os painéis do artista plástico Athos Bulcão são tombados pelo patrimônio histórico[8].

Figura 17.5 – Hotel Brasília Palace, projeto de Oscar Niemeyer e exemplo de arquitetura modernista. Foto: Crystina Aoki, em 2015.

No espírito da arquitetura moderna e contemporâneo ao Brasília Palace, figuram o Grande Hotel (Figura 17.6), em Ouro Preto (MG), de Oscar Niemeyer, e o Park Hotel (Figura 17.7), em Nova Friburgo (RJ), projeto de Lúcio Costa. Ambos exemplares valiosos da conciliação de um passado colonial com os cânones da arquitetura moderna: lajes sobre pilotis, janelas

[8] Disponível em: http://www.brasiliapalace.com.br/. Acessado em: 09 mar. 2014.

Figura 17.6 – Grande Hotel Ouro Preto, de 1945, projeto de Oscar Niemeyer. Foto: Rodrigo Queiroz, em 2014.

Figura 17.7 – Park Hotel, de 1944, localizado no Parque Clemente, em Nova Friburgo. Projeto de Lúcio Costa. Foto: Eliane Lordello, em 2007.

em série e predominância da linha horizontal (Lordello, 2008; Comas, 2010). Diferentemente do Copacabana Palace, esses hotéis acabaram se inserindo ao contexto do lugar, não assumindo, no senso comum, um papel de ícone urbano. Ou seja, não são marcos que, por si, levam o turista até a cidade.

Durante a década de 1960, com o surto de urbanização e industrialização em que se destacavam cidades com um grande volume de negócios como São Paulo, já era possível desenhar um parque hoteleiro com proporções razoáveis, de acordo com Dias (1990):

- Rio de Janeiro: Copacabana Palace, Glória, Trocadero, Guanabara Palace, Excelsior.
- São Paulo: Jaraguá, Alvear, Excelsior, Ca'd'Oro, Comodoro.
- Belo Horizonte: Normandy, Brasil Palace, Ambassy e Amazonas.
- Salvador: Palace, Grande Hotel da Barra, Grande Hotel da Bahia, Oxumaré e Plaza.
- Porto Alegre: Plaza Hotel, City Hotel e Everest.
- Pernambuco: Grande Hotel, Boa Viagem e 4 de Outubro.
- Paraná: Iguaçu, Guairá.
- Vitória: Canaã.
- Manaus: Hotel Amazonas.

Mas seriam os incentivos fiscais – Decreto-lei n. 1.191, de 27 de outubro de 1971, que cria o Fundo Geral de Turismo (Fungetur) e Decreto-lei n. 1.376, de 12 de dezembro de 1974, que cria o Fundo de Investimento do Nordeste (Finor), o Fundo de Investimento da Amazônia (Finam) e o

Fundo de Investimentos Setoriais (Fiset) –, destinados a prover recursos para o financiamento de obras, serviços e atividades turísticas considerados de interesse nacional, que viabilizariam o turismo como alternativa para o processo de desenvolvimento econômico, iniciando a aposta, ainda que tímida, no turismo direcionado exclusivamente ao lazer.

O Finor financiou 60 projetos no período de 1960 a 1994, com investimentos estimados em cerca de US$ 245 milhões, a maioria deles destinados a hotelaria de luxo (Araujo, 2011; Proserpio, 2007). Ou seja, os recursos acabaram por viabilizar uma hotelaria direcionada a uma demanda solvável, cujos equipamentos dispunham de elementos atrativos tanto ao turismo de negócios – o salão de convenções –, quanto ao lazer – piscina, sauna e equipamentos esportivos.

Já na década de 1970, sob o efeito do "milagre econômico" brasileiro aliado ao acirramento da competição de mercado e aos incentivos fiscais proporcionados ao setor, assiste-se ao crescimento das redes hoteleiras nacionais, tendo como pioneira a rede Othon, e as internacionais, destacando-se o grupo Hilton Internacional Corporation, o primeiro a chegar ao Brasil, que inaugurou, em São Paulo, o hotel Hilton, em 1971 (Figura 17.8).

Projeto do arquiteto Mario Bardelli, o hotel trazia como inovação a oferta de espaços para convenções, teatro e restaurantes, que ocupavam a totalidade da projeção do terreno nos primeiros pavimentos; sobre essa base, erguia-se uma torre cilíndrica. Tratava-se de um endereço de luxo na cidade de São Paulo[9].

A partir dos anos 1980, como resposta ao cenário econômico desfavorável pelo qual o país passava e à falência do sistema financeiro da habitação, observa-se o crescimento do setor de flats, como alternativa de produto imobiliário para as construtoras, que vinha ao encontro de uma demanda por hospedagem de padrão intermediário que, nas décadas anteriores, não haviam encontrado respaldo, já que os investimentos eram direcionados à hotelaria de luxo (Araujo, 2014).

Os primeiros anos da década de 1990 registrariam o início de uma entrada expressiva de capital estrangeiro no Brasil, para o setor hoteleiro inclu-

---

[9] Desativado em 2004, para ocupar endereço junto ao Centro Empresarial Nações Unidas (Cenu) na valorizada região da Berrini, em suas instalações funcionam hoje o Tribunal de Justiça de São Paulo. A fachada e os jardins projetados pelo paisagista Burle Marx no décimo andar foram preservados, ambos tombados pelo Departamento de Patrimônio Histórico de São Paulo (DPH).

Figura 17.8 – Hotel Hilton no centro de São Paulo: fachada tombada pelo DPH. Foto: Cristina Araujo, 2014.

sive, decorrente do processo de liberalização e desregulamentação financeira e de um intenso processo de fusões e aquisições. Marca o avanço das redes hoteleiras internacionais e, com elas, o foco na rentabilidade do negócio, contribuindo para o aperfeiçoamento dos processos de gestão e operação. Fundos de pensão, construtoras e até mesmo pequenos investidores (pessoa física) passam a ser parceiros do negócio hoteleiro (Araujo, 2011; Bonfato, 2006; Proserpio, 2007). Nesse contexto, o hotel deixa de ser valor de uso, de ser negócio para um proprietário, e assume características de valor de troca, um ativo passível de investimento na bolsa de valores, financiável por capital nacional ou estrangeiro, pessoa física ou pessoa jurídica.

É nesse período também que se aposta mais entusiasticamente no turismo de sol e praia, devido ao incentivo de políticas públicas federais de turismo, com franca expansão da rede hoteleira ao longo do litoral brasileiro concomitantemente a uma urbanização turística.

Na atualidade, assiste-se, portanto, a uma multiplicidade de tipologias arquitetônicas que vem atender às expectativas da demanda e ao poder aquisitivo de empreendedores e de investidores. Os hotéis já não possuem mais um único proprietário, deixam de ser valor de uso e negócio para um único investidor para também assumir a categoria de valor de troca, em que, atrelados a redes hoteleiras, passam a ser encarados como um ativo, um investimento imobiliário.

Nesse panorama, presencia-se a criação de novos produtos hoteleiros ou a renovação de antigos produtos, e o estudo de viabilidade do negócio é que vai permitir identificar possíveis nichos de mercado (Bonfato, 2006), em que se destacam os hotéis econômicos, geralmente atrelados a redes hoteleiras. O que não significa afirmar que não há espaço para os hotéis de categoria superior (*midscale*) ou de luxo (*upscale*) que, não por acaso, no processo de *retrofit*, passam a adquirir *status* de ícones arquitetônicos e assumem valor de signo.

Na contemporaneidade, tudo vai depender, portanto, da definição do público-alvo e da localização do empreendimento, ou seja, a quem se pretende atender: o viajante prioritariamente a negócios, o viajante prioritariamente a lazer ou, em ambos os casos, um hóspede que requeira, acima de tudo, sofisticação e exclusividade. Tal consideração permite inferir três situações distintas de empreendimentos e suas arquiteturas, que venham ao encontro da expectativa do hóspede e do investidor no cenário atual: a do hotel meio, do hotel fim e do hotel imagem.

O hotel meio: trabalho e conveniência

Os hotéis econômicos e *flats* são, por excelência, a tipologia mais associada ao hóspede de negócios[10]. Ambos possuem na localização e na funcionalidade da unidade habitacional os seus elementos atrativos principais. Geralmente são construídos próximo à demanda potencial de hospedagem, em zonas comerciais ou industriais ou ainda próximo a aeroportos. Em grandes cidades, como São Paulo, a hotelaria se espalha pelos grandes eixos de edifícios de escritórios: avenida Paulista, avenida Faria Lima e avenida Luis Carlos Berrini (Vargas, 2014a), servindo-lhes de apoio.

---

[10] Não que *resorts* ou hotelaria de luxo sejam excluídos dessa categoria, já que o hóspede pode querer utilizá-los apenas como um hotel meio; o que vai determinar a escolha por uma ou outra tipologia é a capacidade de pagamento. No entanto, os hotéis de categoria econômica são os mais buscados. Todas as grandes redes hoteleiras atuantes no Brasil – notadamente a Accor –, em seu plano de negócio, contemplam a expansão prioritária do segmento econômico.

Inicialmente, foram os *flats* os primeiros empreendimentos a atender a esse segmento de hospedagem dentro de um padrão intermediário, pois, como visto, até a década de 1970, os investimentos prioritários eram em hotéis de luxo. Foi também alternativa para investimentos no setor imobiliário em meio à crise econômica que assolava o país durante as duas décadas que se seguiram. Nessa perspectiva, os *flats* correspondiam, em um primeiro momento, ao valor de uso, já que representavam uma alternativa de negócio e renda para seus proprietários, conforme tratado no Capítulo 5.

A separação entre propriedade e gestão – a passagem para o valor de troca – aqui no Brasil contou com a iniciativa da rede hoteleira francesa Accor que, a partir de 1978, passou a investir em uma bandeira, a Parthenon[11], cuja unidade habitacional era composta por quarto, sala, banheiro e cozinha equipada, além de ampla infraestrutura de serviços e lazer (Spolon, 2006; Araujo, 2014).

Idealizados para estadias mais longas e, portanto, muito funcionais para atender o segmento de negócios, os empreendimentos de flats assemelhavam-se a um prédio residencial e seguiam a mesma lógica construtiva dos edifícios de apartamentos da década de 1980. Talvez o fato de corresponder a uma residência temporária, já que o tempo de permanência geralmente é superior a um mês, tenha sido determinante na decisão de se tentar reproduzir algo semelhante ao edifício residencial[12].

Incorporados pelas grandes empresas imobiliárias do período, seriam as construtoras e os demais profissionais do setor que alavancariam o empreendimento, dando ao edifício uma fachada eclética que atendesse ao padrão construtivo ditado por essa ou aquela construtora (Vargas e Araujo, 2014). Os *flats* na região dos Jardins e Moema, na cidade de São Paulo, refletem esse período (Figura 17.9). A partir de 1990, as fachadas tornam-se similares às de edifícios de escritórios: fachadas envidraçadas e marquise de entrada, bem ao estilo internacional preconizado pela Escola de Chicago[13], marcando a identidade dos edifícios corporativos (Figura 17.10).

---

[11] A bandeira Parthenon vigorou no Brasil até meados de 2000. Atualmente, a Accor trabalha com o segmento de apart hotel pela bandeira Adágio.

[12] Para Dias (1990), "*home away from home*"; o viajante tem a necessidade de experienciar lugares novos, mas, ao mesmo tempo, se sentir em casa.

[13] Em Vargas (2014a), é possível obter uma explanação didática sobre a arquitetura relacionada aos edifícios corporativos e sua relação com a Escola de Chicago.

Figuras 17.9 e 17.10 – *Flats* na região de Moema. À esquerda, construído na década de 1980, tem sua fachada semelhante a de um edifício residencial, coincidindo acabamentos e discrição no hall de entrada. À direita, construído posteriormente, adota o vidro na fachada e o uso de marquises, buscando maior identidade com os edifícios corporativos (ver p.A28). Foto: Cristina Araujo, 2014.

Embora o novo Sistema Brasileiro de Classificação de Meios de Hospedagem (SBClass)[14] preconize para *flats* unidades habitacionais de 34 a 39 m^2, com espaços distintos para dormir, estar e cozinhar (Figura 17.11), o que se observa é que a década de 1990 traria uma aproximação maior entre o apartamento do *flat* e a unidade habitacional hoteleira, não só na fachada, mas também na unidade habitacional. Isso porque houve uma redução considerável de tamanho da unidade, assemelhando-se ao de um quarto de hotel, contando apenas com o mobiliário para fazer a separação de ambientes (Figuras 17.11 e 17.12): de 45 m^2, em média, para 25 m^2, motivo pelo qual, certamente, nenhum *flat* ou apart-hotel encontra-se na lista de classificados por estrelas pelo SBClass[15].

[14] O novo Sistema Brasileiro de Classificação de Meios de Hospedagem traz definições e recortes claros dos requisitos mínimos a serem atendidos pelas tipologias hoteleiras (hotel, *resort*, hotel fazenda, cama e café, hotel histórico, pousada, *flat/apart*) e para a sua classificação por estrelas. Disponível em: http://www.classificacao.turismo.gov.br/MTUR-classificacao/mtur-site/. Acessado em: mar. 2014.

[15] Veja listagem completa em http://www.classificacao.turismo.gov.br/MTUR-classificacao/mtur-site/pesquisarClassificados. Acessado em: mar. 2014.

Figuras 17.11 e 17.12 – Unidades habitacionais em *flats*. À esquerda, uma unidade de 45 m² apresentando uma divisão distinta entre ambientes. À direita, uma unidade habitacional de 29 m² tendo somente no mobiliário a sugestão de divisão de ambientes. Foto Cristina Araujo, 2014.

A redução do tamanho associado à incorporação desse tipo de empreendimento pelas redes hoteleiras durante a década de 1990, como reflexo da liberalização financeira e consequente avanço das redes hoteleiras internacionais no Brasil, deu abertura para a oferta de hotéis de categorias econômica e supereconômica, segmento muito bem explorado novamente pela rede francesa Accor, líder em número de hotéis e apartamentos no Brasil, que tem em seu portfólio bandeiras que atendem da categoria supereconômica a luxo.

A introdução do conceito de "marcas" ou bandeiras, associada à profissionalização da gestão, gerou um novo conceito de hospedagem para o mercado brasileiro, pois trouxe consigo a ideia de que a própria empresa poderia divulgar o padrão do serviço e da tarifa de acordo com a bandeira, bem como estabelecer o programa arquitetônico, relacionando áreas, funções e até a escolha dos materiais utilizados. Esse padrão seguiria um nível global, ou seja, aqui ou fora do país o cliente saberia antecipadamente o tipo de serviço e o padrão de hospedagem que estaria comprando.

Ademais, as redes trouxeram uma maior separação entre a propriedade do imóvel e a gestão hoteleira, deixando a cargo de investidores domésticos – pessoa física ou jurídica, como construtoras e fundos de pensão – a responsabilidade pela construção e financiamento do imóvel, pulverizando o empreendimento entre vários investidores, porém, sempre sob o rígido controle de gestão da rede (Araujo, 2011; Proserpio, 2007).

O que se observa é que o maior aporte de capital das redes e de seu *pool* de investidores tende a suplantar os negócios da hotelaria independente de pequeno porte, que, apesar de ainda responder pela maioria da oferta, estão perdendo espaço para as redes hoteleiras, que hoje já respondem por, aproximadamente, um terço da oferta no país. Ou seja, o setor hoteleiro está gradativamente deixando de ser valor de uso para assumir valor de troca. A profissionalização da gestão acompanhada de padronização das unidades, que vai do mobiliário à planta da unidade e fachadas (Figuras 17.13 a 17.16), agrega imagem ao produto e confiabilidade junto ao público que é fidelizado pelas estratégias de marketing que conferem estadias grátis mediante frequência.

Para atender ao segmento *midscale*[16], vende-se, além da acessibilidade e proximidade de modais de transporte, o conceito de unidade habitacional (UH) enxuta, direcionado ao hóspede que está tanto a negócios quanto a lazer, cuja capacidade de pagamento não contemple diárias correspondentes à hotelaria de luxo.

Para o padrão supereconômico, o tamanho do quarto é de aproximadamente 12 m^2, composto de duas ou três camas (a terceira tipo beliche), mesa para trabalho e banheiro, que, por sua vez, pode apresentar planta segmentada: espaços individuais para chuveiro, lavatório, bacia sanitária (Figura 17.13), acesso à rede sem fio na UH, ar-condicionado central, recepção customizada, *vending machines*, área para café da manhã. Para o padrão econômico, a área do quarto é um pouco maior, em torno de 16 m^2 (Figura 17.14) e geralmente contempla um restaurante no lobby com área de estar e leitura.

Por fim, do ponto de vista urbanístico, o hotel meio, além de atender aos preceitos de localização e proximidade a modais de transporte, como já mencionado, geralmente se encontra inserido em áreas urbanizadas e de alta densidade construtiva, cuja altura do edifício varia de acordo com a legislação de uso do solo vigente e plano de negócio da oferta hoteleira.

O hotel fim: lazer e descanso

Ao contrário do hotel meio, no qual funcionalidade e acessibilidade são quesitos fundamentais para o hóspede que deseja um hotel apenas como forma de viabilizar a sua estadia em um determinado lugar, o hotel fim tem como seu cliente preferencial o turista a lazer. Nessa categoria[17] enquadram-se os *resorts*.

---

[16] A categoria de padrão superior, que envolve hotéis de luxo, será abordada no tópico "O hotel imagem".

[17] Embora pousadas, hotéis fazenda e hotéis de selva também se enquadrem na categoria de hotéis de lazer, são os *resorts* que mais correspondem a um entendimento de hotel fim, uma vez que, hospedado, o turista não precisa sair da propriedade intramuros para ter acesso a uma ampla gama de serviços e lazer.

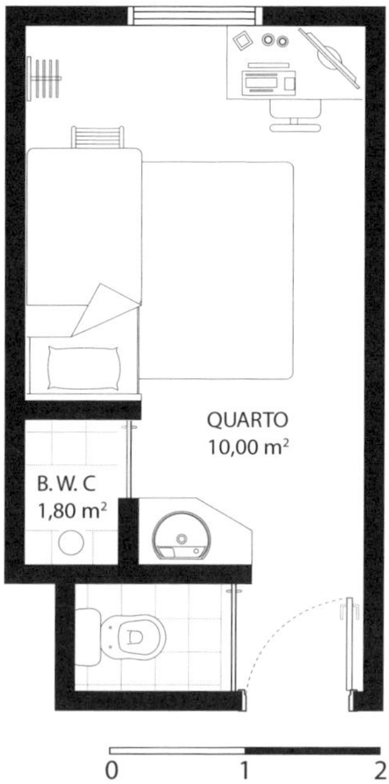

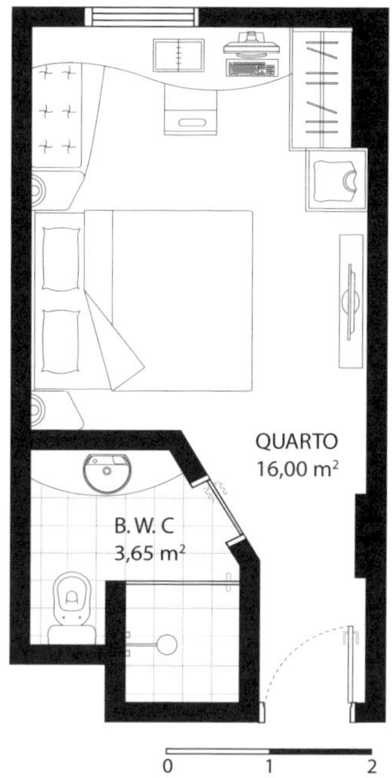

Figuras 17.13 e 17.14 – À esquerda: unidade habitacional padrão de um hotel supereconômico. À direita: unidade habitacional padrão de um hotel econômico. Desenho de Jéssica Roosen a partir de croqui realizado *in loco* pela autora.

Figuras 17.15 e 17.16 – Padronização de fachadas, quanto ao uso de materiais, pelos hotéis da rede Accor nas categorias econômica e supereconômica. Fotos: Cristina Araujo, 2014.

Por ser o precursor aqui no Brasil, com entrada em 1979 pela inauguração do Club Med Itaparica, no município de Itaparica, na Bahia, foi a rede francesa Club Méditerranée[18] que acabou influenciando o programa dos equipamentos, a linguagem arquitetônica, bem como a vinda de demais redes hoteleiras internacionais de tipologia *resort*[19], que, motivadas pelo processo de liberalização financeira dos anos 1990, aliada à disponibilidade de terra barata à beira-mar e programas de incentivo fiscal, como o Prodetur/NE[20], apostaram no turismo de sol e praia, notadamente na costa nordestina, com ênfase aos estados da Bahia, Pernambuco e Ceará (Araujo, 2011).

No distrito de Trancoso, em Porto Seguro, na Bahia, está a mais recente unidade do Club Med[21], inaugurada no ano de 2002. Composta por 250 quartos distribuídos em bangalôs rearranjados em oito blocos de dois andares (térreo + 1), em duas áreas de alojamentos, além do lobby e ampla área de lazer, inclui conjunto de piscinas, quadras e campo de golfe.

O projeto arquitetônico ficou a cargo do escritório Aflalo & Gasperini, que trabalhou em conjunto com os escritórios Krause & Bohne Architects, da Alemanha, e Remi Camoin, da França[22]. A implantação do empreendimento em uma área original de 1.200 hectares[23] levou em consideração as restrições ambientais preconizadas pelo Instituto do Patrimônio Histórico Artístico e Nacional (Iphan)[24] de Porto Seguro, e o partido arquitetônico

---

[18] Inaugurado na década de 1950, por Gerald Biltz, o Club Med nasce com o conceito de centro de lazer, compreendendo a figura de organizadores de esportes e entretenimentos (os gentis organizadores). O primeiro Club Med é inaugurado nas Ilhas Baleares e, cinco anos depois, em 1955, os bangalôs do Med são instalados no Taiti. O único pressuposto era que o viajante europeu dispusesse de quatro meses de férias: um mês para a viagem de navio, dois meses para dispor no local e mais um mês para o retorno.

[19] A criação da Disney World em 1971 também contribuiu para a padronização das instalações dos *resorts* (Araujo, 2011).

[20] Para mais detalhes sobre o Prodetur, ver Capítulo 5.

[21] As duas outras unidades do Club Med no Brasil estão locadas em Itaparica e no Rio de Janeiro – o Club Med Itaparica, com 334 apartamentos, e o Club Med Rio das Pedras, no Rio de Janeiro, com 324 apartamentos.

[22] Disponível em: http://www.revistaecotour.com.br/novo/home/?tipo=noticia&id=1061. Acessado em: 30 mar. 2014.

[23] O Club Med faz parte do empreendimento Terra Vista, que envolve a construção de mais dois *resorts* e segundas ou terceiras residências.

[24] À época da construção do Club Med, Porto Seguro ainda não tinha Plano Diretor aprovado, cabendo ao Iphan a decisão sobre licenciamento ambiental. Mais detalhes sobre o processo de ocupação turística em Porto Seguro poderão ser encontrados em Araujo (2004).

buscou seguir a linguagem arquitetônica da região, lançando mão de madeira e palha piaçava, além de alvenaria de cores variadas, remetendo a um estilo mais rústico (Figuras 17.17 a 17.20), característico da região, outrora ocupada por tribos indígenas e vegetação endêmica.

Figuras 17.17 a 17.20 – Detalhe do pórtico de entrada do Club Med, com acesso pela Rodovia BA-001, e distribuição dos bangalôs no empreendimento. Fotos: Luiza Araujo, 2014.

Ao Club Med Itaparica seguiu-se a implantação de outros equipamentos na costa brasileira e o *status* de *resort*, até então sem definição, fez com que vários empreendimentos se autodenominassem como tal, utilizando a palavra em seu nome e, por vezes, acompanhada pelo prefixo "eco" para dar uma conotação ambiental ao empreendimento.

A disponibilidade de capital associada ao momento de estabilidade econômica entre os anos 2000 e 2010 provocou um pico de inaugurações de *resorts* ao longo da costa litorânea: foram 64 empreendimentos ante 21 na década anterior (Araujo, 2011).

Até 2010, antes da regulamentação da legislação sobre o cadastro de meios de hospedagem e do novo SBClass, era possível levantar cerca de 100 empreendimentos na costa brasileira com essa denominação sem, necessariamente, apresentar infraestrutura de lazer adequada (Araujo, 2011).

Com a divulgação do novo SBClass, o meio de hospedagem *resort* passou a ser definido como "hotel com infraestrutura de lazer e entretenimento que oferece serviços de estética, atividades físicas, recreação e convívio com a natureza no próprio empreendimento". Estabeleceu-se ainda critérios mínimos para a adoção de quatro ou cinco estrelas, que vão de unidades habitacionais com, no mínimo, 25 m² e itens mínimos de lazer/serviços: sala de ginástica e musculação, dois tipos de piscina, sauna seca e a vapor, dois restaurantes com cardápios variados e disponibilidade de café, almoço e jantar, sala de reuniões, dois bares, serviços recreativos próprios para adultos e crianças e serviços acessórios como *baby sitter*, spa, salão de beleza, etc. (Brasil, 2010)[25]. Embora não conste nos mandatórios preconizados pelo SBClass, ao qual o *resort* deve obedecer, a grande maioria também oferece quadra de tênis e campo de golfe. Este último sempre assinado por um especialista de renome mundial nesse tipo de projeto.

De forma geral, pode-se inferir que todos os projetos de *resort* seguem basicamente a mesma cartilha programática: ampla área de lazer e serviços, arquitetura pseudorrústica, remetendo sempre a um estilo praiano, por vezes caribenho ou balinês, etc. A ideia central é passar a imagem de um lugar de descanso paradisíaco, onde brasileiros e estrangeiros possam desfrutar da vista magnificente de seu litoral ou de sua paisagem natural, haja vista que alguns empreendimentos desse tipo também são implantados em cidades interioranas ou à beira-rio, assumindo, por vezes, a tipologia de hotel fazenda.

O diferencial, sem dúvida, é o fato de que, nesse tipo de hospedagem, de um hotel fim, parte-se do pressuposto de que o hóspede terá tudo às suas mãos – seguindo rigorosamente o conceito introduzido pelo Club Med: um verdadeiro clube de férias, com direito a refeições, lazer e todo tipo de serviço condizente às preferências da demanda. O outro lado da questão é que a sua relação com a cidade que o abriga é praticamente nula – salvo a necessidade de aeroportos e rodovias –, já que tudo se passa intramuros. Isso sem falar nos controversos processos de licenciamento ambiental, posto que, por ser à beira-mar, geralmente estão locados em áreas ambientalmente frágeis e nem sempre há instrumentos de regulação eficazes que acompanhem o processo desde a aquisição do terreno até sua efetiva inauguração.

---

[25] Até o momento, a busca pelas estrelas tem sido tímida. Apenas cinco *resorts* ganharam a classificação 5 estrelas (quatro litorâneos e um em Manaus, à beira do rio Negro) e um *resort*, em Minas Gerais, obteve a classificação 4 estrelas. Disponível em: http://www.classificacao.turismo.gov.br/MTUR-classificacao/mtur-site/pesquisarClassificados. Acessado em: 30 mar. 2014.

O hotel imagem: design, exclusividade e sofisticação

Embora neste capítulo o foco seja a arquitetura hoteleira no Brasil, não se pode furtar ao fato de que o hotel Burj Al Arab, em Dubai (Figura 17.21) vem à mente quando o assunto é suntuosidade e sinônimo de poder. Inaugurado na virada do novo milênio, a torre em formato de vela, com seus 321 m construídos sobre uma ilha artificial na praia de Jumeirah, nos Emirados Árabes Unidos, é o mais emblemático símbolo de poder e riqueza, pelo qual o hotel, autodenominado sete estrelas, expressa a pujança econômica experimentada pelo país, fruto do petróleo e da migração de investimentos estrangeiros diretos durante os anos de 1990. É a plena expressão da atuação do capital financeiro sobre o ambiente construído ou dos investimentos no circuito secundário do capital (Harvey, 2003, 2011; Araujo, 2011), aliando-se, como Milton Santos (2006) diria, a psicosfera à tecnosfera: o imaginário, o fetiche da mercadoria, à concretude de sua produção. Segundo o arquiteto britânico Tom Wright[26], responsável pelo projeto, a expectativa do cliente é que o hotel fosse o sinônimo do lugar, assim como a Torre Eiffel está para Paris e a Opera House está para Sydney – bem no sentido da iconoclastia. A intenção é a de atrair o turismo de luxo e colocar Dubai na rota turística mundial.

Figura 17.21 – Burj Al Arab ou Torre das Arábias: sinônimo de luxo e riqueza (ver p.A28). Foto: Luiza Araujo, 2013.

[26] Disponível em: http://wkkarchitects.com/#/burj-al-arab/. Acessado em: 30 mar. 2014.

Na mesma linha de empreendimentos vultosos e de design que possam oferecer algo a mais para os seus clientes, a hotelaria brasileira de luxo tem se renovado e tomado como apoio a assinatura de arquitetos de renome, os *starchitects*, para conferir, de antemão, glamour ao empreendimento e torná-lo um marco na composição da paisagem urbana, tal como propõe Kevin Lynch (1997) ao identificar elementos visuais para o que o autor denomina imagem da cidade. Nesse caso, o empreendimento hoteleiro assume, além do valor de troca, valor de signo, pois os atributos locacionais passam a incluir marcas de *status*, tradição e cultura em localizações por vezes planejadas pelo próprio capital (Vargas, 2014b).

Aqui no Brasil, o pressuposto também é a disponibilidade de fluxo de capital, nacional e internacional, para ser aplicado diretamente no ambiente construído: reflexo da abertura econômica e vinda das redes hoteleiras internacionais após os anos de 1990, como já discutido. É assim que, para atender a demanda do capital internacional e proporcionar uma identidade com a cidade global (Ferreira, 2007; Arantes, 2000), a hotelaria em São Paulo[27] também assume valor de signo, ora participando de forma independente, ora em complexos multiuso, como poderá ser visto nos exemplos a seguir.

O hotel Hilton é um caso clássico desse cenário. Primeira rede hoteleira a chegar ao Brasil em 1971, a sua transferência para a marginal do rio Pinheiros dentro do Centro Empresarial Nações Unidas (Cenu) reflete bem o cenário da nova ordem do capital financeiro mundializado.

Inaugurado em 2002, o Hilton integra um conjunto de cinco torres que compõem a segunda e mais sofisticada geração de edifícios padrão *triple A* no polo de negócios e serviços entre as avenidas Engenheiro Luis Carlos Berrini e Nações Unidas[28], onde a ponte Octavio Frias de Oliveira (Figura 17.22), inaugurada em 2008, coroa o direcionamento do capital financeiro para essa área, sinalizando que a região de São Paulo está em sintonia com a ordem financeira mundial, conferindo-lhe, inclusive, a mesma imagem, qual seja, a de torres altas e envidraçadas.

---

[27] São Paulo é a cidade brasileira com o maior número de meios de hospedagem (32.971 unidades habitacionais segundo a pesquisa de serviços de hospedagem realizada pelo IBGE em 2011), e a cidade que registra o maior número de chegadas de turistas ao Brasil (segundo o anuário estatístico 2014, ano base 2013, elaborado pelo Ministério do Turismo), motivo pelo qual será tomada como exemplo do crescimento e sustentação da tipologia hotel imagem.

[28] Disponível em: http://arcoweb.com.br/finestra/arquitetura/marc-rubin-e-alberto-botti-hotel-hilton-morumbi-01-12-2002. Acessado em: 02 abr. 2014.

Figura 17.22 – Vista panorâmica da avenida Nações Unidas na altura da avenida Engenheiro Luís Carlos Berrini, com destaque à ponte Estaiada. Foto: Cristina Araujo, 2014.

Juntamente com o World Trade Center (Figura 17.23), o Cenu foi idealizado para ser um referencial arquitetônico para a região da Berrini/Nações Unidas, inaugurando a geração de complexos multiuso nessa parte da cidade. Marca uma nova geração de edifícios certificados que obedecem a padrões internacionais de conforto, tecnologia e sustentabilidade, que Vargas (2014a) denominou de terceira grande avenida de aporte do capital financeiro e imobiliário a partir do centro.

Idealizado pelo escritório Botti Rubin Arquitetos, o hotel Hilton, pertencente à rede americana de mesmo nome, possui formas geométricas elaboradas em sua composição de fachadas, com uso de prismas chanfrados (Figura 17.24) e 485 unidades habitacionais de luxo, com diárias que variam de US$ 399 a US$ 3.619, na suíte presidencial.[29] As opções de um lazer exclusivo (academia, spa e lounge), associadas às salas de reuniões multifuncionais e centro de convenções, fazem do hotel uma opção para o hóspede, naturalmente solvável, que está tanto a negócios quanto a lazer na cidade de São Paulo.

Já o seu vizinho Sheraton[30] (Figura 17.25), inaugurado em 1995, compõe o complexo multiuso do World Trade Center (WTC), com projeto

---

[29] Diária calculada tomando como base uma reserva para uma pessoa no período de 18 a 24 de maio de 2014. Consulta realizada em 04 de abril de 2014 em http://hiltonmorumbi.com.br/.

[30] Sheraton é a marca superluxo da rede americana Starwood/Sheraton.

Figura 17.23 – Vista panorâmica do conjunto de torres que compõem o WTC. Fotos: Cristina Araujo, 2014.

do escritório Aflalo & Gasperini. Em uma área de 180 mil m², que abriga um shopping de decoração e uma torre de escritórios (Vargas, 2014a), o hotel tem apostado na inovação e se autodenomina "o primeiro e único hotel design da região da avenida Berrini"[31].

Para tanto, convidou 67 arquitetos de renome, entre brasileiros e estrangeiros, e, para cada um deles, deu o desafio de personalizar e tornar exclusivo o ambiente de 67 das suas 297 suítes de luxo, que vão de 45 a 510 m², com diárias que variam de US$ 396 a US$ 1.100,00[32]. A estratégia do hotel é trabalhar a hospitalidade nos seus detalhes, para que o hóspede possa ter sensações diferentes a cada estadia, uma vez que as suítes não são iguais, ou para aqueles que preferirem ter sempre à disposição a suíte que mais combina com o seu estilo de vida. Sem dúvida, o peso dos *starchitects* foi a estratégia de marketing utilizada pelo hotel para atrair a clientela que busca exclusividade.

---

[31] Disponível em: http://www.sheratonsaopaulowtc.com.br/. Acessado em: 02 abr. 2014.

[32] Diária calculada tomando por base reserva para uma pessoa no período de 18 a 24 de maio de 2014. Consulta realizada em: 04 de abril de 2014 em http://www.starwoodhotels.com/.

Figuras 17.24 e 17.25 – Hotel Hilton (à esquerda) e Sheraton (à direita): dois momentos de ocupação da avenida Nações Unidas pelos complexos multiuso, o Cenu e o WTC, respectivamente. Foto: Cristina Araujo, 2014.

Quanto à hospitalidade, o segundo eixo de expansão do capital imobiliário e financeiro (Vargas, 2014a), que tem na avenida Paulista o seu foco principal para os edifícios de escritórios, traz, em seus arredores, os mais novos hotéis de grife da cidade.

Como precursor do movimento da hotelaria de luxo na região da avenida Paulista, o hotel cinco estrelas Maksoud Plaza (Figura 17.26) segue como hotel imagem e ícone da hotelaria até os dias de hoje, tal como ocorre com o nonagenário Copacabana Palace no Rio de Janeiro. Inaugurado a 1º de janeiro de 1980, projeto do arquiteto Paulo Lucio de Brito, o Maksoud Plaza tem no átrio/lobby de entrada seu principal atrativo, seja pela amplitude proporcionada, seja pelo projeto paisagístico que envolve trepadeiras, espelhos d'água e iluminação natural (Figura 17.27).

Na mesma direção, novos hotéis de luxo foram se consolidando no final dos anos 1990 e início dos anos 2000, virando sinônimo de grife, seja pela arquitetura assinada, seja pelas distinções da hospitalidade. É o caso dos hotéis Renaissance, Fasano, Emiliano e Porto Bay L'Hotel, todos na região da avenida Paulista.

Inaugurado em 1997, com projeto do arquiteto Ruy Ohtake, o hotel Renaissance, que pertence à rede hoteleira americana Marriott, tem 450 apartamentos distribuídos em dois blocos com 27 andares e diárias a partir

Figuras 17.26 e 17.27 – Aspectos da fachada e do lobby do hotel Macksoud Plaza (ver p.A29). Fotos: Cristina Araujo (17.26) e Maria Luiza Freitas (17.27), 2014.

de US$ 438,00[33]. À época de sua inauguração, foi o maior hotel de luxo da cidade. O investimento na ordem de US$ 96 milhões resultou de uma parceria entre a rede hoteleira e o fundo de pensão Funcef, que entrou com cerca de 90% do capital (Proserpio, 2007).

Implantado na esquina entre a alameda Santos e a rua Haddock Lobo, a proposta do arquiteto foi estabelecer um diálogo com o entorno, por meio de torres, e com a rua, por meio de terraços de grandes curvas que acompanham em desnível o terreno (Figura 17.28). O projeto recebeu o prêmio Master de Arquitetura em 1996[34].

Projeto dos arquitetos Márcio Kogan e Isay Weinfeld, o hotel Fasano (Figura 17.29) foi inaugurado em 2003, ao lado do restaurante Fasano, nos Jardins, e conta com 60 apartamentos cuja metragem varia de 35 a 120 m^2, com diárias entre US$ 650 e US$ 2.380[35]. Em endereço nobre nos Jardins, o hotel já nasce com a grife consolidada dos restaurantes Fasano. O hotel traz

[33] Diária calculada tomando por base reserva para uma pessoa no período de 18 a 24 de maio de 2014. Consulta realizada: em 04 de abril de 2014 em http://www.marriott.com/.

[34] Disponível em: http://piniweb.pini.com.br/construcao/noticias/renaissance-hotelruy-ohtake-84739-1.aspx. Acessado em: 02 abr. 2014.

[35] Diária calculada tomando por base reserva para uma pessoa no período de 18 a 24 de maio de 2014. Consulta realizada em: 04 de abril de 2014 emhttp://www.fasano.com.br/.

Figura 17.28 – Hotel Renaissance: endereço de destaque nas proximidades da avenida Paulista (ver p.A29). Foto: Cristina Araujo, 2014.

Figura 17.29 – Hotel Fasano: sinônimo de grife e *status* consolidado pela gastronomia (ver p.A29). Foto: Cristina Araujo, 2014.

elementos do protomodernismo, minimalismo e *art déco* em sua concepção[36]. O emprego de diferentes texturas na fachada confere volumetria e destaque em relação às edificações do entorno, atribuindo-lhe imponência e refinamento, convidando a adentrar ao lobby do hotel apenas um público seleto.

O hotel Emiliano (Figura 17.30), inaugurado em 2001 na rua Oscar Freire, é projeto do arquiteto Arthur de Mattos Casas, que apostou no minimalismo e em linhas contemporâneas para resolver o programa do hotel, que contém 67 apartamentos e diárias de US$ 830 a US$ 1.665[37]. A ausência de recuo lateral, o volume cúbico, os panos de vidro inclinados que permitem enxergar o lobby, o projeto paisagístico interno e o mobiliário assinado pelo próprio arquiteto e designers de renome, como os irmãos Campana, conferem sofisticação ao hotel[38], conhecido e indicado pela exímia hospitalidade que propõe, garantindo um serviço exclusivo e personalizado, como uma equipe de mordomos bilíngues que fica à disposição a todos os apartamentos[39].

---

36 Disponível em: http://arcoweb.com.br/projetodesign/arquitetura/marcio-kogan-e-isay-weinfeld-hotel-fasano-06-02-2004.

37 Diária calculada tomando como base uma reserva para uma pessoa no período de 18 a 24 de maio de 2014. Disponível em: http://site2013.emiliano.com.br/. Acessado em: 04 abr. 2014.

38 Disponível em: http://arcoweb.com.br/noticias/arquitetura/arthur-de-mattos-casas-hotel-emiliano-05-09-2001. Acessado em: 05 abr. 2014.

39 Disponível em: http://site2013.emiliano.com.br/. Acessado em: 05 abr. 2014.

O L'Hotel (Figura 17.31), situado na alameda Campinas, próximo ao hotel Maksoud Plaza, foi inaugurado em 1994 e se autoclassifica na modalidade boutique[40], dada às pequenas dimensões do terreno, somente 1.000 m^2. Em 2009, foi adquirido pela rede portuguesa Porto Bay. O hotel aposta na qualidade do serviço e no conforto para cativar seus hóspedes. Possui as diárias mais baratas entre os hotéis de grife do eixo paulista: US$ 300 a US$ 400[41] para os seus 83 apartamentos, cujas dimensões variam de 25 a 50 m^2. O hotel investe em objetos de arte e decoração em estilo neoclássico.

Figuras 17.30 e 17.31 – Hotel Emiliano (à esquerda) e L'Hotel (à direita). Fotos: Cristina Araujo, 2014.

Já o hotel Unique (Figura 17.32), inaugurado em 2003, descola-se do eixo Paulista, mas nem por isso assume uma localização menos nobre para a hotelaria de luxo: as proximidades do Parque Ibirapuera. Aqui, o projeto é assinado pelo arquiteto Ruy Ohtake, e sua linha contemporânea, aliada ao projeto paisagístico de Gilberto Elkis e à arquitetura de interiores assinada por João Armentano, conferiu ao hotel a inclusão no seleto grupo de hotéis

[40] Hotel boutique, hotel de charme, hotel design são atribuições dadas aos hotéis de pequena dimensão, geralmente independentes, e que, para se destacar dos produtos oferecidos pelas redes hoteleiras, apostam no atendimento diferenciado e na forma arquitetônica como elemento indutor do consumo (Spolon, 2011; Cysne, 2013).

[41] Diária calculada tomando por base reserva para uma pessoa no período de 18 a 24 de maio de 2014. Disponível em: http://www.portobay.com/pt/hoteis/brasil/sao-paulo-brasil/lhotel-porto-bay-sao-paulo/?areaId=580#top. Acessado em: 05 abr. 2014.

Figura 17.32 – Hotel Unique, eleito o melhor hotel da América do Sul pela revista *Condé Nasté Johansens* (ver p.A30). Foto: Cristina Araujo, 2014.

design[42]. A massa delineada pelo arco invertido sob dois apoios principais e as janelas circulares são os elementos de força no projeto. Em 2013, o hotel recebeu o prêmio Condé Nasté Johansens for Excellence[43] na categoria Most Excellent Hotel na América do Sul. Segundo a publicação, o intuito era indicar o melhor dos melhores em cada continente[44]. As diárias no hotel Unique variam de US$ 450 a US$ 1.290[45] em suítes de 25 a 95 m^2.

---

[42] São 250 hotéis independentes credenciados à marca Design Hotels, que reúnem experiências diferenciadas em relação à arquitetura, design, serviços e gastronomia. No Brasil, quatro hotéis são credenciados: o hotel Unique (São Paulo), Insólito Hotel Boutique (Búzios/RJ), Maria Santa Tereza (Rio de Janeiro) e Kenoa Exclusive Beach Spa & *Resort* (Barra de São Miguel/Alagoas). Disponível em: https://www.designhotels.com/. Acessado em: 06 abr. 2014.

[43] A revista *Condé Nasté Johansens* é uma respeitável publicação internacional que publica anualmente uma seleção dos melhores hotéis de luxo e boutiques ao redor do mundo. Disponível em: http://www.johansens.com/. Acessado em: 04 abr. 2014.

[44] Disponível em: http://www.revistahoteis.com.br/materias/12-area-/10241-Hotel-Unique-recebe-premio-Conde-Nast-Johansens-2013-de-excelencia. Acessado em: 06 abr. 2014.

[45] Diária calculada tomando por base reserva para uma pessoa no período de 18 a 24 de maio de 2014. Disponível em: http://www.hotelunique.com.br/. Acessado em: 04 abr. 2014.

Munsters e Klumbis (2005 apud Spolon 2011) defendem que os hotéis contemporâneos, na linha em que denomina de *life style hotels*, conferem uma experiência de escapismo por meio do design, em contraponto aos *box hotels*, hotéis em formato de caixa que bem se adequam às formas tradicionais da hotelaria. Além do design, a certificação de pertencimento a um seleto grupo de hotéis, como *the leading hotel of the world*[46] ou *design hotels*[47], confere credibilidade e exclusividade à marca, elemento caro a quem preza por *status*.

Finalizando, observa-se que a arquitetura hoteleira contemporânea, de uma forma geral, pode ser avaliada com base nos pressupostos do hotel meio, hotel fim e hotel imagem[48]. O hotel meio traz uma relação estreita com a gestão das redes hoteleiras, que impõem não só a forma de administrar o empreendimento como também preconiza a arquitetura do edifício, pela padronização do produto, o que lhe confere ganhos em escala de produção e identidade à marca. Se é possível fazer uma relação com as teorias de arquitetura, a nosso ver, seria a linguagem que mais se aproxima da "unidade de habitação" preconizada por Le Corbusier, uma vez que também busca uma unidade habitacional "tipo" para um hotel "tipo" a ser comercializado para um hóspede também "tipo", classificado a partir de sua capacidade de pagamento e enquadrado nas diferentes ofertas de bandeiras que a marca propõe, direcionadas, sobretudo, aos segmentos econômico e supereconômico.

O hotel fim segue a mesma lógica, contudo, nesse caso, o que importa é a área de lazer que tem na assinatura do campo de golfe (também um campo "tipo"), o signo de *status*, mas, ao mesmo tempo, de uma estandardização do produto, posto que todo *resort*, *a priori*, segue um programa padrão e vende uma imagem de paraíso, não raras vezes remetendo a cenários estereotipados, bem ao gosto da idealização do turismo de sol e mar. A crítica que se faz a esse tipo de hotel é, sem dúvida, sobre a sua relação com o entorno, praticamente inexistente sob os aspectos ambiental e social, já que, do lugar, toma emprestado apenas a paisagem, e o espaço intramuros faz uma literal cisão entre a realidade local, nem sempre bela, e o cenário que se reproduz dentro da propriedade.

O hotel imagem, por sua vez, apoia-se na arquitetura assinada e na qualidade primorosa do atendimento como um grande trunfo para mostrar o seu

---

[46] Acesse http://www.lhw.com/.

[47] Acesse https://www.designhotels.com/.

[48] Sempre lembrando que se tratam de categorias analíticas e que, na prática, essa distinção não é rígida, como tentou-se alertar ao longo desse capítulo.

diferencial. A exemplo dos grandes edifícios corporativos, a arquitetura faz parte da concepção do empreendimento e busca, nessa concepção, o valor de signo, a identidade do produto com o seu cliente e, por que não dizer, a sua transformação em um ícone arquitetônico não só local como mundial, seja ele um hotel meio ou um hotel fim. Se, por um lado, sua arquitetura é merecedora de prêmios e referenciada em revistas especializadas, por outro, resulta em projetos arquitetônicos por vezes descolados do seu entorno urbano. Mas, aqui, a questão é outra, ou seja, de como o capital corporativo costura suas relações com a máquina pública. Mas, essa é uma história que fica para uma outra vez!

Referências bibliográficas

ANDRADE, N.; BRITO, P.L.; JORGE, W.E. *Hotel: planejamento e projeto*. 3.ed. São Paulo: Senac, 2001.

ARANTES, O.B.F. Uma estratégia fatal: a cultura nas novas gestões urbanas. In: MARICATO, E.; ARANTES, O.B.F.; VAINER, C. *A cidade do pensamento único: desmanchando consensos*. Rio de Janeiro: Vozes, 2000. p.11-74.

ARAUJO, C.P. *Porto (in)Seguro: a perda do paraíso. Os reflexos do turismo na sua paisagem*. São Paulo, 2004. Dissertação de mestrado. Faculdade de Arquitetura e Urbanismo da USP.

______. *Terra à vista! O litoral brasileiro na mira dos empreendimentos turísticos imobiliários*. São Paulo, 2011. Tese de doutorado em Planejamento Urbano e Regional. Faculdade de Arquitetura e Urbanismo, Universidade de São Paulo. Disponível em: http://www.teses.usp.br/teses/disponiveis/16/16139/tde-19012012-140819/.

______. Investimentos imobiliários e meios de hospedagem. In: VARGAS, H.C.; ARAUJO, C.P. (orgs.). *Arquitetura e Mercado Imobiliário*. Barueri: Manole, 2014. p.245-268.

BAUDRILLARD, J. *A sociedade do consumo*. Lisboa: Edições 70, 2008.

BRASIL. Ministério do Turismo. *Sistema Brasileiro de Classificação de Meios de Hospedagem. Cartilha de orientação básica*. Brasília, 2010. Disponível em http://www.turismo.gov.br/turismo/programas_acoes/qualificacao_equipamentos/classificacao_hoteleira_2.html. Acessado em: 15 jan. 2011.

BONFATO, A.C. *Desenvolvimento de hotéis: estudos de viabilidade*. São Paulo: Senac, 2006.

CHRISTALLER, W. Beitraegezueiner Geographie des Fremdenverkehrs. *Erdkunde*. v.9, n.1, p.1-19, 1955.

COMAS, C.E.D. O passado mora ao lado. Lúcio Costa e o projeto do Grand Hotel de Ouro Preto, 1938/40. *Arquitextos*. Ano 11, 2010. Disponível em: http://www.vitruvius.com.br/revistas/read/arquitextos/11.122/3486. Acessado em: 15 ago. 2014.

CYSNE, L.L. *Turismo e responsabilidade socioambiental em hotel de charme no litoral de Flecheiras, Ceará*. Fortaleza, 2013. Dissertação de mestrado. Universidade Estadual do Ceará.

DIAS, C.M.M. *Home away from home. Evolução, caracterização e perspectivas da hotelaria: um estudo compreensivo.* São Paulo, 1990. Dissertação de mestrado. Escola de Comunicação e Artes da USP.

FERREIRA, J.S.W. *O mito da cidade-global: o papel da ideologia na produção do espaço urbano.* Petrópolis: Vozes, 2007.

HARVEY, D. *A condição pós-moderna.* 12.ed. São Paulo: Loyola, 2003.

______. *O enigma do capital e as crises do capitalismo.* São Paulo: Boitempo, 2011.

LORDELLO, E. Por um futuro mais doce para o Park Hotel. *Minha Cidade.* Ano 8, 2008. Disponível em: http://www.vitruvius.com.br/revistas/read/minhacidade/08.095/1889. Acessado em: 15 ago. 2014.

LUCCAS, L.H.H. Arquitetura moderna e brasileira: o constructo de Lúcio Costa como sustentação. *Arquitextos.* n.6, set. 2005. Disponível em: http://www.vitruvius.com.br. Acessado em: 28 jul. 2012.

LYNCH, K. *A imagem da cidade.* São Paulo: Martins Fontes, 1997.

MELLO E SILVA, S.B. Geografia, Turismo e Crescimento: o exemplo do Estado da Bahia. In: RODRIGUES, A.A.B. (org.). *Turismo e Geografia: reflexões teóricas e enfoques regionais.* São Paulo: Hucitec, 2001. p.122-143.

MUNSTERS, W.; KLUMBIS, D.F. Culture as a component of the hospitality product. In: SIGALA, M.; LESLIE, D. *International cultural tourism: management, implications and cases.* Oxford: Elsevier Butterworth-Heinemann, 2005.

PINHEIRO, V. et al. Eike fecha a venda do Hotel Glória para o fundo suíço Acron. *Jornal Valor Econômico.* São Paulo, 2014.

PROSERPIO, R. *O avanço das redes hoteleiras internacionais no Brasil.* São Paulo: Aleph, 2007.

SANTOS, M. *A natureza do espaço: técnica e tempo, razão e emoção.* 4.ed. São Paulo, Edusp, 2006.

SPOLON, A.P.G. *Chão de estrelas: hotelaria e produção imobiliária em São Paulo, 1995-2005.* São Paulo, 2006. Dissertação de mestrado. Faculdade de Arquitetura e Urbanismo da USP.

______. *Hotelaria, Cidade e Capital: o edifício hoteleiro e a reestruturação dos espaços urbanos contemporâneos.* São Paulo, 2011. Tese de doutorado. Faculdade de Arquitetura e Urbanismo da USP.

URRY, J. *O Olhar do Turista: lazer e viagens nas sociedades contemporâneas.* São Paulo: Studio Nobel/Sesc, 2001.

VARGAS, H.C. Da escola de Chicago aos edifícios certificados. In: VARGAS, H.C.; ARAUJO, C.P. (org.). *Arquitetura e Mercado Imobiliário.* Barueri: Manole, 2014a. p.173-221.

______. O fator localização revisitado. In: VARGAS, H.C.; ARAUJO, C.P. (org.). *Arquitetura e Mercado Imobiliário.* Barueri: Manole, 2014b. p.35-51.

VARGAS, H.C.; ARAUJO, C.P. Habitação e dinâmica imobiliária em São Paulo: 1870-2010. In: VARGAS, H.C.; ARAUJO, C.P. (org.). *Arquitetura e Mercado Imobiliário.* Barueri: Manole, 2014. p.129-171.

Capítulo 18
Flagship store: um atrativo turístico de luxo

Oreste Bortolli Jr.
Heliana Comin Vargas

Le luxe, ce n'est pas le contraire de la pauvreté mais celui de la vulgarité.
Coco Chanel

O gosto e a procura pelo luxo, embora sempre presentes em todas as sociedades, não receberam, historicamente, a devida atenção e aprofundamento por parte de estudiosos. Alguns poucos estudos relacionados ao consumo foram transformados em clássicos da literatura de referência[1], mesmo que, em alguns deles, como na obra de Karl Marx (1980), o tema tenha sido tratado de forma subsidiária, ao discutir o fetiche da mercadoria. O fato do tema "luxo" incluir-se no âmbito das práticas do consumo, que, por sua vez, decorre do avanço do comércio, coloca-o em situação análoga, de pouco prestígio acadêmico, tornando-se objeto das mais variadas formas de preconceitos ideológicos (Vargas, 2001; 2013).

A partir da década de 1970, com o avanço da sociedade de consumo, os estudos sobre o tema começaram a ser mais numerosos[2], permeando, na

---

[1] Entre eles, destacamos Thorstein Bunde Veblen com *A Teoria da Classe Ociosa: um estudo econômico das instituições*, de 1899; Werner Sombart com *Amor, luxo e capitalismo*, de 1913; Marcel Mauss, com o seu *Ensaio sobre a dádiva: forma e razão da troca nas sociedades arcaicas*, de 1925.

[2] Como referências importantes para esse debate, apontamos Guy Debord, com *A sociedade do Espetáculo,* de 1967; Henry Lefebvre, com *O direito à cidade*, de 1969, e *A revolução urbana*, de

atualidade, os vários campos do saber e fazendo crescer a literatura sobre o assunto, antes reduto de poucos sociólogos e economistas.

A partir do final do século XX, com a formação dos mercados globalizados e da necessidade de segmentação da produção e da demanda para dar continuidade aos processos de acumulação, as atenções para com o tema se ampliaram mais intensamente, buscando o entendimento de seu real significado e das práticas sociais e econômicas que o envolvem (tanto o consumo rotineiro quanto o consumo do luxo). Os estudos sobre a expressão territorial e espacial dessas práticas no âmbito da arquitetura e urbanismo, bem como sua apropriação pela economia do turismo, são, no entanto, ainda escassos, justificando as preocupações centrais aqui apresentadas e contribuindo, assim, para a produção de conhecimento sobre o tema.

Em sua origem etimológica, a palavra "luxo", do latim *luxus,* significa sensualidade, esplendor e pompa; por derivação, a palavra "luxúria" significa extravagância (Reisinger e Park, 2008).

Para Christopher Berry[3] (apud Navarro 2010), o luxo não se descola das atividades ditas básicas (alimentação, vestuário, moradia e lazer). O que muda é a intenção de aliar prazer e beleza em todos esses produtos e serviços. Assim, o luxo decorre da vocação da espécie humana em perseguir o aprimoramento dos recursos fornecidos pela natureza que passa a consumir.

Nessa busca do aprimoramento, surgem as principais características atribuídas ao luxo, entre as quais se encontram exclusividade, alta qualidade e alto grau de escassez, justificando, assim, o alto preço (Reisinger e Park, 2008; Galhanone, 2005; Castarède, 2005; Campanholo e Bevilacqua, 2011).

A raridade e a escassez, além da qualidade envolvida na produção, implicam a posse do objeto de luxo por poucos privilegiados, acabando por marcar a posição social de seu possuidor dentro de um sistema de relações sociais que lhe garante o tão almejado reconhecimento social (Maslow, 1954; Braudrillard, 2007, 2008).

Casterède (2005 apud Campanholo e Bevilacqua, 2011) destaca ainda uma correlação do luxo com o que não é corriqueiro, incluindo talento,

---

1970; Jean Braudrillard, com *A sociedade de consumo: seus mitos e suas estruturas*, de 1970; Fernand Braudel, com *Os jogos da troca*, de 1979; mais recentemente, Mike Featherstone, com *Consumo, cultura e pós-modernidade*, de 1991, Gilles Lipovestsky, com *Império do efêmero*, e, em coautoria com Elyette Roux, *O luxo eterno*.

[3] Christopher Berry é professor de teoria política da Faculdade de Direito, Negócios e Ciências Sociais da Universidade de Glasgow, na Escócia. É também autor de *The Idea of Luxury: A Conceptual and Historical Investigation*.

garbo, magnificência e celebração; não há espaço para a banalização e os produtos carregam consigo uma aura[4], uma conotação imaterial. Poderíamos, pois, incluir nessa categoria uma obra de arte, uma camisa de futebol autografada por um jogador talentoso e famoso ou objetos com design assinados onde os raros talentos se materializam.

Reafirmando a complexidade de conceituar o mercado de um bem de luxo, Renata F. Galhonone (2014) destaca alguns fatores que reforçam os conceitos anteriormente mencionados, indicando que é necessário que os produtos envolvam aspectos de tradição, artesania e, mais modernamente, tecnologia. Além da forte identidade do produto, reconhecida por sua grife e evidenciada por seus atributos visuais (estilo e design), o apelo aos sentidos deve estar presente de forma a criar uma experiência hedônica e sensual, bela e agradável ao toque, com cheiro bom e sons harmoniosos, enfatizando seu caráter supérfluo em vez do funcional[5].

Nessa direção, Diniz (2012, p.17) distingue o que considera "luxo tradicional" do "luxo contemporâneo" (emocional), este assumindo um caráter mais simbólico, marcado pelos valores de signo que o produto incorpora e não apenas pelos valores de troca. Já o luxo tradicional, ao contrário, prima pela exclusividade e raridade e é criado para poucos; ele deve ter a marca explicitamente colocada no produto, informando sobre o poder de compra de quem o possui, diferenciando-o dos demais, com sua importância centrada na posse do bem (o ter).

Allérès (2000 apud Campanholo e Bevilacqua, 2011) acentua a questão da tecnologia e inovação, presentes nos produtos considerados de luxo, ao mencionar, além dos objetos tradicionais, raros e seletivos, os produtos mais novos e inacessíveis, ao menos por algum tempo, o que garante a distinção exclusiva, ainda que momentânea, promovida pelo luxo no processo de diferenciação social. Essa condição sempre esteve presente no entendimento do que seria um produto de luxo. De acordo com Berry (1994 apud Navarro, 2010), "o luxo é um refinamento mutável das necessidades humanas".

---

[4] Nos estudos de Marcel Mauss (1974) sobre a dádiva, entre as civilizações arcaicas estudadas, todo bem possuía uma alma (*hau*), que se originava naquele que a fabricava e era transferida, juntamente com o bem, no ato da troca entre indivíduos e grupos.

[5] Para Lucien Geargeoura (1997 apud Galhanone 2014), a questão da marca é primordial e deve transmitir uma qualidade intrínseca ao produto, além da "lenda" associada à criação dessa marca, transcendendo simplesmente o nome, o logotipo ou slogan publicitário, pautando-se nos princípios da Gestalt (soma de percepções), tendo seu grafismo e sua mensagem absorvidos valores implícitos do bem ou serviço.

Ele cita o exemplo da máquina de lavar, que passou de "um luxo" para um equipamento domiciliar básico.

De fato, a presença da tecnologia e a possibilidade da produção industrial (*industrial design*), sobre produtos em geral, transformam a exclusividade em uma condição extremamente efêmera. A garantia do monopólio dessa exclusividade passa pela discussão dos direitos de propriedade intelectual, a grande moeda de troca da economia mundial, abrindo espaço para a pirataria, de um lado, e para o aumento da complexidade temática com a contribuição das mídias virtuais e redes sociais, de outro.

Campanholo e Bevilacqua (2011) mencionam, nessa mesma direção, a existência de duas correntes divergentes na definição de luxo. Uma, centrada na corrente de pensamento francesa, defende que luxo é para poucos; a outra, proveniente do meio empresarial, acredita que o luxo é algo acessível às classes emergentes e tende a ser popularizado.

É nesse luxo tradicional ou contemporâneo, emocional, da tecnologia, exclusivo ou generalizado, que a marca (e sua valorização) se torna o significante absoluto de identidade e passa a prevalecer sobre o produto em si, cujo valor de troca é definido pelo valor de signo que a marca carrega, no sentido da diferenciação social, promovida, intensamente, pela propaganda.

Se, do ponto de vista do conceito de luxo, como apontam Campanholo e Bevilacqua (2011), a propagação das marcas e sua produção em massa, ao tornar o produto acessível a muitos, fazem perder sua característica de luxo, tem-se que, para o setor produtivo, a popularização de bens e serviços não deixa de ser uma expansão extensiva de mercado, em que o lucro pode advir pelo aumento da escala.

O apelo à diferenciação social pela possibilidade de aquisição de um produto de luxo insere-se, pois, nas estratégias de negócios que visam induzir os indivíduos a adquirir o que quer que seja acima de suas possibilidades, o que faz com que o produto seja considerado "um luxo" e que o indivíduo ascenda na hierarquia das necessidades humanas de Maslow (1954), na qual o reconhecimento social e a capacitação profissional encontram-se no topo da pirâmide.

Sobre o luxo no contexto brasileiro, Diniz (2012, p.19) diferencia o perfil de público para cada uma das duas categorias de luxo por ele proposta, embora, a nosso ver, nem sempre essas categorias sejam autoexcludentes:

- O luxo tradicional é reduto de famílias tradicionais, socialites, herdeiros de títulos e de grandes fortunas que valorizam as marcas das roupas, a ostentação e realizam viagens para desfrutar de locais clássicos – como Nova York, Londres e Paris – e neles serem vistos.

- O luxo contemporâneo[6] é almejado por profissionais bem-sucedidos em qualquer área de atuação, conceituado por seu conhecimento e pelo valor pessoal. Eles valorizam as roupas sem marcas, em prol dos tecidos e das produções que levam em conta a sustentabilidade, buscam a elegância com simplicidade e escolhem para suas viagens locais exóticos que despertam os sentidos, como Camboja, Vietnã, Machu Picchu e Amazônia.

Embora, conforme já mencionado, o luxo esteja presente nos produtos direcionados à alimentação, vestuário, moradia e lazer, o vestuário e seus acessórios são os que mais se destacam. Isso se deve ao fato de que a moda, com suas variações constantes, pede renovações também constantes, garantindo substituição imediata; como as peças de vestuário mantêm uma relação mais próxima com os indivíduos, a publicidade do *status* de quem as veste é facilitada.

Por outro lado, no que se refere a nosso objeto de estudo, os artigos de vestuário também necessitam de mais proximidade com a arquitetura que se consolida a partir do desenvolvimento da vitrina, que age como um atrativo para os consumidores, tendo em vista que o vestuário e seus acessórios são representantes primeiros das compras por impulso as quais, por se distanciarem das necessidades ditas de sobrevivência, ainda que a princípio, precisam ser estimuladas (Vargas, 2001; Demetresco e Maier, 2004; Demetresco e Regamey, 2012).

Nessa direção, o arquiteto Moshen Mostafavi (Edelmann et al. 2010, p.8), professor da Harvard Graduate School of Design, e Alexander e Victoria Wiley, professores da Escola de Design e Arquitetura e Urbanismo da Universidade de Harvard, frisam que, cada vez mais, arquitetura e moda estreitam sua relação, exercendo um fascínio mútuo uma sobre a outra, pois é inegável que a arquitetura, desde muito tempo, tem a função de criar o cenário para a venda de bens de consumo.

---

[6] É importante destacar que esses consumidores do luxo dito emocional aproximam-se do perfil do turista chamado de alocêntrico, como definido por Plog (2004, apud Fletcher, 2013) com mais detalhes no Capítulo 1. Interessado nas diferenças ambientais e culturais que fogem aos padrões estabelecidos, esse turista possui alta renda, é aventureiro e pouco se utiliza do turismo organizado.

Da vitrina à arquitetura de interiores; do mobiliário à exposição das mercadorias; do conforto à experienciação sensorial do espaço; a necessidade de atrair o consumidor, fazê-lo permanecer (e gastar), fixar a marca e garantir o retorno faz da arquitetura um elemento importante para as compras por impulso, notadamente as de luxo.

Em tempos de globalização, a arquitetura dos estabelecimentos comerciais, principalmente das lojas, parece recuperar um espaço perdido e esquecido no tempo por arquitetos e pelo ensino da arquitetura. A arquitetura passa, ao adentrar o projeto desses grandes templos de consumo, as *flagship stores*, a representar também um meio de diferenciação social que o luxo explicita e o homem ambiciona. Funcionam como um excelente meio de divulgação do *status* social dos consumidores que as frequentam, do poder das empresas que as abrigam e da projeção dos arquitetos cujos projetos assinam.

A arquitetura como abrigo do luxo

Cabe iniciar esta seção com uma provocação trazendo uma reflexão de Gosling e Barry (1976), que mostram a coincidência nas datas de origem da modernidade na arquitetura, conforme apontada por Le Corbusier, e do varejo moderno para as proximidades do ano de 1790, pois esse momento representou uma mudança significativa na França, onde a transformação da economia se dá do rural para o urbano, tendo como base a manufatura e o comércio e não mais, exclusivamente, a agricultura.

A independência do campo, assumida pelas cidades e sustentada pelas novas possibilidades de conservação dos alimentos e pelo êxodo rural em direção às manufaturas, cria o mercado de massa que teria de ser atendido por uma produção mais mecanizada, mais rápida e mais barata, já no início do século XIX, principalmente com referência ao vestuário. Ao mesmo tempo, a febre de luxo e vaidade instala-se entre as classes sociais, fazendo-se sentir principalmente nas profissões industriais e comerciais. A forma de vender altera-se. A preocupação em fortalecer o nome (marca), com respeito e estima, cede à força da decoração de luxo com vidros e mármores (Renoy, 1986).

Invocando o final do século XVIII, Paul Lacroix exclamava:

> Se o alto comércio estava em crise, se as grandes operações de troca e o transporte marítimo ressentiam-se da instabilidade das colônias, o comércio de luxo tinha adquirido proporções espantosas que contrastavam com as dificuldades financeiras que a penúria de dinheiro não parecia restringir. Todas as indús-

> trias voltadas para o vestuário, mobiliário, conforto e bem-estar da vida não faziam mais do que prosperar. O comércio de exportação nunca estivera tão ativo para estes milhares de objetos de luxo, monopólio da indústria francesa. Os comerciantes de Paris, por meio de vários mecanismos, como créditos ilimitados, empurravam a sociedade para um exagero de despesas. As lojas transformavam-se em salões esplendidamente decorados, brilhantes com vidros e brilhos, iluminadas todas as noites como palácios de sonhos (1885 apud Renoy, 1986, p.16. Tradução nossa).

Esse momento foi promissor para o aparecimento da primeira arcada de Paris, Le Galerie du Bois, no Palais Royal[7] (Figura 18.1). Nascida em 1786, pode ser considerada um marco inicial do formato de arcadas comerciais, funcionando como referência para as demais que se seguiram. Sua inauguração apresenta um novo tipo de cúpula para cobertura em vidro. Foi substituída em 1830 pela Galerie D'Orléans (Figura 18.2), projeto do arquiteto Fontaine (Vargas, 2001; Jodogne, s.d.; Geist, 1993).

Nas arcadas ou galerias comerciais, esse novo lugar da moda em que as boutiques seriam alugadas, em vez de terem um proprietário, constituíram-se no epicentro da transformação da loja do mercador para o Grand Magasin, no qual o meio torna-se o argumento de venda, inicialmente conhecido como Magasin de Nouveautés (Vargas, 2001).

Entre 1820 e 1847, a fortuna dos parisienses mais do que dobra, favorecendo, sobretudo, os comerciantes e os banqueiros que iniciaram a construção de ilhas inteiras perfuradas por essas famosas "passagens", "arcadas" ou "galerias" como forma de celebrar sua própria glória (Delorme e Dubois, 1996).

Enquanto as arcadas transformaram-se rapidamente em um importante centro de atividades e local favorito para passantes e *flâneurs*[8], marcando o começo de um fenômeno até então desconhecido – a vida noturna –, os Grands Magasins vão assumindo seu caráter monumental e luxuoso.

---

[7] Philippe d'Orléans, sobrinho de Louis XIV, rei da França, pressionado para encontrar recursos para manter seu estilo de vida libertino, decidiu dividir a periferia de seu jardim no *Palais-Royal* em lotes de boutiques. Beneficiando-se da existência de um pátio coberto que permitia também o acesso noturno, essas arcadas de pedra serviram como ruas de compras e passagens cobertas, reunindo várias atividades e encorajando a exposição social, intelectual, artística e a vida política, que avançavam noite adentro com seus clubes, salões de jogos, lojas (Jodogne, s.d. apud Vargas, 2001).

[8] Já no século XIX adentro, Walter Benjamin descreveria o *flâneur*, em *Charles Boudalaire: A Lyric Poet in an Era of High Capitalism*, como indivíduo que tem prazer em se apropriar da cidade, perambulando distraído e descomprometido, usufruindo da cidade como lazer.

Figura 18.1 – Galerie du Bois, no Palais Royal, Paris, 1972. (Jogdne, s.d.)

Figura 18.2 – Galerie D'Orléans, 1830, no Palais Royal, Paris. (Jogdne, s.d.)

Muitas foram as arcadas construídas, tanto na Europa quanto na América do Norte, e mesmo na Ásia. Uma sempre querendo superar a anterior em luxo, sofisticação e tamanho. Geist (1993), em seu livro *Arcades: the history of a building type*, nos mostra todo o processo de nascimento, crescimento e declínio desse tipo de edifício.

Como exemplo emblemático, destacamos, em Nantes[9], a Passage Pommeraye (Figura 18.3), localizada na área central da cidade, inaugurada em 1843 e projetada pelos arquitetos Jean-Baptiste e Hippolyte Durand, elevada à categoria de monumento histórico em 1976. A passagem, considerada o símbolo da "alma e da identidade nantesa", está situada no coração da cidade de Nantes, conhecida como a cidade dos duques da Bretanha, ocupando lugar de destaque no elenco de atrações turísticas dos guias da cidade. Com efeito, mesmo em processo de recuperação e restauro, é um local onde os turistas, munidos de câmeras fotográficas, criam fluxo intenso, buscando registrar os mais inusitados ângulos e detalhes de uma arquitetura neoclássica.

Para Herman Hertzberger (1996, p.77), essa galeria reforça o conceito de espaço que se desloca entre o público e o privado, tornando o domínio privado publicamente mais acessível. Composta por um complexo de três galerias – a Santeueil, a Regnier e a De La Fosse –, a passagem permeia a quadra e é acessada por três ruas, duas em níveis diferentes (Figura 18.4), visíveis do espaço central e ligadas por uma grande escadaria de madeira. O uso da madeira, algo que não se espera encontrar em ambientes de caráter não privativo e interno, enfatiza a sensação de se estar no interior – não apenas pelo efeito visual, mas também pelo efeito sonoro. Já a luz natural, trazida por

---

9 Para conhecer mais sobre as famosas arcadas comerciais, ver Geist (1983) e Vargas (2001).

Figura 18.3 – Passage Pommeraye, Nantes. Foto: Oreste Bortolli Jr., 2014.

meio de uma claraboia envidraçada, promove o efeito inverso ao trazer o exterior para seu espaço interno. Aliás, essas iluminações zenitais são elementos centrais que marcam os projetos das galerias comerciais.

Quanto aos *grands magasins*, destacamos a Galerie Printemps, inaugurada no Boulevard Hausmann, em 1883, projetada por Paul Sédille, concebida em estrutura metálica com grandes panos de vidro, permitindo, assim, realçar as vitrinas e os interiores. Erguida com grandiosidade, a edificação tem em seu centro a forma de uma nave com cinquenta metros de comprimento por vinte de altura (Figuras 18.5 a 18.7).

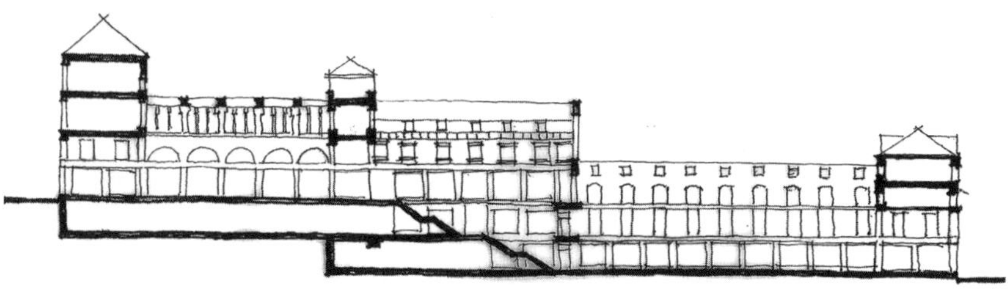

Figura 18.4 – Passage Pommeraye (corte em que se pode observar a incorporação ao projeto do desnível entre as ruas que compõem a quadra, permitindo uma conexão peatonal). Desenho: Oreste Bortolli Jr., a partir de Passage Pommeraye (2014).

Escadas suspensas, pontes metálicas e elevadores ligam os diversos pisos da loja, lembrando que as escadas sempre foram elementos de destaque nos *grands magasins* e nas arcadas. Era, pois, uma forma de subir às alturas, de ver e ser visto entre uma profusão de mercadorias de luxo.

A fachada voltada para o Bulevar Haussmann é suntuosamente ornamentada com as esculturas *As Quatro Estações*, de Henri Chapu. Construída com apuro, resultando em excepcional lugar de comércio, a imagem desse *Grand Magasin* chamou a atenção do público em geral e da crítica literária, inspirando Émile Zola, que assim a definiu:

> [...] a catedral do comércio, sólida e leve feita para uma multidão de clientes; [...] a nave de uma gare; [...] todo este ferro colocado lá sob a luz branca dos vidros, uma arquitetura leve, uma realização de um palácio dos sonhos; [...] ferro é o material-rei desta arquitetura enriquecida nas partes altas com o ferro, o ouro, as pedras esmaltadas e mosaicos [...].

Foi também citada no romance de Zola, *Au Bonheur des dammes,* escrito no mesmo ano da inauguração da loja (Ferrier, 1991, p.707).

De igual modo, nesse mesmo período, nos Estados Unidos, as construções em ferro e aço também invadiam a cena urbana, capitaneadas pelas ideias advindas da então nascente Escola de Chicago. Todo esse movimento tecnológico e ideológico, tendo como um de seus precursores o arquiteto

Figura 18.5 – Galerie Printemps. Paris. Foto: Oreste Bortolli Jr., 2014.

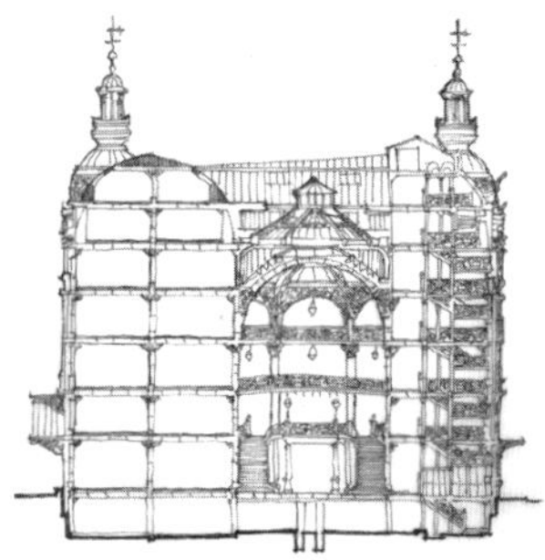

Figura 18.6 – Galerie Printemps, Paris (corte). Desenho: Oreste Bortolli Jr., a partir de http://laboratoireurbanismeinsurrectionnel.blogspot.com.br/2013/05/france-grands-magasins.html, 2013.

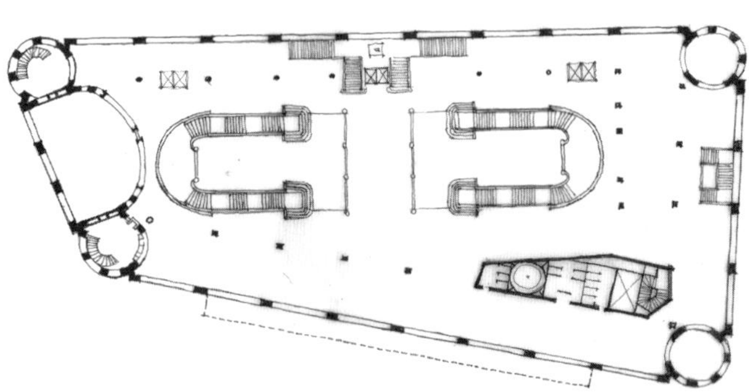

Figura 18.7 – Galerie Printemps. Planta do pavimento térreo. Desenho: Oreste Bortolli Jr., a partir de http://laboratoireurbanismeinsurrectionnel.blogspot.com.br/2013/05/france-grands-magasins.html, 2013.

Louis Henri Sullivan, abre espaço para o nascimento do arranha-céu. E é na base de um desses edifícios memoráveis (Figura 18.8) que surge o projeto da loja de departamentos[10] Carson Pirie Scott and Company Store (1899-1904).

Desprendendo-se das espessas paredes de tijolos, normalmente utilizados para as construções em Chicago, o arquiteto Sullivan concebe esse edifício com uma estrutura metálica, o que possibilitou a inserção de janelas largas, adornadas no interior da loja, criando relações visuais entre o interior e o exterior. Os pilares delgados, encimados por capitéis visavam fornecer mais refinamento ao estabelecimento comercial, complementados por notáveis fachadas paramentadas com relevos em terracota. A porta de acesso em forma de rotunda, executada em metal fundido com motivos fitomórficos, *art nouveau*, impunha um papel de referência visual na esquina das ruas State Sul e Madison Leste, conforme pode ser observado nas Figuras 18.8 e 18.9.

A Carson Pirie Scott, além de perdurar como um espaço de consumo de referência turística e urbana em Chicago, tornou-se marco histórico do modernismo que ali encontrava seu espaço.

Com o desenvolvimento da produção industrial fordista, as *department stores* proliferam-se nos Estados Unidos, auxiliando a distribuição das mer-

Figura 18.8 – Carson Pirie Scott and Company Store, Chicago. Foto: Heliana Comin Vargas.

Figura 18.9 – Carson Pirie Scott and Company Store. Detalhe da porta de acesso. Foto: Heliana Comin Vargas.

[10] *Department store* é o nome assumido pelos ingleses para a sua versão dos *grands magasins* franceses. Existe uma grande discussão sobre o pioneirismo da invenção desse tipo de estabelecimento comercial.

cadorias a partir do início do século XX. Diminuem a sofisticação na sua decoração, e os serviços oferecidos aos clientes começam aos poucos a desaparecer.

Passado o período das grandes Guerras Mundiais e da Grande Depressão Americana de 1929, os Estados Unidos, agora líder da economia mundial, trabalham com a expansão dos mercados para seus produtos, inventando as mais diversas formas de distribuição e divulgação, marcadas pela invenção do *self-service* como técnica de venda e do supermercado como seu principal estabelecimento e de diversos outros de menor sofisticação e mais popularização (Vargas, 1992, 2001).

A preocupação com o projeto arquitetônico das grandes ou pequenas lojas é substituída pela funcionalidade do movimento moderno, que tem as possibilidades tecnológicas e construtivas à sua disposição, abandonando todos os acabamentos e invenções que não se prestassem, pura e exclusivamente, a responder às exigências funcionais dos novos projetos (uso, materiais e estrutura).

A partir dos anos 1980, conforme definido por Fitoussi (1988, p.4), entramos na "era do marketing", que passa a demandar estratégias e fenômenos de produção e de distribuição mais complexos, tendo em vista o acirramento da competição internacional.

A produção industrial flexível, já devidamente caracterizada por vários autores, vai conduzir à segmentação de mercados. Ou seja, oferta de produtos segmentados para demandas também segmentadas.

Essas estratégias mercadológicas vão incluir, novamente, a busca pela valorização do que é diferente, único e exclusivo, e as marcas dos produtos passam a assumir esse papel. São elas, portanto, que funcionam como palco para o luxo contemporâneo marcado pelas etiquetas que trazem assinaturas de estilistas do *prêt-à-porter* – dos calçados, das joias, dos objetos e dos móveis – para a arquitetura da loja que os abriga.

Nesse sentido, a arquitetura comercial ganha novamente papel preponderante, tornando-se a própria vitrina do negócio que, inserida na paisagem urbana, funciona como publicidade veiculada pela mídia exterior (*outdoors*). Essa arquitetura comunica-se com uma semântica sutil, em que tudo é absolutamente projetado para a venda: do espaço à embalagem (Fitoussi, 1988; Vargas, 1997, 2001; Mendes, 2006).

Monta-se, assim, o cenário para o surgimento das *flagship stores*.

Dos *grands magasins*, as *flagship stores* copiam o palco montado para o grande espetáculo do consumo, o meio como argumento de venda e a sofisticação de seus interiores. Mas, oferece-se como abrigo para a exposição de uma grande marca, diferentemente do *grand magasin* que distribuía diversos produtos sofisticados da indústria nascente em um ambiente de luxo. Das galerias e arcadas comerciais, preserva a oferta do prazer na observação e na experiência vivenciada – como o experimentado pelo *flâneur* do século XIX que vagueava e se inebriava com os efeitos sensoriais oferecidos pelos espaços do consumo de luxo –, convidando a essa experiência, agora, no interior de uma só loja. A intenção não é apenas a venda da mercadoria, é a fixação da marca e do conceito que a envolve. É a estratégia de intensificação do desejo pela posse do bem que se oferece aos olhos que transforma o *flâneur* do século XIX em consumidor recreativo contemporâneo (*recreational shopper*)[11]: o turista/visitante que apenas quer observar, vivenciar o espaço e dizer que esteve lá.

Flagship stores, o que são?

O conceito de *flagship store* surgiu ao longo dos anos 1990, quando conceituadas lojas passaram a desenhar os seus espaços com foco em um determinado tema ou estilo de vida, em vez de dividi-los em vários departamentos.

Pioneira nesse novo conceito, a internacionalmente conhecida Collete (Figura 18.10), em Paris – diferentemente de outras lojas que se especializam na oferta de produtos de categorias similares –, passou a selecionar produtos incomuns, centrados majoritariamente no mercado de luxo, e a vendê-los juntamente com um estilo de vida. Nesse caso, foi e é a reputação da Colette que, ao funcionar como protagonista do luxo, confere às marcas que a ela se associam o *status cool*[12], com exposições e lançamentos de produtos desenvolvidos exclusivamente para ela.

As *flagship stores*, por sua vez, são espaços construídos por e para marcas específicas[13]. Ou seja, pode-se dizer que é a "loja da fábrica"; é evidente que, nesse caso, fábrica do luxo.

Marta Serrats (2008), em seu livro *Flagship stores: las mejores tiendas, las mejores marcas*, considera que muitas das expressões relacionadas ao universo

---

[11] Para saber mais sobre *recreational shopper*, ver Capítulo 10.

[12] Disponível em: http://ameconsultoria.wordpress.com/2010/08/03/o-que-e-uma-flagship-store/. Acessado em: 14 abr. 2014.

[13] De certa forma é um movimento semelhante àquele relacionado aos shopping centers quando foram seguidos pelos outlets centers, que passaram a construir seus próprios espaços de exibição e exposição de produtos de marca, oferecendo-os diretamente ao consumidor.

Figura 18.10 – Loja Collete, Paris. Foto: Oreste Bortolli Jr., 2013.

da moda tendem a ser empregadas de maneira equivocada, incluindo-se aí o próprio termo *flagship store*. Para ela, a palavra "*flagship*"[14], cujo uso provém da atividade naval, foi adotada pelo mundo da moda para descrever aquelas lojas cujas imagens refletem o caráter próprio de uma marca, ou seja, as identifica, representando a marca de forma emblemática e única, não devendo, a loja, nem mesmo ser reproduzida em sua própria rede de lojas. Para Serrats (2008, p.17), a solução é entender que a *flagship* não é uma simples representação da imagem de uma marca, segundo um desenho estereotipado, mas um espaço de renovação constante da marca.

Nesse sentido, Serrats menciona Rem Koolhaas e assinala que um dos grandes perigos da aparência de uma loja da mesma marca é a repetição arquitetural, pois pode reduzir a aura da marca, gerando a sensação de *déjà vu*.

Para ilustrar sua fala, Serrats (2008, p.39–43) menciona a *flagship store* da Freitag, fabricante de bolsas confeccionadas com lona de caminhão, com projeto de Spilmann Echsle Architekten.

[14] A palavra "*flagship*" poderia ser traduzida como nau capitânia, ou seja, navio em que se acha embarcado o capitão e aquele cujas ordens todos os demais navios deverão seguir. Disponível em: http://ameconsultoria.wordpress.com/2010/08/03/o-que-e-uma-flagship-store/. Acessado em: 22 ago. 2014.

A loja foi concebida a partir de uma composição que empilha contêineres que atingem 26 metros de altura, e o ponto de maior arrojo é o espaço do último andar, de onde se pode contemplar o lago de Zurique e os Alpes suíços.

Nesse exemplo, a localização estratégica também contribui para que a loja mantenha sua característica única, seja atraindo ou ampliando a visão de seu usuário, reforçando-a como veículo de grande visibilidade (a nau), capaz de transmitir uma imagem pautada no luxo e na distinção, embora sem a intenção de gerar lucro localmente, ou seja, realizando vendas no interior da loja.

As *flagship stores* desempenham, portanto, a função específica de atrair a atenção para a marca, transmitindo a ela seu *status* e oferecendo uma flexibilidade de projeto capaz de reposicioná-la, lançar novos produtos, incorporar os recentes conceitos de design de loja (Serrats, 2008, p.8).

Essa condição única assumida por sua arquitetura a torna também motivo de interesse de visitantes e turistas, sempre em busca de novidades e de experiências diferenciadas, o que faz com que a loja faça parte de roteiros turísticos segmentados, pautados em diversas motivações.

A criação da identidade da marca para o mercado de luxo exige ações consistentes, tanto nos aspectos tangíveis dos produtos – design, estilo, materiais refinados – quanto nos intangíveis, que passam, muitas vezes, despercebidos por aqueles menos envolvidos com o tema, tudo com a intenção de atrair os olhares e legitimar a fixação da marca.

Para exemplificar os procedimentos relativos às simbologias vinculadas não só ao produto como também à arquitetura, Moshe Mostafavi (Edelmann et al. 2011) apresenta a arquitetura da Louis Vuitton, em que o exterior das lojas surge como uma de suas principais estratégias. Os efeitos, que utilizam de *layers* produzidos sobre o vidro ou metal, criam fachadas discretas cujos desenhos geométricos (Figura 18.11) são também adaptados às condições climáticas e à luminosidade. Ao evocar tramas de tecidos, as peles das fachadas, que buscam ainda transmitir a suavidade do tecido, anunciam a marca tanto para a cidade quanto para o consumidor.

Além da arquitetura e do desenho interior estrategicamente elaborados, a chave do sucesso das *flagship stores* também inclui, como já mencionado, a escolha de uma boa localização[15].

---

[15] *Flagship stores: a strategic approach to brand management*. Disponível em: http://www.shopworks.co.uk/file/5687ff20d857d678a27ced153ef628a9/flagship-stores-a-strategic-approach-to-brand-management.html. Acessado em: 14 abr. 2014.

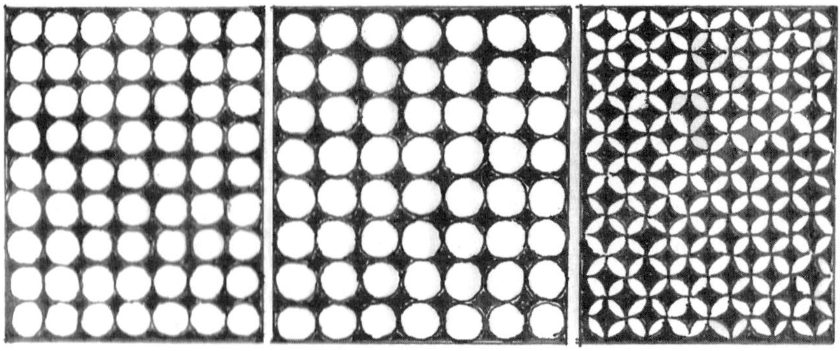

Figura 18.11 – Sequência de desenhos que mostra os dois primeiros gabaritos superpostos criando um terceiro, que resulta num signo que remete à uma das infinitas texturas de tecido. Desenho: Oreste Bortolli Jr., a partir de Edelmann et al. (2011).

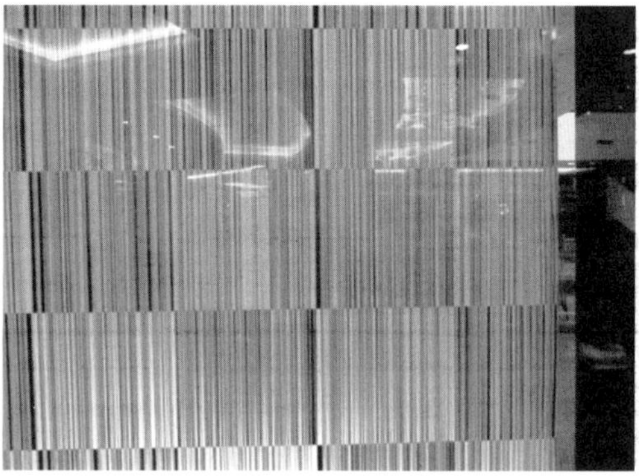

Figura 18.12 – Exemplo da aplicação do sistema de programação visual em fachada da loja Louis Vuitton, situada no Emirates Shopping Center, em Dubai. Foto: Oreste Bortolli Jr., 2014.

O posicionamento em lugares valorizados, consolidados como os endereços de atividades sofisticadas, de luxo ou tradicionais, é essencial, como acontece com a região da Quinta Avenida e da Madison, em Nova York; o Faubourg Saint Honoré, em Paris; a Via Montenapoleone, em Milão; a Bond Street e a Brompton Road, em Knightsbridge; ou em uma área de muito fluxo, como Westfield Shopping Centre, em Stratford, leste de Londres. Em outros locais, qualquer área prestigiada pode acolher essas *flagships*, como o Triangle d'Or, em Paris, e a região do Soho, em Nova York[16], coincidentemente lugares notadamente frequentados por turistas.

[16] Idem.

Na Rússia, os varejistas clamam por espaço no centro comercial GUM, na Praça Vermelha de Moscou, uma obra-prima do design da arquitetura do fim do século XIX, na qual se estabeleceram marcas emblemáticas como Christian Dior, Sony e Hugo Boss. Outro exemplo é a Louis Vuitton em Roma, situada na elegante e movimentada Via dei Condotti, em um prédio que, no passado, fora um cinema.

Dentro dessas preocupações com um apurado programa de identificação visual e com uma localização estrategicamente selecionada, as edificações das *flagships* assumem uma arquitetura de vanguarda, mesmo quando inseridas em edifícios preexistentes e, preferencialmente, históricos, buscando sempre transmitir uma sensação de contemporaneidade ou tradição.

A partir do delineamento de seus principais conceitos, a análise de algumas *flagship stores* contribui para melhor compreender esta relação entre arquitetura e consumo contemporâneo, ambos inspirados na sedução sensorial ou sensitiva.

Como exemplo de loja situada em um edifício preservado, de interesse histórico, destacamos a loja da Prada, de autoria de Rem Koolhaas, arquiteto responsável pelo Office for Metropolitan Architecture (OMA). Trata-se da reconversão do espaço de um edifício do século XIX, com 23 mil m^2, localizado no Soho, em Nova York, que pertencia, anteriormente, ao museu Guggenheim, um típico exemplar da arquitetura Cast Iron existente na cidade (Figuras 18.13 a 18.15).

A parede norte da loja corre ininterruptamente entre as entradas da Broadway e da Mercer Street, proporcionando uma nova ligação peatonal entre as duas ruas. Como ilustra a Figura 18.15, o piso do nível térreo surge formando uma "onda", o que transmite a sensação de continuidade, e se abre

Figura 18.13 – Prada *Flagship Store*, Soho, Nova York – Localização e fachada (ver p.A30). Foto: Oreste Bortolli Jr., 2013.

Figura 18.14 – Prada *Flagship Store*, Soho, Nova York – Exposição dos produtos (ver p.A30). Foto: Oreste Bortolli Jr., 2013.

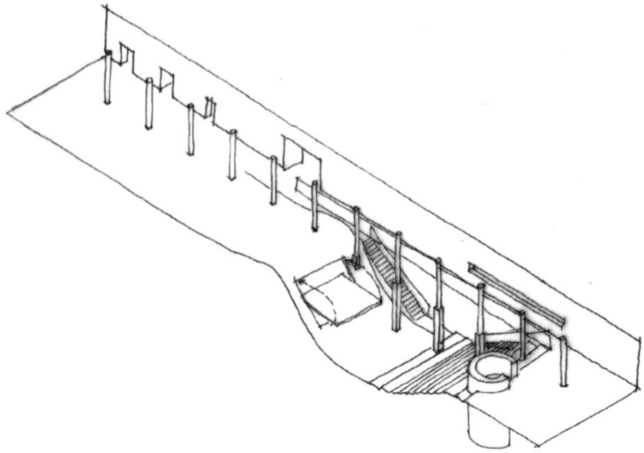

Figura 18.15 – Prada *Flagship Store*, Soho, Nova York. Perspectiva isométrica. Desenho: Oreste Bortolli Jr., a partir de http://oma.eu/projects/prada-epicenter-new-york, 2001.

para o antigo porão que se transforma em palco para demonstração e venda dos produtos da loja. Esse espaço curvo é um local de experienciação, na medida em que os degraus servem também para a exposição de mercadorias.

Outro exemplo de *flagship store* instalada em um edifício histórico de 1931, em Paris, no mais puro estilo *art déco*, é o projeto para a loja da Louis Vuitton do arquiteto Eric Carlson, em 2005 – a loja mais importante da rede (Figuras 18.16 e 18.17). Situada no Triangle d'Or, na avenida Champs-Élysées, esquina com a avenida Georges V, um dos locais onde o luxo é majoritariamente cultuado, apresenta um exterior também marcante, salientando que a torre que delimita a esquina expõe a marca e a bandeira da loja que se desenvolve basicamente em três níveis.

O projeto contempla o uso profuso de texturas e materiais marcantes, sendo que a imensa maioria apresenta-se em módulos de metal, com destaque para a imponente cúpula central que norteia o deslocamento por toda a loja. No último andar, é possível visualizar grande parte de Paris, além de desfrutar de um centro cultural destinado a exposições artísticas e literárias sobre o tema viagem, das reais às imaginárias.

Em que pese o pioneirismo dos países europeus em produzir artigos de luxo, principalmente a França e a Itália, a maior parte dos locais do consumo de luxo está nos Estados Unidos.

Projetada pelo casal de arquitetos Doriana e Massimiliano Fuksas, uma das lojas da grife Armani, em Nova York, ocupa quatro níveis em dois prédios, situados entre as requintadas Quinta Avenida e rua 56. As plantas retangulares

Figura 18.16 – *Flagship store* Louis Vuitton, Paris. Foto: Oreste Bortolli Jr., 2014.

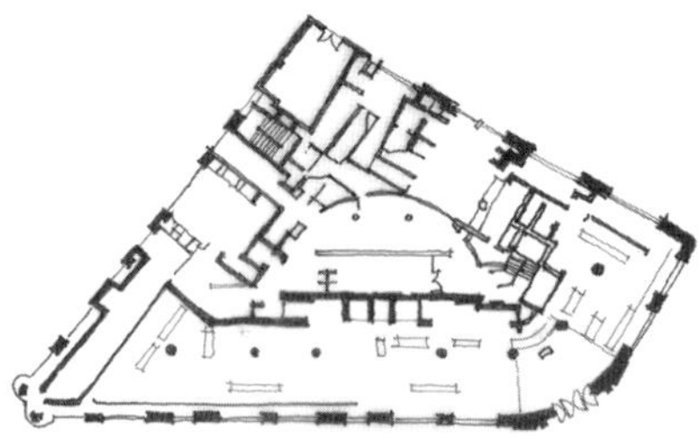

Figura 18.17 – *Flagship store* Louis Vuitton (planta), Paris. Desenho: Oreste Bortolli Jr., a partir de Edelmann et al., 2013.

são concebidas como um espaço único, sem distinções claras, unidas por uma escada em forma de vórtice[17] (Figuras 18.18 e 18.19). Com efeito, a escada apresenta uma geometria de movimentos giratórios, como se fosse uma fita de Mobius[18], unindo os espaços resultantes da abertura dos dois prédios e se constituindo no ponto focal da loja da Armani da Quinta Avenida.

As formas curvilíneas contidas nas escadas se modificam a cada novo andar. A iluminação define, caracteriza e realça as curvas das paredes e dos espaços, e cada elemento do design interno segue e satisfaz o conceito de movimento gerado pela escada, tornando-se parte do mesmo vórtice (característico de um redemoinho). O ambiente torna-se um espaço de lazer e experienciação, pois uma linha de luz no chão, que leva à entrada do restaurante, sublinha a sensualidade das curvas da parede[19].

---

[17] Disponível em: http://www.arch2o.com/armani-fifth-avenue-doriana-massimiliano-fuksas-architects/. Acessado em: 12 abr. 2014.

[18] A fita de Mobius é um espaço topológico obtido pela colagem das duas extremidades de uma fita, após efetuar meia volta em uma delas; deve o seu nome a August Ferdinand Mobius, que a estudou em 1858.

[19] Disponível em: http://thesuperslice.com/2011/08/04/armani-fifth-ave-massimiliano-doriana-fuksas/. Acessado em: 12 abr. 2014.

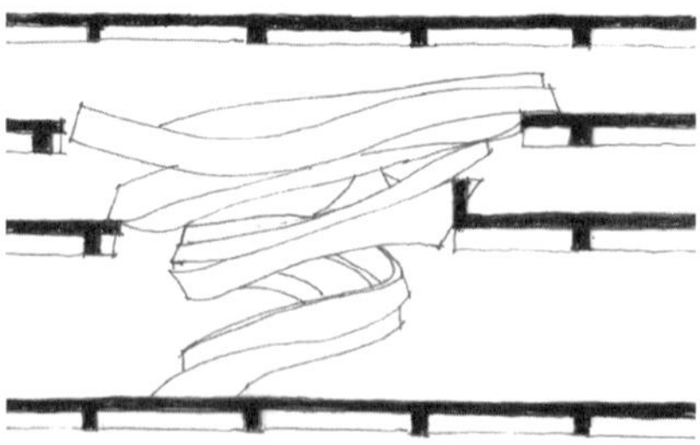

Figura 18.18 – *Flagship store* da Armani, em Nova York. Corte detalhando a escada. Desenho: Oreste Bortolli Jr., a partir de http://thesuperslice.com/2011/08/04/armani-fifth-ave-massimiliano-doriana-fuksas/. Acessado em: 23 ago. 2014.

Figura 18.19 – *Flagship store* da Armani, em Nova York. Foto: Oreste Bortolli Jr., 2014.

Vale mencionar ainda a icônica *flagship* da Apple Store, de autoria da Bohlin Cywinski Jackson Architecture and Planning Interior Design, de 2006[20], detentora de 12 premiações por excelência em arquitetura. Situada na Quinta Avenida, na praça existente no prédio da General Motors, estrutura-se a partir de um enorme cubo de vidro autoportante (Figuras 18.20 e 18.21), que serve de acesso ao espaço expositivo e de venda da loja, situados no subsolo (Figuras 18.22 e 18.23). Os consumidores têm duas opções para acessar o piso destinado às compras: pela escada helicoidal feita em vidro antiderrapante (Figura 18.22), assentado com presilhas metálicas em dois elementos curvos, ou pelo elevador cilíndrico também em vidro.

Exibindo o logotipo da Apple, percebido a distância, a transparência plena do acesso revela vistas impressionantes, tanto da avenida quanto da parte sul do Central Parque. Nota-se, no corte e na planta (Figuras 18.22 e 18.23), que a simetria e a rigorosa modulação são alinhadas ao grid conformado pela arquitetura do prédio da General Motors norteando a organização espacial e funcional da loja.

Local de concentração do comércio de luxo, a região do Soho, em Nova York, recebeu, em 2006, a *flagship store* da Alessi, denominada por seu proprietário "fábrica dos sonhos". Na linha da anteriormente citada Collete, não corresponde à loja de uma única marca, recebendo artigos de mais de 100 designers que utilizam os mais diversos materiais (Alessi, 2000, p.134). Projetada por Hani Rashid e Lise Anne Couture, do grupo Assymptote

[20] Disponível em: http://www.bcj.com/public/projects/project/82.html. Acessado em: 12 abr. 2014.

Figuras 18.20 e 18.21 – Apple Store da Quinta Avenida, em Nova York (ver p.A31). Fotos: Oreste Bortolli Jr., 2014.

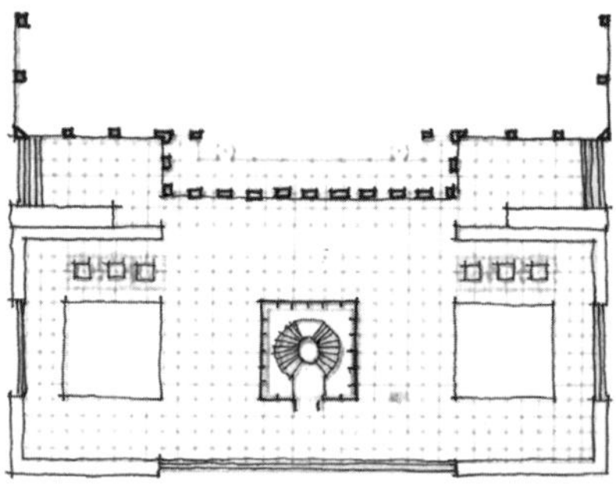

Figura 18.22 – Apple Store da Quinta Avenida, em Nova York. Desenho da planta: Oreste Bortolle Jr., a partir de http://www.bcj.com/public/projects/project/82.html. Acessado em: 12 abr. 2014

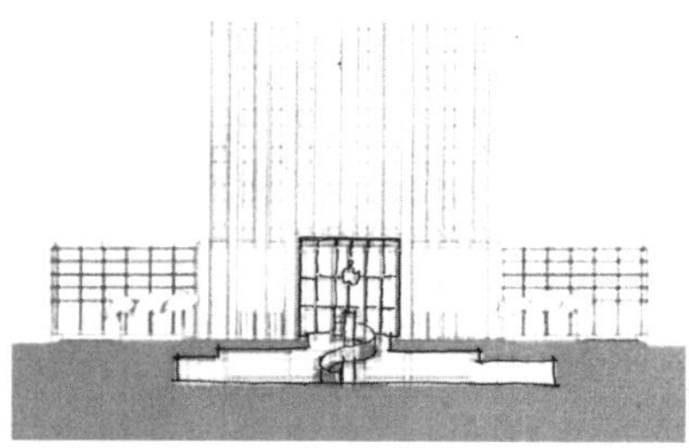

Figura 18.23 – Apple Store da Quinta Avenida, em Nova York. Desenho do corte: Oreste Bortolle Jr., a partir de http://www.bcj.com/public/projects/project/82.html. Acessado em: 12 abr. 2014

Architecture, alia grafismos e efeitos de luz com a utilização de espelhos que ampliam o espaço exíguo da planta, longa e estreita (Figura 18.24). As paredes de todo o interior são ocupadas por estantes que acompanham uma sucessão de paredes escultóricas, alinhadas ao desenho do piso (Figura 18.25). A fachada em *cast iron*, típica do Soho, é integralmente preservada (Figura 18.26).

Símbolo do luxo no mundo oriental, a avenida Omostesando, em Tóquio, concentra, em 1 km de extensão, grandes grifes internacionais oriundas, em sua imensa maioria, do mundo ocidental, dando lugar a um significativo número de *flagship stores*, assinadas por renomados arquitetos como Renzo Piano, Rem Koolhaas, entre outros.

Inaugurada em 2004 e projetada por Toio Ito, a loja de calçados de origem italiana Tod's traz como ideia, em sua concepção estrutural, o desenho

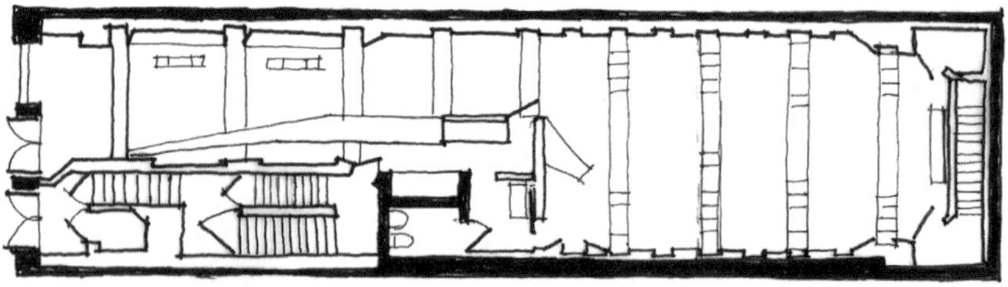

Figura 18.24 – *Flagship store* da Alessi, no Soho, em Nova York (planta). Desenho: Oreste Bortolli Jr., a partir de Serrats (2008).

Figura 18.25 – *Flagship store* da Alessi, no Soho, em Nova York. Vista de seu interior. Foto: Oreste Bortolli Jr., 2014.

Figura 18.26 – *Flagship store* da Alessi, no Soho, em Nova York. Vista da fachada, Cast Iron. Foto: Oreste Bortolli Jr., 2014.

entrecruzado de galhos de uma vegetação típica do Japão, a Zelkova, espécie que arboriza a própria avenida Omotesando[21].

Construída em concreto aparente, em forma de um L, as fachadas que abrangem as seis faces do prédio criam um suave amálgama de concreto e vidro. A transparência, como se pode observar no corte da loja apresentado na Figura 18.27, estabelece uma franca relação do interior com o exterior. Com diferentes alturas de pés-direitos, a suavidade das formas geométricas cria cheios e vazios em uma superfície plana, deixando uma marca de sofisticação (Figura 18.28). O edifício da Tod's recebeu, em 2006, a Medalha de Ouro do Royal Institute of British Architects (Riba)[22].

Outra *flagship* premiada na mesma avenida foi a loja Christian Dior, projetada por Kazuyo Sejima e Ryue Nishikasawa, membros do escritório japonês Sanaa, ganhadores do Prêmio Pritzker, em 2011. Com uma planta

[21] Disponível em: http://www.galinsky.com/buildings/tods/. Acessado em: 17 abr. 2014.

[22] Disponível em: http://www.mimoa.eu/projects/Japan/Tokyo/Tod's+Omotesando+Building. Acessado em: 17 abr. 2014.

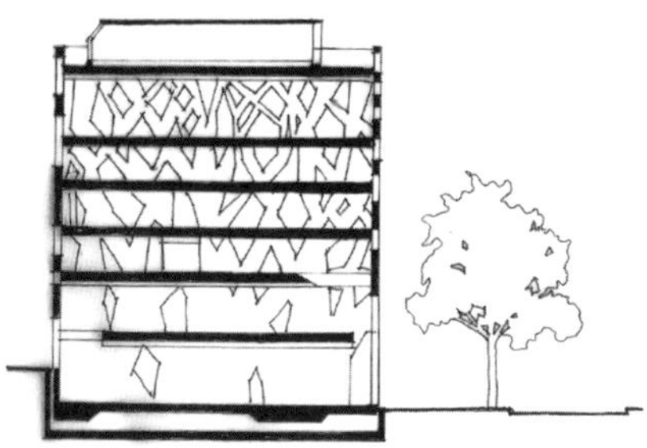

Figura 18.27 – *Flagship* da Tod's (corte), em Tóquio. Desenho: Oreste Bortolli Jr., a partir de http://www.arcspace.com/features/toyo-ito--associates/tods-omotesando/. Acessado em: 15 jan. 2014.

Figuras 18.28 – *Flagship* da Tod's, em Tóquio. Foto: Clara Reynaldo e Lourenço Gimenes.

trapezoidal (Figura 18.29), resultante da forma do terreno, as alturas dos pés-direitos dos diversos andares variam de acordo com o uso de cada andar, com andares baixos para os pisos técnicos.

O edifício é completamente transparente, como ilustra a Figura 18.30, composto por um pano de vidro muito claro do lado externo que, em conjunto com uma segunda pele interna feita em tela de acrílico translúcido curvilíneo, filtra discretamente a luz, conferindo, assim, a elegância sofisticada da alta moda da Dior (Hasegawa, 2005, p.90). A possibilidade da oferta de tal transparência em sua vedação deve-se ao sistema estrutural, composto de dois módulos rígidos que abrigam as caixas de circulação vertical (elevadores e escadas) que estão vinculadas aos pilares que aparecem soltos dos panos de vidro.

Inaugurada em 2004, de autoria de Herzog e Demeroun, também ganhadores do Prêmio Pritzker, a *flagship store* da Prada, no distrito de Aoyama,

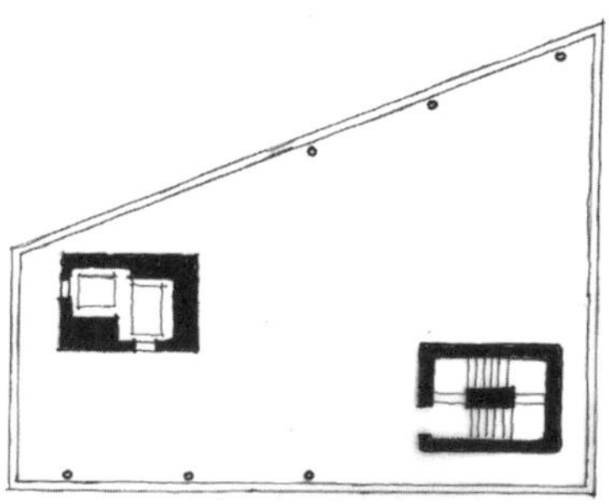

Figura 18.29. – *Flagship store* da Christian Dior (planta trapezoidal), Tóquio. Desenho: Oreste Bortolli Jr., a partir de Hasegawa (2005).

Figura 18.30 – *Flagship store* da Christian Dior, Tóquio. Foto: Lourenço Urbano Gimenes.

próximo a Omotesando, está assentada em um edifício de seis andares. O volume todo, concebido com as fachadas e cobertura em módulos de vidros estruturados, em formato de losangos com a combinação côncavo-convexo dos painéis planos, transmite a sensação de leveza de um cristal com cinco lados que se insere na paisagem (Figura 18.31).

Essa geometria diferente gera reflexos facetados (Figuras 18.31 a 18.33), que fazem com que os espectadores, tanto dentro como fora do prédio, experimentem constantes mudanças de visões e perspectivas rebatendo-se também na forma de observar os produtos (Revista A+U, 2002).

Figura 18.31 – *Flagship store* da Prada, Tóquio (ver p.A31). Foto: Lourenço Urbano Gimenes.

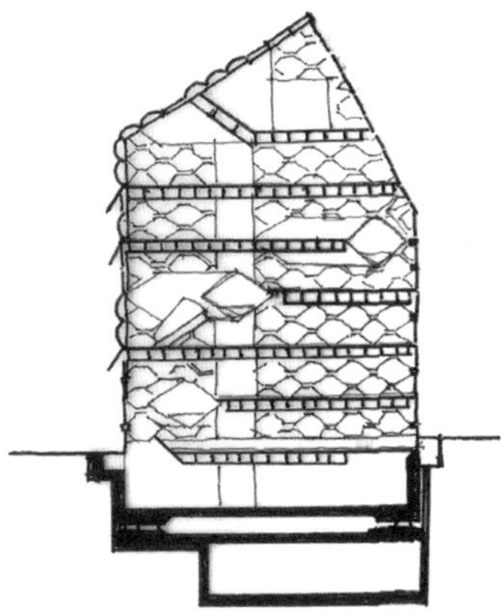

Figura 18.32 – *Flagship store* da Prada (corte), Tóquio. Desenho: Oreste Bortolli Jr., a partir de https://www.herzogdemeuron.com/index/projects/complete-works/176-200/178-prada-aoyama.html. Acessado em: 15 abr. 2014.

Figura 18.33 – *Flagship store* da Prada, Tóquio. Foto: Lourenço Urbano Gimenes.

O grid da fachada não é tão somente um elemento sensorial, mas faz parte da engenharia estrutural e, em conjunto com os núcleos verticais do edifício, suporta os tetos, estrutura essa também enrijecida pela tubulação.

Pode-se dizer que no contexto brasileiro é ainda incipiente a quantidade de *flagship stores* de capital nacional. Entretanto, convém destacar a loja Havaianas projetada em 2009 por Isay Weifeld, situada na rua Oscar Freire, território do comércio de luxo em São Paulo. A loja vende majoritariamente suas tradicionais sandálias de borracha inspiradas no modelo japonês em versões diversas, desde a mais básica até a mais sofisticada customizada na própria loja. Para a exposição dos produtos utilizam-se quiosques, estantes e suportes que lembram o comércio informal de rua e de uma feira livre, dividindo o espaço com outros produtos, como bolsas, chaveiros, vestuário masculino e feminino sempre estampados com a marca Havaianas. Disputadas nas lojas, as sandálias são o carro-chefe da empresa, com sucesso e popularização nos quatro cantos do mundo.

A loja em si busca oferecer um espaço aberto (Figuras 18.34 e 18.35) e democrático com ares de verão, praia e mar, sendo que o piso no qual se processam as vendas foi construído em cota negativa com relação ao nível da calçada, permitindo ao pedestre apreender visualmente a espacialidade do conjunto como um todo. O amplo acesso abrange toda a extensão da testada da loja (Figura 18.36), incorporando a calçada e oferecendo uma continuidade como espaço interior. Grande parcela desse acesso conforma um patamar, que em parte é um mezanino, a partir do qual se abrem visuais para todo o espaço de venda, embora reservado apenas à contemplação (Figura 18.37). Da outra parte desta plataforma se desenvolve uma larga escada de acesso à loja. Ao corrimão da escada é acoplada uma cadeira deslizante, permitindo plena acessibilidade ao estabelecimento. A marca Havaianas, em vermelho, é disposta ao longo da testada da fachada construída e moldada em concreto armado assentada também no nível da calçada, podendo exercer a função de um grande banco, tanto para as pessoas se sentarem, quanto para os manequins serem expostos, conferindo um ar de total descontração e de oferta de gentilezas urbanas. A cobertura é modulada e fracionada em cheios e vazios. Em parte desses vazios, foram dispostas iluminação zenital para garantir total claridade para a loja. No subsolo estão dispostos sanitários, vestiários e escritórios acessados por meio de elevador e escada. Nas paredes laterais iluminadas naturalmente foram criados dois jardins com espécies tropicais. A loja é pintada em branco e grande parte do piso reveste-se de mosaico português também em cor clara. Essa decisão de utilização de cores claras, além

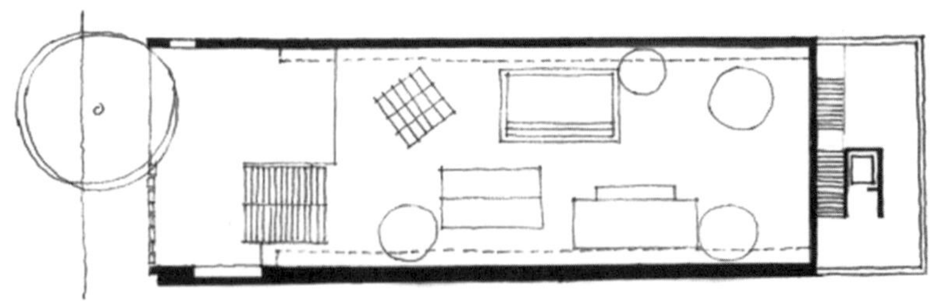

Figura 18.34 – Lojas Havaianas. Planta. Desenho de Oreste Bortolli Jr., a partir de http://www.archdaily.com.br/br/01-674/espaco-havaianas-isay-weinfeld. Acessado em: 29 nov. 2014.

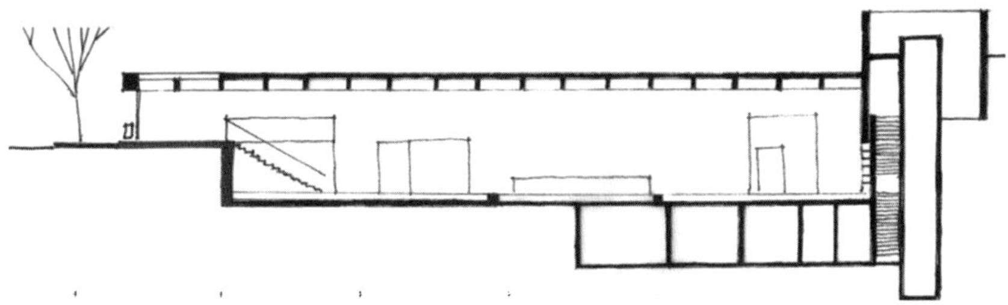

Figura 18.35 – Lojas Havaianas. Corte longitudinal. Desenho de Oreste Bortolli Jr., a partir de http://www.archdaily.com.br/br/01-674/espaco-havaianas-isay-weinfeld. Acessado em: 29 nov. 2014.

de garantir melhor iluminação, tanto auxilia no destaque da marca vermelha, quanto realça o contraste com a profusão de cores dos produtos expostos.

Flagship stores e turismo

As *flagship stores* são ainda um fato recente. Portanto, a literatura a respeito desse modelo é escassa, bem como a avaliação de seu êxito, seja na indução ao consumo, na valorização da marca, no êxito arquitetônico ou no seu papel como atrativo turístico. De qualquer forma, sua arquitetura atrai a atenção até dos passantes mais distraídos.

Segundo alguns autores, muitas vezes, as primeiras impressões, os primeiros contatos com a cidade, surgem a partir da percepção de suas lojas. Parecidas ou diferentes, por vezes isoladas ou justapostas, atraem o olhar, remetendo à natureza do lugar, à qualidade de vida, à animação do povo e das multidões e à dinâmica da vida urbana. As *flagships* compõem, na verdade, a imagem da cidade. A vida urbana e sua urbanidade são reflexos também da

Figura 18.36 – Lojas Havaianas de Isay Weinfeld, São Paulo. Fachada da loja (ver p.A32). Foto: Oreste Bortolli Jr.

Figura 18.37 – Lojas Havaianas de Isay Weinfeld, São Paulo. Interior da loja (ver p.A32). Foto: Oreste Bortolli Jr.

atividade de troca e do consumo que seduzem passantes e visitantes, atraídos pelo espetáculo proporcionado por suas ruas comerciais (Fitoussi, 1988; Vargas, 2001; Cullen, 1961; Lynch, 2010; Ferraz, 2013).

Isoladas, agrupadas em ruas ou em shopping centers, estocando, expondo, divulgando e vendendo uma grande gama de mercadorias, as *flagship stores* são emblemáticas por seu caráter experimental, tanto do ponto de vista de seu conteúdo quanto da inusitada forma de seu projeto arquitetônico.

Setores consolidados como lugares do luxo, por exemplo a Quinta Avenida em Nova York, o Triangle d'Or em Paris e a avenida Omotesando em Tóquio, onde a profusão das *flagship stores* é cada vez maior, são espaços públicos bem urbanizados, dotados de boa infraestrutura urbana, com estações de metrô, calçadas largas, arborizadas e bem pavimentadas, propícias a receber o *flâneur* contemporâneo.

Françoise Sackrider, do Instituto Francês da Moda (Costa, 2014), reafirma a importância do ambiente em que é efetivada a compra de produtos, pois o cliente precisa ter a sensação de fazer parte de um clube exclusivo marcado pelo requinte e pela sofisticação.

Pressupõe-se, ainda, que os investimentos apostam e contam com a presença dos turistas. Haja vista a loja da Louis Vuitton Malletier, situada na avenida Champs-Élysées, que, inaugurada em 2005, tem sido passagem obrigatória para os 6 mil turistas que diariamente a visitam. Yves Carcelle, presidente e CEO da empresa, na ocasião de sua inauguração, declarou que, assim como nenhuma viagem a Paris pode ignorar a Champs-Élysées, nenhum turista pode deixar de incluir uma visita a *flagship store* da Louis Vuitton (Edelmann et al., 2011).

Ressalte-se que em Tóquio, a região da avenida Omotesando, estendida aos bairros contíguos Harajuku e Aoyama, na qual, além da exibição de grifes famosas, há restaurantes de todos os tipos em apenas 1 km de extensão, passou a ser uma programa para qualquer tipo de turista. Para Costa (2014), os preços e o design das lojas não afastam os visitantes; ademais, muitos guias indicam o inverno como a melhor estação para se passear por ali, pois as árvores sem folhas permitem uma visão mais global do glamour.

Com o luxo e seu caráter inusitado, as *flagships stores* oferecem aos turistas ou visitantes da sua própria cidade mais uma motivação para o flanar urbano, mais um espaço para se vivenciar e experienciar. Se, no turismo, a busca tem sido por experiências e sensações novas, que, mesmo de caráter intangível, tornam-se tangíveis pelos registros digitais passíveis de rápida veiculação, as *flagship stores*, ao possibilitar experimentações espaciais multifacetadas e inesperadas, colocam-se como mais um atrativo turístico, e de luxo, para atribuir aos visitantes o *status* diferenciado de, mesmo sem adquirir um único produto, terem estado lá.

Referências bibliográficas

ALLÈRÉS, D. *Luxo... Estratégias. Marketing*. Rio de Janeiro: FGV, 2000.

ALESSI, A. *La fábrica del sueños: Alessi desde 1921*. Milão: Electa, 2000.

BERRY, C.J. *The idea of luxury: a conceptual and historical investigation*. Cambridge: University Press, 1994.

BRAUDRILLARD, J. *A sociedade de consumo*. Lisboa: Edições 70, 2007.

_______. *O sistema dos objetos*. São Paulo: Perspectiva, 2008.

CAPANHOLO, T.; BEVILACQUA. Luxo: Is not for all. *Revista da Católica*. v.3, n.5, 2011. Disponível em: http://www.catolicaonline.com.br. Acessado em: 17 jun. 2014.

CASTARÈDE, J. O luxo: os segredos dos produtos mais desejados do mundo. São Paulo: Barcarolla, 2005

COSTAS, R. Entre as malas luxuosas. Disponível em: http://veja.abril.com.br/140905/p_102.html. Acessado em: 20 abr. 2014.

CULLEN, G. *Towncape*. Londres: Architectural Press, 1961.

DELORME, J.C.; DUBOIS, A.M. *Passages Couverts Parisiens*. Paris: Parigramme, 1996. P.189-237.

DEMETRESCO, S.; MAIER, H. *Vitrinas. Mercahndising visual. Entre vistas*. São Paulo: Senac, 2004.

DEMETRESCO, S.; REGAMEY, R. *Tipologo a e estética do Visual Merchandising*. São Paulo: Estação das letras e cores, 2012.

DINIZ, C. *O mercado de luxo no Brasil: tendências e oportunidades*. São Paulo: Seoman, 2012.

EDELMANN. F.; LUNA, I.; MAGROU, R.; MOSTAFAVI, M. *Louis Vuitton Architecture and Interiors*. Nova York: Rizzoli, 2011.

FLAGSHIP stores: a strategic approach to brand management. Disponível em: http://www.shopworks.co.uk/file/5687ff20d857d678a27ced153ef628a9/flagship-stores-a-strategic-approach-to-brand-management.html. Acessado em: 14 abr. 2014.

FERRAZ, V.S. *Hospitalidade urbana em grandes cidades. São Paulo em foco*. São Paulo, 2013. Tese de doutorado. FAU/USP.

FERRIER, J.L. *L'Aventure de l'Artau XIXe Siècle*. Paris: Chêne/Hachette, 1991.

FITOUSSI, B. *Boutiques*. Paris: Electa, 1988.

FLETCHER, J. The sócio-cultural impacto of tourism. In: FLETCHER, J.; FYALL, A.; GILBERT, D.; WANHILL, S. (orgs.). 5.ed. *Tourism Principles and Practices*. Harlow: Pearson, 2013.

GALHANONE, R.F. Mercado do luxo: aspectos de marketing. In: *Revista Rege*. São Paulo, p.1-12, 2005.

______. Mercado do luxo: aspectos de marketing. Disponível em: http://www.ead.fea.usp.br/semead/8semead/resultado/trabalhosPDF/329.pdf. Acessado em: 13 abr. 2014.

GEARGEOURA, L.J. *Marketing para Bens de Luxo*. São Paulo, 1997. Dissertação de mestrado. Faculdade de Economia e Administração da USP.

GEIST, J.F. *Arcades: The Historyof a Building Type*. Tradução de Newman J.O. e Smith J.H. Cambridge/Londres: Mass/MIT Press, 1993.

GOSLING, D.; BARRY, M. *Design and Planning of Retail Systems*. Londres: Architectual Press, 1976.

HASEGAWA, Y. *Kazuio Sejima + Ryue Nishizawa SANAA*. Milão: Electa, 2005.

HERTZBERGER, H. *Lições de arquitetura*. São Paulo: Martins Fontes, 1996.

JODOGNE, C. (org.). *Three 19th Century Arcades*. Bruxelas: Solibel, s.d.

LACROIX, P. *XVIIIème Siècle. Instituitions, usages et costume*. Paris: Firmin- Didot, 1885.

LANCASTER, B. *The Department Store: A Social History*. Londres/Nova York: Leicester University, 1995.

LYNCH, K. *A imagem da cidade*. São Paulo: Martins Fontes, 2010.

MAUSS, M. *Sociologia e Antropologia Vol II*. Tradução de Mauro Almeida W.B. e Lamberto Puccinelli. São Paulo: EPU/Edusp, 1974.

MARX, K. O fetichismo da mercadoria e seu segredo. In: *O capital. Crítica da Economia Política*. Livro Primeiro, v. I. Parte Primeira. Tradução de Reginaldo Sant'Anna. São Paulo: Civilização Brasileira, 1980.

MASLOW, A.H. *Motivation, Personalidad*. Barcelona: Sagitário, 1954.

MENDES, C.F. *Paisagem Urbana: uma mídia redescoberta*. São Paulo: Senac, 2006.

NAVARRO, J.G. O conceito de luxo através dos tempos. Disponível em: http://epocanegocios.globo.com/Revista/Common/0,,EMI135949-16280-4,00-O+CONCEITO+DE+LUXO+ATRAVES+DOS+TEMPOS.HTml. Acessado em: 14 abr. 2014.

PASSAGE POMMERAYE, Unjoyau Nantais. *Revista Presse Océan*. Edição especial. p.4, 2014.

PASSARELLI, S. *O universo do luxo – marketing e estratégia para o mercado de bens e serviços de luxo*. Barueri: Manole, 2010.

PEVSNER, N. *A History of buildings types*. Londres: Thames and Hudson, 1976.

PLOG, S.C. *Leisure travel: A marketing handbook*. Upper Saddle River: Person Pretince hall, 2004.

REISINGER, Y.; PARK, K.S. Luxury Shopping in tourism: Challesges and opportunities. In: 26th EuroCHRIE Conference. 2008, Dubai.

RENOY, G. *Les Grands Magasins*. Bélgica: Rossel, 1986.

REVISTA A+U (Architecture and Urbanism). Herzog & De Meroun 1978-2002. Edição especial, 2002.

SARMENTO, C. *Tóquio chique: Avenida Omotesando é símbolo do luxo*. Disponível em: http://oglobo.globo.com/boa-viagem/toquio-chique-avenida-omotesando-simbolo-do-luxo-3166574. Acessado em: 20 abr. 2014.

SCHULZE, F.; HARRIGTON, K. *Chicagos's Famous Buildings*. Chicago: The University Press, 1993.

SERRATS, M. *Flagship Stores: las mejores tiendas, las mejores marcas.* Barcelona: Loft, 2008.

SOUZA, G.M. Variações sobre Michelangelo Antonioni. In: NOVAES, A. [org.]. *O olhar*. São Paulo: Companhia das Letras, 1995.

VARGAS, H.C. *Comércio. Localização estratégica ou estratégia na localização.* São Paulo, 1992. Tese de doutorado. FAU/USP.

______. The Architecture Design as an Efficient Business Advertisement: The case of São Paulo. In: 4th Retailing and Consumer Services Science Conference. 1997, Scottsdale-Arizona. Disponível em: http://www.labcom.fau.usp.br Acessado em: set. 2015.

______. *Espaço Terciário. O lugar, a arquitetura e a imagem do comércio.* São Paulo: Senac, 2001.

______. *O lugar do comércio e serviços na arquitetura e urbanismo.* São Carlos, n.9, 2013. Disponível em: http://www.nomads.usp.br/virus/virus09/?sec=4&item=3&lang=pt. Acessado em: 20 abr. 2014.

Sites

Espaço Havaianas, disponível em: http://www.archdaily.com.br/br/01-674/espaco-havaianas-isay-weinfeld. Acessado em: 29 nov. 2014.

Laboratoire Urbanisme Insurrectionnel, disponível em: http://laboratoireurbanismeinsurrectionnel.blogspot.com.br/2013/05/france-grands-magasins.html. Acessado em: 22 ago. 2014.

Prada New York, disponível em: http://www.oma.eu/projects/2001/prada-new-york/. Acessado: 14 abr. 2014.

Arch20, disponível em: http://www.arch2o.com/armani-fifth-avenue-doriana-massimiliano-fuksas-architects/. Acessado em: 12 abr. 2014.

Dior Omotesando, disponível em: http://www.timeout.jp/en/tokyo/venue/2068/Dior-Omotesando. Acessado em: 16 abr. 2014.

Herzog e De Meuron, disponível em: https://www.herzogdemeuron.com/index/projects/complete-works/176-200/178-prada-aoyama.html.

Capítulo 19
Reflexões finais: um começo...

Heliana Comin Vargas
Ricardo Alexandre Paiva

> [...] as cidades de Marco Polo eram todas parecidas, como se a passagem de uma para a outra não envolvesse uma viagem mas uma mera troca de elementos. Agora, para cada cidade que Marco lhe descrevia, a mente do Grande Khan partia por conta própria, e, desmontando a cidade pedaço por pedaço, ele a reconstruía de outra maneira, substituindo ingredientes, deslocando-os, invertendo-os.
> (Calvino, 1997, p.43)

Na atualidade, o fenômeno do turismo tende a ser onipresente e onipotente. Onipresente, por não considerar os limites espaciais para sua penetração, ignorando-os; onipotente, pelo poder que tem adquirido como indutor de transformações expressivas nas práticas sociais, de cunho individual e/ou coletivo, psicológico e/ou sociológico, filosófico e/ou antropológico, local e/ou global, impactando "os sistemas de objetos e de ações", "os fixos e os fluxos". Essa realidade contemporânea indelével do turismo pode ser comprovada por meio da complexidade do seu campo disciplinar que demanda cada vez mais abordagens transversais por parte das várias áreas do conhecimento que a ele se dedicam como objeto do conhecimento.

Este livro teve como gênese a compreensão da rarefeita atenção dada à relação entre turismo e a produção e o consumo do espaço à luz do campo disciplinar da Arquitetura e Urbanismo sem, no entanto, ignorar a diversificada e multidisciplinar literatura sobre o tema. Assim, o intuito foi reunir um conjunto de temas que contribuíssem para avançar na produção de conhecimento e pesquisas sobre a Arquitetura e Urbanismo na sua interseção com o turismo, como atividade empírica e como disciplina, na sua dimensão teórica e prática.

Tendo como fio condutor uma perspectiva conceitual e multiescalar do turismo e seus desdobramentos na arquitetura e na cidade, o livro assume um caráter didático trazendo um amplo panorama de conceitos, abordagens, enfoques e inovações sobre o tema, pleno de referências históricas. Neste sentido, direciona-se a professores, pesquisadores, alunos e profissionais de distintas áreas afins à arquitetura, à cidade e ao turismo. Destacam-se nos capítulos a profusão de mapas e fotografias atribuindo às imagens significativo valor de síntese, que apresentam e representam não somente aspectos importantes da organização espacial da arquitetura e da cidade, mas também oferecem um repertório significativo de projetos e obras de intervenções urbanas e edilícias que conformam importantes atrativos turísticos no Brasil e no mundo.

Reconhece-se inicialmente que o turismo oferece uma pluralidade de abordagens, ao mesmo tempo em que reivindica e apresenta a sua relevância para a compreensão do papel do planejamento e gestão urbana no processo de produção e consumo do espaço turístico e na formatação do produto turístico. A ênfase direcionou-se para a análise da urbanização desencadeada pelo turismo suscitada pelo consumo e o lazer, caracterizando a cidade pós-moderna, diferentemente da cidade industrial motivada pela produção e o trabalho.

Demonstrou-se que, tendo como mote a atividade turística, novas formas de gestão urbana são assumidas e o recurso de grandes intervenções e projetos urbanos constitui-se num campo por excelência para sua efetivação.

A constatação da simbiose entre turismo e dinâmica imobiliária também ocupa espaço importante na discussão, seja nas áreas nas quais a urbanização já está consolidada, seja nas novas áreas de expansão urbana, metropolitana e até regional, usufruindo e transformando os recursos naturais mais preservados.

Ampliando essa discussão multiescalar do turismo, o livro também foca no consumidor desses lugares e nas motivações que os atraem e que transformam moradores em turistas em suas próprias cidades, evidenciando os principais sintomas do consumo de bens tangíveis e intangíveis, de experiências e sensações e que têm como lócus privilegiado a cidade, que se converte ela mesma em um objeto de consumo, a apoteose do fetiche da mercadoria.

Diante dessa complexidade da atividade turística e sua capacidade de mobilizar desenvolvimento econômico, uma atuação sistêmica entre planejamento turístico, gestão e planejamento urbano se faz urgente.

No entanto, para além do planejamento e gestão urbanos que se tornam imperativos para garantir a atratividade e a manutenção da qualidade de vida dos locais de destino turístico, o livro convida a adentrar os percursos da arquitetura como protagonista do processo de produção e consumo do espaço turístico, transcendendo o seu valor de uso e de troca e potencializando o seu valor de signo. Seja a arquitetura contemporânea, o patrimônio histórico ou aquela que ainda está por vir, plena de história, de cultura, de tecnologia e de invenções inusitadas, em suas mais variadas funções, essas arquiteturas acabam por se tornarem únicas, excepcionais e espetaculares, estimulando o consumo e a visibilidade de bens e produtos e, fundamentalmente, dos lugares.

Os capítulos enfatizam reflexões sobre as intervenções espaciais (urbanas e edilícias), uma vez que a Arquitetura e o Urbanismo preconizam, com base na relação dialética entre espaço e sociedade, a necessidade de intervir como uma prerrogativa para a transformação social. Reconhecem-se, no entanto, os limites e resistências para sua efetivação, ou mesmo, admitem que os impactos sociais de uma intervenção no espaço ocorrem, para o bem e para o mal, à revelia da consciência dos seus agentes, incluindo nesse rol, arquitetos e urbanistas. Sendo assim, é evidente o desejo de complementar as visões de outras áreas do conhecimento devotadas ao estudo da relação entre turismo e espaço, transcendendo suas análises e diagnósticos e buscando adentrar no campo das proposições, do projeto e dos seus desígnios.

Um viés crítico é a tônica dos diversos temas abordados em relação às potencialidades e contradições inerentes às transformações na arquitetura e na cidade suscitadas pela e para a fruição da atividade turística.

Essas reflexões são, no entanto, apenas um começo, porque a intenção do livro, além de apresentar o estado da arte sobre o tema, consiste em suscitar provocações permanentes para o debate sobre como a Arquitetura e o Urbanismo podem contribuir, no âmbito acadêmico e científico, mas também na esfera do planejamento, do projeto urbano e arquitetônico para, respectivamente, colaborar com o avanço do conhecimento e dotar os lugares não exclusivamente de infraestruturas turísticas, mas também, e sobretudo, de qualidades espaciais que permitam o exercício da liberdade e usufruto pleno das experiências, assim como a manutenção da vitalidade aos lugares sobre os quais intervêm.

Referências bibliográficas

CALVINO, I. *As cidades invisíveis.* Trad. Diogo Minardi. São Paulo: Companhia das Letras, 1997.

Sobre os autores

Organizadores

Heliana Comin Vargas

Arquiteta e urbanista pela FAU-USP, 1974; economista pela PUC-SP, 1982; mestre (1986) e doutora (1993) em arquitetura e urbanismo pela FAU-USP; pós-doutorado em Formação de Lideranças para o Planejamento Ambiental, em Genebra, na Academia Internacional de Meio Ambiente, 1996. Professora Titular da FAU-USP, departamento de projeto, junto ao grupo de disciplina de planejamento urbano e regional, sendo chefe de departamento (2004-2008 e 2012-2014). É coordenadora do LabCom-Laboratório de Comércio e Cidade junto ao departamento de Projeto da FAU-USP (www.labcom.fau.usp.br). É especialista em estudos de dinâmica e economia urbanas e em projetos de intervenção, com foco no setor terciário e com ênfase nas atividades de comércio e serviços varejistas adentrando o campo das atividades de recreação e lazer, cultura e turismo. Entre outras publicações, é autora dos livros: *Novos instrumentos de gestão ambiental urbana*, Edusp, 2001, 2005, 2014; *Espaço terciário: o lugar, a arquitetura e a imagem do comércio*, Senac, 2001; *Intervenções em centros urbanos: objetivos estratégias e resultados*, Manole, 2006, 2009, 2015; *Arquitetura e mercado imobiliário*, Manole, 2014; *Fundamentos de projeto: arquitetura e urbanismo*, Edusp, 2014.

Ricardo Alexandre Paiva

Graduado em Arquitetura e Urbanismo pela Universidade Federal do Ceará, 1997; mestre em Arquitetura e Urbanismo pela FAU-USP, 2005; Doutor em Arquitetura e Urbanismo pela FAU-USP, 2011, com a tese "A metrópole híbrida: o papel do turismo no processo de urbanização da Região Metropolitana de Fortaleza". É professor adjunto de projeto arquitetônico do curso de Arquitetura e Urbanismo da Universidade Federal do Ceará e coordenador do programa de pós-graduação em Arquitetura e Urbanismo e Design da UFC – PPGAU+D-UFC. Coordena o LoCAU (Laboratório de Crítica em Arquitetura, Urbanismo e Urbanização) do DAU-UFC. É pesquisador do LabCom (Laboratório de Comércio e Cidade) da FAU-USP. Tem experiência na área de Arquitetura e Urbanismo, com ênfase em Projeto Arquitetônico e Urbano e Teoria, História e Crítica da Arquitetura e do Urbanismo, atuando principalmente nos seguintes temas: projeto, crítica da arquitetura e urbanismo moderno e contemporâneo, turismo, urbanização, arquitetura e cidade.

Colaboradores

Cristina Pereira de Araujo

Arquiteta e urbanista pela FAU Belas Artes de São Paulo, mestre em Paisagem e Ambiente e doutora em Planejamento Urbano e Regional pela FAU-USP. Professora adjunta, atua na graduação e pós-graduação do curso de Arquitetura e Urbanismo da Universidade Federal de Pernambuco (UFPE). É pesquisadora junto ao NUGEPP/UFPE e ao LabCom/FAU-USP. Entre outras publicações, é coorganizadora e autora de capítulos no livro *Arquitetura e Mercado Imobiliário*, publicado pela editora Manole em 2014. Tem experiência na área de planejamento ambiental e urbano, com ênfase em mercado imobiliário, turismo, estruturação e produção do espaço urbano.

Hugo Segawa

Arquiteto, professor titular da FAU-USP, pesquisador do CNPq. Autor, entre outros livros, de *Arquiteturas no Brasil 1900-1990*, Edusp, 2012, 3. ed.; *Ao Amor do Público: Jardins no Brasil*, Studio Nobel, 1996 e *Prelúdio da Metrópole: Arquitetura e Urbanismo em São Paulo na Passagem do Século XIX ao XX*, Cotia, Ateliê Editorial, 2004, 2. ed.

Isabella Raduan Masano

ou Bella Masano, como é mais conhecida, é mestre em Planejamento Urbano e Regional pela FAU-USP, onde desenvolveu o trabalho intitulado "A Gastronomia Paulistana: o Local e o Global no mesmo prato", que aborda questões relativas à pluralidade e ao dinamismo da mesa paulistana, explorando a comida para além de sua característica nutricional, em seus aspectos sociocultural e econômico. Graduada em Hotelaria pelo Senac-SP e em Turismo pela ECA-USP, traz também no currículo uma temporada na renomada escola de culinária Le Cordon Bleu, em Paris. Responsável pela cozinha do Amadeus, desde 2002, é considerada hoje uma especialista em valorizar sabores e texturas de delicados peixes e frutos do mar, em receitas equilibradas. Por seu trabalho no restaurante recebeu importantes prêmios na mídia especializada e vem se consolidando como um dos grandes nomes de sua geração.

Leandro Forgiarini

Bacharel em Turismo. Mestre em Geografia Humana pela FFLCH-USP. Doutorando em Arquitetura pelo Programa de Pesquisa e Pós-Graduação em

Arquitetura da UFRGS. Apresentou dissertação de mestrado intitulada: "O estudo do lugar sob o enfoque da geografia humanista: um lugar chamado Avenida Paulista". Tem por interesse o estudo da ideia/sentido de lugar a partir de suas implicações transdisciplinares nos campos teóricos da arquitetura e urbanismo, da psicologia ambiental, da geografia humanista e do turismo.

Lineu Castello

Doutor em Arquitetura pela UFRGS; Master of Philosophy in Urban Design and Regional Planning pela University of Edinburgh. É professor titular em Urbanismo na UFRGS, professor-convidado no Mestrado/Doutorado Propar/UFRGS e professor no Mestrado Integrado Uniritter/Mackenzie (Arquitetura), além de pesquisador CNPq. É autor dos livros: *Rethinking the meaning of place*, Ashgate e *A percepção de lugar: repensando o conceito de lugar em arquitetura-urbanismo*, Propar; do capítulo "Redesigning Brownfields in Porto Alegre" In: Del Rio, V. & Siembieda, W. Contemporary Urbanism in Brazil, University Press of Florida. Consultor editorial da *Encyclopedia of the City*, Routledge. Premiado com o Gerd Albers Award da International Society of City and Regional Planners (Holanda) e o Prêmio Anparq por melhor artigo.

Mauro Scazufca

Arquiteto Urbanista pela Faculdade de Arquitetura e Urbanismo de Santos, 1987. Doutor em Arquitetura e Urbanismo pela FAU-USP na área de Planejamento Urbano e Regional, 2012. Sócio-Diretor da Projetual - Projetos, Gerenciamento e Execução. Atua na área de planejamento portuário, especialmente em interfaces com questões sociais e ambientais na integração com o território urbano e natural. É professor de Urbanismo na Unimonte, Santos, desde 2012. Foi gerente de planejamento da Anhembi Turismo e Eventos da Cidade de São Paulo, de 2001 a 2005; gerente de planejamento e secretário municipal de Planejamento e Gestão Financeira do Guarujá, SP, de 2005 a 2009.

Oreste Bortolli Jr.

Arquiteto e urbanista pela Universidade Braz Cubas, 1977; mestre (1998) e doutor (2005) pela FAU-USP. Professor da FAU-USP junto ao Departamento de Projeto nos âmbitos da graduação e da pós-graduação. Dedica-se a pesquisas na área de transformações urbanas e prospecção das tipologias arquitetônicas modernistas, dentre outras, situadas majoritariamente nos bairros de Higienópolis, Santa Cecília e Vila Buarque. Como colaborador, faz parte do programa de dupla formação POLI-FAU. Tem experiência com equipes de projetos de empresas de consultoria de urbanismo para novos núcleos e equipamentos comunitários em usinas hidrelétricas, tanto no Brasil quanto no exterior, tendo também realizado projetos em arquitetura industrial. Em livre exercício, participou de concursos nacionais de projetos, dos quais recebeu menções honrosas; desenvolveu projetos e reformas de residências unifamiliares, de apartamentos e de estabelecimentos comerciais.

Paulo Bruna

Arquiteto pela FAU-USP, 1963. Possui pós-doutorado no Massachusetts Institute of Technology (MIT), 1984-85. É professor titular da FAU-USP e professor convidado em diversas universidades brasileiras e estrangeiras. Foi diretor do escritório Rino Levi Arquitetos Associados de 1972 a 1991. Em janeiro de 1992, associado ao arquiteto Roberto Cerqueira Cesar, criou o escritório Paulo Bruna Arquitetos Associados S/C Ltda. Recebeu o grande prêmio da III Bienal Internacional de Arquitetura de São Paulo em 1997 pelo projeto do Ática Shopping Cultural. Publicou o livro *Os primeiros arquitetos modernos, habitação social no Brasil 1930-1950*, Edusp, 2010.

Regina Prado Lima de Souza

Doutora em Planejamento Urbano e Regional pelo Ippur-UFRJ; mestre em Urbanismo pelo Prourb-UFRJ; especialista em conservação e restauração de monumentos e conjuntos históricos pelo Gere-UFBA. É arquiteta do Instituto do Patrimônio Histórico e Artístico Nacional (Iphan); membro do Conselho Internacional para Monumentos e Sítios – Icomos; professora na Faculdade de Arquitetura e Urbanismo da Universidade Estácio de Sá; e consultora da Unesco no projeto de restauração do Palácio Gustavo Capanema (bem tombado nacional) - Rio de Janeiro, e da Universidade Federal Fluminense na Restauração das pinturas do Profeta Gentileza (tombadas pelo município do Rio de Janeiro). Autora da tese de doutorado "A Reificação do Patrimônio: a reapropriação de sítios históricos reconhecidos como patrimônio na lógica da indústria cultural", UFRJ-IPPUR, 2009. Organizadora do livro *A Preservação do Patrimônio Cultural em Niterói*, Niterói Livros, 2007.

Susana Gastal

Doutora em Comunicação pela PUC-RS e mestre em Artes Visuais pela UFRGS. Fez estágio Pós-Doutoral pela Universidade Católica Portuguesa e foi bolsista produtividade CNPq. É professora, pesquisadora e orientadora no programa de Pós-Graduação em Turismo – Doutorado e Mestrado, da Universidade de Caxias do Sul. É autora dos livros *Turismo, políticas públicas e cidadania*, Aleph, 2008; *Imagens e imaginários no turismo*, Aleph, 2005; *Alegorias urbanas, o passado como subterfúgio: tempo, espaço e visualidade na pós-modernidade*, Papirus, 2006 e *Salas de cinema - cenários porto-alegrenses*, Universidade Editorial, 1999. Possui ainda vários artigos em livros e periódicos dentro das temáticas Turismo, Cidade, Cultura e Artes Visuais. Edita a *Revista Rosa dos Ventos – Turismo e Hospitalidade*. É membro do Conselho Científico da Associação Nacional de Pesquisa e Pós-Graduação em Turismo (Anptur).

Thiago Allis

Doutor em Arquitetura e Urbanismo na área de concentração: planejamento urbano e regional; mestre em Integração da América Latina (Prolam) e Bacharel em Turismo pela Universidade de São Paulo. Atualmente, é professor adjunto da Universidade Federal de São Carlos, no Departamento de Geogafia, Turismo e Humanidades, campus Sorocaba, e colabora com o Programa de Pós-Graduação em Sustentabilidade na Gestão Ambiental, PPGSA/UFSCar. Seus interesses de pesquisa concentram-se em turismo urbano, mobilidade, transportes e planejamento urbano e do turismo. Tem experiência profissional em planejamento turístico, tendo prestado serviços técnicos especializados para entidades de governo e empresas privadas. Em 2012, foi professor visitante na Universidade Nacional Timor Lorosa'e, em Timor Leste.

Valéria Ferraz Severini

Arquiteta e urbanista graduada pela FAAP-SP, 1997. Fez licenciatura em Edificações no Centro Universitário Belas Artes de São Paulo, em 2003. Mestre em Arquitetura e Urbanismo pela UFRN, em 2008, na qual atuou como pesquisadora âncora em projetos de pesquisa ligados ao turismo e à requalificação de áreas centrais. É doutora em Arquitetura e Urbanismo pela FAU-USP, tendo como foco de estudo: hospitalidade urbana, turismo e desenho urbano. Trabalhou na empresa CPTM, na qual adquiriu ampla experiência na área de planejamento urbano e transportes. Entre os anos de 2011 e 2013 foi assessora da SP Urbanismo fazendo parte da equipe que elaborou os estudos urbanísticos para o Projeto de Lei da Operação Urbana Consorciada Mooca - Vila Carioca (atual bairro do Tamanduateí). Ministra aulas no curso de Graduação em Arquitetura e Urbanismo da Anhanguera Educacional e da Fiam-Faam Centro Universitário (FMU).

Virginia Santos Lisboa

Arquiteta e Urbanista pela FAU-USP, 1987 e mestre em Arquitetura e Urbanismo, na área de Planejamento Urbano e Regional pela mesma universidade, 2010. Tem trabalhado direta ou indiretamente no setor público com análise de áreas para implantação de equipamentos públicos, requalificação de áreas comerciais, fluxos e turismo de compras na área central de São Paulo e com a adequação de espaços para eventos. É professora da Fiam-Faam desde 2010 na área de urbanismo.

Índice remissivo

Ponte Estaiada Octávio Frias de Oliveira e região da avenida Engenheiro Luis Carlos Berrini. Foto: Roberto Caldeyro Stajano/Studio Stajano (2008).

Aspectos do ETI Reserva do Paiva. Da esquerda para a direita, de cima para baixo: detalhe da construção do Hotel Sheraton, inaugurado em 2014. Vista do complexo residencial e demarcação, onde está o *outdoor*, da área de serviços. Maquete do empreendimento, com destaque aos empresariais. Vista à beira-mar de um dos edifícios residenciais. Foto: Cristina Araujo (2013).

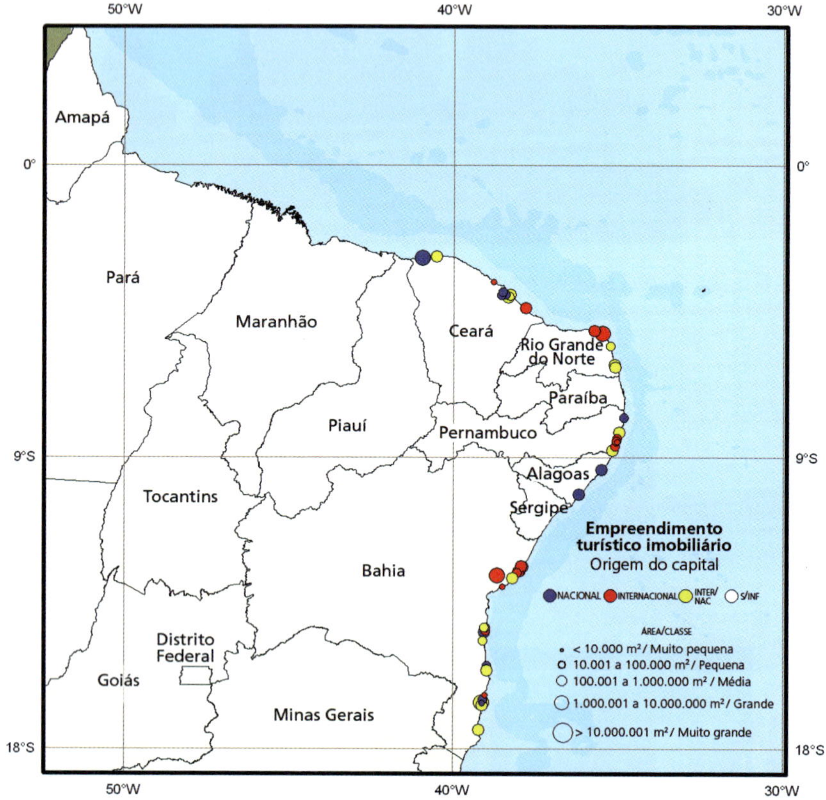

Panorama dos ETIs na costa litorânea das regiões Norte e Nordeste do Brasil. Fonte: Cristina Araujo, 2011.

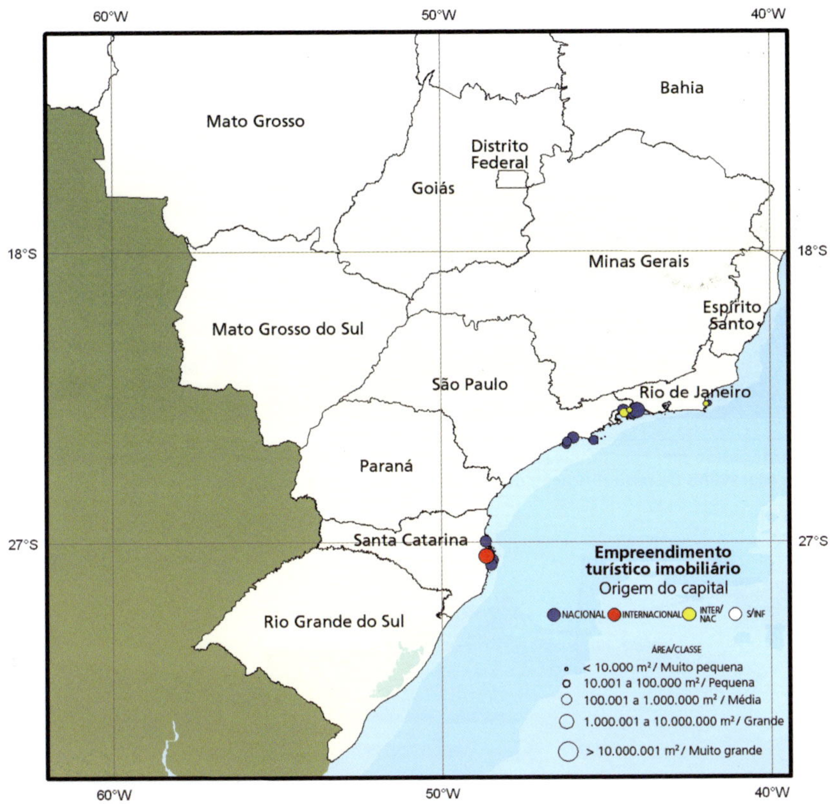

Panorama dos ETIs na costa litorânea das regiões Sudeste e Sul do Brasil. Fonte: Cristina Araujo, 2011.

Implantação do píer com novas atrações junto ao terminal de navios de passageiros no projeto Porto Maravilha de requalificação de área portuária no Rio de Janeiro. Foto: Mauro Scazufca.

Navio de cruzeiro acostado no porto de Santos. Ambiente portuário sem atratividade turística. Foto: Mauro Scazufca.

6 pessoas / m²
Ocorrência máxima em áreas desconfinadas (situação mais provável entre 5 e 10 m em torno do local em que o evento acontece)

4 pessoas / m²
Ocorrência normal em áreas extensas

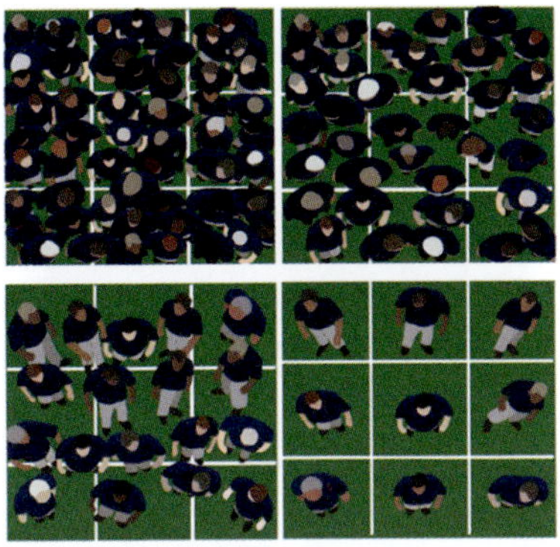

2 pessoas / m²
Ocorrência frequente em deslocamentos

1 pessoa / m²
Ocorrência normal em deslocamentos para comícios

Densidades típicas. Ilustração de Manuela Halluli baseada em PMRJ (2006).

Maratona de São Paulo, na Ponte Estaiada, em 15 de maio de 2009. Foto: Virginia Lisboa.

Exemplo de público fixo em espaço delimitado. Desfile de Carnaval no sambódromo de São Paulo, em fevereiro de 2008. Foto: Virginia Lisboa.

Exemplo de público móvel. Parada do Orgulho LGBT em São Paulo, 2008. Foto: Virginia Lisboa.

Festa de Réveillon na Avenida Paulista. Ocupação definida com controle de acesso. Utilização dos dois lados da avenida. Foto: Daigo Oliva - G1. Disponível em: http://g1.globo.com/Noticias/0GF78270-17815,00REVEILLON+EM+SAO+PAULO.html. Acessado em: 10.01.2010.

Dinâmica espacial

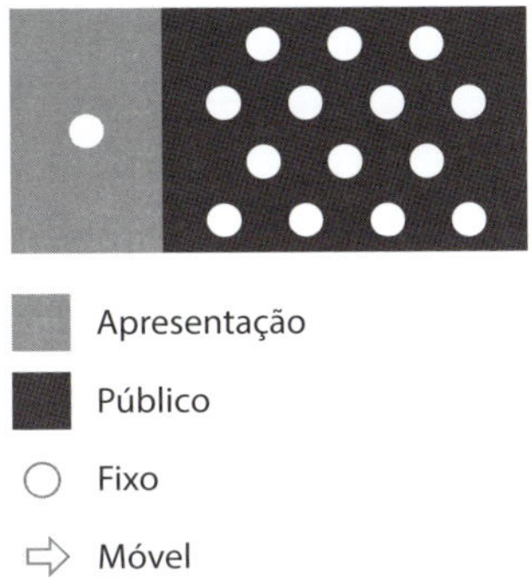

Parada do Orgulho LGBT. Ocupação total da avenida. Mescla entre público e apresentação. Foto: Daigo Oliva /G1. Disponível em: http://g1.globo.com/sao-paulo/noticia/2011/06/parada-gay-quer-bater-recorde-com-valsa-na-avenida-paulista.html. Acessado em: 10.01.2010.

Dinâmica espacial

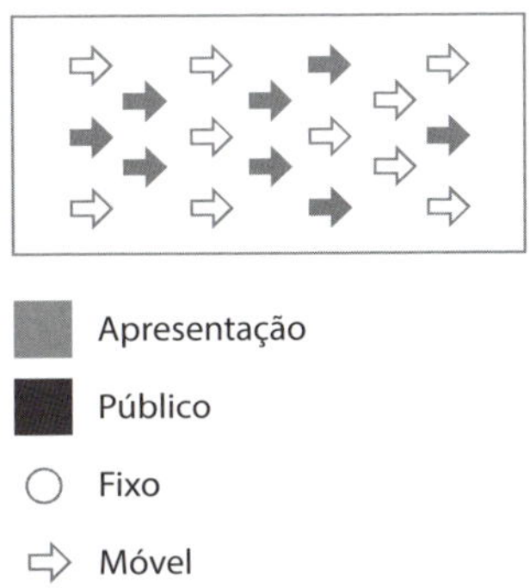

Virada Cultural, 2013. Nova opção do evento: setor de Gastronomia. Foto: Virginia Lisboa.

Centro de Convenções Anhembi, em São Paulo-SP. Foto: Virginia Lisboa.

Arena Castelão em Fortaleza. Foto: Ricardo Paiva.

Ruas especializadas em São Paulo. Elaborado por Heliana Comin Vargas. Fonte: SPTuris, 2013.

O lugar da troca com imagens de bazares e praças do mundo árabe. Imagens e montagem: Heliana Comin Vargas.

O lugar do Mercado no mundo. Da venda de produtos alimentícios para o consumo cotidiano de refeições. A transformação em praças de alimentação. Imagens e montagem: Heliana Comin Vargas.

O lugar do consumo no século XIX. Galerias Comerciais, Grands Magasins, Lojas de Departamentos. Imagens e montagem: Heliana Comin Vargas.

O lugar do luxo. Bairros, lojas, shopping centers voltados ao consumo de luxo. Imagens e montagem: Heliana Comin Vargas.

Consumo no espaço público. A apropriação do espaço público pelo comércio. A rua, a calçada, a praça e a praia. Imagens e montagem: Heliana Comin Vargas.

O espaço da loja e da marca. As vitrinas e suas formas de sedução. Imagens e montagem: Heliana Comin Vargas.

O espaço para lembrancinhas. A profusão de lojas e produtos para compras de lembrancinhas. Imagens e montagem: Heliana Comin Vargas.

O lugar do consumo no século XX. A ditadura dos shopping centers. Imagens e montagem: Heliana Comin Vargas.

Vista do Vale do Anhangabaú – São Paulo. Foto: Valéria Ferraz, 2013.

Avenida Paulista – São Paulo. Foto: Valéria Ferraz, 2013.

Vista do calçadão de Bondi Beach, Austrália. Foto: Heliana Comin Vargas, 2014.

Vista do Manly Corso, na Austrália. Foto: Heliana Comin Vargas, 2014.

Exemplo de fachada cega no centro de São Paulo. Foto: Valéria Ferraz, 2012.

Exemplo de fachada transparente em Puerto Madero, Buenos Aires – Argentina. Foto: Valéria Ferraz, 2011.

Homogeneidade das fachadas do bairro do Brooklyn, em NY. Foto: Valéria Ferraz, 2014.

Heterogeneidade em Manhattan, NY. Foto: Valéria Ferraz, 2014.

Exemplos de ruas com arborização viária: avenida Engenheiro Luiz Carlos Berrini e avenida Juana Manso em Buenos Aires (Argentina). Fotos: Valéria Ferraz, 2013.

***Skyline* de Nova York (Estados Unidos) com o Empire State Building ao centro.** Fotos: Arq. Geraldo Duarte.

Miniaturas de ícones urbanos e arquitetônicos. Foto: Ricardo Paiva.

Centro Georges Pompidou em Paris, França, obra dos arquitetos Richard Rogers e Renzo Piano. Foto: Ricardo Paiva.

Museu Oscar Niemeyer em Curitiba, obra do arquiteto Oscar Niemeyer. Foto: Ricardo Paiva.

Patrimônio apropriado pelas massas enquanto espaço de entretenimento. Cidade Baixa de Porto Seguro, BA. Foto: Regina Prado Lima de Souza, 2008.

Caso emblemático de intervenção em sítio histórico na lógica da indústria cultural. Pelourinho, Salvador, Bahia. Foto: Regina Prado Lima de Souza, 2003.

Sítio histórico apropriado pelas massas enquanto shopping. Cidade Baixa de Porto Seguro, BA. Foto: Regina Prado Lima de Souza, 2008.

O fetiche do pitoresco. Quadrado de Trancoso, Porto Seguro, BA. Foto: Regina Prado Lima de Souza, 2008.

Exemplo de espaço-simulacro que reproduz a arquitetura de um centro histórico. Cidade Baixa de Porto Seguro, BA. Foto: Regina Prado Lima de Souza, 2008.

Exemplo de espaço-simulacro que reproduz o Quadrado de Trancoso. Condomínio Outeiro das Brisas, Trancoso, Porto Seguro, BA. Foto: Regina Prado Lima de Souza, 2008.

Uma das primeiras capitais sul-americanas a introduzir os complexos de cinemas, cineplexes, em seu elenco de lugares urbanos. Buenos Aires, Argentina. Foto: Lineu Castello.

O histórico Chinese Theatre em West Hollywood trouxe o toque do mundo fantástico do cinema ao universo das salas exibidoras. Los Angeles, Estados Unidos. Foto: Lineu Castello.

As formas atraentes comumente empregadas na arquitetura de Zaha Hadid consagram a forte aura imagética de seu Dongdaemun Design Plaza & Park, em Seul, Coreia do Sul. Foto: Lineu Castello.

Aura "natural" inventada. Os elementos naturais, como a neve, configuram a arquitetura do entretenimento. Dubai, Emirados Árabes Unidos. Foto: Lineu Castello.

O antigo *brownfield* foi reurbanizado, tornando-se o hoje concorrido parque da High Line, rapidamente assumido como paradigma de novos lugares urbanos. Nova York, Estados Unidos. Foto: Lineu Castello.

O antigo *quartier* francês foi rearquiteturizado como um dinâmico lugar de atração turística. **Xangai, China.** Foto: Lineu Castello.

A cidade incorporou históricos palácios do cinema a seu acervo arquitetônico, hoje transformados em ícones turísticos. Chicago, Estados Unidos. Foto: Iára Regina Castello.

O dinamismo da produção cinematográfica coreana alimentou a demanda por novos cineplexes, como o Megabox. Seul, Coreia do Sul. Foto: Lineu Castello.

Museu de Arte Contemporânea, Niterói – Oscar Niemeyer. Foto: Paulo Chagas Muniz.

Instituto Inhotim – Galeria Adriana Varejão – Arquiteto Rodrigo Cervino Lopes. Foto: Eduardo Eckenfels.

Instituto Inhotim – Galeria Adriana Varejão – Arquiteto Rodrigo Cervino Lopes. Foto: Eduardo Eckenfels.

Instituto Inhotim – Galeria Claudia Andujar – Arquitetos Associados. Foto: Carlos Alberto Batista Maciel.

Instituto Inhotim – Galeria Claudia Andujar – Arquitetos Associados. Foto: Carlos Alberto Batista Maciel.

Museu Rodin, Salvador – Arquitetos Francisco Fanucci e Marcelo Ferraz. Foto: Nelson Kon.

Museu Rodin, Salvador – Arquitetos Francisco Fanucci e Marcelo Ferraz. Foto: Nelson Kon.

Museu do Pão, Ilópolis – Arquitetos Francisco Fanucci e Marcelo Ferraz. Foto: Nelson Kon.

Museu do Pão, Ilópolis – Arquitetos Francisco Fanucci e Marcelo Ferraz. Foto: Nelson Kon.

Flat **na região de Moema. Adota o vidro na fachada e o uso de marquises, buscando maior identidade com os edifícios corporativos.** Foto: Cristina Araujo, 2014.

Burj Al Arab ou Torre das Arábias: sinônimo de luxo e riqueza. Foto: Luiza Araujo, 2013.

Aspectos da fachada e do lobby do hotel Macksoud Plaza. Fotos: Cristina Araujo e Maria Luiza Freitas (respectivamente), 2014.

Hotel Renaissance: endereço de destaque nas proximidades da avenida Paulista. Foto: Cristina Araujo, 2014.

Hotel Fasano: sinônimo de grife e *status* consolidado pela gastronomia. Foto: Cristina Araujo, 2014.

Hotel Unique, eleito o melhor hotel da América do Sul pela revista *Condé Nasté Johansens*. Foto: Cristina Araujo, 2014.

Prada *Flagship Store*, Soho, Nova York – Localização e fachada. Foto: Oreste Bortolli Jr., 2013.

Prada *Flagship Store*, Soho, Nova York – Exposição dos produtos. Foto: Oreste Bortolli Jr., 2013.

Apple Store da Quinta Avenida, em Nova York. Foto: Oreste Bortolli Jr., 2014.

***Flagship store* da Prada, Tóquio.** Foto: Clara Reynaldo e Lourenço Gimenes.

Lojas Havaianas de Isay Weinfeld, São Paulo. Fachada da loja. Foto: Oreste Bortolli Jr.

Lojas Havaianas de Isay Weinfeld, São Paulo. Interior da loja. Foto: Oreste Bortolli Jr.